W0396476

Die echte Jeden-Tag-Küche

Die echte Jeden-Tag-Küche

Das neue Kochvergnügen
für Alltag, Feste und Gäste

Autorin: Sabine Sälzer

Co-Autorin: Angelika Ilies

Rezeptfotos:
Susi und Pete A. Eising

Was koche ich morgen...?

Diese Frage stellt sich täglich! Mal klingt sie wie ein Stoßseufzer, dann wieder weckt sie ungewöhnlichen Tatendrang. Eines steht fest – die Antwort ist eine Überlegung wert. Denn nicht nur die Geschmäcker sind verschieden, selbst der ganz normale Alltag zeigt sich verblüffend vielseitig: Es ändern sich Jahreszeit und Wetter, Termine und Einladungen, Wohlbefinden und Verhältnisse, das Marktangebot und die Schlange vor der Kasse. All das hat letztendlich auch Einfluß auf den Küchenzettel. Je nach Anlaß, Lust und Geldbeutel wird geschlemmt oder gespart, gefastet oder gefeiert. Das Essen kommt auf den Tisch, so oder so. Den Weg dahin aber kann man sich leicht oder schwer machen – mit oder ohne Spaß am Kochen!

»Die echte Jeden-Tag-Küche« ist ein komplexer Ratgeber für den Alltag, aber auch für alle festlichen Gelegenheiten. Die Kapitel sind nach der klassischen Speisenfolge gegliedert, jedes für sich wird von einem maßgeschneiderten Thema bestimmt. Der Reigen beginnt mit Vorspeisen, nach dem Motto von schnell bis aufwendig. Es folgen Salate für jede Saison, Suppen als Sattmacher oder als leichter Zwischengang, perfekt gegarte Fische und Meeresfrüchte, Fleischgerichte von Feingehacktem bis zu großen Braten, Gemüse querbeet, Nudeln, Kartoffeln, Reis und Getreide in vielfältiger Form und schließlich Desserts, von eisgekühlt bis ofenfrisch. Besondere Akzente setzen die praktischen Tips direkt beim Rezept: Zum Beispiel über Garnieren und Gästebewirtung, Einkaufshilfe und Warenkunde, Reste-Ideen und Kaloriensparen. Im letzten Kapitel finden Sie drei ausführliche Menüs mit Einkaufsliste und Zeitplan, außerdem eine Fülle an Informationen und weiteren Menü-Vorschlägen. Langer Rede kurzer Sinn: Dieses Kochbuch läßt keine Frage offen. Viel Spaß beim Ausprobieren!

Inhalt

Vorspeisen

Salate – für jede Saison

Suppen und Eintöpfe

Fisch und Meeresfrüchte

Fleisch, Geflügel und Wild

Gemüse und Hülsenfrüchte

Nudeln, Kartoffeln, Reis und Getreide

Desserts

Menüs

Küchentechnik

Vorspeisen

Es sind, oft überraschend, die kleinen Feinheiten, die Würze ins Leben bringen. Das schönste Menü beispielsweise wäre trist, wenn nicht auf besonders appetitliche Weise das Startsignal erfolgen würde – in Form einer verlockenden Vorspeise. Mehr noch als beim sättigenden Hauptgericht will dabei das Auge auf seine Kosten kommen, das A und O heißt Anrichten und Garnieren. Kleines Küchengeheimnis: Mit einfachen Mitteln ist die Wirkung am größten. Frische Kräuter, farbliche Kontraste, schönes Geschirr lösen meist mehr Begeisterung aus als kompliziertes Schnitzwerk.

Beim Kochen und Zubereiten erschöpft sich die Raffinesse nicht allein durch das Salz in der Suppe. Es geht rund um das Thema »Kräuter, Gewürze und Saucen«. Fingerspitzengefühl und eine empfindliche Zunge sind naturgemäß ganz individuelle Gaben, die ins Reich des guten Geschmacks führen. Perfekt aber wird die Kochkunst erst, wenn zur Experimentierlust eine Portion Sachverstand hinzukommt. Wie erkennt man Frische und Qualität, wie lagert man Fertigsaucen oder frische Kräuter, wie lange sind Gewürze haltbar? Täglich überrascht uns der Markt mit neuen exotischen Zutaten – wie aber sieht es aus mit der Kenntnis über fast Alltägliches? Wissenswertes über Knoblauch, Ingwer und Meerrettich, Kapern und Oliven beendet die Geschichte über die Vorspeisen und eröffnet den Reigen der Rezepte.

Frische Ingwerwurzel

Oliven

Gewürze: Sanfte Prisen, feurige Messerspitzen

Gewürze haben ihre eigenen Maßstäbe – manche zeigen erst löffelweise Wirkung, andere hinterlassen viel schneller ihre Spuren. Das wahllose Nachwürzen, der automatische Griff zum Salzstreuer, dient weder der Gesundheit noch dem Ruf als Feinschmecker. Die richtige Dosierung erst erfüllt ihren tieferen Sinn: Gewürze sollen nicht auftrumpfen, sondern den Eigengeschmack der Zutaten harmonisch abrunden, intensivieren, ergänzen. Das gilt für Salz und Pfeffer ebenso wie für Chilipulver und Kardamom. Manche Gewürze, wie milder, edelsüßer Paprika oder Currypulver, werden von Anfang an mitgeschmort, andere vorzugsweise erst beim Abschmecken verwendet, etwa der scharfe Rosenpaprika.

Der Gewürzvorrat

Ungemahlene Gewürze sind fast unbegrenzt haltbar – im pulvrigen Zustand jedoch sind sie hochempfindlich. Die feinen ätherischen Öle, die für Aroma und Duft zuständig sind, entfalten sich intensiv beim Zermahlen und verflüchtigen sich rasch wieder. Unerläßlich für die feine Küche ist auf jeden Fall die Pfeffermühle. Denn nur frisch gemahlen kommt auch die aromatische Komponente der Pfefferkörner zur Geltung, beim Pulver schmeckt nur die Schärfe vor. Als echter Gewürzfan sollten Sie sich außerdem einen Mörser zulegen – für grob zerstoßene Pfefferkörner, für zerdrückte Knoblauchzehen, für exotische Gewürzmischungen wie Curry, das im Original aus einem guten Dutzend frisch zermalmter Zutaten besteht: Kurkuma und Koriander, Kardamom und Pfeffer, Ingwer und Muskat sind nur einige davon. Natürlich haben auch die fertigen Gewürzmischungen ihre Vorzüge: Sie sparen sich damit kostbare Zeit beim Kochen, können sich auf gleichbleibende Qualität und bewährten Geschmack verlassen. Bewahren Sie alle Gewürze (ganz besonders gilt das für Pulver) in dunklen Gläsern oder lichtgeschützten Packungen auf – an einem trockenen und kühlen Ort. Völlig ungeeignet sind offene Regale direkt überm Herd, wo ständig feuchter, heißer Dampf aus den Töpfen steigt.

• Faustregel: Nach einem Jahr sollten die gemahlenen Gewürze verbraucht sein. Notieren Sie sich am besten beim Einkauf das Datum auf der Packung oder auf dem Etikett.

Kräuter: Vitamine und Aroma

Alle würzenden Zutaten sorgen mit ihrem köstlichen Duft und Aroma dafür, daß der Appetit angeregt wird. Zusätzlich leisten sie auch für die Gesundheit wertvolle Dienste. Die Speisen werden bekömmlicher (Kümmel im Sauerkraut), der Kreislauf wird angekurbelt (Knoblauch, Chili, Wacholder). Was den Gehalt an Vitaminen und Mineralstoffen betrifft, sind allerdings die **frischen Küchenkräuter** unschlagbar. Wichtig ist der Zeitpunkt ihrer Ernte: Kurz vor der Blüte ist für die meisten Kräuter ideal. Je schneller sie danach verbraucht werden, um so besser. Kurzfristig können Sie Kräuter frisch halten, indem Sie die Sträußchen in kaltes Wasser stellen – aber nur mit den Stielen, denn die Blätter faulen rasch. Andere Möglichkeit: Die Kräuter locker in einen Frischhaltebeutel legen und im Kühlschrank aufbewahren. Greifen Sie zu, wenn kleine Topfpflanzen angeboten werden, vor allem bei Basilikum, Rosmarin, Thymian. Ideal ist natürlich ein eigenes kleines Kräuterbeet – im Garten, auf dem Balkon, vorm Küchenfenster (nicht zu empfehlen, wenn Sie an einer vielbefahrenen Straße wohnen!).

Frische Kräuter werden grundsätzlich erst kurz vorm Servieren fein geschnitten und aufgestreut. **Getrocknete Kräuter** dagegen entfalten ihr Aroma am besten, wenn sie mitgegart werden. Von den getrockneten Kräutern immer nur höchstens die Hälfte oder ein Drittel der angegebenen Menge für frische Kräuter nehmen – der Geschmack wäre sonst zu dominant.

Tiefgekühlte Kräuter werden bereits 1 Stunde nach der Ernte gefrostet und aromaversiegelt. Duft, Geschmack und Farbe bleiben so relativ gut erhalten. Die meisten Kräuter können Sie auch zu Hause problemlos tiefkühlen: als zarte Blättchen oder feingehackt mit Wasser vermischt im Eiswürfelbehälter einfrieren. Oder ganze Zweige, zum Beispiel glatte Petersilie, waschen, gut ausschütteln und in Gefrierbeutel packen.

Flüssig, fix und fertig: Würzige Geheimessencen

Die meisten sind nur tropfenweise genießbar, doch in aller Welt heiß begehrt.
Tabasco enthält als Hauptzutat den Extrakt feurig scharfer, roter Pfefferschoten und reift mit Essig und Salz versetzt 3 Jahre lang im Eichenfaß. Zum

Chilischoten

Lorbeerblätter

pikanten Abschmecken von Fleischsaucen, Gemüse, Reisgerichten.
Sojasauce wird in Japan aus Sojabohnen, Weizen, Salz und Wasser fermentiert, die Herstellung verläuft ähnlich wie das Bierbrauen. Ganz frisch schmeckt sie am feinsten und würzigsten, sie ist aber im Prinzip unbegrenzt haltbar. Es empfiehlt sich, nur kleine Flaschen zu kaufen und den Inhalt nach dem Öffnen in etwa sechs Monaten zu verbrauchen. In China und Indonesien wird Sojasauce ebenfalls häufig verwendet, aber nach anderem Rezept hergestellt als in Japan.
Worcester(shire)sauce, eine der vielseitigsten Würzzutaten, kommt aus England. Sie spielt nicht nur in der klassischen europäischen Küche eine Rolle, sondern bringt auch exotische, orientalische, südamerikanische Spezialitäten auf den Punkt.
Aceto Balsamico ist eigentlich ein Essig und doch wieder keiner. Der edle und hocharomatische Tropfen, der feinste Saucen und Salate abrundet, wird nur in der Gegend von Modena in der italienischen Po-Ebene produziert. Grundlage sind beste Weintrauben, die Reifung erfolgt in einer genauen Abfolge in verschiedenen Holzfässern. Die exklusivsten Sorten kommen erst nach 50 bis 100 Jahren wieder ans Tageslicht.

Worcestershire-sauce, Sojasauce und Aceto Balsamico

Knollen, Wurzeln, Knabbereien

Knoblauch ist eines der ältesten Gewürze – und auch eine der ältesten Heilpflanzen. Auf beiden Gebieten zeigt das intensiv duftende Zwiebelgewächs eine durchschlagende Wirkung. Unübertroffen ergänzt sich das köstliche Aroma mit Olivenöl und allem, was die mediterrane Küche zu bieten hat. Frischer Knoblauch hat feste, pralle Zehen und darf nicht zu kalt gelagert werden.
Ingwer gibt es frisch, stückweise in Sirup eingelegt oder kandiert, getrocknet und gemahlen als Würzpulver. Die frische Ingwerwurzel ist als Gewürz am interessantesten. Die knollig verzweigte, hellbraune Wurzel schmeckt jung und zart am besten – angenehm aromatisch, leicht süßlich, aber auch sehr pikant und erfrischend. Die kleinen, fingerähnlichen Glieder werden einfach abgebrochen, geschält und fein gehackt oder in dünne Scheiben geschnitten. Ältere Wurzeln sind faserig und werden nur in dickere Scheiben geschnitten, mitgekocht und danach wieder entfernt.
Meerrettich ist ebenfalls eine Wurzel, wegen ihrer Form auch Stange genannt. Frisch gerieben beeindruckt der Gehalt an ätherischen Ölen am nachhaltigsten – der scharfe Geruch steigt in die Nase und rührt zu Tränen. Das läßt sich vermeiden, wenn Sie die Wurzel in tiefgekühltem Zustand reiben. Mit Zitronensaft oder Essig vermischt, bleibt die geriebene Wurzel schön hell. Für Saucen, Eintöpfe, Salate.
Kapern sind in würziger Lake marinierte oder eingesalzene Knospen des Kapernstrauches. Die Qualität erkennen Sie auf den ersten Blick: je kleiner, desto feiner. Kapern schmecken fein säuerlich, pikant und erfrischend. Für Geflügel, Kalbfleisch und Fisch, für Saucen, Füllungen und Gemüse, als aromatische Garnitur von Appetithappen. Auch der Sud eignet sich zum Würzen.
Oliven, die Steinfrüchte des Olivenbaumes, gibt es in zahllosen Variationen. Die besonders fettreichen Sorten werden zur Ölgewinnung genutzt, die fettärmeren Sorten genießbar gemacht durch Einlegen in würzige Marinaden. Grüne Oliven sind unreif geerntete, schwarze voll ausgereifte. In der Küche finden Oliven vielseitige Verwendung: Beispielsweise in Gemüse-, Reis- und Fleischgerichten, in Saucen und Salaten – pur allerdings spielen sie bei weitem ihre schönste Rolle: als Begrüßungshappen zum Aperitif.

Antipasti-Platte

Spezialität aus Italien

Zutaten für 6–8 Portionen:

100 g Parmaschinken oder San-Daniele-Schinken
50 g luftgetrocknete Salami (zum Beispiel Mailänder)
50 g Coppa (schinkenähnliche Spezialität, ersatzweise mehr Salami nehmen)
100 g italienische Mortadella
1 kleine zarte Fenchelknolle
150 g schwarze Oliven
150 g eingelegte Pilze (aus dem Glas oder selbst zubereitet, siehe Rezept auf Seite 30)
150 g eingelegte Paprikaschoten (aus dem Glas oder selbst zubereitet, siehe Rezept auf Seite 30)
Weißbrot nach Belieben

Bei 8 Portionen pro Portion: 1200 kJ / 290 kcal

Zubereitungszeit:
etwa 15 Min.

1 Die Schinkenscheiben, die Salami, die Coppa und die Mortadella locker auf einzelne Vorspeisenteller verteilen oder auf eine Platte legen.

2 Die Fenchelknolle putzen, halbieren und quer in hauchdünne Scheibchen schneiden. Zum Schinken und der Wurst legen.

3 Die übrigen Zutaten wie Oliven, eingelegte Pilze und Paprikaschoten ebenfalls auf den Tellern oder der Platte anrichten. Reichlich knuspriges Weißbrot dazu servieren.

◆ Varianten

Es gibt kaum eine unkompliziertere Vorspeise als diese: Sie haben die freie Wahl, welche Sorten an Schinken und Wurst, welches Gemüse, ob eingelegt oder frisch, welche würzigen Zutaten als »Antipasti« aufgetragen werden.

Mozzarella mit Tomaten

Schnell fertig

Zutaten für 4 Portionen:

6 mittelgroße, aromatische Tomaten
300 g Mozzarella
Salz
schwarzer Pfeffer aus der Mühle
2 EL Aceto Balsamico (italienischer Würzessig)
8 EL kaltgepreßtes Olivenöl
1 Bund frisches Basilikum

Pro Portion: 1600 kJ / 380 kcal

Zubereitungszeit:
etwa 15 Min.

1 Die Tomaten waschen und abtrocknen, quer in Scheiben schneiden und die grünen Stielansätze entfernen. Die Mozzarellakugeln ebenfalls in Scheiben schneiden.

2 Die Tomaten- und Mozzarellascheiben auf vier Teller dachziegelartig verteilen. Leicht salzen und aus der Mühle pfeffern. Den Würzessig auf die Tomaten tröpfeln, alles gleichmäßig mit Olivenöl beträufeln.

3 Die Basilikumblättchen abzupfen und eventuell abreiben. Auf die Tomaten und den Käse streuen.

◆ Das Original

heißt »Caprese«, weil es auf Capri erfunden wurde. Auch bei uns ist dieser so schlichte wie raffinierte Klassiker kaum noch wegzudenken. So einfach das Rezept klingt – eine richtige Delikatesse wird daraus nur, wenn Sie wirklich aromatische, reife Tomaten nehmen, der Mozzarella original aus Büffelmilch hergestellt wurde und das Olivenöl erstklassig ist.

Geröstete Tomatenbrote

Frisch aus dem Ofen servieren

Zutaten für 4 Portionen:

4 reife, aromatische Tomaten
Salz
schwarzer Pfeffer aus der Mühle
2 Knoblauchzehen
1 Zweig frischer Oregano (oder ¼ TL getrockneter)
2 EL Olivenöl
4 Scheiben Bauernbrot

Pro Portion: 720 kJ / 170 kcal

Zubereitungszeit:
etwa 20 Min.

1 Die Tomaten kreuzweise einritzen und kurz in kochendes Wasser legen. Kalt abschrecken, enthäuten und halbieren. Die Kerne mit einem Löffel entfernen, das Fruchtfleisch mit einem großen Messer fein hacken und in eine Schüssel geben.

2 Leicht salzen und aus der Mühle pfeffern. Die Knoblauchzehen durch die Presse dazudrücken. Die Oreganoblättchen abzupfen, fein hacken und untermischen. Das Olivenöl einrühren.

3 Die Bauernbrote halbieren, im Toaster oder im Backofen knusprig rösten. Mit der Tomatenmischung bestreichen, nochmals aus der Mühle pfeffern und heiß servieren.

◆ Das Original

heißt »Bruschetta« und kommt, wie viele andere unvergleichlich leckere Vorspeisen, ebenfalls aus Italien. So können Sie auch leicht angetrocknetes Brot auf die köstlichste Art verwerten.

◆ Gäste-Tip

Der Tomatenaufstrich läßt sich auch in größeren Mengen gut vorbereiten. Die pikanten Brote sind ideale Begrüßungshappen für viele Gäste.

Topinky mit Leberwurst

Gelingt leicht

Zutaten für 4 Portionen:

1 Zwiebel
1 EL Gänseschmalz
2 Knoblauchzehen
100 g grobe Leberwurst
4 kleine Scheiben kräftiges Bauernbrot
schwarzer Pfeffer aus der Mühle
Salz
einige Petersilienblättchen

Pro Portion: 1100 kJ / 260 kcal

Zubereitungszeit:
etwa 15 Min.

1 Die Zwiebel fein hacken. In einer Pfanne das Gänseschmalz erhitzen, die Zwiebel andünsten, die Knoblauchzehen dazudrücken.

2 Die Leberwurst in etwa ½ cm dicke Scheiben schneiden, kurz in die Pfanne legen und bei milder Hitze erwärmen.

3 Die Brotscheiben im Toaster knusprig rösten. Mit dem Fett aus der Pfanne bestreichen, die Leberwurstscheiben darauf verteilen. Grob aus der Mühle pfeffern, eventuell leicht salzen (die Leberwurst ist aber sicherlich schon pikant genug). Mit ganzen Petersilienblättchen garnieren und sofort servieren.

◆ Getränke-Tip

Zu den würzigen Appetithappen paßt am besten ein kühles Bier.

◆ Servier-Tip

Mit einem frischen Salat ergänzt wird aus der Vorspeise ein sättigender Imbiß.

◆ Das Original

kommt aus der böhmischen Küche und wird mit Gänseleber belegt.

Lachsteller

Auch als Imbiß für 2

Zutaten für 4 Portionen:

2 EL Zitronensaft
2 EL Olivenöl
1 TL scharfer Senf (Dijon)
Salz
1 Msp. Chilipulver
schwarzer Pfeffer aus der Mühle
2 Dillzweige
1 reife Avocado
1 EL kleine Kapern
8 dünne Scheiben geräucherter oder gebeizter Lachs (siehe Rezept Seite 32)
1 Bund Schnittlauch

Pro Portion: 1300 kJ / 310 kcal

Zubereitungszeit:
etwa 15 Min.

1 Den Zitronensaft mit Olivenöl und Senf glatt rühren, mit Salz, Chilipulver und Pfeffer würzen. Den Dill fein schneiden und untermischen.

2 Die reife Avocado längs halbieren, den Stein herauslösen. Die beiden Fruchthälften nochmals längs halbieren und schälen. Jedes Viertel quer in dünne Scheibchen schneiden, fächerförmig auf je einen Teller legen.

3 Die vorbereitete Sauce über die Avocadoscheibchen träufeln, die Kapern aufstreuen.

4 Zu den Avocados auf jedem Teller 2 Scheiben Lachs locker anrichten. Den Schnittlauch in feine Röllchen schneiden und aufstreuen.

◆ Beilage und Getränke-Tip

Mit gerösteten Toast-Ecken servieren. Dazu paßt trockener Sekt oder Prosecco aus Italien.

◆ Kapern

Je kleiner, desto feiner schmekken die würzig eingelegten Knospen vom Kapernstrauch.

Krabben-Omelett

Frisch aus der Pfanne servieren

Zutaten für 4 Portionen:

1 Zucchino (etwa 100 g)
1 kleine Zwiebel
½ Bund glatte Petersilie
4 EL Öl
Salz
schwarzer Pfeffer aus der Mühle
4 Eier
4 EL Milch
frisch geriebene Muskatnuß
½ unbehandelte Zitrone
200 g frische, geschälte Nordseekrabben
4 EL saure Sahne
1 Dillzweig

Pro Portion: 920 kJ / 220 kcal

Zubereitungszeit:
etwa 30 Min.

1 Den Zucchino putzen und waschen. In etwa 1 cm dicke Scheiben, dann in sehr feine Stifte schneiden. Die Zwiebel und die Petersilie fein hacken.

2 In einer Pfanne das Öl erhitzen. Die Zwiebel andünsten, dann die Zucchinistifte einrühren und kurz und kräftig anbraten. Salzen und pfeffern, die Petersilie einrühren.

3 Die Eier mit der Milch verquirlen, salzen und pfeffern, mit etwas Muskat würzen. In die Pfanne gießen und diese so schwenken, daß die Mischung gleichmäßig verteilt ist. Das Omelett bei milder Hitze stokken lassen.

4 Inzwischen 4 feine Zitronenschnitzchen abschneiden und beiseite legen, den Rest der Zitrone auspressen (etwa 2 EL Saft). Die saure Sahne mit 1 EL Zitronensaft verrühren.

5 Die Krabben auf dem Omelett verteilen, fertigbacken. Mit etwa 1 EL Zitronensaft beträufeln.

6 Das Omelett in vier Stücke schneiden, jeweils mit 1 EL saurer Sahne anrichten und grob pfeffern. Mit feinen Zitronenschnitzchen und frischen Dillspitzen garniert servieren.

◆ Varianten

Den Omelett-Teig können Sie vielfältig abwandeln: mit Sahne statt Milch, mit frisch geriebenem Käse oder feingehackten Kräutern, mit Möhrenstreifen statt Zucchini. Für 2 Personen reicht das Omelett auch zum Sattessen – dazu Vollkornbrot servieren.

Warmer Ziegenkäse-Salat

Raffiniert

Zutaten für 4 Portionen:

etwa ½ Kopf Eichblattsalat
1 kleiner Radicchio
2 EL milder Rotweinessig
5 EL Olivenöl
Salz
schwarzer Pfeffer aus der Mühle
1 Knoblauchzehe
200 g junger milder Ziegenkäse
½ Kästchen Kresse

Pro Portion: 1100 kJ / 260 kcal

Zubereitungszeit:
etwa 30 Min.

1 Den Eichblattsalat putzen, waschen und sehr gut trockenschütteln. Sternförmig auf vier große Teller verteilen. Die Radicchioblätter waschen, gut abtropfen lassen. Kleinzupfen oder in sehr feine, nur millimeterdünne Streifen schneiden. Jeweils in die Mitte vom Salatbett häufen.

2 Den Rotweinessig mit 3 EL Olivenöl, Salz und Pfeffer verquirlen, über die Salatblätter träufeln.

3 Das restliche Olivenöl mit der durchgepreßten Knoblauchzehe in einer Pfanne sanft erhitzen. Den Ziegenkäse in kleine, etwa 1 cm dicke Scheiben schneiden, ins mäßig erwärmte Öl legen und bei niedriger Hitze kurz warm werden, aber nicht zerfließen lassen.

4 Den warmen Käse vorsichtig aus der Pfanne nehmen, auf die Salatblätter legen. Mit dem warmen Öl aus der Pfanne beträufeln, alles nochmals frisch aus der Mühle pfeffern und leicht salzen (je nach Schärfe vom Käse). Mit frischen Kresseblättchen bestreuen und sofort servieren.

◆ Beilage und Getränke-Tip

Reichlich frisches Weißbrot dazu servieren. Ein leichter Rotwein oder auch ein Roséwein aus der Provence passen gut zu diesem Salat.

◆ Tip für viele Portionen

Den Käse nicht in der Pfanne erwärmen, sondern auf ein geöltes Blech legen, bei 150° (Gas Stufe 1) kurz in den Backofen schieben und knapp vorm Schmelzen herausholen.

◆ Ziegenkäse

gibt es weltweit in unglaublich reichhaltiger Auswahl. In der durchschnittlichen Käsetheke dagegen ist das Angebot recht überschaubar – verlangen Sie für diese Vorspeise einen milden, relativ frischen Käse. Er darf nicht zu weich und bröselig sein, aber auch keinesfalls zu reif und scharf schmecken.

Artischocken-Salat

Gelingt leicht

Zutaten für 4 Portionen:

150 g Rucola (Rauke), ersatzweise zarter Blattspinat
4 EL Olivenöl
2 EL Aceto Balsamico (italienischer Würzessig)
Salz
schwarzer Pfeffer aus der Mühle
8 eingelegte Artischockenböden (oder -herzen)
2 hartgekochte Eier
4 eingelegte Sardellenfilets
1 Bund Schnittlauch

Pro Portion: 670 kJ / 160 kcal

Zubereitungszeit:
etwa 20 Min.

1 Die Rucola-Blätter putzen und gründlich waschen, trockenschütteln. Das Olivenöl mit dem Aceto Balsamico, Salz und Pfeffer gründlich verquirlen, den Salat damit anmachen und auf vier große, flache Teller verteilen.

2 Die Artischockenböden abtropfen lassen, in möglichst dünne Scheiben schneiden. Die hartgekochten Eier pellen, in Scheiben schneiden. Die Artischocken und die Eier auf dem Salat verteilen.

3 Die Sardellenfilets unter fließendem Wasser abspülen, mit Küchenkrepp trocknen. In schmale Streifchen schneiden, die Artischocken und die Eier damit garnieren.

4 Den Salat nochmals aus der Mühle pfeffern, vorsichtig salzen. Den Schnittlauch in feine Röllchen schneiden und aufstreuen.

◆ Rucola

Ein Kraut, das bei uns gerade wieder als Salatsorte entdeckt wird. Zarte, junge Blättchen schmecken angenehm würzig, ältere sind derber und etwas bitter. Möglichst nicht lagern, sondern ganz frisch essen.

Austernpilze mit Speck

Auch als Imbiß für 2

Zutaten für 4–6 Portionen:

400 g Austernpilze
2 Frühlingszwiebeln
30 g durchwachsener Speck
1 Bund glatte Petersilie
2 EL Sonnenblumenkerne
1–2 EL Öl
2 Knoblauchzehen
1 Schuß Weißwein
2 EL Sojasauce
schwarzer Pfeffer aus der Mühle

Bei 6 Portionen pro Portion: 480 kJ / 110 kcal

Zubereitungszeit:
etwa 35 Min.

1 Die Austernpilze putzen und abreiben, die harten Stiele entfernen und die Pilze in etwa 2 cm breite Stücke oder Streifen schneiden.

2 Die Frühlingszwiebeln putzen und waschen, in feine Ringe schneiden. Den Speck in kleine Würfelchen schneiden. Die Hälfte der Petersilie sehr fein hacken.

3 Die Sonnenblumenkerne in einer erhitzten Pfanne ohne Fett unter Rühren anrösten, herausnehmen und beiseite stellen. Den Speck und das Öl in die Pfanne geben und langsam erhitzen, bis das Speckfett ausgelassen ist. Die knusprigen Speckwürfel aus der Pfanne nehmen.

4 Die Austernpilze portionsweise in die Pfanne geben und unter Rühren scharf anbraten, die angebratenen Pilze jeweils an den Rand schieben. Die Knoblauchzehen durch die Presse dazudrücken. Alles gründlich mischen und noch etwa 10 Min. gut durchbraten.

5 Zuletzt die Frühlingszwiebeln untermischen und 1–2 Min. mitbraten. Mit 1 Schuß Weißwein und 2 EL Sojasauce ablöschen.

6 Alles frisch aus der Mühle pfeffern. Die gehackte Petersilie, die Speckwürfel und die angerösteten Sonnenblumenkerne untermischen. Die Pilze in schöne Schälchen verteilen und mit Petersilienblättchen garniert servieren.

◆ Austernpilze

sind die Aufsteiger im Pilzmarkt. Rund ums Jahr werden sie auf Stroh gezüchtet und erntefrisch angeboten. Sie haben eine relativ saftige und fleischige Struktur, die gerne mit Kalbfleisch verglichen wird (daher der Zweitname »Kalbfleischpilz«). Bei der Zubereitung fällt kaum Abfall an, von den Stielen werden nur die harten Enden abgeschnitten. Wie alle Pilze enthält der Austernpilz wenig Kalorien, hat aber einiges an Mineralstoffen und Eiweiß zu bieten.

Gebratener Spargel

Raffiniert

Zutaten für 4 Portionen:

250 g grüner Spargel
2 EL Butter
Salz
weißer Pfeffer aus der Mühle
½ TL rosa Pfefferkörner
2–3 EL Aceto Balsamico (italienischer Würzessig)
etwa 30 g Parmesan (oder alter Gouda)
einige kleine Basilikumblätter

Pro Portion: 380 kJ / 90 kcal

Zubereitungszeit:
etwa 30 Min.

1 Den grünen Spargel waschen, nur am unteren Teil schälen und die holzigen Enden abschneiden. Die Spargelstangen sehr schräg in hauchfeine Scheiben schneiden.

2 In einer Pfanne die Butter zerlassen. Die Spargelscheibchen hineingeben, unter häufigem Rühren etwa 5 Min. braten. Leicht salzen und pfeffern, die rosa Pfefferkörner einstreuen. Weitere 2 Min. sanft garen.

3 Mit Aceto Balsamico beträufeln. Den Parmesan in hauchdünne Späne hobeln und über den Spargel streuen, mit kleinen Basilikumblättchen dekorieren und direkt aus der Pfanne servieren.

◆ Beilage

Dazu schmecken wunderbar die knusprigen Grissini-Stangen aus Italien (gibt es abgepackt im Feinkostladen oder Supermarkt zu kaufen).

◆ Getränke-Tip

Ein trockener Sekt oder ein leichter frischer Weißwein, den Sie auch zum nachfolgenden Hauptgericht, etwa zartem Fischfilet, gut trinken können.

Avocado-Cocktail mit Garnelen

Gelingt leicht

Zutaten für 4 Portionen:

150 g gekochte, geschälte Garnelen (Nordseekrabben)
1 kleine, rote Chilischote
eventuell 1 Bund Schnittlauch
1 ½ Limetten (oder unbehandelte Zitronen)
Salz
schwarzer Pfeffer aus der Mühle
1 EL Olivenöl
2 reife Avocados
125 g Mozzarella

Pro Portion: 1600 kJ / 380 kcal

Zubereitungszeit:
etwa 45 Min.

◆ Tip

Damit die gefüllten Avocado-Hälften auf dem Teller nicht umkippen: die Rundungen der Hälften etwas flachschneiden. Oder die Avocados auf einem Bett aus feingeschnittenem Blattsalat anrichten.

◆ Variante

Für eine raffinierte Füllung ohne Meeresfrüchte geräucherte oder gebratene Putenbrustwürfel mit dem Mozzarella mischen. Auch gekochter Schinken oder Kasseler passen zum Avocadofleisch.

◆ Chilischoten

können Sie ersetzen durch Cayennepfeffer oder die feurige Tabascosauce – als Spur und Tropfen dosiert. Wer die milde Note vorzieht, sollte lieber edelsüßes Paprikapulver nehmen.

1 Die Garnelen in einem Sieb ganz kurz unter kaltem Wasser abbrausen, dann sehr gut abtropfen lassen.

2 Die Chilischote putzen, aufschlitzen und die Kerne mit einem spitzen Messer sorgfältig herauslösen. Die Schote sehr fein hacken. Den Schnittlauch in feine Röllchen schneiden.

3 Die Chiliwürfel, die Schnittlauchröllchen, 1 TL abgeriebene Limetten- oder Zitronenschale, 1 EL Limetten- oder Zitronensaft, Salz, Pfeffer und das Olivenöl in einer Schüssel verquirlen. Die Garnelen darin wenden.

4 Die Avocados rundherum bis auf den Stein einschneiden. Die Hälften in entgegengesetzte Richtungen drehen und dadurch voneinander trennen. Die Steine herauslösen.

5 Aus jeder Hälfte etwas Fruchtfleisch mit einem Eßlöffel herauslösen, dabei wieder eine gleichmäßige Mulde formen. Die Hälften und das ausgelöste Fruchtfleisch sofort mit Limetten- oder Zitronensaft beträufeln.

6 Das ausgelöste Fruchtfleisch in kleine Würfel schneiden und zu den Garnelen geben. Den Mozzarella ebenfalls in Würfelchen schneiden und dazugeben. Alles vorsichtig mischen.

7 Die Mischung in die vorbereiteten Avocadohälften füllen und aufhäufen. Die übrige Limette oder Zitrone in Schnitze schneiden, auf dekorative Spieße stecken und dazu reichen.

Hühnerleber-Pfanne

Preiswert

Zutaten für 4 Portionen:

300 g frische Hühnerleber
2 cl Portwein
2 Schalotten
1 Knoblauchzehe
1 Bund glatte Petersilie
2 EL Öl
1 EL Butter
Salz
schwarzer Pfeffer aus der Mühle
1 TL eingelegte grüne Pfefferkörner
1 Schuß trockener Rotwein
125 g Sahne

Pro Portion: 1200 kJ / 290 kcal

Zubereitungszeit:
etwa 35 Min.

1 Die Hühnerleber in etwa 1 cm breite Stücke schneiden. Mit dem Portwein begießen und kurz ziehen lassen.

2 Inzwischen die Schalotten, die Knoblauchzehe und die Petersilie fein hacken.

3 In einer Pfanne das Öl erhitzen. Schalotten, Knoblauch und die Hälfte der Petersilie unter Rühren anbraten. An den Pfannenrand schieben, in der freien Pfannenmitte die Butter zerlassen.

4 Die Hühnerleber abtropfen lassen, den Portwein auffangen. Die Leber portionsweise in der heißen Butter unter Rühren anbraten. Den Pfanneninhalt gründlich mischen, mit Salz, frisch gemahlenem Pfeffer und dem grünen Pfeffer würzen.

5 Den aufgefangenen Portwein, den Rotwein und die Sahne angießen, alles bei mittlerer Hitze etwa 5 Min. köcheln lassen. Abschmecken, mit der restlichen Petersilie bestreuen und heiß servieren.

◆ Beilage
Baguette oder Toast.

Entenbrust mit Melone

Für Gäste

Zutaten für 4 Portionen:

1 Entenbrust (200–250 g)
Salz
weißer Pfeffer aus der Mühle
1 EL Sesamsamen
½ gut gekühlte, reife Honigmelone (etwa 300 g)
1 Schalotte
3 EL Sonnenblumenöl
2 EL Apfelessig
½ TL scharfer Senf
1 Prise Cayennepfeffer
1 Handvoll Feldsalat (etwa 50 g)

Pro Portion: 710 kJ / 170 kcal

Zubereitungszeit:
etwa 40 Min.

1 Die Entenbrust salzen und pfeffern, die Hautseite längs und quer im Rautenmuster einschneiden. Eine Pfanne ohne Fett erhitzen, die Entenbrust mit der Haut nach unten hineinlegen und bei mittlerer Hitze in knapp 10 Min. kroß braten.

2 Die Entenbrust wenden und auf der anderen Seite nochmals etwa 5 Min. braten. In Alufolie wickeln und nachziehen lassen. Das Fett aus der Pfanne abgießen, den Sesam in der heißen Pfanne unter Rühren kurz anrösten.

3 Die gut gekühlte Melone schälen, das Fruchtfleisch entkernen und in kleine Würfel schneiden. Die Schalotte fein hacken. Das Öl mit dem Essig und dem Senf verquirlen, die Schalotte untermischen, mit Salz und Cayennepfeffer würzen. Die Melonenwürfel mit der Sauce begießen.

4 Den Feldsalat sorgfältig verlesen, waschen und gut abtropfen lassen. Auf vier Teller verteilen, jeweils eine Portion vom Melonensalat daneben anrichten. Den Feldsalat mit de übrigen, abgetropften Melonen-Marinade beträufeln.

5 Die Entenbrust aus der Folie wickeln, in dünne Scheiben schneiden und neben dem Salat anrichten. Mit grob gemahlenem Pfeffer und dem gerösteten Sesam bestreuen, sofort servieren.

◆ Garnier-Tip

Das Melonenfruchtfleisch mit einem Kugelausstecher besonders dekorativ in Form bringen.

◆ Sesamsamen

enthalten viel Fett und werden daher in einer trocken erhitzten Pfanne angeröstet. Dabei entfaltet sich ihr feiner nußartiger Geschmack, der hauptsächlich in der orientalischen und fernöstlichen Küche geschätzt wird. Für süße wie für pikante Speisen ist Sesam das Pünktchen auf dem Aroma.

Putenspießchen mit Erdnußsauce

Raffiniert

Zutaten für 4 Portionen:

300 g Putenschnitzel
1 EL Paprikapulver edelsüß
1 walnußgroßes Stückchen Ingwer
2 Frühlingszwiebeln
3 EL Öl
Salz
schwarzer Pfeffer
1/4 l Hühnerbrühe
2 EL Erdnußcreme (fertig aus dem Glas)
1 Prise Cayennepfeffer
1 unbehandelte Zitrone

Pro Portion: 870 kJ / 210 kcal

Zubereitungszeit:
etwa 30 Min.

1 Das Putenfleisch von beiden Seiten mit Paprikapulver einreiben. In kleine, höchstens 1 cm große Würfel schneiden und auf 12 kleine, geölte Spießchen stecken.

2 Den Ingwer schälen und fein hacken. Die Frühlingszwiebeln putzen und waschen, in feine Ringe schneiden.

3 In einer Pfanne das Öl erhitzen. Die Putenspießchen darin von jeder Seite etwa 2 Min. braten. Leicht salzen und pfeffern, aus der Pfanne nehmen und abgedeckt warm halten.

4 Im Bratfett die weißen und hellgrünen Zwiebelringe und den Ingwer unter Rühren andünsten. Die Brühe angießen und aufkochen. Die Erdnußcreme einrühren, die Sauce etwa 1 Min. kräftig köcheln lassen.

5 Die Erdnußsauce mit Salz, Pfeffer, Cayennepfeffer, etwa 1 EL Zitronensaft und etwas abgeriebener Zitronenschale abschmecken. Die Putenspießchen mit der Sauce anrichten, die dunkelgrünen Zwiebelringe aufstreuen. Dazu Zitronenschnitze reichen.

◆ Garnier-Tip

Hauchfeine Streifen von roter Paprikaschote oder Chilischote auf die Sauce streuen.

◆ Erdnüsse

sind eigentlich Bohnen und gehören in die Familie der Hülsenfrüchte. Die Früchte an den unteren Pflanzenstengeln drängen sich zum Ausreifen unter die Erde und nehmen dort die Farbe ihrer sandigen oder humusreichen Umgebung an. Frisch geerntet schmecken die Kerne wie Bohnen, erst durch das Rösten gewinnen sie ihr typisches Aroma. Große Mengen der fettreichen Erdnüsse werden zu Speiseöl, Margarine und Erdnußcreme verarbeitet, der Rest kommt gesalzen oder ungesalzen in den Handel.

Crudités

Französische Rohkostplatte

Zutaten für 6–8 Portionen:

Für die Rohkostplatte:
100 g Kirschtomaten
8 große weiße Champignons
1 EL Zitronensaft
1 Chicorée
1 kleiner Staudensellerie
1 kleine gelbe Paprikaschote
1 große Möhre
1 großer Zucchino

Für den Apfeldip:
2 Zwiebeln
1 TL Butterschmalz
1 TL mildes Currypulver
2 feste säuerliche Äpfel
1 EL Zitronensaft
200 g Doppelrahm-Frischkäse
75–100 ml Milch
Salz
schwarzer Pfeffer aus der Mühle
1 Bund Schnittlauch

Bei 8 Portionen pro Portion:
590 kJ / 140 kcal

Zubereitungszeit:
etwa 45 Min.

1 Für die Rohkostplatte das Gemüse vorbereiten: Die Kirschtomaten waschen. Die Champignons waschen und putzen, dann vierteln und mit Zitronensaft beträufeln, damit sie hell bleiben.

2 Den Chicorée putzen und waschen, in einzelne Blätter zerlegen. Den Staudensellerie putzen und waschen, die einzelnen Stangen in etwa 10 cm lange Stücke schneiden.

3 Die Paprikaschote waschen und halbieren, die Kerne und die Trennhäutchen entfernen, die Hälften längs in etwa 1 cm breite Streifen schneiden. Die Möhre schälen, den Zucchino waschen und putzen, beides in kleinfingerdicke Streifen oder Stifte schneiden.

4 Für den Apfeldip die Zwiebeln fein hacken. Das Butterschmalz in einem kleinen Topf erhitzen, die Zwiebeln darin glasig dünsten. Das Currypulver darüber stäuben, kurz anschwitzen, vom Herd nehmen. Die Äpfel schälen und ohne die Kerngehäuse reiben. Mit dem Zitronensaft beträufeln und mit dem Frischkäse, der Milch und den Zwiebeln verrühren. Mit Salz und Pfeffer abschmecken. Einen Teil vom Schnittlauch in Röllchen schneiden und aufstreuen.

5 Alles Gemüse dekorativ anrichten und den Dip dazu servieren. Mit Schnittlauchhalmen garnieren.

◆ Das Original

Rohes Gemüse und Salate zusammen angerichtet – das nennt man auf französisch »Crudités«. Dazu sollten Sie außer dem Dip auch gutes Öl (zum Beispiel ein kaltgepreßtes Olivenöl) und aromatischen Essig in Schälchen bereitstellen. Außerdem natürlich Salz und eine Pfeffermühle.

◆ Einkaufs-Tip

Richten Sie sich bei der Auswahl der Gemüsesorten ganz nach dem jeweiligen Marktangebot: Was gibt es gerade frisch zu kaufen, was hat Saison, was ist preiswert? Achten Sie auf eine geschmackliche und farbliche Vielfalt – auch beim Anrichten.

◆ Gäste-Tip

Crudités können Sie als schnelle, leichte Vorspeise servieren oder in größeren Mengen für ein kaltes Buffet zubereiten. Allerdings sollten Sie alles bis zum Anrichten gut in Folie oder feuchte Küchentücher gewikkelt im Kühlschrank aufbewahren. Bei einem längeren Abend nicht alles gleichzeitig bereitstellen. Lieber für Nachschub sorgen, frische Salate und Gemüse werden bald schlapp.

Artischocken mit Dips

Für Gäste · Gelingt leicht

Zutaten für 4 Portionen:

4 große Artischocken (je etwa 400 g)
1 unbehandelte Zitrone
Salz

Kräuter-Schinken-Dip:
1 Bund Basilikum
1 Bund glatte Petersilie
150 g gekochter Schinken
150 g Schmand (löffelfeste saure Sahne, 20–24%)
2 EL gemahlene Mandeln
Salz
weißer Pfeffer aus der Mühle
2 EL Zitronensaft

Radieschen-Käse-Creme:
1 kleines Bund Radieschen
100 g Doppelrahm-Frischkäse
100 ml Milch
Salz
schwarzer Pfeffer aus der Mühle
etwas gemahlener Kardamom

Pro Portion: 1500 kJ / 360 kcal

Zubereitungszeit:
etwa 1 Std.

1 Die Artischocken vorbereiten. Dafür die Stiele dicht an der Staude abtrennen, dann mit einer Küchenschere das obere Drittel der Blattspitzen abschneiden.

2 Die Schnittflächen sofort mit Zitronensaft bestreichen. In einem breiten, hohen Topf reichlich Wasser aufkochen. 1 TL Salz und 1/2 Zitrone in Scheiben hineingeben, die Artischocken darin 30–40 Min. bei mittlerer Hitze köcheln lassen.

3 Inzwischen die Dips zubereiten. Für den Kräuter-Schinken-Dip einige Kräuterblättchen zum Garnieren beiseite legen, die restlichen sehr fein hacken. Den Schinken kleinschneiden und mit dem Schmand pürieren. Die Mandeln und die Kräuter unterrühren, mit Salz, Pfeffer und Zitronensaft abschmecken. Mit Kräuterblättchen garnieren.

4 Für die Radieschen-Käse-Creme die Radieschen putzen und waschen. Einige kleine Radieschen zum Garnieren zurücklassen, die anderen raspeln. Den Frischkäse mit der Milch schaumig schlagen, mit Salz, Pfeffer und etwas Kardamom würzen, die Radieschenraspel unterrühren. Mit dekorativ zurechtgeschnittenen Radieschen garnieren.

5 Nach etwa 30 Min. prüfen, ob die Artischocken schon gar sind. Die Blätter müssen sich leicht herausziehen lassen. Die fertigen Artischocken mit einer Schaumkelle aus dem Wasser heben und gut abtropfen lassen. Auf Teller setzen, die Dips dazu reichen.

◆ Tip

So genießt man Artischocken: Jedes Blatt einzeln mit den Fingern herauszupfen. Das untere, fleischige Ende in einen der Dips tauchen, das Fruchtfleisch mit den Zähnen aus den Blättern streifen. Sind alle Blätter entfernt, wird das ungenießbare »Heu« aus den Artischokken gekratzt und so der saftige, aromatische »Boden« freigelegt – eine ganz besonders zarte Delikatesse als Schlußpunkt!

◆ Mikrowellen-Tip

Artischocken können auch in der Mikrowelle gegart werden. Die Artischocken vorbereiten und in eine Schüssel setzen. Etwa 150 ml Zitronen-Salz-Wasser angießen und die Artischocken zugedeckt garen. Garzeit für zwei Stück: bei 600 Watt etwa 6 Min., dann bei 360 Watt weitere 10 Min.

Gefüllte Weinblätter

Spezialität aus Griechenland

Zutaten für 8–10 Portionen (20–25 Röllchen):

200 g eingelegte Weinblätter (vakuumverpackt oder Glas)
2 kleine Zwiebeln
1 Bund glatte Petersilie
1 Bund Dill
1 Bund frische Minze (ersatzweise getrocknet)
100 ml Olivenöl
100 g Hackfleisch
200 g Reis
3 EL Pinienkerne
Salz
schwarzer Pfeffer aus der Mühle
½ TL gemahlener Koriander
2 unbehandelte Zitronen
300 g Vollmilch-Joghurt
3 Knoblauchzehen

Bei 10 Portionen pro Portion: 960 kJ / 230 kcal

Zubereitungszeit:
etwa 2 Std. 15 Min.

◆ Tip

Bei frischen Weinblättern vorm Zubereiten die Stiele abschneiden, die Blätter etwa 5 Min. mit kochendem Wasser überbrühen, auf einem Sieb abtropfen und abkühlen lassen.

1 Die eingelegten Weinblätter gründlich waschen und kurz mit kochendem Wasser überbrühen (sehr salzig eingelegte Blätter eventuell auch längere Zeit in reichlich kaltem Wasser wässern). In einem Sieb gut abtropfen und abkühlen lassen. Die Zwiebeln und alle Kräuter fein hacken.

2 In einem Topf etwa 6 EL Olivenöl erhitzen. Die Zwiebeln andünsten, dann das Hackfleisch krümelig braten. Den Reis und die Pinienkerne untermischen, kurz anbraten. Die Hälfte der Kräuter einrühren, etwa ½ l Wasser angießen. Den Reis in knapp 10 Min. nur halbgar werden lassen (er gart später in den Röllchen fertig). Die restlichen Kräuter unterrühren, mit wenig Salz, reichlich Pfeffer, dem Koriander und etwa 1 TL abgeriebener Zitronenschale würzen. Den Reis abkühlen lassen.

3 Möglichst kleine Weinblätter mit der glänzenden Seite nach unten ausbreiten, große Blätter zurechtstutzen. Die Stiele abschneiden, die dicken Blattrispen abflachen. In die Mitte der Blätter, nahe beim Stielansatz, jeweils 1 TL Reismischung häufen.

4 Die seitlichen Blattränder über die Füllung einschlagen, die Blätter jeweils zur Blattspitze hin locker aufrollen (die Füllung dehnt sich beim Garen noch aus).

5 Die abgeriebene Zitrone auspressen. Den Boden eines Topfes mit dem eventuell verbliebenen Blattwerk auslegen. Die Röllchen mit der Naht nach unten dicht nebeneinander einschichten, pfeffern und mit etwas Zitronensaft beträufeln.

6 Das restliche Olivenöl und den restlichen Zitronensaft darüber träufeln, so viel heißes Wasser angießen, daß die Röllchen knapp bedeckt sind. Aufkochen, danach bei milder Hitze im geschlossenen Topf etwa 50 Min. garen, bis die Flüssigkeit vollständig aufgesogen ist. Gut auskühlen lassen.

7 Den Joghurt mit den durchgepreßten Knoblauchzehen, Salz und Pfeffer würzen. Die zweite Zitrone in Achtel schneiden. Mit den gefüllten Weinblättern anrichten, den Knoblauch-Joghurt dazu servieren. Dazu paßt besonders gut frisches Fladenbrot.

Zucchini-Puffer

Auch als Imbiß für 2

Zutaten für 4 Portionen:

2 Schalotten
1 Knoblauchzehe
2 EL Schnittlauchröllchen
3 EL Aceto Balsamico (italienischer Würzessig)
Salz
schwarzer Pfeffer aus der Mühle
Cayennepfeffer
4–5 EL Olivenöl
1 kleine gelbe Paprikaschote
1 kleine rote Paprikaschote
300 g Zucchini
250 g Kartoffeln
1 großes Ei
2 EL feingehackte Mandeln
Öl zum Braten

Pro Portion: 1100 kJ / 260 kcal

Zubereitungszeit:
etwa 45 Min.

1 Die Schalotten und den Knoblauch fein hacken. Mit Schnittlauch und dem Essig mischen, mit Salz, schwarzem Pfeffer und Cayennepfeffer würzen. Das Öl unterschlagen. Die Paprikaschoten putzen und waschen, in winzige Würfelchen schneiden, in der Sauce marinieren.

2 Die Zucchini putzen, die Kartoffeln waschen und schälen. Beides raspeln, gut ausdrücken und in eine Schüssel geben. Das Ei, die Mandeln und etwa 1 TL Salz dazugeben, alles gründlich vermischen.

3 In einer Pfanne reichlich Öl nicht zu stark erhitzen. Für jeden Puffer etwa 1 gehäuften EL Zucchinimasse hineingeben, flachdrücken. Von beiden Seiten bei mittlerer Hitze goldbraun backen, mit dem Paprikasalat anrichten.

◆ Varianten

Ideen für schnellere Beilagen zu den Zucchini-Puffern: Preiselbeerkompott aus dem Glas oder mit Mango-Chutney pikant gewürzter Quark.

Pikante Röstbrote

Preiswert

Zutaten für 6 Portionen:

250 g frische Hühnerleber
1 große Stange Sellerie mit zartem Blattgrün
60 g Schalotten
2 EL Olivenöl
75 ml trockener Weißwein
Salz
schwarzer Pfeffer aus der Mühle
2 EL Kapern
75 ml Hühnerfond (aus dem Glas) oder kräftige Brühe
12 Scheiben Baguette (oder 6 große Scheiben Weißbrot)

Pro Portion: 620 kJ / 150 kcal

Zubereitungszeit:
etwa 45 Min.

1 Die Hühnerleber kalt abbrausen, gut abtrocknen und in sehr kleine Würfel schneiden. Die Selleriestange waschen und sehr fein hacken, das zarte Grün beiseite legen. Die Schalotten ebenfalls sehr fein hacken.

2 In einer Pfanne das Öl erhitzen, die Gemüsewürfel darin bei milder Hitze unter Rühren etwa 5 Min. braten. Die Leberstücke dazugeben, etwa 5 Min. mitbraten. Den Wein angießen, bei etwas stärkerer Hitze einkochen lassen.

3 Mit Salz und Pfeffer würzen, die Kapern hacken und untermischen. Weitere 10 Min. unter Rühren sanft köcheln lassen, dabei nach und nach die Hühnerbrühe darüber träufeln und wieder einkochen lassen.

4 Die Mischung im Mixer oder mit dem Pürierstab zerkleinern, das Püree anschließend eventuell noch durch ein Sieb streichen.

5 Die Brotscheiben eventuell kleiner zurechtschneiden, in Toaster rösten. Die Lebercreme abschmecken und auf die Brotscheiben streichen. Mit dem Selleriegrün garniert servieren.

Knusprige Pizza-Häppchen

Ideal für Kinder

◆ **Gäste-Tip**

Die Lebercreme können Sie auch in größerer Menge problemlos vorbereiten und 1–2 Tage im Kühlschrank aufheben. Das Brot schmeckt dazu am besten frisch geröstet.

◆ **Variante ohne Fleisch**

Statt der Hühnerleber zwei große abgezogene, entkernte und kleingehackte Fleischtomaten zum Sellerie geben, die Mischung kräftig mit Knoblauch würzen und einkochen lassen.

◆ **Das Original**

ist ein Klassiker der italienischen Küche – dort heißen die pikanten Brote »Crostini«.

Zutaten für 4 Portionen:

2 Platten Tiefkühl-Blätterteig (120 g)
1 kleine Zwiebel
1 EL Olivenöl
1 Knoblauchzehe
1 kleines Paket passierte Tomaten (200 g)
Salz
schwarzer Pfeffer aus der Mühle
1 TL frische Thymianblättchen (oder knapp 1/2 TL getrockneter Thymian)
Mehl zum Ausrollen
1 kleine Dose Thunfisch au naturel (etwa 70 g)
60 g Mozzarella

Pro Portion: 960 kJ / 230 kcal

Zubereitungszeit:
etwa 1 Std. 15 Min.

1 Die Blätterteigplatten nebeneinander legen und auftauen lassen. Den Backofen auf 200° vorheizen, ein Backblech mit Backpapier auslegen.

2 Die Zwiebel sehr fein hacken. Das Öl in einem kleinen Topf erhitzen. Die Zwiebel glasig dünsten und den Knoblauch dazupressen.

3 Die passierten Tomaten einrühren und die Mischung aufkochen. Mit Salz, Pfeffer und dem Thymian würzen, etwa 10 Min. bei mittlerer Hitze dicklich einköcheln lassen.

4 Die Blätterteigplatten aufeinander legen und auf der leicht bemehlten Arbeitsfläche knapp 2 mm dünn ausrollen. In 10 Quadrate mit etwa 8 cm Kantenlänge schneiden. Die Quadrate diagonal halbieren und auf das vorbereitete Blech heben.

5 Die Dreiecke in der Mitte mit je 1/2 TL Tomatensauce bestreichen. Den Thunfisch abtropfen lassen, fein zerpflücken und darauf streuen.

6 Den Mozzarella in sehr feine Streifen schneiden und über die Pizza-Dreiecke legen.

7 Im Backofen auf mittlerer Schiene (Gas Stufe 3) etwa 20 Min. goldbraun backen.

◆ **Tip**

Die Pizza-Häppchen können Sie am Morgen zubereiten und vor dem Servieren wieder aufbacken. Sie schmecken aber auch kalt – und sie lassen sich prima einfrieren.

◆ **Varianten**

Lassen Sie die Kinder ihre eigenen Häppchen belegen. Das könnten zum Beispiel auch Schinkenwürfel sein oder feingeschnittene rote Paprika, Kapern, gefüllte Oliven oder geriebener Gouda.

Champignon-Gratins

Preiswert

Zutaten für 4 Portionen:

Fett für die Förmchen
300 g große, feste Champignons
4 Eier
75 g Sahne
Salz
schwarzer Pfeffer aus der Mühle
½ TL gemahlener Anis
1 EL feingehackte Petersilie

Pro Portion: 610 kJ / 150 kcal

Zubereitungszeit:
etwa 45 Min.

1 Den Backofen auf 225° vorheizen. Vier flache, breite Gratinförmchen fetten.

2 Die Champignons waschen und putzen, in etwa ½ cm dicke Scheiben schneiden. Dekorativ in den Förmchen anrichten (siehe Tip).

3 Die Eier mit der Sahne verquirlen, kräftig mit Salz, Pfeffer, Anis und Petersilie würzen. Über die Pilze träufeln.

4 Im Backofen auf der oberen Schiene (Gas Stufe 4) etwa 20 Min. gratinieren .

◆ Garnier-Tip

Die Anordnung der Pilze ist Dekoration genug – Sie können die Pilzscheiben zum Beispiel schön gleichmäßig und überlappend im Kreis legen.

◆ Wichtig

Die Gratins unbedingt auf der oberen oder zweiten Schiene von oben in den Backofen stellen. Außerdem ist es wichtig, daß die Pilze schön fest sind. Sonst kann die Eiersahne nicht stocken – die Pilze ziehen in der Hitze Wasser.

Käse-Soufflés

Frisch aus dem Ofen servieren

Zutaten für 4 Portionen:

Fett für die Förmchen
3 EL gemahlene Mandeln
150 g Zucchini
1 kleine Zwiebel
einige Salbeiblättchen
3 EL Butter
Salz
schwarzer Pfeffer aus der Mühle
40 g Mehl
150 ml Milch
2 Eier (getrennt)
50 g geriebener Hartkäse (zum Beispiel Gruyère oder mittelalter Gouda)

Pro Portion: 1200 kJ / 290 kcal

Zubereitungszeit:
etwa 1 Std.

1 Den Backofen auf 200° vorheizen. 4 Souffléförmchen fetten und mit den gemahlenen Mandeln ausstreuen.

2 Die Zucchini waschen, putzen und grob raspeln. Die Zwiebel fein hacken. Die Salbeiblättchen in feine Streifen schneiden.

3 In einer kleinen Pfanne 1 EL Butter aufschäumen, die Zwiebel darin glasig dünsten. Die Zucchini einrühren und etwa 2 Min. bei mittlerer Hitze mitgaren. Mit Salz, Pfeffer und Salbei würzen.

4 Die restliche Butter in einem Topf zerlassen, das Mehl einstreuen und unter Rühren goldgelb anschwitzen. Die Milch einrühren und einmal aufkochen lassen. Vom Herd nehmen und die 2 Eigelb unterrühren, den Käse darin unter Rühren schmelzen lassen.

5 Die Zucchini-Mischung dazugeben, mit den Gewürzen kräftig abschmecken. Die 2 Eiweiß steif schlagen und unter die Käsemasse heben. In die Förmchen verteilen, im Backofen auf mittlerer Schiene

Carpaccio

Mariniertes, rohes Rinderfilet

(Gas Stufe 3) etwa 20 Min. backen. Zwischendurch die Backofentür nicht öffnen. Die Käsesoufflés unverzüglich servieren.

◆ Tip

Bereits mit der Auswahl der Käsesorten bestimmen Sie das Aroma des fertigen Soufflés. Verwenden Sie einen pikanten Gruyère oder mittelalten Gouda, schmeckt das Soufflé kräftig-aromatisch, mit jungem Gouda kommt es recht mild auf den Tisch.

◆ Tip

In einer großen Form statt in vier kleinen Förmchen zubereitet braucht das Soufflé bei 175° etwa 10 Min. länger.

Zutaten für 4 Portionen:

150 g Rinderfilet
75 ml erstklassiges, kaltgepreßtes Olivenöl
Salz
schwarzer Pfeffer aus der Mühle
100 g kleine, feste Champignons
50 g Parmesan am Stück
einige Zweige frisches Basilikum

Pro Portion: 1100 kJ / 260 kcal

Zubereitungszeit:
etwa 30 Min.
(+ 40–60 Min. Kühlzeit)

1 Das Rinderfilet in Frischhaltefolie wickeln und 40–60 Min. (je nach Dicke des Fleischstückes) in das Tiefkühlgerät legen.

2 Das Fleisch anschließend mit einem sehr scharfen, großen Messer in hauchdünne Scheiben schneiden. Jede Scheibe mit einigen Tropfen Olivenöl bestreichen, zwischen zwei Lagen Frischhaltefolie legen und mit dem Wellholz noch dünner ausrollen.

3 Die Fleischscheiben auf vier große Teller verteilen. Gleichmäßig dünn mit dem Olivenöl beträufeln. Salz und groben Pfeffer darüber streuen.

4 Die Champignons waschen oder abreiben, putzen und in dünne Scheiben schneiden. Den Parmesan in dünne Scheibchen hobeln, die Basilikumblättchen von den Stielen zupfen. Pilze, Parmesan und Basilikum über das Carpaccio streuen. Die Pfeffermühle beim Servieren auf den Tisch stellen.

◆ Variante

Nach ähnlichem Rezept können Sie auch dünne Scheiben von rohem Lachs, Räucherlachs oder Graved Lachs anrichten. Dann allerdings weniger Öl verwenden und etwas Zitronensaft darüber träufeln. Statt Basilikum passen dazu besonders gut zarte Dillspitzen. Sogar für Gemüse eignet sich diese Art der Zubereitung: zum Beispiel für hauchdünne Scheiben von roter Bete, Kohlrabi oder Spargel.

◆ Das Original

heißt auch »Carne cruda«, einfach rohes Fleisch, und kommt aus dem Piemont, einer gebirgigen Region im Norden Italiens. Dort werden die superzarten Scheibchen auch mal mit einem Hauch frischer weißer Trüffel gewürzt, die ebenfalls dort zu Hause sind.

Mariniertes Gemüse

Ideal für ein Buffet

Zutaten für 8 Portionen:

Marinierte Paprika:
je 1 rote, gelbe und grüne Paprikaschote
1 Zitrone
5 EL Olivenöl
2 Knoblauchzehen
Salz
schwarzer Pfeffer aus der Mühle

Marinierte Zucchini:
500 g kleine Zucchini
etwa 8 EL Olivenöl
½ Bund glatte Petersilie
½ Bund Basilikum
2 Knoblauchzehen
5 EL Weißweinessig
Salz
schwarzer Pfeffer aus der Mühle

Marinierte Pilze:
300 g kleine Champignons
2 Schalotten
4 Knoblauchzehen
4 EL Olivenöl
⅛ l trockener Weißwein
1–2 EL Zitronensaft
Salz
½ TL weiße Pfefferkörner
1 kleine Chilischote
1 Lorbeerblatt
½ Bund glatte Petersilie
Weißbrot nach Belieben

Pro Portion: 970 kJ / 230 kca

Zubereitungszeit:
etwa 1 Std. 30 Min.
(+ mindestens 2 Std. zum Marinieren)

1 Den Backofen auf höchste Stufe vorheizen. Die Paprikaschoten halbieren, putzen und waschen. Mit der Wölbung nach oben unter den Grill oder in den Backofen schieben und anrösten, bis die Haut Blasen wirft. Mit einem feuchten Tuch bedecken, etwas abkühlen lassen und die Haut von den Schoten lösen. Die Paprika in breite Streifen schneiden.

2 Zwischendurch etwa 3 EL Zitronensaft mit dem Olivenöl verrühren. Den Knoblauch in Scheibchen schneiden und untermischen. Die Paprikastreifen salzen und pfeffern, mit der Marinade beträufeln. Abgedeckt kühlstellen und gut durchziehen lassen.

3 Die Zucchini putzen und waschen, in etwa ½ cm dicke Scheiben schneiden. Etwa 6 EL Olivenöl erhitzen, die Zucchinischeiben portionsweise hellbraun braten, herausnehmen und auf Küchenkrepp gut abtropfen lassen.

4 Die Kräuter und die Knoblauchzehen fein hacken, mit dem Essig und dem restlichen Öl verrühren. Die Zucchini lagenweise in eine Schüssel schichten, jeweils salzen, pfeffern und mit dem Würzsud beträufeln. Abgedeckt kalt stellen und durchziehen lassen.

5 Die Champignons putzen und abreiben, größere eventuell halbieren. Die Schalotten und die Knoblauchzehen fein hacken. Das Olivenöl erhitzen, Schalotten und Knoblauch andünsten. Die Pilze untermischen und sanft anbraten. Den Wein, den Zitronensaft und eventuell einige Eßlöffel Wasser angießen. Mit Salz, Pfefferkörnern, Chilischote und Lorbeerblatt würzen. Petersilienblättchen abzupfen und in den Sud geben. Etwa 15 Min. köcheln lassen. Die Pilze im Sud abkühlen lassen. Abgedeckt kalt stellen und durchziehen lassen.

6 Alle marinierten Gemüse mindestens 30 Min. vorm Servieren aus dem Kühlschrank nehmen. Reichlich frisches Weißbrot dazustellen.

◆ Tip

Sie können sich natürlich auch für nur eines der Rezepte entscheiden und die Menge entsprechend erhöhen.

Tomatensorbet mit Mascarponesauce

Auch als Zwischengang in einem Menü

Zutaten für 6–8 Portionen:

500 g vollreife, aromatische Tomaten
1 Prise Zucker
1 EL Aceto Balsamico (italienischer Würzessig)
2 Eiweiß
200 g Mascarpone
3–4 EL trockener Weißwein
1 Bund Basilikum
1 Prise Salz
weißer Pfeffer aus der Mühle
1–2 EL Zitronensaft

Bei 8 Portionen pro Portion: 430 kJ / 100 kcal

Zubereitungszeit:
etwa 40 Min.
(+ 3 Std. Gefrierzeit)

1 Die Tomaten kreuzweise einritzen, kurz in kochendes Wasser legen. Kalt abschrekken, enthäuten und halbieren. Die Kerne mit einem Löffel entfernen, das Fruchtfleisch fein hacken oder pürieren und durch ein Sieb streichen.

2 Das Tomatenfruchtfleisch mit 1 Prise Zucker und dem Aceto Balsamico würzen. Die Masse in eine Metallschüssel füllen und für etwa 1 Std. ins Gefrierfach stellen.

3 Die 2 Eiweiß steifschlagen. Das angefrorene Tomatenpüree herausholen, mit dem Handrührgerät kräftig durchquirlen. Den Eischnee untermischen, wieder ins Gefrierfach stellen. Nochmals mindestens 2 Std. gefrieren lassen. Möglichst alle 30 Min. die Masse kräftig durchrühren.

4 Etwa 20 Min. vorm Servieren das Sorbet in den Kühlschrank stellen und etwas antauen lassen. Die Mascarpone mit dem Weißwein in einem Töpfchen erhitzen, glattrühren. Einige kleine Basilikumblättchen zum Garnieren beseite legen. Den Rest fein hacken, in die Sahnesauce rühren, die Sauce im Topf pürieren. Mit 1 Prise Salz, etwas Pfeffer und dem Zitronensaft vorsichtig abschmecken.

5 Das Tomatensorbet mit dem Eisportionierer zu kleinen Kugeln formen und in dekorative Gläser oder Eisbecher verteilen. Mit der warmen Mascarponesauce begießen und mit Basilikumblättchen garnieren. Sofort servieren.

◆ Beilage

Dazu passen Grissini, die knusprigen italienischen Gebäckstangen.

◆ Tip

Auch als Zwischengang in einem größeren Menü denkbar, vor oder nach einem kleinen Fischgericht. Oder zusammen mit einer Scheibe Fischterrine anrichten (Rezept auf Seite 34).

Gebeizter Lachs

Etwas teurer

Zutaten für 8 Portionen:

4 EL Salz (möglichst grobes)
3 EL Zucker
1 TL weiße Pfefferkörner, grob gemahlen
2 frische Lachsfilets (etwa 1 kg, Mittelstück mit Haut)
2 Bund Dill
1 unbehandelte Zitrone

Für die Senfsauce:
3 EL grobkörniger, französischer Rotisseur-Senf
2 TL Zucker
1 EL Weinessig
4 EL Olivenöl
Salz
weißer Pfeffer aus der Mühle
½ Bund Dill

Pro Portion: 1200 kJ / 290 kcal

Zubereitungszeit:
etwa 30 Min.
(+ etwa 2 Tage Marinierzeit)

1 Salz, Zucker und Pfeffer mischen. 1 Lachsfilet von beiden Seiten mit der Würzmischung bestreuen. Mit der Haut nach unten in eine möglichst genau passende Form legen. Den Dill hacken. Zwei Drittel davon auf den Lachs streuen. Das zweite Filet ebenfalls würzen, mit der Haut nach oben auf das erste Filet legen. Den restlichen Dill aufstreuen.

2 Mit Alufolie dicht abdecken. Holzbrettchen darauf legen, mit Gewichten beschweren (gefüllte Flaschen, Gläser, Töpfe). Insgesamt 1 ½ – 2 Tage im Kühlschrank ziehen lassen. Etwa zweimal am Tag den Lachs in der Form wenden, damit auch das obere Filet in der Lake durchziehen kann.

3 Für die Sauce den Senf mit Zucker, Essig und Öl verrühren. Würzen, Dill untermischen. Die Filets abtropfen lassen, in dünne Scheiben schneiden (am besten mit einem schmalen, elastischen Lachsmesser). Mit Senfsauce und Zitronenschnitzen anrichten.

Mariniertes Rindfleisch

Ideal für ein Buffet

Zutaten für 8–10 Portionen:

etwa 2 l kräftige Fleischbrühe (siehe Rezept Seite 66)
1 kg Rindfleisch zum Kochen (eventuell Tafelspitz)
1 Bund glatte Petersilie
1 Bund Basilikum
200 ml bestes Olivenöl
4 EL Weißweinessig
2 unbehandelte Zitronen
2 EL scharfer Senf (zum Beispiel Dijon-Senf)
Salz
schwarzer Pfeffer aus der Mühle
¼ TL Zucker
1 Bund Radieschen

Bei 10 Portionen pro Portion: 1400 kJ / 330 kcal

Zubereitungszeit:
etwa 3 Std. 30 Min.
(+ Abkühlzeit
+ 12–24 Std. Marinierzeit)

1 Die Fleischbrühe zum Kochen bringen, das Rindfleisch hineingeben und sofort die Temperatur verringern. Den Deckel halb auflegen, das Fleisch bei niedrigster Hitze in etwa 2 ½ Std. garziehen lassen. Die Brühe darf nur ab und zu kurz aufköcheln. Das Fleisch im Sud erkalten lassen.

2 Das gut abgekühlte Rindfleisch mit einem großen scharfen Messer quer zur Faser in hauchdünne Scheiben schneiden.

3 Die Petersilienblättchen und die Hälfte der Basilikumblättchen abzupfen. Mit dem Olivenöl im Mixer oder mit dem Pürierstab pürieren. Den Weinessig, den Saft von ½ Zitrone (2–3 EL), den Senf, Salz, reichlich Pfeffer und den Zucker unterquirlen. Die übrigen Zitronen waschen, abtrocknen und in hauchdünne Scheiben schneiden.

4 Die Fleischscheiben jeweils von beiden Seiten mit der

Sauce bestreichen und in eine flache, eckige Form schichten. Die übrige Marinade am Schluß über die oberste Fleischlage träufeln, glattstreichen, mit den Zitronenscheiben belegen. Mit Frischhaltefolie abdecken und bis zum Servieren kalt stellen.

5 Kurz vorm Servieren die Radieschen putzen, waschen und kleinraspeln oder in Scheibchen schneiden. Mit den übrigen Basilikumblättchen übers Fleisch streuen.

◆ Gäste-Tip

Unbedingt 1–2 Tage vorm Servieren mit der Zubereitung beginnen. Das marinierte Fleisch hält sich abgedeckt im Kühlschrank einige Tage – ideal für ein größeres Fest. Dazu reichlich Weißbrot servieren.

Vitello tonnato

Spezialität aus Italien

Zutaten für 6–8 Portionen:

600 g Kalbsnuß
3/4 l trockener Weißwein
1 Selleriestange
1 Möhre
1 Zwiebel
1 Lorbeerblatt
1 Gewürznelke
Salz
1 Dose Thunfisch au naturel (150 g)
3 eingelegte Sardellenfilets
2 Eigelb
3 EL Kapern
1 Zitrone
2 EL Weißweinessig
200 ml Olivenöl
Salz
schwarzer Pfeffer aus der Mühle

Bei 8 Portionen pro Portion: 1800 kJ / 430 kcal

Zubereitungszeit:
etwa 2 Std.
(+ insgesamt etwa 30 Std. Marinierzeit)

1 Die Kalbsnuß in einen Topf legen, den Wein angießen. Die Selleriestange, die Möhre und die Zwiebel putzen und zerteilen, mit dem Lorbeerblatt und der Gewürznelke in die Marinade legen. Zugedeckt 12–24 Std. durchziehen lassen, das Fleisch eventuell 1–2mal wenden.

2 Am nächsten Tag so viel Wasser angießen, daß die Kalbsnuß gerade eben bedeckt ist. Zum Kochen bringen, mit 1 TL Salz würzen. Bei geringer Hitze in knapp 1 Std. garziehen lassen. Im Sud abkühlen lassen.

3 Den Thunfisch abtropfen lassen, die Sardellenfilets kurz abspülen und mit Küchenkrepp trocknen. Thunfisch und Sardellen mit 2 Eigelb, 2 EL Kapern, 3–4 EL Zitronensaft und 2 EL Weinessig in den Mixer geben und pürieren. Nach und nach das Olivenöl einfließen lassen. In eine Schüssel umfüllen, so viel Kalbsbrühe unterrühren, daß eine sämige, glatte Sauce entsteht. Mit Salz und Pfeffer abschmecken.

4 Das Kalbfleisch in sehr dünne Scheiben aufschneiden. In einer großen, flachen Form eine Schicht Fleischscheiben ausbreiten, mit der Thunfischsauce bestreichen. Die nächste Lage Fleisch auflegen, wieder mit Sauce bestreichen. Mit Frischhaltefolie abdecken, bis zum Servieren im Kühlschrank durchziehen lassen (mindestens 3–4 Std.).

5 Das Kalbfleisch vorm Servieren mit den restlichen Kapern bestreuen.

Fischterrine mit Riesengarnelen

Am Vortag zubereiten

Zutaten für 8–10 Portionen:

500 g Schellfischfilet
2 Eier (getrennt)
2 TL Mehl
Salz
weißer Pfeffer aus der Mühle
1 Limette (oder unbehandelte Zitrone)
120 g Brunnenkresse (ersatzweise zarter Spinat)
8 geschälte, gekochte Riesengarnelen
Fett für die Form
100 g gut gekühlte Sahne

Bei 10 Portionen pro Portion:
440 kJ / 110 kcal

Zubereitungszeit:
etwa 2 Std. 30 Min.
(+ 12–24 Std. Kühlzeit)

◆ Variante

Statt Schellfisch eignet sich auch anderes weißes Fischfilet, zum Beispiel Kabeljau. Für eine besonders edle Variante können Sie auch teureren Fisch wie Seeteufel verwenden.

◆ Tip

Jede Farce verliert beim Garen Würze, schmecken Sie deshalb immer sehr kräftig ab. Auf das Garen von kleinen Probeklößchen sollten Sie trotzdem nicht verzichten. Nur so können Sie Geschmack und Konsistenz der Terrine vorab testen, die kleine Mühe lohnt sich auf jeden Fall!

◆ Garnier-Tip

Zum Servieren die Terrine in Scheiben schneiden, mit Brunnenkresse oder Kräuterblättchen und feinen Limettenfilets garnieren.

1 Das Fischfilet unter kaltem Wasser kurz waschen, gründlich abtrocknen. Eventuell vorhandene Gräten mit der Pinzette entfernen. Das Filet in kleine Würfel schneiden, durch die feinste Scheibe des Fleischwolfs drehen oder im Mixer pürieren.

2 Das Fischpüree in eine Schüssel geben, mit den 2 Eigelb, dem Mehl, Salz, Pfeffer, etwa 1 TL abgeriebener Limettenschale und etwa 2 EL Limettensaft verrühren. Gut zugedeckt in den Kühlschrank stellen.

3 Die Brunnenkresse waschen und verlesen, alle harten Stiele abzwicken. Sekundenlang in kochendes Salzwasser geben, dann sofort in ein Sieb abgießen, abtropfen lassen und auf Küchenkrepp ausbreiten.

4 Die Garnelen kurz unter kaltem Wasser abspülen, gut abtrocknen. Im restlichen Limettensaft wenden, mit Salz und Pfeffer kräftig würzen.

5 Den Backofen auf 175° vorheizen, ein Wasserbad vorbereiten: Die Fettpfanne handbreit mit Wasser füllen, in den Backofen schieben. Eine Terrinenform mit 1 l Inhalt fetten. Die Sahne unter die Fischfarce rühren. Die beiden Eiweiß steifschlagen und unter die Farce heben.

6 Um Konsistenz und Geschmack der Fischfarce zu prüfen, mit einem Teelöffel zwei Klößchen abstechen und diese in siedendem Wasser kurz garen. Nach Bedarf die Farce noch mit etwas Mehl binden oder nachwürzen.

7 Die Hälfte der Farce in die vorbereitete Form geben. In der Mitte eine längliche Mulde drücken, die Hälfte der Brunnenkresse hineinlegen. Die Garnelen darauf verteilen und mit der übrigen Brunnenkresse bedecken.

8 Die restliche Fischfarce einfüllen. Glattstreichen, mit dem Terrinendeckel oder mit gefetteter Alufolie zudecken. In das Wasserbad stellen und im Backofen auf mittlerer Schiene (Gas Stufe 2) etwa 1 Std. garen. Mehrere Stunden, am besten über Nacht, kühlstellen.

Schinkensülze mit Apfel-Meerrettich

Gut vorzubereiten

Zutaten für 8 Portionen:

Für die Sülze:
500 g Broccoli
Salz
400 g gekochter Schinken (2 dicke Scheiben)
100 g magerer roher Schinken in dünnen Scheiben
12 Blatt weiße Gelatine (oder 2 Päckchen gemahlene)
800 ml Geflügel- oder Fleischfond (oder kräftige Brühe)
weißer Pfeffer aus der Mühle
2 EL Zitronensaft
eventuell 40–50 ml weißer Portwein (oder trockener Sherry)

Für den Apfel-Meerrettich:
2 EL Zitronensaft
150 g Crème fraîche
150 g saure Sahne
1 Stück frischer Meerrettich (etwa 10 cm)
2 feste säuerliche Äpfel
Salz
schwarzer Pfeffer aus der Mühle

Pro Portion: 1200 kJ / 290 kcal

Zubereitungszeit:
etwa 1 Std. 30 Min.
(+ 12–24 Std. Gelierzeit)

1 Für die Sülze den Broccoli putzen und waschen, Stiele und Röschen voneinander trennen. Die Stiele eventuell abziehen, in wenig Salzwasser gut zugedeckt etwa 5 Min. dünsten. Dann die Röschen dazugeben, alles weitere 5 Min. dünsten. Abtropfen lassen und in Eiswasser geben, damit das Gemüse nicht weiter gart.

2 Beide Schinkensorten in kleine Würfel schneiden, dabei die Fettränder entfernen.

3 Die Gelatine etwa 5 Min. in kaltem Wasser einweichen. Den Fond erhitzen und kräftig mit Salz, Pfeffer, Zitronensaft und eventuell Portwein würzen. Vom Herd nehmen, die Gelatine im Fond auflösen.

4 Ganz wenig Fond in eine Kastenform (etwa 1 ½ l Inhalt) gießen und im Kühlschrank erstarren lassen.

5 Aus einigen schönen Broccoliröschen und etwas Schinken einen dekorativen Boden (das ist später die Oberfläche) formen. Vorsichtig etwas Fond angießen, erneut im Kühlschrank erstarren lassen.

6 Dann den übrigen Broccoli und die Schinkenwürfel mischen, in die Form füllen und den restlichen Fond angießen. Über Nacht im Kühlschrank gelieren lassen.

7 Für den Apfel-Meerrettich den Zitronensaft mit der Crème fraîche und der sauren Sahne verrühren. Den Meerrettich schälen und sofort in diese Sauce reiben. Die Äpfel waschen, gut abreiben und ebenfalls direkt in die Sauce raspeln. Alles gründlich vermischen, mit Salz und frisch gemahlenem Pfeffer pikant abschmecken.

8 Zum Servieren die Sülze in der Kastenform etwa 1 Min. in heißes Wasser stellen, dann aus der Form stürzen und zusammen mit dem Apfel-Meerrettich anrichten.

◆ **Sülze**

verliert beim Gelieren an Geschmack. Daher den Sud immer sehr kräftig würzen – eher zuviel als zuwenig.

Fleischpastete mit Oliven

Braucht etwas Zeit

Zutaten für 10 Portionen:

Für den Teig:
400 g Mehl
1 kleines Ei
200 g weiche Butter
1 TL Salz
Fett für die Form
Mehl zum Ausrollen

Für die Füllung:
250 g Schweinegulasch
200 g Rindergulasch
2 mittelgroße Zwiebeln
1 ½ Brötchen
50 ml lauwarme Milch
85 g grüne, paprikagefüllte Oliven
1 EL Kapern
100 g Sahne
Salz
schwarzer Pfeffer aus der Mühle
einige Tropfen Tabasco
1 Eigelb zum Bestreichen

Pro Portion: 1900 kJ / 450 kcal

Zubereitungszeit:
etwa 3 Std.
(+ 12–24 Std. Kühlzeit)

1 Für den Teig das Mehl auf die Arbeitsfläche streuen, in die Mitte eine Mulde drücken.

2 Das Ei, die Butter in kleinen Stücken, das Salz und etwa 7 EL Wasser in die Mulde geben, die Zutaten mit etwas Mehl verrühren. Nach und nach das gesamte Mehl unterkneten, eventuell noch etwas Wasser dazugeben, wenn der Teig nicht zusammenhält. Er darf aber nicht klebrig werden. Den Teig zur Kugel formen und abgedeckt mindestens 1 Std. in den Kühlschrank legen.

3 Inzwischen die Füllung zubereiten. Das Fleisch von Fett und Sehnen befreien. Die Zwiebeln vierteln, die Brötchen würfeln und kurz in der Milch einweichen. Anschließend alles zusammen durch den Fleischwolf (mittlere Scheibe) drehen.

4 Die Oliven halbieren, zusammen mit den Kapern und der Sahne in den Fleischteig geben. Mit Salz, Pfeffer und Tabasco würzen, alles gründlich vermischen.

5 Eine Pastetenform (etwa 25 cm lang) gründlich fetten. Den Teig auf der leicht bemehlten Arbeitsfläche ausrollen, die Form mit etwa zwei Dritteln davon auslegen. Der Teig soll in der Form etwa 3 cm überstehen.

6 Die Fleischmischung in die Form geben und glattstreichen. Den überstehenden Teig darüber legen. Das Eigelb mit etwas Wasser verquirlen, mit einem Teil davon den Teig bestreichen. Aus dem restlichen Teig einen Deckel ausschneiden, auf die Fleischfarce legen und vorsichtig an den Teigrändern festdrücken.

7 Mit einem Apfelausstecher einen kleinen Kreis aus dem Teigdeckel ausstechen, damit Dampf entweichen kann. Die Oberfläche mit Eigelb bestreichen, mit Teigresten dekorieren und auch diese mit Eigelb bestreichen.

8 Die Form in den kalten Backofen auf die untere Schiene stellen. Bei 200° (Gas Stufe 3) etwa 50 Min. backen. Die Pastete aus der Form lösen und über Nacht abkühlen lassen.

◆ Tip

Wenn Sie keinen Fleischwolf haben: Bitten Sie den Metzger, das Fleisch für Sie grob durchzudrehen. Notfalls können Sie auch mageres, gemischtes Hackfleisch kaufen.

Salate – für jede Saison

Die Farbe Grün macht Appetit. Weckt zarte Frühlingsgefühle, verführt zum Schlemmen, gibt den Ton an in bunten Mischungen. Rund ums Jahr steht »Grün« für Frische, Würze und Knackigkeit. Kein Wunder also, daß Salat zum Zauberwort des Fitneß-Geistes geworden ist. Genießen will man und trotzdem auf gesunde Ernährung achten. Salate sind die Renner: als frühlingshafte Vorspeise oder sommerfrisches Hauptgericht, als herbstlich-deftige Zwischenmahlzeit oder winterlicher Vitaminspender.

Salat ist heute natürlich weit mehr als grünes Blattwerk. Der Kopfsalat lebt, aber er hat viele Konkurrenten bekommen. Nicht nur das – Salat bezeichnet inzwischen auch die Sammelsurien verschiedenster Zutaten: von Gemüse, Kartoffeln und Hülsenfrüchten über Fisch und Meeresfrüchte zu gekochtem Fleisch und Schinken, Wurst und Käse, Eiern und Früchten, Nüssen und Pilzen. Eigentlich ein wunderbares Mittel, um sich abwechslungsreich und ausgewogen zu ernähren. Über die Qualität entscheidet aber letztendlich auch das wichtigste Elixier der kalten Küche: die Salatsauce. Das Sprichwort ist zu Recht berühmt: Vier Charakterköpfe braucht es, um eine Salatsauce zu bereiten. Einen Verschwender für das Öl, einen Geizigen für den Essig, einen Weisen für Salz und Pfeffer und einen Narren, der all das mischt.

Rucola

Eichblattsalat

Löwenzahn

Radicchio aus Treviso

Brunnenkresse

Vinaigrette

Der Klassiker unter den Salatsaucen, gemischt aus aromatischem Essig, Salz und Pfeffer sowie kaltgepreßtem Öl. Diese Mischung ist Grundlage unzähliger Varianten: mit Kräutern oder Schalotten, mit Senf oder Edelpilzkäse. Paßt besonders gut zu Blattsalaten, aber auch zu Kartoffeln, Gemüsemischungen, Linsen. Je neutraler und zarter die Grundzutaten schmecken, desto kräftiger darf die Vinaigrette gewürzt sein.

Sahne-Dressing

Das Öl wird zum guten Teil durch fettreiche Sahne, Crème fraîche, Dickmilch oder Joghurt ersetzt. Fein gesäuert mit Essig oder Zitronensaft, gewürzt mit Salz, Pfeffer, frischen Kräutern, eventuell gehackten Nüssen. Diese cremige Sauce paßt gut zu üppigen Salatmischungen auf der Basis von Nudeln, Reis, Kartoffeln. Für Blattsalate die Sauce leicht und flüssig halten.

Warme Marinaden

Die Grundlage kann zum Beispiel eine kräftige Brühe sein, kurz aufgekocht und aromatisiert mit Essig, Wein, Gewürzen, getrockneten Kräutern. Unter den leicht abgekühlten Sud wird zuletzt das Öl geschlagen. Eine Sauce für robuste Salate, zum Beispiel mit Kohl, Lauch, Kartoffeln, gekochtem Fleisch.

Das beste Öl

ist auf die Salatsorte abgestimmt. Es sollten möglichst kaltgepreßte, hochwertige Öle sein, die reichlich ungesättigte Fettsäuren enthalten.
Olivenöl hat einen intensiven Eigengeschmack und paßt gut zu südlichem Gemüse (Paprika, Tomaten, Fenchel), aber auch zu kräftigen Blattsalaten.
Sonnenblumenöl ist preiswert und schmeckt relativ neutral. Ein ideales Salatöl für den täglichen Gebrauch.
Spezielle Ölsorten, zum Beispiel Kürbiskernöl oder Walnußöl, probieren Sie vorm Verwenden am besten tropfenweise pur aus: je nach Intensität des Aromas mit feinen oder eher kräftigen Salatzutaten mischen.

Der beste Essig

schmeckt fein, fruchtig und mild – auf keinen Fall aggressiv säuerlich. Kann auch ersetzt werden durch Zitronen- oder Limettensaft. Gute Qualitäten auf der Basis von Weißwein oder Rotwein lassen sich noch lohnenswert verfeinern mit Kräutern, Beeren, Gewürzen oder Alkohol, zum Beispiel Estragon, Himbeeren, Sherry.

Salate anmachen

Lassen Sie genügend Raum zur Entfaltung: In einer großen Schüssel zuerst den Essig mit Salz und Pfeffer verquirlen, dann das Öl in dünnem Strahl unterschlagen, zuletzt eventuell Kräuter untermischen.
Blattsalate in einzelne Blätter zerlegen, Strünke und dickere Blattrippen herausschneiden. Die Blätter waschen, abtropfen lassen und gut trockenschleudern (triefend nasse Blätter weisen die Marinade ab, das Öl perlt ab und kann den Salat nicht benetzen). Nun die Blätter kleinzupfen und direkt in die Schüssel zur Sauce geben. Locker mischen, sofort servieren. Kräftigere Blattsalate, zum Beispiel Feldsalat, dürfen auch etwas länger durchziehen.
Üppige Salate, zum Beispiel aus Getreide, Kartoffeln, Nudeln einfach mit der fertigen Salatsauce begießen, gründlich mischen und je nach Rezept, Wunsch und Zeit marinieren.

Kopfsalat & Co.

Zu jeder Jahreszeit gibt es den passenden Kopf: vom Freiland geerntet, voll im Geschmack. Rund ums Jahr werden Salate aber auch unter Glas angebaut: immer verfügbar und relativ preiswert. Importe aus aller Welt machen das Angebot komplett. Am besten schmecken Blattsalate natürlich ernte-

frisch, möglichst also am Tag des Einkaufs verarbeiten. Zum Lagern ganze Köpfe oder Reste in ein feuchtes Tuch wickeln und ins Gemüsefach des Kühlschranks legen.

Kopfsalat, der beliebteste Klassiker aus der Lattich-Familie. Die kräftig grünen Außenblätter sind besonders zu empfehlen – sie enthalten mehr Vitamin C und weniger Nitrat als das hellgelbe Innere.
• Varianten: Roter Kopfsalat oder Burgunder.
• Saucen: Vinaigrette mit Kräutern, Senf oder Schalotten; leichtes Sahne-Dressing.

Batavia: Eng verwandt mit dem Kopfsalat, mit kräftigeren Blättern, die in der Sauce nicht so schnell zusammenfallen. Ideal zum Kombinieren mit Resten, zum Beispiel gebratenem Fleisch und Geflügel.
• Varianten: milde gelbliche und kräftige rötliche Sorten. Mehr oder weniger stark gekraust.
• Saucen: herzhaft gewürzte Vinaigrette-Mischungen.

Lollo rosso: stark gekrauste, relativ haltbare, kräftige Blätter. Dekorativ und schmackhaft.
• Varianten: von hellgrün bis dunkelrot.
• Saucen: wie Batavia.

Romana (Römischer Salat, Bindesalat): längliche Köpfe mit festen knackigen Blättern und kräftigen Rippen. Zum Kombinieren mit Fleisch, Fisch, Eiern und Gemüse. Gut zum Dünsten und Überbacken.
• Saucen: Kräftig gewürzte Dressings, zum Beispiel mit Edelpilzkäse, Zwiebeln oder krossen Speckwürfeln.

Eissalat (Eisbergsalat): sehr knackige, erfrischende, hellgrüne Blätter, gut haltbar. Beim Putzen entweder vierteln und in Streifen schneiden oder die einzelnen Blätter ablösen. Vielseitig zu kombinieren, mit pikanten und fruchtigen Zutaten.
• Variante: rotblättrige Sorten.
• Saucen: pikante Marinaden, fruchtige Sahne-Dressings.

Eichblattsalat: zarte Struktur, aber kräftiger, nußartiger Geschmack. Attraktive Blattform.
• Saucen: Vinaigrette mit Knoblauch, Kräutern, würzigem Essig oder Zitronensaft. Saucen mit Walnußöl.

Endiviensalat: bekanntester Vertreter der relativ bitter schmeckenden Zichorienfamilie. Die fast glatten, derben Blätter werden in hauchfeine Streifen geschnitten – aber erst nach dem Waschen!
• Saucen: würzige Vinaigrette, zum Beispiel mit Senf und Sardellen oder auch sahnig-fruchtige Saucen.

Frisée: wichtigste Variante der Endivie. Stark gekrauste Köpfe mit großem, gelbem Herz. Beim Einkauf auf schöne Spitzen achten!
• Saucen: kräftige Vinaigrette, zum Beispiel mit Rotweinessig, Zwiebeln, krossem Speck.

Radicchio: kleine, rotviolette Köpfe, je nach Sorte fest oder locker, mehr oder weniger bitter. Dekorativ und würzig in gemischten Salaten.
• Varianten: Größere, sehr robuste, mild schmeckende Köpfe. Kleine, dunkelviolette und fest geschlossene Köpfe mit kräftigerem Aroma.
• Spezialität: Radicchio aus Treviso mit länglichen Blättern und fleischigen Rippen, schmeckt intensiv bitter. Hauptsächlich zum Grillen oder Dünsten.
• Saucen: Kräftig gewürzte Marinaden. Olivenöl, aromatischer Essig, frische Kräuter, Knoblauch.

Chicorée: fest geschlossene Sprossen mit hellgelben bis weißen Blättern mit zartbitterem Geschmack. Eignet sich auch bestens zum Dünsten und Überbacken.
• Variante: rote Blätter, die aber beim Erwärmen bleich werden.
• Saucen: sahnige Saucen bei Mischungen mit Früchten. Pikante Marinaden in herzhaften Salaten.

Feldsalat (Rapunzel): Die kleinen Blattbüschel gründlich waschen, Wurzelenden abzwicken. Die Blättchen haben ein feines Nußaroma. Wegen des hohen Nitratgehalts nicht täglich essen.
• Saucen: Vinaigrette mit Schalotten, Senf oder krossen Speckwürfelchen.

Brunnenkresse: Äußerst aromatische, vitamin- und mineralstoffreiche Wasserpflanze. Roh als Salat, gehackt zum Würzen von Kartoffeln, Suppe, Saucen, gedünstet als Gemüse.

Rucola (Rauke): Salatsorte mit zarten, erfrischend pikant schmeckenden Blättern. Als Rohkost oder Gemüse zubereiten.

Sprossen: Winzlinge mit Superkräften

In Sprossen und Keimlingen konzentriert sich all das, was für die Entstehung der Pflanze und damit für unsere Ernährung notwendig ist: Ballaststoffe und wertvolles Eiweiß, leicht verdauliche Fette und Kohlenhydrate, Vitamine und Mineralstoffe. Besonders für Salate und Rohkost sind frische Keimlinge eine gesunde und wohlschmeckende Bereicherung, ein Vitaminstoß auf natürlichste Art. Wenn Sie die Sprossen zu Hause züchten wollen: unbedingt nur speziell zum Keimen geeignete Samen verwenden (aus Reformhaus oder Bioladen). Normales Saatgut ist ungeeignet. Keimlinge von Hülsenfrüchten müssen vorm Verzehren wegen bestimmter Inhaltsstoffe blanchiert werden. Alle Sprossen gründlich abspülen und möglichst frisch essen, höchstens 2 Tage in einem geschlossenen Gefäß im Kühlschrank lagern.

Von links nach rechts: Olivenöl, Rotweinessig, Estragonessig, Würzöl mit Rosmarin und Peperoncini

Brunnenkresse-Salat

Erfrischend

Zutaten für 4–6 Portionen:

1–2 Bund Brunnenkresse (etwa 200 g)
1 EL Crème fraîche
4 EL Sonnenblumenöl
2 EL Zitronensaft
Salz
weißer Pfeffer aus der Mühle
200 g Kirschtomaten
3 Eier
2 EL Sahne
2 EL gehackte, gemischte Kräuter (Schnittlauch, Petersilie, Basilikum)
1 EL Butter

Bei 6 Portionen pro Portion: 500 kJ / 120 kcal

Zubereitungszeit: etwa 30 Min.

1 Die Brunnenkresse in kaltes Wasser tauchen, kräftig trockenschütteln. Die Blättchen abzupfen und auf Teller verteilen.

2 Für die Sauce die Crème fraîche mit dem Öl verrühren, mit Zitronensaft, Salz und Pfeffer würzig abschmecken. Die Tomaten waschen und halbieren.

3 Die Eier mit der Sahne verquirlen, leicht salzen und die Kräuter untermischen. In einer kleinen Pfanne die Butter zerlassen. Die Eier hineingeben und bei ganz sanfter Hitze stocken lassen. Mit einer Gabel immer wieder vorsichtig rühren und auflockern.

4 Die Sauce über die Kresse träufeln. Das Kräuter-Ei portionsweise auf dem Salat anrichten, mit Tomatenhälften garnieren.

◆ Tip

Die empfindliche Brunnenkresse, die hohe Mengen an Vitaminen und Mineralstoffen enthält, möglichst gleich am Tag des Einkaufs zubereiten.

Frühlingszwiebel-Salat

Raffiniert

Zutaten für 4–6 Portionen:

2 Bund Frühlingszwiebeln (etwa 250 g)
5 EL Sonnenblumenöl
3 EL Weißweinessig
Salz
schwarzer Pfeffer aus der Mühle
1 mittelgroßer Radicchio
frisch geriebene Muskatnuß
3 kleine Scheiben Weißbrot vom Vortag
2 Knoblauchzehen
1 TL Butter

Bei 6 Portionen pro Portion: 420 kJ / 100 kcal

Zubereitungszeit: etwa 35 Min.

1 Die Frühlingszwiebeln putzen und waschen, die weißen und grünen Teile voneinander trennen und in hauchfeine, schräge Ringe schneiden.

2 In einer Pfanne 1 EL Öl erhitzen. Die weißen Zwiebelringe darin zart andünsten, mit 1 EL Weinessig ablöschen. Die grünen Zwiebelringe rasch untermischen, salzen und pfeffern. Sofort in eine Schüssel geben und abkühlen lassen. Die Pfanne nicht ausspülen, sondern bereithalten.

3 Den Radicchio in einzelne Blätter zerlegen, waschen und gut abtropfen lassen. Die Blätter kleinzupfen und mit den Frühlingszwiebeln mischen.

4 Für die Sauce 2 EL Weinessig mit Salz, Pfeffer und etwas Muskat gründlich verquirlen, danach 4 EL Öl unterschlagen. Den Salat mit der Sauce anmachen und auf Teller verteilen.

5 Für die Croûtons die Weißbrotscheiben entrinden und in kleine Würfel schneiden, die Knoblauchzehen fein hacken. Brotwürfel in die bereits verwendete Pfanne geben und

Löwenzahn-Frisée-Salat

Etwas aufwendiger

erhitzen, unter Rühren etwas anbräunen. Die Butter und den gehackten Knoblauch dazugeben, die Brotwürfel knusprig braten. Leicht salzen. Die Knoblauchcrôutons auf den Salat streuen, sofort servieren.

◆ Reste-Idee

Haben Sie Reste vom Sonntagsbraten übrig? Schneiden Sie das möglichst magere Fleisch in feine Stückchen und ergänzen Sie damit Ihren Frühlings-Salat – er wird so etwas gehaltvoller und besonders würzig.

◆ Variante

Radicchio bringt zusätzlich farblichen Pfiff, als Ergänzung zu den Frühlingszwiebeln bieten sich aber ebenso Eichblattsalat oder Lollo rosso an.

Zutaten für 4 Portionen:

etwa 150 g frische, junge Löwenzahnblätter
einige Blätter Frisée-Salat
1 Bund Radieschen
1 Eigelb
2 EL Weißweinessig
1 EL Sahne
1 TL Dijon-Senf (oder anderer scharf-aromatischer Senf)
Salz
schwarzer Pfeffer aus der Mühle

Pro Portion: 100 kJ / 24 kcal

Zubereitungszeit:
etwa 45 Min.

1 Löwenzahnblätter verlesen und gründlich waschen. Harte Stiele abschneiden, Blätter abtropfen lassen und trockenschütteln. Den Friséesalat waschen, abtropfen lassen und trockenschütteln. Die Salatblätter kleiner zupfen. Radieschen putzen und waschen, etwas zartes Grün aufheben.

2 Löwenzahn- und Friséeblätter dekorativ auf große Teller verteilen. Die Radieschen vierteln oder achteln und darüber streuen.

3 In einem ausreichend großen Topf handbreit Wasser aufkochen. Das Eigelb in eine Wasserbadschüssel geben, ins warme Wasserbad setzen. Den Weinessig, die Sahne und eventuell 1 EL Wasser dazugeben, mit dem Schneebesen zu einer luftigen Masse aufschlagen.

4 Vom Herd nehmen, die Schüssel in einen Topf mit eiskaltem Wasser stellen und die Masse kalt schlagen. Den Senf unterziehen und glattrühren, mit Salz und Pfeffer abschmecken. Die zarten Radieschenblätter eventuell in feine Streifen schneiden und untermischen. Senf-Zabaione über den Salat träufeln, sofort servieren.

◆ Löwenzahn

findet seine Liebhaber hauptsächlich wegen seines würzig herben und zart bitteren Geschmacks – vergleichbar mit den früheren Chicoréesorten oder auch mit Endiviensalat. Die heute reichlich gezüchteten Löwenzahnsorten mit sehr hellen Blättern schmecken viel milder und zarter als dunkelgrüner, wild wachsender Löwenzahn (den Sie übrigens nicht an befahrenen Straßen sammeln sollten!). Im Frühjahr bekommen Sie beim Gemüsehändler auch Freiland-Löwenzahn. Ob er wirklich frisch ist, erkennen Sie an den Schnittstellen, die hell und saftig sein müssen. Löwenzahn-Salate schmecken auch vorzüglich mit einer kräftigen Kräuter-Vinaigrette.

Kohlrabi-Rohkost

Schnell fertig

Zutaten für 4 Portionen:

3 zarte Kohlrabi mit frischem Grün (je etwa 200 g)
100 g Linsensprossen (oder andere frische Sprossen; aus Bioladen oder Reformhaus)
Salz
100 g Mascarpone (italienischer Frischkäse)
50–75 ml Milch oder Sahne
schwarzer Pfeffer aus der Mühle
etwas Zitronensaft
einige Tropfen Kürbiskernöl

Pro Portion: 630 kJ / 150 kcal

Zubereitungszeit:
etwa 25 Min.

1 Die Kohlrabi putzen und schälen oder nur abziehen. Zarte Blätter beiseite legen. Die Knollen in feine Juliennestifte schneiden. Die Linsensprossen in kochendem Salzwasser etwa 5 Min. blanchieren, kalt abschrecken und gut abtropfen lassen.

2 Die Mascarpone mit Milch dickflüssig rühren. Mit Salz, Pfeffer und etwas Zitronensaft würzen. Das Kohlrabigrün fein hacken und untermischen, zum Schluß das Kürbiskernöl tropfenweise unterrühren.

3 Die Kohlrabi-Julienne und die Linsensprossen auf Tellern anrichten, mit der Sauce beträufeln. Nach Belieben mit zarten Kohlrabiblättchen garnieren.

◆ **Kürbiskernöl**

wird aus gemahlenen Kürbiskernen gepreßt und hat, je nach Sorte, eine grünliche bis bräunliche Farbe. Sein Aroma ist ungemein kräftig, verwenden Sie das Öl wirklich nur tropfenweise und schmecken Sie die Sauce zwischendurch immer wieder ab. Als Alternative paßt auch Walnuß- oder Sesamöl.

Zuckererbsen-Salat

Raffiniert

Zutaten für 4 Portionen:

2 EL flüssiger, nicht zu kräftiger Honig (zum Beispiel Heidehonig)
2–3 EL Zitronensaft
Salz
weißer Pfeffer aus der Mühle
Cayennepfeffer
4 EL kaltgepreßtes Pflanzenöl
250 g Zuckererbsen
einige Blätter Eichblattsalat
60 g Bündner Fleisch (ersatzweise milder Räucherschinken)
75 g Kirschtomaten

Pro Portion: 800 kJ / 190 kcal

Zubereitungszeit:
etwa 30 Min.

1 Den Honig mit dem Zitronensaft verquirlen, mit Salz, weißem Pfeffer und etwas Cayennepfeffer pikant würzen. Das Öl kräftig unterschlagen.

2 Die Zuckererbsen waschen, die Enden abschneiden, eventuell die Fäden abziehen. Die Schoten in wenig Salzwasser etwa 5 Min. dünsten.

3 Die Zuckererbsen gut abtropfen lassen. In die Honigmarinade geben, darin wenden und abkühlen lassen.

4 Den Eichblattsalat putzen, waschen und gründlich trockenschleudern. Mundgerecht zerzupfen und auf vier Tellern anrichten. Das Bündner Fleisch locker dazulegen.

5 Die Kirschtomaten waschen und halbieren oder vierteln. Zusammen mit den Zuckererbsen ebenfalls auf die Teller verteilen, mit Marinade beträufeln. Zum Schluß nochmals aus der Mühle pfeffern.

◆ **Zuckererbsen**

Mangetout, Kaiserschoten, Zuckerschoten – das sind die gebräuchlichen Namen für dieses Gemüse. Anders als bei

Spargel-Erdbeer-Salat

Gelingt leicht

den gewohnten Gartenerbsen werden die kleinen grünen Kügelchen nicht ausgepalt, sondern mitsamt ihrer Hülle verspeist. Und die schmeckt so zart und süß, daß sie sich bestens für feine Salate eignet. Die Vorbereitung ist denkbar einfach – man schneidet einfach die beiden Enden ab, bei manchen Schoten sitzen zudem an den Seiten feine Fäden, die abgezogen werden.

◆ Einkaufs-Tip

Beim Einkauf sollten Sie auf leuchtend grüne und feste Schoten achten. Zu weiche, welke Schoten haben ihren feinen Biß, viel Aroma und wertvolle Vitamine verloren. Beim relativ hohen Preis bedenken Sie die geringe Abfallmenge durch das Putzen. Es geht fast nichts von der Kostbarkeit verloren.

Zutaten für 4 Portionen:

250 g weißer Spargel
250 g grüner Spargel
Salz
2 EL Aceto Balsamico (italienischer Würzessig)
1 EL Sherryessig (oder Weißweinessig)
schwarzer Pfeffer aus der Mühle
1 Kästchen Kresse
3 EL neutrales, kaltgepreßtes Pflanzenöl
1 EL Pinienkernöl (oder Walnußöl)
einige Blätter Kopfsalat
250 g kleine aromatische Erdbeeren
30 g Pinienkerne

Pro Portion: 660 kJ / 160 kcal

Zubereitungszeit: etwa 1 Std.

1 Den Spargel waschen und putzen. Die weißen Stangen sorgfältig schälen, die grünen Stangen nur im unteren Drittel schälen. Die Stangen etwas kleinschneiden.

2 Den weißen Spargel in wenig Salzwasser 15 bis 20 Min., den grünen Spargel nur 10 bis 12 Min. dünsten (je nach Dicke der Stangen). Sehr gut abtropfen lassen.

3 Den Aceto Balsamico mit dem Sherryessig, Salz und Pfeffer verquirlen. Dann beide Ölsorten unterschlagen. Würzig abschmecken. Etwas Kresse abschneiden und untermischen. Den Spargel in der Sauce wenden und darin abkühlen und durchziehen lassen.

4 Den Kopfsalat putzen, waschen und gut trockenschleudern. Die Blätter mundgerecht zerzupfen und auf vier Teller verteilen.

5 Die Erdbeeren waschen, putzen und halbieren oder vierteln, auf den Salat streuen.

6 Den Spargel auf dem Salat verteilen, die übrige Marinade auch über die Salatblätter und die Erdbeeren träufeln.

7 Die Pinienkerne in einer Pfanne ohne Fett goldbraun rösten, mit der restlichen Kresse über den Salat streuen.

◆ Aceto Balsamico

und Sherryessig entstehen aus dem gleichen Produkt – aus Trauben. Für den italienischen Aceto Balsamico werden in den Provinzen Modena und Reggio Emilia ausgewählte rote Trauben zu Most verkocht, gefiltert und mit Essigmutter vermischt mehrere Jahre in Holzfässern gelagert. Sherryessig kommt aus Spanien, dort erhält der Essig seine Würze von Sherryweinen. Beide Essigspezialitäten haben eine dunkle Farbe und ein kräftiges Aroma.

Glasnudelsalat

Gut gekühlt servieren

Zutaten für 4 Portionen:

2–3 Selleriestangen
250 g Möhren
100 g Glasnudeln
1 walnußgroßes Stück frische Ingwerwurzel
1 kleine rote Chilischote
3 EL Sherryessig (oder 2 EL Weißweinessig mit 1 EL Sherry gemischt)
2–3 EL Sojasauce
1 Prise Zucker
weißer Pfeffer aus der Mühle
4 EL Sonnenblumenöl
1 Kästchen Kresse

Pro Portion: 800 kJ / 190 kcal

Zubereitungszeit:
etwa 45 Min.
(+ Zeit zum Durchziehen)

1 Die Selleriestangen und die Möhren putzen. Sellerie in dünne Scheiben, die Möhren zuerst in schräge Scheiben, dann in feine Streifen schneiden.

2 Die Glasnudeln mit kochendem Waser überbrühen, einige Minuten quellen lassen.

3 Die Ingwerwurzel schälen, fein hacken. Die Chilischote aufschlitzen, die Kernchen entfernen, die Schote in feine Streifen schneiden (Vorsicht: anschließend sofort die Hände gründlich waschen). Ingwer und Chilischote mit Essig, Sojasauce, Zucker, Pfeffer und Öl verrühren.

4 Glasnudeln abtropfen lassen, mit der Küchenschere etwas zerkleinern. Das feingeschnittene Gemüse und die Sauce unterheben, alles gründlich mischen. Abgedeckt im Kühlschrank (möglichst über Nacht) durchziehen lassen. Mit Kresse bestreut servieren.

◆ Tip

Eventuell mit chinesischen Pilzen oder Bambussprossen ergänzen.

Kartoffel-Mozzarella-Salat

Gelingt leicht

Zutaten für 4–6 Portionen:

750 g Kartoffeln (vorwiegend festkochende Sorte)
Salz
300 g Mozzarella
5 EL Weinessig
7 EL Olivenöl
schwarzer Pfeffer aus der Mühle
1 großes Bund Basilikum
½ unbehandelte Zitrone
2 hartgekochte Eier

Bei 6 Portionen pro Portion: 1200 kJ / 290 kcal

Zubereitungszeit:
etwa 30 Min. (+ Koch- und Abkühlzeit für die Kartoffeln)

1 Die Kartoffeln waschen und in Salzwasser kochen, noch heiß pellen und gut auskühlen lassen (am besten bereits am Vortag erledigen).

2 Den Mozzarella abtropfen lassen und in etwa ½ cm große Würfel schneiden. Mit 2 EL Weinessig und 2 EL Olivenöl beträufeln, salzen und pfeffern, gut vermengen. Die Hälfte der Basilikumblättchen in feine Streifen schneiden, unter den Mozzarella mischen.

3 Die Kartoffeln in kleine Würfel schneiden. Unter den gewürzten Mozzarella heben. Aus dem restlichen Essig, Öl, Salz und Pfeffer eine Marinade anrühren, den Salat anmachen. Im Kühlschrank bis zum Servieren durchziehen lassen.

4 Den Kartoffelsalat mit Zitronensaft, Salz und Pfeffer abschmecken. Die hartgekochten Eier pellen. Das Eiweiß in Würfelchen schneiden, das Eigelb zerkrümeln, beides über den Salat verteilen, leicht salzen und pfeffern. Reichlich Basilikumblättchen und feine Streifen von Zitronenschale darüber streuen.

Gurkensalat mit Matjes

Auch als Vorspeise für 6–8

Tip

ınstelle von Basilikum paßt ıuch Majoran in den Salat: TL frische Blättchen nehmen oder knapp 1/2 TL getrocknete.

Kartoffeln

m Mai gibt's die ersten Früh- artoffeln, und den ganzen Sommer hindurch sorgen stän- ige Ernten für frische Ware. rst spät im Oktober reifen chließlich die Kartoffeln, die ie problemlos bis zum näch- ten Frühjahr einkellern kön- en. Für Salate eignen sich am esten festkochende Sorten, ie nicht zerfallen und auch esonders gut mit frischem, nackigem Zubehör harmonie- en. In Einzelfällen allerdings chwören Kenner auf die Stär- e eher mehligkochender Knol- n – zum Beispiel beim echten Schwäbischen Kartoffelsalat«, er mit heißer Brühe und gerie- ener Zwiebel schön glitschig emacht wird…

Zutaten für 4 Portionen:

1 kleine Salatgurke
1 großer, feinsäuerlicher Apfel (etwa 200 g, zum Beispiel Boskoop)
1 EL Zitronensaft
4 zarte milde Matjesfilets
150 g Joghurt (3,5%)
2 EL Sahne
2 EL Sonnenblumenöl
3 EL Apfelessig
1 Prise Zucker
Salz
weißer Pfeffer aus der Mühle
1 Bund Dill
8 kleine runde Pumpernickelscheiben
2 EL Butter

Pro Portion: 1400 kJ / 330 kcal

Zubereitungszeit:
etwa 15 Min.

1 Die Salatgurke gründlich waschen und die Schale zum größten Teil ablösen, eventuell einige feine dunkelgrüne Längsstreifen stehen lassen. Die Gurke mit dem Gemüsehobel in feine Scheiben hobeln.

2 Den Apfel gründlich waschen, vierteln und das Kerngehäuse entfernen. Die Apfelschnitze quer in feine Scheiben schneiden, mit den Gurken mischen und mit dem Zitronensaft beträufeln.

3 Die Matjesfilets unter fließendem Wasser kurz abspülen, mit Küchenkrepp trocknen. Schräg in etwa 1 cm breite Stücke schneiden und mit der Gurkenmischung dekorativ auf Tellern anrichten.

4 Für die Sauce den Joghurt mit Sahne, Öl und Essig verrühren, mit 1 Prise Zucker, Salz und Pfeffer abschmecken. Die Sauce über die Gurken träufeln, mit Dillspitzen garnieren. Die Pumpernickelscheiben mit Butter bestreichen, zum Salat servieren.

◆ Einkaufs-Tip

Achten Sie bei Salatgurken auf eine glatte und vor allem gleichmäßig gefärbte Schale. Ist die sattgrüne Farbe schon stellenweise aufgehellt, deutet dies auf Überreife hin.

◆ Varianten

Eine zartcremige, feinsäuerliche Sauce paßt zur Gurken-Matjes-Kombination am besten. Neben der Joghurtvariante sind auch Mischungen mit Dickmilch, Kefir oder saurer Sahne einige Kostproben wert.

◆ Getränke-Tip

Ein kühles Pils, ob mit oder ohne Prozente, paßt zum erfrischenden Matjes-Salat.

Zucchini-Salat mit gefüllter Zucchiniblüte

Für Gäste

Zutaten für 4 Portionen:

4 mittelgroße Zucchiniblüten mit kleinen Zucchini (je etwa 25 g)
100 g Schalotten
100 g frische Pfifferlinge
5 EL kaltgepreßtes Olivenöl
125 g Ricotta (ersatzweise Schichtkäse oder Sahnequark)
Salz
schwarzer Pfeffer aus der Mühle
500 g kleine Zucchini
3 EL milder Weißweinessig

Pro Portion: 870 kJ / 210 kcal

Zubereitungszeit:
etwa 45 Min.

1 Die Zucchiniblüten gründlich ausschütteln, ab und zu sitzen kleine Insekten darin. Dann vorsichtig die Blütenstempel aus der Mitte herauszwicken.

2 Den Backofen auf 175° vorheizen. Die Schalotten sehr fein würfeln. Die Pfifferlinge putzen, eventuell kurz abbrausen und gut abtropfen lassen. Einige schöne Pfifferlinge ganz lassen, die restlichen Pilze klein würfeln.

3 1 EL Olivenöl in einer Pfanne erhitzen, die ganzen Pfifferlinge darin kurz anbraten. Wieder herausnehmen.

4 Noch etwas Öl in die Pfanne geben, die Schalotten einrühren und bei mittlerer Hitze glasig werden lassen. Anschließend gut die Hälfte davon aus der Pfanne nehmen und für das Dressing beiseite stellen.

5 Die gehackten Pfifferlinge zu den Schalotten in die Pfanne geben, die Hitze erhöhen, die Pilze kurz braten.

6 Den Ricotta mit der Schalotten-Pfifferling-Mischung verrühren, mit Salz und Pfeffer nicht zu kräftig abschmecken. Die Masse mit Hilfe eines Teelöffels in die Zucchiniblüten füllen, die Blütenblätter dann vorsichtig über der Füllung leicht zusammendrehen.

7 Eine Gratinform mit 1 TL Öl ausstreichen, die Blüten hineinlegen. Im Backofen (Gas Stufe 2) auf mittlerer Schiene etwa 10 Min. garen. Zwischendurch einmal wenden.

8 Inzwischen die Zucchini waschen und putzen. Einige dünne, schräge Scheiben abschneiden. Die übrigen Zucchini grob raspeln.

9 Die beiseite gestellten Schalotten mit Salz, Pfeffer und dem Essig verquirlen, dann das übrige Öl darunterschlagen. Würzig abschmecken. Die Zucchiniraspel in der Marinade wenden und auf die Teller verteilen. Die Zucchinischeiben darauf anrichten, die gefüllten Zucchiniblüten darauflegen, die ganzen Pfifferlinge darüber streuen. Möglichst bald servieren, die Zucchiniblüten schmecken warm am besten.

◆ Zucchiniblüten

gibt es bisher noch relativ selten auf dem Markt zu kaufen. Immer häufiger jedoch wird das beliebte Kürbisgemüse auch bei uns in unseren heimischen Gärten angebaut – ein Grund mehr, um die Palette der Zucchinirezepte mit einer neuen Variante zu bereichern. Die Füllung für die Blüten können Sie leicht variieren: Sahnequark mit frischen Kräutern mischen Tomatenfruchtfleisch würfeln, eine zarte Mousse aus geräuchertem Forellenfilet und rohem Eiweiß pürieren…

Fenchel-Orangen-Salat

Erfrischend

Zutaten für 4 Portionen:

2 Orangen (1 davon unbehandelt)
1 unbehandelte Zitrone
3 Fenchelknollen mit zartem Grün (je etwa 250 g)
5 EL kaltgepreßtes Olivenöl
Salz
schwarzer Pfeffer aus der Mühle
2 EL Himbeeressig
75 g schwarze Oliven

Pro Portion: 1100 kJ / 260 kcal

Zubereitungszeit:
etwa 50 Min.

1 Die unbehandelte Orange und die Zitrone heiß abwaschen. Jeweils etwas Schale mit einem Fadenschneider abziehen oder dünn abschälen und in feine Streifen schneiden.

2 Die Orange und die Zitrone schälen und sorgfältig filieren, den abtropfenden Saft dabei auffangen. Die zweite Orange auspressen, mit dem abgetropften Saft mischen.

3 Den Fenchel waschen und putzen, das zarte Grün beiseite legen. Die Stengelansätze etwas kürzen, aber nicht ganz abschneiden. Unten jeweils eine dünne Scheibe abschneiden, jedoch darauf achten, daß die einzelnen Fenchelschichten noch gut zusammenhalten.

4 Die Knollen längs in dünne Scheiben schneiden, die am unteren Ende noch zusammenhalten. Die Knollenteile, aus denen sich keine Scheiben mehr schneiden lassen, sehr klein hacken.

5 Etwa 5 EL Fruchtsaft und 3 EL Olivenöl in einer großen Pfanne leicht erhitzen. Die Fenchelscheiben nach und nach hineingeben und von jeder Seite 1–2 Min. anschwitzen. Mit Salz und Pfeffer würzen.

6 Zum Schluß auch den gehackten Fenchel kurz anschwitzen, ebenfalls wieder aus der Pfanne nehmen. Die Zitronenschnitze kurz in der restlichen Flüssigkeit in der Pfanne wenden.

7 Den restlichen Fruchtsaft und den Himbeeressig kräftig verquirlen. Etwas Fenchelgrün fein hacken und untermischen, mit Salz und Pfeffer kräftig würzen. Das übrige Olivenöl unterschlagen.

8 Die Fenchelscheiben, den gehackten Fenchel, die Zitronen- und die Orangensegmente auf Tellern anrichten. Die Oliven entsteinen und darüber streuen. Die Marinade darüber träufeln, mit etwas grob zerzupftem Fenchelgrün bestreuen.

◆ **Himbeeressig**

können Sie ganz leicht selbst herstellen: Etwa 250 g vollreife Himbeeren in eine weite Flasche oder ein verschließbares Glasgefäß geben, 1 l guten Weißweinessig angießen und mindestens 1 Woche ziehen lassen (Tiefgekühlte Himbeeren vorher auftauen und gut abtropfen lassen). Eventuell nach einigen Wochen den Essig durch ein feines Sieb in eine andere Flasche umfüllen. Zum Aromatisieren von Essig eignen sich auch Erdbeeren, Kräuter (frisch oder getrocknet), Wacholderbeeren, Knoblauch, Sherry. Die Essigsorte sollte immer mit den verwendeten Salatzutaten harmonieren: Für erfrischende Zutaten fruchtig-milden Essig nehmen, für herzhafte Gemüsesalate zum Beispiel eher Rotweinessig oder Branntweinessig mit herber Säure, für feine und edle Salate aromatischen Weißweinessig mit dezenter Säure.

Gebratene Auberginen

Ideal für ein Buffet

Zutaten für 4–6 Portionen:

500 g Auberginen
Salz
etwa ⅛ l Olivenöl
1 Bund glatte Petersilie
2 EL frische Thymianblättchen (oder 1 TL getrockneter Thymian)
3 Knoblauchzehen
100 ml trockener Weißwein
2–3 EL Weinessig
schwarzer Pfeffer aus der Mühle
eventuell Zitronensaft
einige grüne Salatblätter

Bei 6 Portionen pro Portion: 900 kJ / 210 kcal

Zubereitungszeit:
etwa 45 Min. (+ mindestens 2 Std. Marinierzeit)

1 Die Auberginen in etwa 2 cm große Würfel schneiden. In ein Sieb legen, salzen und kurz ziehen lassen. Kalt abspülen, gründlich abtropfen lassen und trocknen.

2 In einer Pfanne 5–6 EL Olivenöl erhitzen. Darin die Auberginen portionsweise kräftig braten. Auf Küchenkrepp gründlich abtropfen lassen.

3 Petersilie, Thymian und die Knoblauchzehen fein hacken. Den Wein mit dem Essig kurz aufkochen, vom Herd nehmen, salzen und pfeffern, etwa 6 EL Olivenöl unterschlagen. Kräuter und Knoblauch untermischen.

4 Die Auberginen mit dem Kräutersud begießen. Abgedeckt im Kühlschrank mindestens 2 Std., besser noch über Nacht, durchziehen lassen.

5 Kurz vorm Servieren die Auberginen nochmals mit Salz, Pfeffer und eventuell Zitronensaft abschmecken. Den Salat waschen und trockenschütteln, die Blätter in Streifen schneiden und die Auberginen darauf anrichten.

Griechischer Bauernsalat

Gelingt leicht

Zutaten für 4–6 Portionen:

4 reife Tomaten (etwa 300 g)
1 Salatgurke
2 kleine grüne Paprikaschoten
2 kleine Zwiebeln
½ Romana-Salat
100 g schwarze Oliven
3 EL Weinessig
Salz
schwarzer Pfeffer aus der Mühle
5 EL Olivenöl
150 g Feta (griechischer Schafskäse)

Bei 6 Portionen pro Portion: 900 kJ / 210 kcal

Zubereitungszeit:
etwa 30 Min.

1 Die Tomaten waschen, in Achtel schneiden und in eine Schüssel geben. Die Salatgurke gründlich waschen oder dünn schälen, in dicke Scheiben schneiden, danach vierteln und mit den Tomaten mischen. Die Paprikaschoten halbieren, die Trennwände entfernen, Kerne herauswaschen. Die Paprikahälften quer in Streifen schneiden, in die Schüssel geben. Die Zwiebeln schälen und in feine Ringe schneiden.

2 Den Romana-Salat in Blätter zerlegen, waschen und gut trockenschütteln. Die Blätter kleinzupfen, mit den Zwiebeln und den Oliven in die Schüssel geben, alles locker mischen.

3 Den Essig mit Salz und grob gemahlenem Pfeffer würzen, das Olivenöl einfließen lassen und kräftig unterschlagen. Über den Salat gießen, gründlich mischen.

4 Den Feta in Würfel schneiden, unter den Salat heben. Nochmals frisch aus der Mühle pfeffern.

Spaghetti-Radicchio-Salat mit Thunfisch

Origineller Partysalat

◆ Romana-Salat

Früher wurden die länglichen, steil aufrecht stehenden Blätter zu lockeren Köpfen zusammengebunden und als Bindesalat angeboten. Die neuen Züchtungen kommen ohne Hilfsmittel aus und erfreuen sich als Römischer Salat, Römer-Salat oder Romana-Salat größter Beliebtheit. Herb, kräftig und herzhaft schmecken die robusten Blätter mit den dicken, saftigen Rippen. Sie vertragen auch üppige Saucen, zum Beispiel aus zerdrücktem Feta, Gorgonzola oder saurer Sahne. Ebenso wie Blattspinat oder Chinakohl kann man ihn wie Gemüse behandeln und als Beilage servieren: sanft gedünstet, gewürzt und in Butter geschwenkt.

◆ Feta

Weichkäse aus Schafmilch oder einem Gemisch aus Schaf-, Ziegen- und Kuhmilch, der in Salzlake reift.

Zutaten für 4–6 Portionen:

250 g Spaghetti
Salz
250 g reife Tomaten
2 Dosen Thunfisch au naturel (etwa 300 g)
4 Knoblauchzehen
4 EL Weißweinessig
Salz
Pfeffer aus der Mühle
6–7 EL Olivenöl
2–3 EL Kapern
50 g schwarze Oliven
2 mittelgroße Radicchioköpfe
1 Bund frisches Basilikum

Bei 6 Portionen pro Portion: 1600 kJ / 380 kcal

Zubereitungszeit:
etwa 45 Min. (+ Kühlzeit)

1 Die Spaghetti in sprudelnd kochendem Salzwasser bißfest garen, abschrecken und abtropfen lassen.

2 Die Tomaten kurz in kochend heißes Wasser legen, kalt abschrecken, enthäuten und entkernen. Das Fruchtfleisch klein hacken.

3 Den Thunfisch aus der Dose abtropfen lassen, mundgerecht zerpflücken.

4 Für die Sauce den Knoblauch durchpressen und mit Essig, Salz und Pfeffer verrühren. Das Olivenöl gründlich unterschlagen, Kapern mit Sud einrühren. Die Oliven entsteinen und kleinschneiden.

5 Die etwas abgekühlten Spaghetti mit den Tomaten, dem Thunfisch und der Sauce mischen, mit den Oliven bestreuen. Kühlstellen und gut durchziehen lassen.

6 Kurz vorm Servieren den Radicchio putzen, die Blätter in sehr schmale feine Streifen schneiden oder in kleine Stückchen zupfen. Waschen und trockenschütteln.

7 Die Radicchioblättchen unter den Salat mischen, mit frischen Basilikumblättchen bestreuen.

◆ Variante

Die Spaghetti durch schmale, grüne Bandnudeln ersetzen, die Sauce noch pikanter würzen mit gehackten Sardellenfilets. Wichtig in jedem Falle: Alle Zutaten lange genug durchziehen lassen, nochmals abschmecken und erst zum Schluß mit dem feingeschnittenen Blattsalat auffrischen.

◆ Radicchio

Die Sorten mit fest geschlossenen, leuchtend rosa bis violetten Köpfchen schmecken angenehm mild und zart. Der Radicchio von Treviso mit den länglichen, eher braun-violett gefärbten Blättern hat einen sehr kräftigen, relativ bitteren Geschmack.

Curry-Rettich

Erfrischend

Zutaten für 4 Portionen:

125 g Sahne
4 EL Öl
1 TL mildes Currypulver
Salz
schwarzer Pfeffer aus der Mühle
1 unbehandelte Zitrone
1 großer Rettich (etwa 400 g)
½ Bund glatte Petersilie
200 g Putenbrust
4 kleine Scheiben Vollkornbrot

Pro Portion: 1200 kJ / 290 kcal

Zubereitungszeit:
etwa 25 Min.

1 Die Sahne mit 3 EL Öl, dem Currypulver, Salz und Pfeffer verquirlen, mit 2–3 EL Zitronensaft abschmecken.

2 Den Rettich putzen und waschen. Grob raspeln oder in feine Scheiben hobeln und direkt in die Sauce geben, gründlich vermengen. Die Petersilie fein hacken und untermischen. Kühlstellen und kurz durchziehen lassen.

3 Die Putenbrust in Würfel schneiden. In einer Pfanne den restlichen EL Öl erhitzen, das Fleisch darin unter Rühren rundum kräftig braten. Salzen und pfeffern. Mit dem Rettichsalat anrichten, feine Streifen von Zitronenschale aufstreuen. Vollkornbrot dazu servieren.

◆ Einkaufs-Tip

Früh-Rettiche, die mit Laub verkauft werden, bekennen ganz offen Farbe: Exemplare mit gelblichen und welken Blättern links liegen lassen! Die Rübe selbst, weiß, schwarz oder rot, soll sich glatt und fest anfühlen.

◆ Tip

Durch das Einsalzen verliert das gesunde Gemüse zunehmend an Wasser und Schärfe und wird außerdem weicher.

Kartoffelsalat mit Brät

Gut vorzubereiten

Zutaten für 4–6 Portionen:

750 g Kartoffeln (vorwiegend festkochende Sorte)
Salz
½ l Fleischbrühe
250 g Kalbsbrät (oder rohe Kalbsbratwürste)
2 Zwiebeln
1 TL frischer Rosmarin (oder ¼ TL getrockneter)
4 EL Weinessig
6–7 EL Öl
schwarzer Pfeffer aus der Mühle
frisch geriebene Muskatnuß
250 g Möhren
2 EL Kapern mit Sud
1 Bund Schnittlauch

Bei 6 Portionen pro Portion: 1200 kJ / 290 kcal

Zubereitungszeit:
etwa 1 Std. 30 Min.

1 Die Kartoffeln waschen, knapp mit Salzwasser bedeckt garen.

2 Inzwischen die Brühe zum Kochen bringen. Mit zwei Teelöffeln winzige Klößchen aus dem Kalbsbrät abstechen (oder kleine Klößchen direkt aus der Wurstpelle drücken) und in die kochende Brühe geben. Bei verringerter Hitze in 2–3 Min. garziehen lassen. Die Klößchen herausnehmen und abtropfen lassen.

3 Die Brühe durch ein feines Sieb gießen, wieder in den Topf geben und erhitzen. Auf etwa ¼ l einkochen lassen. 1 Zwiebel und den Rosmarin fein hacken, mit dem Essig in die Brühe rühren. Kurz ziehen lassen, dann vom Herd nehmen, etwa 5 EL Öl unterrühren und den Sud mit Salz, Pfeffer und Muskat abschmecken.

4 Die gegarten Kartoffeln abgießen, kurz abkühlen lassen und pellen. In nicht zu dünne Scheiben schneiden, in eine Schüssel geben und sofort

mit der warmen, gewürzten Brühe vermischen. Etwas abkühlen lassen, abgedeckt im Kühlschrank kurz durchziehen lassen.

5 Die zweite Zwiebel halbieren und in feine Streifen schneiden. In einer Pfanne das restliche Öl erhitzen. Die Kalbsklößchen darin rundum kräftig anbraten. Die Zwiebelstreifen dazugeben, unter Rühren hellbraun braten.

6 Kurz vorm Servieren die Möhren putzen, schälen und grob raspeln. Unter die Kartoffeln mischen, Kapern mit Sud unterrühren. Nochmals kräftig abschmecken, die lauwarmen Klößchen darüber verteilen. Mit Schnittlauch-Röllchen bestreuen.

◆ Gäste-Tip

Alles vorbereiten, kühlstellen, mit kalten Klößchen servieren.

Tomatensalat mit Bohnencreme

Schnell fertig

Zutaten für 4 Portionen:

500 g reife aromatische Tomaten
2–3 Frühlingszwiebeln
Salz
schwarzer Pfeffer aus der Mühle
4–5 EL Olivenöl
100 g weiße Bohnen aus der Dose
1 Eigelb
1–2 EL Aceto Balsamico (italienischer Würzessig)
1 Bund Basilikum
2–3 EL gemahlene Mandeln
kleine Weißbrotscheiben

Pro Portion: 1100 kJ / 260 kcal

Zubereitungszeit: etwa 25 Min.

1 Die Tomaten waschen, in Scheiben schneiden, grüne Stielansätze entfernen. Die Frühlingszwiebeln putzen und waschen. Die Zwiebeln in etwa 5 cm lange Stücke schneiden, längs halbieren oder vierteln. Mit den Tomatenscheiben auf einer großen Platte anrichten. Tomaten leicht salzen und pfeffern, mit 3–4 EL Olivenöl beträufeln.

2 Die weißen Bohnen gut abtropfen lassen. Im Mixer mit dem Eigelb, etwa 1 EL Olivenöl, dem Aceto Balsamico, drei Viertel der Basilikumblätter und den Mandeln pürieren. Mit Salz und Pfeffer abschmecken.

3 Die Bohnencreme in kleinen Klecksen auf die Tomaten verteilen. Nochmals aus der Mühle pfeffern und mit den restlichen Basilikumblättchen bestreuen. Dazu geröstetes Weißbrot servieren.

◆ Reste-Tip

Übrig gebliebene Bohnencreme schmeckt köstlich als Aufstrich für knusprig geröstetes Brot, das ebenfalls vom Vortag sein darf.

◆ Vorrats-Tip

Bohnensamen, aus den Hülsen gelöst und getrocknet, gekocht und in Dosen abgefüllt, gibt es in bunter Vielfalt zu kaufen: große oder kleine, einfarbig oder gesprenkelt, getupft oder gestreift. Die mehr oder weniger mehlige Konsistenz aller Bohnenkerne eignet sich ideal dazu, um Saucen und Füllungen cremige Bindung zu verleihen. Der milde bis eher neutrale Geschmack ergänzt sich prima mit pikantem Zubehör und scharfen Gewürzen. Bohnen im Vorrat sind also einerseits sättigende Grundlage für Salate und Eintöpfe, bieten aber außerdem als raffiniert gewürztes Püree überraschend neue Möglichkeiten in der Küche.

Endivien-Salat

Raffiniert

Zutaten für 4 Portionen:

1 Gemüsezwiebel
4 EL Sonnenblumenöl
Salz
schwarzer Pfeffer aus der Mühle
6–8 frische Salbeiblättchen
175 ml kräftiger, trockener Rotwein (zum Beispiel Bordeaux)
1 kleiner Kopf Endiviensalat
2 EL Aceto Balsamico (italienischer Würzessig)
1 EL Walnußöl
20 g Parmesan am Stück

Pro Portion: 710 kJ / 170 kcal

Zubereitungszeit:
etwa 25 Min.

1 Die Zwiebel fein hacken. Das Öl in einer Pfanne erhitzen, die Zwiebel glasig dünsten, salzen und pfeffern.

2 Die Salbeiblättchen abzupfen, in Streifen schneiden und kurz mit anbraten.

3 Die Hitze stark reduzieren. Den Rotwein angießen, offen bei schwacher Hitze etwa 10 Min. köcheln lassen.

4 Inzwischen den Endiviensalat putzen, waschen und gut trockenschleudern. Etwas zerzupfen, die Herzblättchen ganz lassen. Auf vier Tellern anrichten.

5 Die Pfanne vom Herd nehmen. Den Essig und das Walnußöl einrühren. Das Dressing abschmecken und über den Salat träufeln. Den Parmesan in hauchfeine Scheibchen hobeln und darauf streuen.

◆ Tip

Endiviensalat ist recht robust und würzig im Geschmack. Die warme Zwiebel-Rotwein-Vinaigrette läßt ihn deshalb weder sofort zusammenfallen noch überdeckt sie sein Aroma.

Lauwarmer Tortellini-Salat

Für Gäste

Zutaten für 6–8 Portionen:

250 g getrocknete Tortellini
Salz
2 Knoblauchzehen
350 g sehr kleine Zucchini
125 g nicht zu reifer Gorgonzola
2 EL Milch
2–3 EL weißer Portwein (nach Belieben)
Zitronenpfeffer (oder schwarzer Pfeffer aus der Mühle)
einige Tropfen Tabasco
einige Zweige frisches Basilikum
1 kleine Dose Maiskörner (etwa 150 g)
100 g kleine Kirschtomaten

Bei 8 Portionen pro Portion: 840 kJ / 200 kcal

Zubereitungszeit:
etwa 45 Min.

1 Die Tortellini in reichlich nur leicht gesalzenem Wasser nach Packungsbeschreibung nicht zu weich kochen. Dabei auch die beiden geschälten Knoblauchzehen mit ins Wasser geben. Die Zucchini waschen, putzen und in Scheiben schneiden. In den letzten 3–4 Min. zu den Tortellini geben und mitgaren.

2 Inzwischen den Gorgonzola würfeln oder zerdrücken, mit 2 EL Milch in einen kleinen Topf geben. Bei schwacher Hitze schmelzen lassen. Mit Portwein nach Belieben, Zitronenpfeffer und einigen Tropfen Tabasco abschmecken. Etwas Basilikum fein schneiden und untermischen.

3 Die Nudeln und die Zucchini in ein Sieb abgießen, sehr gut abtropfen lassen. In eine große Schüssel umfüllen, den Mais abtropfen lassen und dazugeben. Mit der Gorgonzolacreme vermischen, kurz durchziehen lassen. Der Salat soll aber nicht völlig abkühlen.

Chinakohl-Grapefruit-Salat

Schnell fertig

4 Die Kirschtomaten waschen und halbieren. Den Salat anrichten, mit den Kirschtomaten und Basilikumblättchen garnieren.

◆ Tip

Bei der Zubereitung dieses Salates sehr sparsam mit Salz umgehen und auch die Tortellini in nur leicht gesalzenem Wasser garen. Der Gorgonzola ist sehr würzig, und es kann leicht passieren, daß der Salat später versalzen ist. Lieber kurz vor dem Servieren nochmals abschmecken und nachwürzen.

◆ Garnier-Tip

Die Zucchinischeiben nicht unter die Tortellini mischen, sondern rund um den Tellerrand anrichten und den Salat in die Mitte häufen.

Zutaten für 4 Portionen:

1 kleiner Chinakohl (etwa 350 g)
3 rosa Grapefruits
125 g durchwachsener Räucherspeck
5 EL kaltgepreßtes neutrales Pflanzenöl
2 EL Apfelessig
Salz
schwarzer Pfeffer aus der Mühle
1 TL gemahlener Kreuzkümmel

Pro Portion: 1500 kJ / 360 kcal

Zubereitungszeit: etwa 30 Min.

1 Den Chinakohl putzen, am Strunk eine dicke Scheibe abschneiden, die äußeren Blätter entfernen. Den Kohl längs vierteln, die Viertel quer in Streifen schneiden.

2 Von 1 Grapefruit den Saft auspressen, die beiden anderen Grapefruits sorgfältig filieren, dabei den abtropfenden Saft auffangen. Das übriggebliebene Innere der Grapefruits zusätzlich ausdrücken, damit der noch darin enthaltene Fruchtsaft nicht verlorengeht.

3 Vom Speck die Schwarte abschneiden. Den Speck klein würfeln und mit dem Öl in eine Pfanne geben, bei milder Hitze auslassen.

4 Die Pfanne vom Herd ziehen, den Speck herausnehmen, das Fett dabei in der Pfanne zurücklassen.

5 Sofort den Grapefruitsaft und den Essig in die Pfanne gießen, mit Salz, Pfeffer und Kreuzkümmel würzen. Den Chinakohl darin wenden, damit er ganz leicht in der verbliebenen Hitze gart.

6 Die Grapefruitfilets untermischen, den Salat würzig abschmecken.

7 Den Salat auf Teller verteilen, die Speckwürfel darüber streuen.

◆ Chinakohl

stammt wirklich aus China und ist dort, ebenso wie in allen asiatischen Ländern, beliebt wie bei uns der Weißkohl. Inzwischen wird er auch in Europa angebaut und ist preiswert fast rund ums Jahr auf den Märkten zu finden. Kaufen Sie nur feste, geschlossene Köpfe mit frischen Blattspitzen – Chinakohl läßt sich nicht lange aufbewahren. Man kann den zarten Kohl roh oder leicht gedünstet als Salat servieren, ebenso gut schmeckt er gekocht, gedünstet oder gebraten als Gemüse.

Blumenkohl mit Lachs

Ideal für ein Buffet

Zutaten für 4 Portionen:

1 kleiner Kopf Blumenkohl (etwa 400 g)
Salz
1 Zitrone
2 EL milder Weinessig
weißer Pfeffer aus der Mühle
1 Prise Piment
1 Prise gemahlener Koriander
¼ TL scharfer Senf
6 EL Öl
1 Bund Schnittlauch
½ Kopf Lollo rosso
200 g Räucherlachs in Scheiben

Pro Portion: 930 kJ / 220 kcal

Zubereitungszeit:
etwa 45 Min.

1 Den Blumenkohl putzen, in Röschen zerteilen und diese senkrecht in Scheiben schneiden. Währenddessen in einem Topf Salzwasser zum Kochen bringen, den Saft von ½ Zitrone zufügen. Blumenkohlscheiben im sprudelnd kochenden Wasser etwa 3 Min. blanchieren, abgießen und eiskalt abschrekken. Gut abtropfen lassen.

2 Für die Sauce den Essig mit den Gewürzen und dem Senf verquirlen, nach und nach das Öl unterschlagen, mit dem restlichen Zitronensaft abschmecken. Den Schnittlauch in feine Röllchen schneiden und untermischen.

3 Den Lollo rosso in einzelne Blätter zerlegen, gründlich waschen und trockenschütteln. Die Blätter kleinzupfen und mit den Lachsscheiben und dem Blumenkohl auf Teller verteilen. Mit der Sauce beträufeln und kurz durchziehen lassen.

◆ **Garnier-Tip**

Ein origineller Blickfang: Den Salat zusätzlich mit ganzen Schnittlauchhalmen garnieren.

Birnen-Bohnen-Salat

Gelingt leicht

Zutaten für 4–6 Portionen:

600 g Kartoffeln (vorwiegend festkochende Sorte)
Salz
1 Zweig frisches Bohnenkraut
300 g zarte grüne Bohnen
2 saftige, aromatische Birnen (etwa 300 g)
150 g magerer gekochter Schinken am Stück
100 g saure Sahne
4 EL Weißweinessig
4 EL Öl (davon eventuell 2 EL Walnußöl)
weißer Pfeffer aus der Mühle
1 Prise Zucker

Bei 6 Portionen pro Portion: 910 kJ / 220 kcal

Zubereitungszeit:
etwa 30 Min. (+ Koch- und Abkühlzeit für die Kartoffeln)

1 Die Kartoffeln waschen, knapp mit Salzwasser bedeckt garen. Danach pellen und gut auskühlen lassen (am besten am Vortag erledigen).

2 In einem Topf Salzwasser zum Kochen bringen, das Bohnenkraut hineingeben. Inzwischen die grünen Bohnen putzen und waschen, eventuell halbieren und falls nötig entfädeln. Die Bohnen im sprudelnd kochenden Wasser etwa 10 Min. garen. Abgießen und eiskalt abschrecken, gut abtropfen lassen.

3 Die Kartoffeln in etwa 1 cm dicke Scheiben, danach in Stifte schneiden. Mit den Bohnen mischen.

4 Die Birnen schälen und halbieren, die Kerngehäuse entfernen. Birnenhälften in Würfel schneiden und mit Bohnen und Kartoffeln mischen. Den gekochten Schinken in Würfel oder in Streifen schneiden, unter den Salat heben.

5 Für die Sauce die saure Sahne mit Essig und Öl verquirlen, mit Salz, Pfeffer und

Spinatsalat mit Linsen

Gut vorzubereiten

1 Prise Zucker abschmecken. Den Salat damit begießen, vorsichtig mischen und etwas durchziehen lassen. Vorm Servieren nochmals abschmecken.

◆ **Sahne-Dressing**

ersetzt auf feine, leichte und bekömmliche Art die üppigen Salat-Mayonnaisen. Ein kleiner Klacks saure Sahne rundet das Aroma einer schlichten Essig-Öl-Sauce angenehm mild ab, macht sie schön cremig und verbindet so perfekt alle Salatzutaten. Beim Fettgehalt haben Sie die Kalorien-Wahl: Saure Sahne enthält zwischen 10% und 30% Fett. Der löffelfeste Schmand und die extra fette Crème fraîche (bis 40%) sind Spezialitäten aus der Sauerrahm-Ecke. Mit flüssiger Sahne oder mit Schlagrahm (mindestens 30% Fettgehalt) können Sie noch einfacher das Öl in einer Salatmarinade ergänzen oder ersetzen. Üppigste Steigerung: Crème double (bis 45%).

Zutaten für 4–6 Portionen:

200 g kleine braune oder grüne Linsen (am besten die feinen französischen Puy-Linsen)
1 Bund Suppengrün
7 EL Olivenöl
1 Schuß Sherryessig (oder Weinessig)
1 Prise Zucker
Salz
schwarzer Pfeffer aus der Mühle
1 EL Sojasauce
2 reife Tomaten (etwa 150 g)
200 g zarter Blattspinat
2 Knoblauchzehen
4 EL Weißweinessig
1 TL scharfer Senf (zum Beispiel Dijon-Senf)
Weißbrot nach Belieben

Bei 6 Portionen pro Portion: 960 kJ / 230 kcal

Zubereitungszeit:
etwa 1 Std. (+ Einweich- und Abkühlzeit für die Linsen)

1 Die Linsen etwa 2 Std. mit kaltem Wasser bedeckt einweichen. Danach das Suppengrün gründlich waschen und putzen, in winzige Würfel schneiden. In einem Topf 1 EL Öl erhitzen, das Suppengemüse darin andünsten.

2 Die Linsen abgießen, das Wasser auffangen. Die Linsen zum Gemüse geben, gründlich untermischen. Das Einweichwasser und einen Schuß Essig angießen, zugedeckt zum Kochen bringen. Bei mittlerer Hitze etwa 20 Min. garen (die Linsen sollten noch bißfest sein!). Bei Bedarf weiteres Wasser angießen. Die gegarten Linsen in ein Sieb abgießen, mit 1 Prise Zucker, Salz, Pfeffer und der Sojasauce würzen. Abkühlen lassen.

3 Die Tomaten kreuzweise einritzen, kurz in kochendes Wasser legen. Kalt abschrekken und die Haut ablösen. Die Tomaten halbieren, die Kerne mit einem Löffel entfernen. Das Tomatenfruchtfleisch klein würfeln.

4 Den Spinat gründlich verlesen, waschen und gut abtropfen lassen. Auf große Teller verteilen.

5 Für die Sauce die Knoblauchzehen durchpressen und mit Essig und Senf verrühren. Salzen und pfeffern, zuletzt das restliche Olivenöl gründlich unterschlagen.

6 Die Hälfte der Sauce über die Spinatblätter träufeln. Die Linsen in der restlichen Sauce gründlich wenden, auf dem Spinat verteilen. Die Tomatenwürfel über den Salat streuen und mit Weißbrot servieren.

◆ **Getränke-Tip**

Französischer Rosé oder Weißherbst aus Baden.

Feldsalat mit Pilzen

Schnell fertig

Zutaten für 4 Portionen:

400 g Austernpilze
150 g Feldsalat
1 mittelgroße Zwiebel
5 EL neutrales Öl
1 Knoblauchzehe
Salz
schwarzer Pfeffer aus der Mühle
etwas Chilipulver
50 ml trockener Weißwein
1–2 EL Walnußöl
1–2 EL Sherryessig

Pro Portion: 680 kJ / 160 kcal

Zubereitungszeit:
etwa 30 Min.

1 Die Austernpilze putzen und abreiben, etwas kleiner schneiden.

2 Den Feldsalat sehr gründlich waschen und verlesen, harte Stiele abzwicken. Den Salat trockenschleudern und auf Teller verteilen.

3 Die Zwiebel sehr fein hacken. Das Öl in einer Pfanne erhitzen, die Zwiebel glasig dünsten. Die Knoblauchzehe durch die Presse dazudrücken. Die Austernpilze in die Pfanne geben, unter Rühren scharf anbraten. Mit Salz, Pfeffer und Chilipulver würzen.

4 Die Pilze auf dem Feldsalat verteilen. Den Wein in die Pfanne gießen, den Bratensatz unter Rühren lösen. Die Sauce mit Walnußöl, Sherryessig, Salz und Pfeffer abschmecken und über den Salat träufeln.

◆ Feldsalat

heißt auch Rapunzel-, Acker- oder Nüßlisalat. Die würzigen, kräftig-grünen Blätter sind zu kleinen Büscheln zusammengewachsen und werden gewöhnlich nach Gewicht verkauft. Bei der Vorbereitung sollten Sie sehr gründlich vorgehen – oft sitzt Sand zwischen den Büscheln.

Schwarzwurzel-Salat

Braucht etwas Zeit

Zutaten für 4 Portionen:

500 g Schwarzwurzeln
Salz
2 EL Essig
1 kleine, unbehandelte Orange
3 EL Öl
100 g Crème fraîche
etwas Weißweinessig zum Abschmecken
schwarzer Pfeffer aus der Mühle
100 g Alfalfasprossen (Bioladen oder Reformhaus)

Pro Portion: 770 kJ / 180 kcal

Zubereitungszeit:
etwa 1 Std. 15 Min.

1 Die Schwarzwurzeln unter fließendem Wasser gründlich abbürsten. In einem breiten Topf in reichlich Salz-Essig-Wasser 15–20 Min. nicht zu weich kochen.

2 Die gekochten Schwarzwurzeln unter kaltem Wasser abbrausen und mit einem Schälmesser die dunkle Schale vorsichtig abziehen. Die Wurzeln in schräge, 5 cm lange Stücke schneiden.

3 Die Orange heiß abwaschen. Etwas Schale fein abreiben, den Saft auspressen.

4 Das Öl in einer Pfanne nicht zu stark erhitzen, die Schwarzwurzelstücke darin kurz anbraten. Wieder herausnehmen.

5 Die Pfanne vom Herd ziehen, den Orangensaft und die abgeriebene Orangenschale, dann die Crème fraîche einrühren. Mit Weißweinessig, Salz und schwarzem Pfeffer kräftig würzen.

6 Die Alfalfasprossen zerzupfen und auf Teller verteilen, die Schwarzwurzeln daraufgeben, mit der Orangensahne beträufeln.

Rosenkohl-Roastbeef-Salat

Für Gäste

◆ **Schwarzwurzeln**

können Sie auch erst schälen und dann garen. Dafür die Wurzeln unter fließendem Wasser sehr gründlich abbürsten. Mit einem Sparschäler die Schale vom dicken zum dünnen Ende hin abschälen, die Wurzeln in Stücke schneiden und sofort in Wasser legen, das mit etwas Essig und Mehl verquirlt wurde – ein Trick, damit die Stangen sich nicht verfärben. Danach erst werden die Schwarzwurzeln in Salzwasser gekocht. Für Salate sollten sie ebenso wie andere Gemüsesorten auf keinen Fall zu weich gekocht werden, sondern noch spürbaren Biß haben.

◆ **Vinaigrette**

Die klassische Essig-Öl-Sauce, im Verhältnis 1:2 gemixt, mit feinen Kräutern, Senf und gehackten Schalotten gewürzt, ist ebenfalls eine ideale Marinade für gekochte Schwarzwurzeln.

Zutaten für 4 Portionen:

500 g zarte Rosenkohlröschen
Salz
75 ml milde Fleischbrühe
3 EL Apfelessig
schwarzer Pfeffer aus der Mühle
½ TL gemahlener Koriander
1 TL Kürbiskernöl
3 EL kaltgepreßtes, neutrales Pflanzenöl
2 kleine, rotschalige Äpfel
2 EL Zitronensaft
100 g gebratenes Roastbeef in dünnen Scheiben (Aufschnitt vom Metzger oder Reste vom Sonntagsbraten)
25 g Kürbiskerne

Pro Portion: 900 kJ / 210 kcal

Zubereitungszeit:
etwa 50 Min.

1 Den Rosenkohl waschen und putzen, jeweils am Strunk eine Scheibe abschneiden. Einen Großteil der Blättchen vorsichtig ablösen und in kochendem Salzwasser etwa ½ Min. blanchieren. In Eiswasser tauchen, sehr gut abtropfen lassen und beiseite stellen.

2 Die Brühe aufkochen. Die Röschen am Strunk kreuzweise leicht einschneiden. In der kochenden Brühe etwa 8 Min. dünsten. Die Röschen abtropfen lassen, den Sud auffangen.

3 Den Sud mit dem Apfelessig verquirlen. Mit Salz, Pfeffer und Koriander würzen, dann beide Ölsorten unterschlagen, nochmals würzig abschmecken.

4 Die Rosenkohlröschen gründlich in der Marinade wenden und wieder herausholen, dann die Rosenkohlblättchen in die Marinade geben. Die Blättchen mit den Röschen auf Tellern anrichten.

5 Die Äpfel waschen und gut abreiben. Vierteln, die Kerngehäuse herausschneiden, die Viertel in Spalten schneiden und in Zitronensaft wenden. Auf dem Rosenkohl verteilen.

6 Das Roastbeef etwas zerschneiden oder locker zusammenlegen, auf dem Salat anrichten, die Kürbiskerne aufstreuen. Pfeffer direkt aus der Mühle darüber mahlen.

◆ **Rosenkohl**

gibt es den ganzen Winter über frisch zu kaufen. Außerhalb der Saison können Sie auf Tiefkühlware ausweichen. Vom gefrorenen Kohl lassen sich allerdings keine Blättchen mehr ablösen, servieren Sie dann die gegarten Röschen auf einem Bett von Endivien-, Frisée- oder Eichblattsalat.

Meerrettich-Kartoffeln

Gelingt leicht

Zutaten für 4–6 Portionen:

500 g Kartoffeln (vorwiegend festkochende Sorte)
Salz
je 1 rote und grüne Paprikaschote
200 g gekochtes Kasseler
⅛ l milde Fleischbrühe
3 EL geriebener Meerrettich (aus dem Glas)
2 EL Öl
1 EL Crème fraîche
4–5 EL Essig
schwarzer Pfeffer aus der Mühle
1 Prise Zucker

Bei 6 Portionen pro Portion: 750 kJ / 180 kcal

Zubereitungszeit: etwa 1 Std. 30 Min.

1 Die Kartoffeln waschen und abbürsten, mit Salzwasser bedeckt garen.

2 Die Paprikaschoten halbieren, Trennwände und Kerne entfernen. Die Schotenhälften waschen, in etwa 1 cm breite Streifen, dann in kleine Stücke schneiden. Das Kasseler in der Fleischbrühe erwärmen.

3 Die Kartoffeln abgießen, kurz abkühlen lassen. Pellen und sofort in Scheiben schneiden. In eine Schüssel geben.

4 Das Kasseler aus der Brühe nehmen, abgedeckt warm halten.

5 Den Meerrettich, das Öl und die Crème fraîche in die warme Fleischbrühe rühren. Mit Essig, Pfeffer und 1 Prise Zucker abschmecken. Den Kartoffelsalat damit anmachen, kurz ziehen lassen. Das Kasseler kleinschneiden. Mit den Paprikastückchen unter den Salat mischen, warm servieren.

◆ Getränke-Tip

Am besten paßt dazu ein helles Bier – mit oder ohne Alkohol.

Chicorée-Hackfleisch-Sala

Raffiniert

Zutaten für 4 Portionen:

1 Zwiebel
6 El Öl
2 Knoblauchzehen
250 g gemischtes Hackfleisch
1 Schuß Weißwein
Salz
schwarzer Pfeffer aus der Mühle
Cayennepfeffer
3–4 Chicorée-Stauden (etwa 250 g)
200 g reife Tomaten
3–4 EL milder Weinessig
1 TL scharfer Senf
1 Bund glatte Petersilie

Pro Portion: 1300 kJ / 310 kcal

Zubereitungszeit: etwa 1 Std.

1 Die Zwiebel fein hacken. In einer Pfanne 2 EL Öl erhitzen, die Zwiebel darin glasig dünsten. Die Knoblauchzehen durch die Presse dazudrücken. Das Hackfleisch ins heiße Öl geben, unter Rühren kräftig braten, bis kleine knusprige Krümel entstehen. Mit 1 Schuß Weißwein begießen und eindampfen lassen. Mit Salz, Pfeffer und 1 Prise Cayennepfeffer würzen, vom Herd nehmen und etwas abkühlen lassen.

2 Den Chicorée putzen, die Strünke abschneiden. Die Stauden in sehr schmale Streifen schneiden, waschen und gut abtropfen lassen.

3 Die Tomaten kreuzweise einritzen, kurz in kochendes Wasser tauchen, kalt abschrekken und enthäuten. Halbieren und mit einem Löffel die Kerne herauslösen. Das Tomatenfruchtfleisch fein hacken.

4 Aus Essig, Senf, Salz, Pfeffer, Cayennepfeffer und dem restlichen Öl eine würzige Marinade anrühren. Die Tomaten untermischen. Petersilie fein hacken, die Hälfte davon unter die Salatsauce rühren.

Grüner Nudel-Salat

Gut vorzubereiten

5 Den Chicorée unter das gebratene Hackfleisch mischen. Die Marinade unterziehen, mit der restlichen gehackten Petersilie bestreuen und servieren.

◆ Tip

Schmeckt lauwarm besonders würzig und interessant.

◆ Vorrats-Tip

Wenn frische Tomaten fehlen: 1 EL Tomatenmark aus der Tube in die Salatsauce rühren.

◆ Variante

Statt Chicorée paßt auch das knackige Grün vom Eisbergsalat oder feingeschnittener Chinakohl in diesen herzhaften Wintersalat.

Zutaten für 4–6 Portionen:

Salz
1 Stange Lauch (250 g)
250 g Blattspinat
250 g Möhren
250 g grüne Bandnudeln
6 EL Öl
1 Petersilienwurzel
4 EL Weinessig
schwarzer Pfeffer aus der Mühle
1/4 TL Korianderpulver (oder frisch geriebene Muskatnuß)
3–4 Knoblauchzehen

Bei 6 Portionen pro Portion: 1000 kJ / 240 kcal

Zubereitungszeit:
etwa 1 Std. (+ 1–2 Std. Zeit zum Durchziehen)

1 In einem Topf etwa 1 1/2 l Salzwasser zum Kochen bringen. Inzwischen den Lauch putzen, in etwa 5 cm lange Stücke und diese längs in hauchfeine Streifen schneiden. Den Blattspinat verlesen, waschen und abtropfen lassen. Die Möhren putzen und waschen. Soweit möglich, mit dem Sparschäler von den Möhren rundum lange dünne Streifen ablösen. Die Kernstücke der Möhren beiseite legen.

2 Im kochenden Salzwasser Lauchstreifen, Spinat und Möhrenstreifen knapp 1 Min. blanchieren. Das Gemüse mit dem Schaumlöffel herausnehmen und in ein Sieb geben, kalt abschrecken und sehr gut abtropfen lassen. Das Gemüsewasser wieder zum Kochen bringen.

3 Die Bandnudeln im kochenden Gemüsewasser bißfest garen (Garzeit auf der Packung beachten und zwischendurch mehrere Garproben machen). Die Nudeln abgießen, das Kochwasser dabei auffangen. 2 EL Öl unter die Nudeln mischen.

4 Die Petersilienwurzel putzen und schälen, zusammen mit den Reststücken der Möhren fein raspeln.

5 Etwa 100 ml des Gemüse- und Nudelkochwassers abmessen, mit dem Essig, Salz, Pfeffer, Korianderpulver und restlichem Öl gründlich verquirlen. Die Knoblauchzehen durch die Presse dazudrücken, das geraspelte Gemüse untermischen und die Sauce nochmals würzig abschmecken.

6 Die Nudeln mit dem blanchierten Gemüse mischen, die Sauce unterziehen und gut durchziehen lassen.

◆ Wichtig

Der gemüsereiche Nudelsalat gewinnt Aroma durchs lange Stehen – ist also auch für Feste und Buffets gut geeignet.

Waldorf-Salat

Etwas aufwendiger

Zutaten für 6–8 Portionen:

1 Eigelb
Salz
1 TL Senf
1 Prise Zucker
3–4 EL Zitronensaft
175 ml neutrales Öl
150 g Vollmilch-Joghurt
2–3 EL Walnußöl
schwarzer Pfeffer aus der Mühle
350 g Knollensellerie
4 kleine, säuerliche Äpfel (etwa 400 g; möglichst rotschalige)
50 g Walnußkerne

Bei 8 Portionen pro Portion: 1300 kJ / 310 kcal

Zubereitungszeit:
etwa 30 Min.

1 Für die Mayonnaise das Eigelb mit 1/4 TL Salz, Senf, Zucker und 1 EL Zitronensaft verquirlen. Anschließend das Öl zuerst tropfenweise, dann in dünnem Strahl unterschlagen. Den Joghurt unterrühren, mit 1–2 TL Zitronensaft, Walnußöl und Pfeffer abschmecken.

2 Den Sellerie schälen und grob raspeln. Nach Belieben kurz in kochendem Wasser blanchieren, in Eiswasser geben und gut abtropfen lassen. Die Selleriespel sofort in der Mayonnaise wenden.

3 3 Äpfel schälen, ebenfalls grob raspeln und sofort mit der Mayonnaise vermischen. Würzig abschmecken.

4 Den vierten Apfel in Spalten schneiden und mit dem restlichen Zitronensaft beträufeln. Die Walnußkerne grob hacken. Beides zum Garnieren verwenden.

◆ Das Original

wurde 1893 zur Eröffnung des Waldorf-Astoria-Hotels in New York gemixt. Apfel, Sellerie, Walnüsse und Sahne sind die obligatorischen Zutaten.

Eissalat mit Rosinen-Sauce

Erfrischend

Zutaten für 4 Portionen:

75 g kleine, helle Rosinen
1/8 l trockener Weißwein
50 g Mandeln
150 g Vollmilch-Joghurt
2 EL Olivenöl
Salz
schwarzer Pfeffer aus der Mühle
1 kleiner Eissalat (etwa 500 g)

Pro Portion: 900 kJ / 210 kcal

Zubereitungszeit:
etwa 30 Min.

1 Die Rosinen kalt abbrausen, im Wein erhitzen, aber nicht aufkochen. Anschließend im Wein abkühlen lassen.

2 Die Mandeln etwa 1 Min. in kochendes Wasser geben, kalt abschrecken und häuten. Die Hälfte grob hacken, den Rest durch die Mandelmühle drehen. Beides nacheinander in einer trockenen Pfanne rösten.

3 Einige Rosinen beiseite nehmen. Die restlichen samt Sud mit den gemahlenen Mandeln, dem Joghurt und dem Olivenöl im Mixer glatt pürieren. Mit Salz und Pfeffer abschmecken.

4 Den Eisbergsalat putzen, waschen und zerteilen, gut abtropfen lassen. Auf Tellern anrichten, das Dressing darüber träufeln. Die übrigen Rosinen und die gehackten Mandeln aufstreuen.

◆ Eissalat

oder Eisbergsalat ist der robusteste Vertreter der Salatfamilie. Die ganzen Köpfe bleiben mehrere Tage lang knackig und auch in Salaten oder als frische Einlage im Sandwich behalten die Blätter einige Stunden hindurch ihren Biß.

Lauch-Ananas-Salat

Raffiniert

Zutaten für 8 Portionen:

1 frische Ananas (notfalls Ananas aus der Dose)
6 EL Obstessig
Salz
Cayennepfeffer
9 EL neutrales Pflanzenöl
1 kg Lauch
6 hartgekochte Eier

Pro Portion: 820 kJ / 200 kcal

Zubereitungszeit:
etwa 45 Min.

1 Die Ananas in Scheiben schneiden, schälen und den harten Mittelstrunk herausschneiden. Das Fruchtfleisch grob zerteilen. Abtropfenden Saft auffangen.

2 Den Ananassaft mit Essig, Salz und Cayennepfeffer verquirlen, das Öl unterschlagen. Ananas darin wenden.

3 Den Lauch putzen und waschen. Längs halbieren, in 5 cm lange Stücke, dann in 1 cm breite Streifen schneiden. In reichlich kochendem Wasser nach Geschmack und Sorte 2–5 Min. blanchieren. Kalt abbrausen, sehr gut abtropfen lassen, in der Marinade wenden und darin etwa 15 Min. ziehen lassen.

4 Die hartgekochten Eier pellen, Eiweiß und Eigelb trennen und grob hacken.

5 Den Salat pikant abschmecken, auf großen Tellern anrichten, mit dem gehackten Ei dekorativ bestreuen.

◆ Tip

Einige wenige zarte Lauchringe können Sie jederzeit roh über Salate oder warme Speisen streuen – sie sorgen für pikanten Biß. Als Grundlage für Salate sollten Sie den Lauch aber besser kurz blanchieren, er wird dadurch bekömmlicher und milder.

Rote Bete-Salat

Gelingt leicht

Zutaten für 4 Portionen:

8 kleine rote Beten (etwa 650 g)
1 Bund glatte Petersilie
3 EL milder Weinessig
1 EL scharfer Senf
Salz
schwarzer Pfeffer aus der Mühle
6 EL neutrales Öl
30 g grobe Parmesanspäne

Pro Portion: 950 kJ / 230 kcal

Zubereitungszeit:
etwa 1 Std.

1 Die roten Beten unter fließendem Wasser gründlich waschen und abbürsten. Ungeschält in Wasser etwa 30 Min. kochen, sie sollen innen nicht ganz durchgaren.

2 Etwa drei Viertel der Petersilie fein hacken, mit dem Essig verquirlen. Senf, Salz und Pfeffer einrühren, das Öl kräftig unterschlagen, abschmecken.

3 Die roten Beten in kaltes Wasser legen, die Haut unter fließendem Wasser abziehen oder abschälen. Die Knollen in dünne Scheiben schneiden oder hobeln, überlappend auf Tellern arrangieren. Die Petersilienvinaigrette darüber verteilen, mit Petersilie und Parmesanspänen garnieren.

◆ Tip

Beim Putzen von roten Beten immer unter fließendem Wasser arbeiten oder Küchenhandschuhe anziehen. Der Saft der Knollen färbt sehr intensiv und läßt sich von den Händen (und vom Küchengerät) nur schwer entfernen.

◆ Einkaufs-Tip

Manchmal gibt es auf dem Markt bereits gekochte rote Beten zu kaufen. Damit ist der Salat in wenigen Minuten fertig.

Suppen und Eintöpfe

Gieß Wasser zur Suppe – hinter dieser Aufforderung steckt nicht etwa der blanke Geiz, sondern ein Herz für spontane Gäste. Mit kleinen Tricks gelingt es schließlich ohne weiteres, aus der kräftigen Fleischbrühe für 4 rasch einen sättigenden Eintopf für 6 zu zaubern. Suppennudeln und feingeschnittenes Gemüse, kleine Klößchen aus dem Gefrierfach oder die saftigen Reste vom großen Braten: All das kann zum Eintopf werden. Kombiniert mit geröstetem Knoblauchbrot, danach ein Käseteller und etwas Obst – ein Menü wie die reinste Hexerei!

Suppen brauchen solide Grundlagen. Der Traum ist ein ständiger Vorrat an hausgeköchelter Kraftbrühe – die Realität kommt eher gewürfelt und gekörnt daher. Als Retter in der Zeitnot, als eiserne Reserve sind die halbfertigen Brühprodukte tatsächlich eine segensreiche Erfindung. Für ein wirklich feines Schlemmermahl sollten Sie es aber mit den Stunden nicht so genau nehmen und die Markknochen samt Suppengrün einige Zeit dem sanft köchelnden Wasser anvertrauen...

Übrigens: Seien wir ehrlich! Ein wenig liebäugeln wir ja doch mit der rechtzeitigen Ankündigung hungriger Besucher. Was wiederum nicht ausschließt, daß auch dafür der Suppentopf herhalten kann – zum Vergnügen der versammelten Runde!

Grundrezept für Fleischbrühe

2 l Brühe reichen für 8 Portionen (jeweils ¹/₄ l), wenn die daraus zubereitete Suppe üppige Vorspeise oder Zwischengang sein soll. Als leichte Vorspeise reicht diese Menge für 16 Portionen (jeweils ¹/₈ l).

Zutaten für etwa 2 l Brühe:

500 g Knochen vom Rind (davon 1–2 Markknochen)
1 kg Suppenfleisch vom Rind
1 Zwiebel
1 Lorbeerblatt
½ TL schwarze Pfefferkörner
1 TL Salz
1–2 Bund Suppengrün (Lauch, Möhre, Knollensellerie)

Zubereitungszeit:
3–4 Std. (davon haben Sie aber nur etwa 10 Min. wirklich etwas zu tun, in der restlichen Zeit köchelt die Brühe ohne Aufsicht vor sich hin)

1. Die Knochen unter fließendem Wasser abspülen, um die Knochensplitter zu entfernen. In einen großen Topf legen.

2. Das Suppenfleisch dazugeben, alles mit kaltem Wasser bedecken (es sollten etwa 3 l sein) und zugedeckt langsam zum Kochen bringen.

3. Die Zwiebel schälen, mit dem Lorbeerblatt bestecken. Mit den Pfefferkörnern und 1 TL Salz in den Topf geben.

4. Den Topf nun offen lassen, das Fleisch und die Knochen etwa 2–3 Std. sanft köcheln lassen. Den Schaum an der Oberfläche ab und zu mit einem Schaumlöffel abschöpfen.

5. Nach den 2–3 Std. das Suppengemüse putzen und waschen, eventuell etwas zerteilen und in den Topf geben. Alles zusammen noch etwa 1 Std. sanft köcheln.

6. Knochen und Fleisch herausnehmen, den Rest durch ein feines Sieb gießen und die Brühe auffangen.

• **Das Fleisch** muß kräftig mit Bindegewebe, Fett und Sehnen durchwachsen sein. Nur so bekommt die Brühe den konzentrierten Fleischgeschmack. Einkauf: Brust, Beinfleisch, Querrippe oder Bauchlappen.

• **Die Knochen** enthalten wertvolle Mineral- und Aromastoffe. Sie können auch nach dem Auskochen noch weiterverwendet werden für einen Fond.

• **Die Zwiebel** können Sie auch ungeschält halbieren und in die Brühe geben – durch die Schale bekommt die Brühe einen kräftigeren Farbton. Noch intensiver in Geschmack und Farbe wird die Brühe, wenn Sie die Zwiebel halbieren und die Schnittflächen karamelfarben anrösten, in einer Pfanne oder auf einem Stück Alufolie direkt auf der Herdplatte.

• **Das Gemüse** nicht von Anfang an zugeben, da es nach etwa 1 Stunde völlig ausgelaugt ist und die Brühe danach nicht mehr verfeinern kann. Ergänzen Sie das Bund Suppengrün nach Belieben noch mit zusätzlichem Gemüse oder Kräutern: zum Beispiel Petersilienwurzeln, Petersilienstengel (die Blätter später feingehackt in die Suppe streuen), Stangensellerie, getrocknetem Thymian.

• **Die Brühe (Bouillon)** vor der Weiterverwendung entfetten. Dazu über Nacht abkühlen lassen und die oben abgesetzte Fettschicht einfach entfernen. Bei der frischen Brühe kann ein Teil der schwimmenden Fettaugen mit einem flachen Löffel abgeschöpft oder mit Küchenkrepp aufgesaugt werden. Die Brühe ist Grundlage für klare Suppen mit oder ohne Einlage, für gebundene Suppen, für Eintöpfe, zum Aufgießen beim Dünsten oder Schmoren von Fleisch und Gemüse.

Kraftbrühe (Consommé)

wird aus fertiger, bereits entfetteter Fleischbrühe gekocht. Dazu mischt man etwa 400 g mageres Hackfleisch unter die 2 l Brühe, bringt sie vorsichtig zum Kochen und läßt das Ganze etwa 30 Min. sanft ziehen, ohne umzurühren. Durch ein feines Haarsieb oder ein Tuch gießen und die sehr würzig schmeckende Kraftbrühe auffangen. Für die noch intensivere **doppelte Kraftbrühe** (Consommé double) nehmen Sie einfach die doppelte Menge Hackfleisch.

Fond

wird in der feinen Küche zur Zubereitung von Saucen, Suppen, Eintöpfen gebraucht. Inzwischen gibt es verschiedene Sorten auch fertig im Glas zu kaufen – von Kalbsfond über Wildfond bis Fisch- und Gemüsefond. Die Zubereitung zu Hause ist völlig problemlos, kostet aber natürlich wieder Zeit. Für 1 l Fond brauchen Sie etwa 2 kg kleingehackte Knochen – bevorzugt von jungen Tieren, deren Knochen reichlich Gallertstoffe und feinstes Aroma besitzen. Ideal ist zum Beispiel der Kalbsfuß. In einem schweren Topf werden die Knochen unter Rühren goldbraun angeröstet und mit 1 Glas Weißwein abgelöscht. Die Flüssigkeit soll vollständig einköcheln. Nun geben Sie Suppengemüse, Petersilienstengel, Pfefferkörner dazu, bedecken alles großzügig mit Wasser und lassen die Mischung bei milder Hitze im offenen Topf etwa 4 Std. leise köcheln. Erst zum Schluß mit Salz würzen, da der konzentrierte Fond durch das starke Einkochen rasch versalzen ist.

Hühnerbrühe

Zutaten für etwa 2 l Brühe:

1 Zwiebel
1 Lorbeerblatt
2 Gewürznelken
1 Suppenhuhn (etwa 1,5 kg)
1 TL Salz
½ TL weiße Pfefferkörner
1–2 Bund Suppengrün
Petersilienstengel
nach Belieben ¼ l trockener Weißwein

Zubereitungszeit:
etwa 2 Std. 45 Min. (davon 2 Std. 30 Min. reine Garzeit).

1. In einem großen Topf etwa 3 l Wasser zum Kochen bringen. Die Zwiebel schälen, das Lorbeerblatt und die Nelken daraufstecken. Das Huhn, die Zwiebel, Salz und die Pfefferkörner ins kochende Wasser geben, dann die Temperatur herunterschalten. Bei milder Hitze etwa 1 Std. 30 Min. ziehen lassen.

2. Das Suppengrün putzen, waschen und grob zerkleinern. Mit den Petersilienstengeln zum Huhn geben, nach Belieben den Wein angießen, alles zusammen im offenen Topf nochmals etwa 1 Std. ziehen lassen. Ab und zu den Schaum abschöpfen.

3. Das Huhn herausnehmen, den Topfinhalt durch ein feines Sieb gießen und die Brühe auffangen. Vorm Weiterverwenden die Brühe entfetten (wie bei der Fleischbrühe).

• **Das Suppenhuhn** ist nach dem Auskochen ausgelaugt und zäh und eignet sich weniger zum Essen. Die Aromastoffe sind in die Brühe übergegangen.

Varianten

Die Hühnerbrühe mit einer saftigen Poularde zubereiten und nur etwa 1 Std. 30 Min. sanft garen. Das Fleisch danach von den Knochen lösen, in der Suppe servieren oder für ein anderes Rezept verwenden. Oder statt dem ganzen Geflügel etwa 1 kg Hühnerklein nehmen – eventuell erst kurz anbraten und danach Wasser angießen. Das ausgekochte Hühnerklein wegwerfen.

Gemüsebrühe

Zutaten für etwa 2 l Brühe:

1 große Stange Lauch
2 Stangen Staudensellerie
2 Möhren
1 große Kartoffel
2 Zwiebeln
3–4 Knoblauchzehen
1 Petersilienwurzel
Petersilienstengel
2 Lorbeerblätter
½ TL schwarze Pfefferkörner
1 TL Salz
1 TL getrockneter Thymian
2 EL Zitronensaft
2 EL Olivenöl

Zubereitungszeit:
etwa 2 Std. (davon 1 Std. 30 Min. reine Garzeit)

1. Das Gemüse putzen und waschen, Zwiebel und Knoblauch nicht schälen. Alles grob zerteilen.

2. Alle Zutaten mit etwa 3 l Wasser in einen Topf geben, aufkochen. Die Hitze verringern und das Gemüse im offenen Topf etwa 1 Std. 30 Min. sanft köcheln. Danach durch ein Sieb gießen, die Brühe auffangen.

Fischbrühe

Zutaten für etwa 2 l Brühe:

1 kg Fischabschnitte (Köpfe und Gräten – von weißfleischigem Meeresfisch wie Kabeljau, Seelachs, Meeraal oder von Süßwasserfischen wie Forelle, Felchen, Hecht)
1–2 Knoblauchzehen
1 Zwiebel
1 kleine unbehandelte Zitrone
1 Lorbeerblatt
1 TL Salz
½ TL weiße Pfefferkörner

Zubereitungszeit:
etwa 30 Min. (davon 20 Min. reine Garzeit)

1. Die Fischabschnitte unter fließendem Wasser gründlich waschen, die Kiemen entfernen. Die Abschnitte in einen großen Topf geben, etwa 3 l Wasser angießen.

2. Die Knoblauchzehen und die Zwiebel schälen und halbieren, die Zitrone heiß abwaschen und in Scheiben schneiden. Mit Lorbeerblatt, Salz und Pfefferkörnern in den Topf geben. Den Sud zugedeckt zum Kochen bringen, dann den Deckel abnehmen und die Temperatur verringern.

3. Bei milder Hitze etwa 20 Min. leise köcheln lassen. Den Schaum mehrmals abschöpfen. Die fertige Brühe durch ein feines Sieb passieren.

Fischfond

Fischabschnitte in etwas Butter anbraten, trockenen Weißwein angießen und kräftig einkochen lassen. Würzzutaten und Wasser angießen, etwa 30 Min. köcheln lassen. Durch ein feines Sieb oder ein Tuch gießen und kalt stellen.

Zitronen-Reissuppe

Sommerlich leicht

Zutaten für 4 Portionen:

2 Stangen Staudensellerie
1 mittelgroße Möhre
1 mittelgroße Zwiebel
1 EL Olivenöl
800 ml Fischfond (oder milde Hühnerbrühe)
50 g Langkornreis
3 Eigelb
3 EL Zitronensaft
Salz
weißer Pfeffer aus der Mühle

Pro Portion: 700 kJ / 170 kcal

Zubereitungszeit:
etwa 45 Min.

1 Den Sellerie und die Möhre putzen, in kleine Würfel schneiden, das Selleriegrün beiseite legen. Die Zwiebel fein hacken. Das Öl in einem Topf erhitzen, das Gemüse unter Rühren andünsten. Mit dem Fond ablöschen und zugedeckt bei mittlerer Hitze etwa 10 Min. köcheln lassen.

2 Die Suppe pürieren. Wieder aufkochen, den Reis einstreuen, zugedeckt bei milder Hitze knapp 20 Min. garen.

3 Die 3 Eigelb schaumig schlagen. Den Zitronensaft langsam unterrühren, dann 2–3 EL heiße Fischbrühe angießen, salzen und pfeffern.

4 Die Suppe vom Herd nehmen, die Eier-Zitronensauce unterrühren. Kurz ziehen lassen, aber nicht mehr kochen, damit die Eier nicht gerinnen. Die Suppe abschmecken, mit Selleriegrün bestreuen.

◆ **Garnier-Tip**

Hauchdünne, geschälte Zitronenscheibchen einlegen.

◆ **Variante**

Zarte Streifen von edlem Fischfilet (Scholle oder Seezunge) in der Suppe pochieren. Das dauert nur 1–2 Min.

Zucchinicreme

Für Gäste

Zutaten für 4 Portionen:

500 g Zucchini
200 g Kartoffeln (vorwiegend festkochende Sorte)
2 Schalotten
2 EL Butterschmalz
3/4 l Hühnerfond (oder kräftige Hühnerbrühe)
schwarzer Pfeffer aus der Mühle
1 TL gemahlener Koriander
100 g Crème fraîche
Salz
1 Knoblauchzehe
40 g Mandelblättchen

Pro Portion: 1100 kJ / 260 kcal

Zubereitungszeit:
etwa 40 Min.

1 Die Zucchini waschen und putzen. Etwa 150 g davon grob raspeln, den Rest in etwa 2 cm große Würfel schneiden. Die Kartoffeln waschen, schälen und ebenfalls in etwa 2 cm große Würfel schneiden.

2 Die Schalotten fein hacken. Etwa 1 1/2 EL Butterschmalz in einem breiten Topf erhitzen, die Schalotten darin glasig dünsten.

3 Die Kartoffel- und die Zucchiniwürfel einrühren und kurz andünsten, dann mit dem Hühnerfond ablöschen. Aufkochen, mit Pfeffer und Koriander würzen, zugedeckt bei mittlerer Hitze etwa 15 Min. köcheln lassen.

4 Die Suppe pürieren. Wieder aufkochen, die Crème fraîche einrühren, mit Salz und Pfeffer abschmecken.

5 Inzwischen das restliche Butterschmalz in einer Pfanne zerlassen. Den Knoblauch durch die Presse dazudrücken, die Mandelblättchen darin goldbraun rösten. Die Zucchiniraspel einrühren, salzen und pfeffern, bei mittlerer Hitze ganz kurz braten.

Pikante Tomaten-Käse-Suppe

Preiswert

6 Die Suppe mit den Mandeln und den Zucchiniraspeln bestreut servieren.

◆ **Mikrowellen-Tip**

Zuerst die Schalotten mit den Zucchini- und den Kartoffelwürfeln und dem Butterschmalz zugedeckt bei voller Leistung 3 Min. anschwitzen. Heiße Brühe (ebenfalls aus der Mikrowelle) angießen und danach die Suppe zugedeckt bei voller Leistung etwa 10 Min. garen. Wie beschrieben fertigstellen.

◆ **Raffinierte Variante**

Die Suppe als Sauce servieren? Dann nur etwa 400 ml Hühnerfond verwenden – und die Suppe wird zu einer wunderbar cremigen Sauce. Sie schmeckt zu Fleisch und Fisch ebenso gut wie zu Nudeln.

Zutaten für 4 Portionen:

1 kg Fleischtomaten
1 mittelgroße Zwiebel
4 EL Öl
½ l Rinderfond (oder kräftige Fleischbrühe)
schwarzer Pfeffer aus der Mühle
1 TL Sambal Oelek (scharfe Würzpaste)
1 Knoblauchzehe
2 Scheiben Toastbrot
2 EL ungeschälte Sesamsamen
100 g Roquefort (oder anderer würziger Edelpilzkäse)

Pro Portion: 1100 kJ / 260 kcal

Zubereitungszeit: etwa 50 Min.

1 Die Tomaten über Kreuz einritzen, kurz in kochendheißes Wasser legen. Kalt abschrecken, häuten und ohne den Stengelansatz grob würfeln. Die Zwiebel hacken.

2 Etwa 2 EL Öl in einem Topf erhitzen, die Zwiebelwürfel darin glasig dünsten, dann die Tomatenstücke dazugeben.

3 Den Fond angießen, mit Pfeffer und Sambal Oelek würzen. Die Suppe aufkochen und halb zugedeckt bei milder Hitze etwa 20 Min. köcheln lassen.

4 Das übrige Öl in einer Pfanne erhitzen. Den Knoblauch dazupressen. Das Toastbrot entrinden, in kleine Würfel schneiden und im Öl goldbraun rösten. Zum Schluß die Sesamsamen unterrühren.

5 Den Roquefort in kleine Würfel schneiden. Ganz zum Schluß in die Suppe rühren und leicht schmelzen lassen. Die Suppe abschmecken, erst jetzt eventuell noch vorsichtig salzen (der Käse ist recht würzig). Mit den Brotwürfeln bestreut servieren.

◆ **Tip**

Wenn Sie sich das Häuten der Tomaten sparen möchten: Die fertige Suppe pürieren und durch ein feines Sieb passieren – die Schalen der Tomaten bleiben darin zurück.

◆ **Gäste-Tip**

Die Suppe paßt wunderbar als raffinierter Imbiß um Mitternacht – sie bringt Ihre Gäste im Nu wieder in Schwung. Die Zutaten lassen sich problemlos erhöhen, ein großer Topf Suppe ist am Nachmittag rasch gekocht und in der Nacht noch schneller wieder erhitzt.

Geeiste Gurkensuppe

Kalorienarm · Erfrischend

Zutaten für 4 Portionen:

1 mittelgroße Salatgurke (etwa 400 g)
500 g Vollmilch-Joghurt (3,5%)
250 ml Kefir oder Buttermilch
2 Knoblauchzehen
Salz
schwarzer Pfeffer aus der Mühle
5 Zweige frische Minze

Pro Portion: 510 kJ / 120 kcal

Zubereitungszeit:
etwa 30 Min. (+ 2 Std. Kühlzeit)

1 Die Gurke gründlich waschen und abreiben, nach Belieben schälen. In feine Stifte schneiden oder grob raspeln. Einige Gurkenstifte zum Garnieren zurücklassen, den Rest mit dem Joghurt und dem Kefir oder der Buttermilch verrühren.

2 Die Knoblauchzehen dazupressen, die kalte Suppe kräftig salzen und pfeffern. Die Hälfte der Minzeblättchen fein hacken und einrühren, die Suppe etwa 2 Std. zugedeckt im Kühlschrank ziehen lassen.

3 Die übrige Minze eventuell in feine Streifen schneiden. Die Suppe durchrühren und pikant abschmecken, mit den Gurkenstiften und der Minze bestreut servieren.

◆ Gäste-Tip

Wie alle kalten Suppen paßt auch die Gurkensuppe bestens auf ein sommerliches Büffet. Besonders attraktiv sieht sie in einer Schüssel aus, die in eine größere Schüssel mit vielen Eiswürfeln gebettet ist.

◆ Garnier-Tip

Einige kleine feste Tomaten überbrühen, enthäuten und entkernen. In winzige Würfelchen schneiden, vorm Servieren auf die Suppe streuen.

Vichyssoise

Feine Lauchcreme aus Frankreich

Zutaten für 4 Portionen:

250 g zarte Lauchstangen
200 g Kartoffeln (mehligkochende Sorte)
2 EL Olivenöl
1 Knoblauchzehe
2 TL frische Majoranblättchen
100 ml trockener Weißwein
1 l Hühnerbrühe
150 g Schmand (24%ige saure Sahne)
Salz
schwarzer Pfeffer aus der Mühle
frisch geriebene Muskatnuß
1–2 EL Zitronensaft
einige Tropfen Tabasco

Pro Portion: 1100 kJ / 260 kcal

Zubereitungszeit:
etwa 40 Min.
(+ 12–24 Std. Kühlzeit)

1 Den Lauch putzen, aufschlitzen, unter fließendem Wasser gründlich waschen. Trockenschleudern, ein kleines grünes Stück in Frischhaltefolie wickeln, bis zum Servieren kühlstellen. Den übrigen Lauch in feine Ringe schneiden.

2 Die Kartoffeln waschen, schälen und in kleine Würfel schneiden. Das Öl in einem Topf erhitzen, die Lauch- und die Kartoffelstücke einrühren. Den Knoblauch dazupressen, den Majoran einrühren, alles unter Rühren bei milder Hitze einige Minuten dünsten.

3 Den Wein und die Brühe angießen. Aufkochen, zugedeckt bei milder Hitze etwa 30 Min. köcheln lassen.

4 Die Suppe glatt pürieren. Den Schmand einrühren, mit Salz, Pfeffer, Muskat, 1 EL Zitronensaft und einigen Tropfen Tabasco würzen, zugedeckt über Nacht kühlstellen.

5 Die Suppe am nächsten Tag durchrühren und nochmals abschmecken. Den Lauchrest

in feine Ringe schneiden und auf die Suppe streuen.

◆ **Tip**

Die Lauchcreme schmeckt auch heiß ganz ausgezeichnet.

◆ **Variante**

Statt Schmand können Sie Crème fraîche oder normale saure Sahne verwenden. Nach dem Unterrühren von saurer Sahne dürfen Sie die Suppe allerdings nicht mehr aufkochen – sie würde flockig werden.

◆ **Gäste-Tip**

Eine größere Menge der Lauchcreme zubereiten. Auf dem Buffet verschiedene Zutaten wie Lauchringe, Schinken- und Lachsstreifen, Tomatenwürfel, gerösteten Sesam neben die Suppenterrine stellen – damit kann sich jeder nach persönlichem Geschmack die Suppe aufpeppen.

Gazpacho

Kalte Gemüsesuppe aus Spanien

Zutaten für 4 Portionen:

600 g vollreife, saftige Tomaten
1 Salatgurke
1 grüne Paprikaschote
1 große Zwiebel
3 Knoblauchzehen
3 Scheiben Weißbrot
1 EL Rotweinessig
3 EL Olivenöl
Salz
schwarzer Pfeffer aus der Mühle
1 TL Butter

Pro Portion: 690 kJ / 160 kcal

Zubereitungszeit:
etwa 30 Min.
(+ mindestens 3 Std. Kühlzeit)

1 2 Tomaten beiseite legen. Die übrigen Tomaten über Kreuz einritzen, kurz in kochendes Wasser legen. Kalt abschrecken, enthäuten und in Würfel schneiden.

2 Die Hälfte der Gurke schälen und wie die Tomaten würfeln. Die Paprikaschote halbieren, putzen und waschen, die Kerne und Trennwände entfernen. Eine Hälfte in kleine Würfel schneiden. 1/2 Zwiebel fein hacken.

3 Die Knoblauchzehen mit dem gewürfelten Gemüse im Mixer pürieren.

4 2 Weißbrotscheiben mit dem Essig und knapp 200 ml Wasser beträufeln und kurz ziehen lassen. Mit dem Öl zum pürierten Gemüse geben, nochmals alles zusammen pürieren. Die Mischung soll leicht cremig werden. Mit Salz und Pfeffer abschmecken und mindestens 3 Std. im Kühlschrank durchziehen lassen.

5 Zum Servieren die dritte Weißbrotscheibe in kleine Würfel schneiden. Die Butter in einer Pfanne erhitzen, die Brotwürfel goldbraun rösten. Das unzerteilte Gemüse erst jetzt in sehr feine Würfel schneiden. Brot und Gemüse als Einlage in der eisgekühlten Suppe servieren.

◆ **Das Original**

»Gazpacho« ist eine andalusische Spezialität, die an heißen Tagen wunderbar erfrischt und auf leichte Art sättigt. Man kann die Suppe durch saure Sahne oder Joghurt ergänzen, und natürlich können Sie die Anteile der Gemüsesorten nach Lust und Laune variieren.

◆ **Tip**

Waren die Tomaten nicht aromatisch genug? Etwas Tomatenmark gründlich unter die Suppe gemischt sorgt nachträglich für Würze.

Rindfleischsuppe mit Markklößchen

Braucht etwas Zeit

Zutaten für 6 Portionen:

Für die Rindfleischsuppe:
1 Zwiebel
750 g Rindfleisch zum Kochen
500 g gehackte Suppenknochen
1 Lorbeerblatt
Salz
2 Bund Suppengrün
schwarzer Pfeffer aus der Mühle

Für die Markklößchen:
1 großer Markknochen (oder etwa 80 g Rindermark)
1 Bund glatte Petersilie
1 TL Butter
2 Eier
etwa 50 g Semmelbrösel
Salz
frisch geriebene Muskatnuß

Pro Portion: 1400 kJ / 340 kcal

Zubereitungszeit:
etwa 1 Std. (+ 2–3 Std. Kochzeit für die Brühe)

◆ Tip

Wenn das Fleisch als Hauptgang serviert werden soll, passen als Beilagen zum Beispiel Meerrettichsauce, Rote Bete-Salat (Seite 63), Mariniertes Gemüse (Seite 30) und Salzkartoffeln. Für die Meerrettichsauce dünsten Sie 1 feingehackte Zwiebel in Butter an, rühren 125 g Sahne oder Crème fraîche und etwa 2 EL geriebenen Meerrettich ein (frisch gerieben oder aus dem Glas). Wenig Fleischbrühe angießen, sanft aufköcheln und die Sauce schön cremig rühren.

◆ Fleisch zum Kochen

sollte relativ stark durchwachsen sein, damit es saftig und aromatisch schmeckt. Geeignet sind zum Beispiel Brust, Fehl-, Quer- und Hochrippe sowie Vorder- und Hinterbein.

◆ Die Brühe

nach Wunsch abschmecken mit trockenem Sherry, Madeira, Sojasauce oder Chilisauce.

◆ Einfrieren

können Sie nicht nur die möglichst gut entfettete Brühe, sondern vor allem auch einen Vorrat an Markklößchen. Am besten die Klößchen zuerst nebeneinander auf eine Platte legen und vorfrosten, danach in Tüten oder Dosen verpacken.

1 Die Zwiebel halbieren, in einer beschichteten Pfanne mit den Schnittflächen nach unten dunkel anrösten (das geht auch auf einer mit Alufolie belegten Herdplatte). Das Rindfleisch und die Suppenknochen kalt abspülen, in einen Topf geben, etwa 3 l kaltes Wasser angießen.

2 Zwiebel, Lorbeer und 1 TL Salz hineingeben, erhitzen. Den Schaum abschöpfen, damit die Brühe schön klar bleibt. Kräftig aufkochen, dann bei mildester Hitze 2–3 Std. ziehen lassen. Das Suppengrün putzen, waschen und grob zerteilen. Nach etwa 1 ½ Std. in den Topf geben.

3 Inzwischen den Markknochen für etwa 30 Min. in eiskaltes Wasser legen, bis das Mark richtig weiß aussieht. Die Hälfte der Petersilie sehr fein hacken. Die Petersilie mit der Butter in eine kleine Pfanne geben und kurz andünsten. Abkühlen lassen.

4 Das Mark aus dem Knochen drücken, mit der Petersilienbutter und den Eiern geschmeidig rühren. So viel Semmelbrösel (etwa 50 g) untermengen, bis die Masse formbar wird. Mit Salz und Muskat würzen.

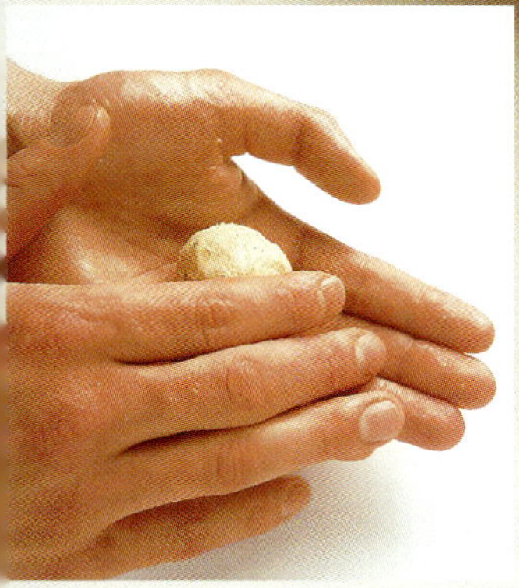

5 Aus dem gewürzten Rindermark mit nassen Händen gleichmäßige Kugeln in der Größe dicker Kirschen formen. Nebeneinander auf eine Platte legen und an einem kühlen Ort (aber nicht im Kühlschrank) ruhen lassen.

6 Das Fleisch aus der Suppe nehmen, einen Teil davon in feine Streifen schneiden und bereithalten. Den Rest für ein anderes Rezept verwenden oder als Hauptgericht mit passenden Beilagen servieren (siehe Tip).

7 Den Inhalt des Suppentopfes durch ein Sieb gießen, Knochen und Gemüse wegwerfen. Die Brühe eventuell entfetten (zum Beispiel mit Küchenkrepp), in den ausgespülten Topf zurückgeben und wieder zum Kochen bringen. Mit Salz und Pfeffer würzig abschmecken.

8 Die Temperatur verringern, bis die Brühe nur noch leicht siedet. Die Markklößchen einlegen, in etwa 10 Min. garziehen lassen (die Suppe darf nicht kochen!). Die Rindfleischstreifen einrühren, heiß werden lassen. Die restliche Petersilie hacken und einstreuen.

Grießnockerlsuppe

Gelingt leicht

Zutaten für 6 Portionen:

100 ml Milch
40 g Butter
Salz
frisch geriebene Muskatnuß
60 g Grieß
1 Ei
1 TL abgeriebene Orangenschale
etwa 1 ½ l Brühe (Gemüsebrühe, Kalbsbrühe oder Hühnerbrühe)
1 EL feingehackte Petersilie

Pro Portion: 440 kJ / 100 kcal

Zubereitungszeit:
etwa 35 Min. (+ 1 Std. Kühlzeit)

1 Die Milch zum Kochen bringen. Die Butter darin auflösen, mit Salz und Muskat würzen. Den Grieß einstreuen und unter ständigem Rühren ausquellen lassen. Sobald sich der Brei vom Boden löst, den Topf vom Herd nehmen, abkühlen lassen.

2 Das Ei verquirlen und unter den Brei rühren. Mit Salz, Muskat, Pfeffer und ½ TL abgeriebener Orangenschale würzen und bis zur Weiterverwendung kalt stellen (mindestens 1 Std.).

3 Die Brühe in einem Topf aufkochen. Mit zwei nassen Teelöffeln aus der Grießmasse kleine Nocken abstechen und vorsichtig in die kochende Brühe legen. Nun die Hitze verringern und die Grießnockerl in etwa 10 Min. garziehen lassen. Mit der übrigen Orangenschale und feingehackter Petersilie bestreuen.

◆ Varianten

Statt der Orangenschale feingehackte Kräuter zum Würzen der Nockerl nehmen: Petersilie, Salbei, Kerbel oder Thymian. Mit geriebenem Käse gemischt werden die Klößchen pikanter und üppiger.

Flädlesuppe

Raffiniert

Zutaten für 6–8 Portionen:

80 g Mehl
2 EL gemahlene Haselnüsse
1 Prise Salz
2 Eier
etwa 200 ml Milch
2 Frühlingszwiebeln
1 EL Butterschmalz
etwa 2 l Brühe (kräftige Fleischbrühe oder Hühnerbrühe)
1 Bund Schnittlauch

Bei 8 Portionen pro Portion: 440 kJ / 100 kcal

Zubereitungszeit:
etwa 30 Min. (+ Zeit zum Abkühlen)

1 Das Mehl mit den Haselnüssen mischen, salzen. Mit den Eiern und der Milch zu einem glatten Teig schlagen. Kurz ruhen lassen.

2 Die Frühlingszwiebeln putzen und waschen, in sehr feine Ringe schneiden.

3 Für die Flädle hauchdünne Pfannkuchen backen: In einer Pfanne einen Teil vom Butterschmalz erhitzen. Einige Zwiebelringe kurz andünsten, dann etwas Teig einfüllen und gleichmäßig verteilen. Einen hauchdünnen Pfannkuchen backen, zwischendurch wenden. Aus der Pfanne nehmen, noch warm zusammenrollen. Im restlichen Butterschmalz weitere Pfannkuchen backen, aufrollen und abkühlen lassen.

4 Vorm Servieren die Pfannkuchen-Röllchen in millimeterdünne Scheibchen schneiden. Die vorgesehene Brühe aufkochen, die Flädle darin kurz heiß werden lassen (oder die Pfannkuchenstreifen direkt in die Suppenteller legen, heiße Brühe angießen). Den Schnittlauch in Röllchen schneiden und vorm Servieren aufstreuen.

Leberklößchensuppe

Preiswert

◆ Das Grundrezept

für Flädle besteht aus einem einfachen Pfannkuchenteig. In dieser Variante wurde der Teig verfeinert mit Haselnüssen und Frühlingszwiebeln. Andere Möglichkeiten: feingehackte Petersilie, geraspelte Möhren oder Zucchini, feine Lauchstreifen, Gewürze wie mildes Paprikapulver oder Curry. Wichtig: Die Würze sollte sich geschmacklich mit der vorgesehenen Brühe vertragen.

◆ Einfrieren

Die Flädle sind bestens geeignet für die Vorratshaltung. Die Pfannkuchenrollen abgekühlt in Scheibchen aufschneiden, nebeneinander auf eine Platte legen und vorfrosten, danach in Gefrierbeutel oder Dosen abpacken.

Zutaten für 6 Portionen:

100 g trockenes Weißbrot ohne Rinde
knapp 100 ml lauwarme Milch
200 g Rinderleber
1 EL Schweineschmalz
1 Ei
¼ TL getrockneter Majoran
Salz
schwarzer Pfeffer aus der Mühle
frisch gemahlene Muskatnuß
1 Msp. Korianderpulver
1 Msp. Pimentpulver
½ TL abgeriebene, unbehandelte Zitronenschale
etwa 1 ½ l Brühe (kräftige Fleischbrühe oder aromatische Gemüsebrühe)

Pro Portion: 540 kJ / 130 kcal

Zubereitungszeit:
etwa 30 Min. (+ 2 Std. Kühlzeit)

1 Die Weißbrotkrume in kleine Würfelchen schneiden oder fein zerpflücken. In der lauwarmen Milch einweichen.

2 Die Leber enthäuten, in kleinere Stücke schneiden und im Mixer pürieren.

3 Das Schweineschmalz mit dem Ei kräftig verrühren, das Leberpüree untermischen. Mit Majoran, Salz, Pfeffer, Muskat, Koriander, Piment und abgeriebener Zitronenschale würzen.

4 Das Weißbrot ausdrücken und gründlich mit der Leber vermischen. Etwa 2 Std. kaltstellen.

5 In einem flachen Topf etwa 1 l Salzwasser aufkochen. Mit einem Teelöffel kleine Klößchen abstechen. Ins siedende Salzwasser gleiten lassen und in 6–8 Min. garziehen lassen.

6 Währenddessen die Brühe zum Kochen bringen, die gegarten Leberklößchen darin servieren.

◆ Tip

Die Klößchen werden nicht direkt in der Suppe gegart, damit die Brühe nicht trüb wird.

◆ Garnier-Tip

Klare Brühe mit Einlage können Sie ganz einfach optisch und vitaminreich auffrischen: gehackte Kräuter einstreuen (Petersilie, Schnittlauch, Dill, Basilikum) oder feingeraspeltes Gemüse nur kurz miterhitzen (Möhren, Kohlrabi, Sellerie).

◆ Variante mit Fisch

100 g grätenfreies Lachs- oder Forellenfilet in Würfel schneiden, mit 1 Eiweiß vermischen, etwa 10 Min. ins Gefrierfach stellen. Mit 50 g Crème fraîche pürieren, durch ein Sieb streichen und mit Salz, Pfeffer, abgeriebener Zitronenschale, Estragon, Muskat und Worcestersauce würzen. Kurz kaltstellen. Die Klößchen wie im Rezept beschrieben garen.

Zwiebelsuppe

Spezialität aus Frankreich

Zutaten für 6 Portionen:

400 g milde Zwiebeln
1 Kartoffel (etwa 100 g)
2 EL Butter
schwarzer Pfeffer aus der Mühle
⅛ l trockener Weißwein
1 Kräutersträußchen (aus Thymian, Majoran, Lorbeer)
1 ½ l kräftige Fleischbrühe
Salz
100 g Gruyère-Käse (ersatzweise Emmentaler)
6 kleine Scheiben trockenes Weißbrot vom Vortag
2 Knoblauchzehen

Pro Portion: 870 kJ / 210 kcal

Zubereitungszeit:
etwa 1 Std. 15 Min.

1 Die Zwiebeln halbieren, quer in hauchdünne Scheiben schneiden. Die Kartoffel waschen, schälen und in kleine Würfel schneiden. In einem großen Topf die Butter zerlassen, die Zwiebeln portionsweise hineingeben und langsam unter Rühren glasig dünsten. Aus der Mühle pfeffern, den Wein angießen und kurz aufkochen.

2 Die Kartoffelwürfel und das Kräutersträußchen in den Topf geben, die Fleischbrühe angießen und zum Kochen bringen. Bei mittlerer Hitze etwa 40 Min. köcheln. Die weichen Kartoffelstückchen im Topf zerdrücken.

3 Den Backofen auf 200° vorheizen. Den Käse reiben, die Brotscheiben kräftig mit Knoblauch einreiben.

4 Die Suppe mit Salz und Pfeffer abschmecken, in sechs feuerfeste Schalen umfüllen. In jede Schale 1 Brotscheibe legen, mit dem Käse bestreuen. Im Backofen (Gas Stufe 3) etwa 10 Min. überbacken, bis der Käse leicht geschmolzen ist.

Bündner Gerstensuppe

Spezialität aus der Schweiz

Zutaten für 4–6 Portionen:

150 g Gerstenkörner (»Sprießkorngerste«, siehe Tip)
1 Stange Lauch
200 g Möhren
200 g Knollensellerie
200 g Kartoffeln
2 Zwiebeln
2 EL Butter
2 l Fleischbrühe
2 Lorbeerblätter
50 g roher Schinken
1 Bund Schnittlauch
1 Eigelb
100 g Sahne
Salz
schwarzer Pfeffer aus der Mühle

Bei 6 Portionen pro Portion: 1100 kJ / 260 kcal

Zubereitungszeit:
etwa 1 Std. 15 Min.
(+ 12–24 Std. Einweichzeit)

1 Die Gerste über Nacht in Wasser einweichen.

2 Den Lauch und die Möhren putzen und waschen. Den Lauch in sehr feine Ringe, die Möhren in streichholzfeine Stifte schneiden. Den Sellerie und die Kartoffeln waschen und schälen, in kleine Würfelchen schneiden. Die Zwiebeln fein hacken.

3 In einem Topf die Butter (bis auf 1 TL) zerlassen. Die Zwiebeln andünsten. Portionsweise das Gemüse dazugeben und sanft anbraten.

4 Die Gerste abtropfen lassen, unter das Gemüse mischen und die Brühe angießen. Zum Kochen bringen, die Lorbeerblätter hineingeben und alles etwa 45 Min. bei milder Hitze garen.

5 Den Schinken in sehr feine Streifen schneiden, mit 1 TL Butter in einer Pfanne kroß braten. Den Schnittlauch in feine Röllchen schneiden.

6 Das Eigelb mit der Sahne verquirlen. Den Topf vom Herd nehmen. Das Eigelb-Sahne-Gemisch in die Suppe rühren, nicht mehr kochen lassen. Mit Salz und Pfeffer kräftig abschmecken. Den Schnittlauch und die Schinkenstreifen aufstreuen.

◆ Tip

Mit weniger Brühe (1 ½ l) zubereitet wird aus der Suppe ein leckerer Eintopf.

◆ Gerste

gibt es als »Nacktgerste« oder als »Spelzgetreide«, bei dem die Fruchtschale fest mit dem Korn verwachsen ist. Beim Entspelzen werden die äußeren Schalen der Gerste abgeschliffen und damit auch wertvolle Inhaltsstoffe entfernt, das Endprodukt heißt Graupe. »Sprießkorngerste«aus dem Reformhaus oder Bioladen ist dagegen vollwertige Nacktgerste.

Minestrone

Gemüsesuppe aus Italien

Zutaten für 4–6 Portionen:

500 g Kartoffeln
1 Stange Lauch (etwa 200 g)
250 g Möhren
250 g Zucchini
500 g reife Tomaten
2 Stangen Staudensellerie
1 Zwiebel
1 ½ l Fleischbrühe
4 EL Öl
½ Bund glatte Petersilie
1 Bund Basilikum
50 g Parmesan (oder Pecorino)
Salz
schwarzer Pfeffer aus der Mühle

Bei 6 Portionen pro Portion: 700 kJ / 170kcal

Zubereitungszeit: etwa 1 Std. 20 Min.

1 Die Kartoffeln waschen, schälen und in Würfel schneiden. Den Lauch aufschlitzen, waschen, schräg in feine Ringe schneiden. Die Möhren schälen, in Scheibchen schneiden. Die Zucchini putzen und waschen, in Scheiben schneiden und diese halbieren.

2 Die Tomaten kreuzweise einritzen, kurz in kochendes Wasser legen, kalt abschrecken und enthäuten. Die Tomaten halbieren, entkernen und grob zerteilen.

3 Die Selleriestangen putzen und waschen, in etwa ½ cm breite Scheiben schneiden. Die Zwiebel fein hacken.

4 In einem kleinen Topf die Brühe zum Kochen bringen. Im großen Suppentopf das Öl erhitzen. Die Zwiebel andünsten, dann portionsweise Sellerie, Möhren, Zucchini und Lauch hineingeben und kurz anbraten. Die heiße Brühe angießen, die Kartoffeln und die Tomaten unterrühren. Alles zusammen etwa 30 Min. sanft köcheln lassen.

5 Die Petersilie und das Basilikum fein hacken. Den Käse reiben oder hauchdünn hobeln. Die Minestrone mit Salz und Pfeffer abschmecken, die Kräuter einrühren. Mit Käse bestreut servieren.

◆ Das Original

»Minestrone« wird in allen Regionen Italiens auf vielerlei Art zubereitet. Grundlage ist immer eine dicke Gemüsesuppe, mal wird sie ergänzt mit Nudeln, mal mit geräuchertem Fleisch, mit Maiskörnern oder mit weißen Bohnen und Pesto (siehe auch Seite 183). Auf der Speisekarte nicht zu verwechseln mit »Minestra« – das ist ganz allgemein die Bezeichnung für Suppe.

Pichelsteiner Eintopf mit Frühlingsgemüse

Klassisches auf leichte Art

Zutaten für 4–6 Portionen:

1 Bund Frühlingszwiebeln
2 Petersilienwurzeln
1 kleiner Kohlrabi
3 Stangen Staudensellerie
500 g Kartoffeln
250 g junge Möhren
100 g Zuckererbsen (Zuckerschoten)
200 g Sommerwirsing
1 Bund glatte Petersilie
300 g magere Rinderbrust oder -Hochrippe
300 g magerer Schweinehalsgrat oder -Bug
3 EL Öl
Salz
schwarzer Pfeffer aus der Mühle
1 TL Kümmel nach Belieben
60 g Rindermark
3/4 l Fleischbrühe

Bei 6 Portionen pro Portion: 1800 kJ / 430 kcal

Zubereitungszeit:
etwa 2 Std.

◆ Das Original

»Pichelsteiner« wird nach klassischem Rezept mit deftigem Fleisch zubereitet. Dabei ist das Maß der Fleischstücke wichtig – kleine Würfel sind schneller gar als große. Und je kürzer die gesamte Kochzeit, desto zarter bleibt das Gemüse. Ganz besonders knackig kommt das Gemüse auf den Tisch, wenn Sie edleres Fleisch wie beispielsweise Filet verwenden. Dann können Sie die Garzeit auf knapp 30 Min. reduzieren.

◆ Tip

Wenn Sie kein Rindermark bekommen, können Sie den Topfboden auch gut einfetten oder mit dünnen Speckscheiben auslegen.

◆ Getränke-Tip

Dazu schmeckt ein leichter frischer Rotwein, zum Beispiel ein junger Chianti oder ein Beaujolais.

1 Die Frühlingszwiebeln putzen und waschen. Die weißen Teile hacken, das Grün in schräge, etwa 1/2 cm dicke Ringe schneiden.

2 Die Petersilienwurzeln und den Kohlrabi schälen und in etwa 1 cm kleine Würfelchen schneiden. Den Staudensellerie putzen und waschen, die Kartoffeln und die Möhren waschen und schälen, alles in dünne Scheiben schneiden.

3 Die Zuckererbsen putzen, waschen und einmal quer durchschneiden. Die Wirsingblätter putzen und waschen, die harten Strünke herausschneiden und die Blätter in etwa 2 cm breite Streifen schneiden. Die Petersilie fein hacken.

4 Das Fleisch in etwa 1 cm breite Würfel schneiden. Das Öl in einem hohen, schweren Topf erhitzen und die Fleischwürfel unter Rühren anbräunen. Mit Salz, Pfeffer und Kümmel würzen, danach bei verringerter Hitze etwa 5 Min. braten. Wieder herausnehmen.

5 Das Rindermark in dünne Scheiben schneiden und mit der Hälfte davon den Topfboden auslegen. Eine Schicht Fleischwürfel und eine Schicht aus weißen Zwiebelteilen daraufgeben, mit Petersilie bestreuen.

6 Alle vorbereiteten Zutaten nach und nach einschichten, zwischendurch immer wieder würzen. Mit einer Lage Kartoffelscheiben aufhören, diese noch mit den restlichen Markscheiben bedecken.

7 Die Brühe am Rand in den Topf gießen. Den Topf mit einem sehr gut schließenden Deckel zudecken, den Eintopf aufkochen, dann bei milder Hitze etwa 1 Std. köcheln lassen. Zwischendurch nicht umrühren!

Cassoulet

Gut vorzubereiten

Zutaten für 4–6 Portionen:

300 g kleine, weiße Bohnenkerne
1 Möhre
1 Lauchstange
1 Zwiebel
3 Gewürznelken
2 Knoblauchzehen
1 Bouquet garni (Kräutersträußchen aus Thymian, Lorbeer, wenig Rosmarin)
300 g magerer Schweinebauch
300 g Lammbrust (ohne Knochen)
Fett für die Kasserolle
Salz
schwarzer Pfeffer aus der Mühle
2 Fleischtomaten
200 g würzige Kochwurst (oder Knoblauchwurst)
50 g Semmelbrösel
40 g Butter
2 EL gehackte Petersilie

Bei 6 Portionen pro Portion: 3300 kJ / 790 kcal

Zubereitungszeit:
etwa 3 Std.
(+ 12–24 Std. Einweichzeit)

1 Die Bohnen über Nacht in etwa ¾ l kaltem Wasser einweichen.

2 Am nächsten Tag die Möhre waschen, schälen und vierteln. Die Lauchstange putzen, aufschlitzen und unter fließendem Wasser waschen, in etwa 5 cm lange Stücke schneiden. Die Zwiebel schälen und mit den Gewürznelken spicken, die Knoblauchzehen schälen und stifteln.

3 Die Bohnen in ein Sieb abgießen und kalt abbrausen. Mit dem vorbereiteten Gemüse, dem Bouquet garni und beiden Fleischstücken in einen großen Topf geben.

4 So viel kaltes Wasser angießen, bis die Zutaten gut fingerbreit bedeckt sind. Aufkochen, dann die Hitze reduzieren und den Eintopf zugedeckt etwa 1 Std. ganz leicht köcheln lassen. Zwischendurch den Schaum abschöpfen.

5 Den Backofen auf 175° vorheizen. Eine schwere Kasserolle sorgfältig fetten.

6 Das Fleisch aus dem Topf nehmen und mundgerecht würfeln. Die Gemüsestücke herausnehmen und wegwerfen, die Brühe abseihen, damit die Bohnen im Sieb zurückbleiben.

7 Die Hälfte der Bohnen in die vorbereitete Kasserolle geben, das Fleisch darauf schichten. Kräftig mit Salz und Pfeffer würzen.

8 Die Tomaten brühen, häuten und in Scheiben schneiden, auf das Fleisch legen, salzen und pfeffern. Die Wurst in Scheiben schneiden und ebenfalls daraufgeben. Mit den übrigen Bohnen bedecken. Etwa 200 ml von der Brühe abmessen, kräftig würzen, in die Kasserolle gießen. Gut zugedeckt für etwa 1 Std. in den Backofen (Gas Stufe 2) stellen.

9 Den Deckel abnehmen. Die Semmelbrösel über den Eintopf streuen, die Butter in Flöckchen darüber verteilen. Offen für weitere 20 Min. in den Backofen stellen. Mit Petersilie bestreut servieren.

◆ Das Original

Wie von jedem klassischen Rezept gibt es auch vom französischen »Cassoulet« viele Varianten. Es gehören jedoch immer weiße Bohnenkerne, Schweinefleisch und Lammfleisch hinein, außerdem eine würzige Kochwurst.

◆ Tip

Der Bohneneintopf schmeckt aufgewärmt noch besser.

Bouillabaisse mit Sauce Rouille

Fischsuppe aus Marseille

Zutaten für 6 Portionen:

Für die Bouillabaisse:
2 ½ kg gemischte, weißfleischige Mittelmeerfische (zum Beispiel Drachenkopf, Seeteufel, St. Petersfisch, Seewolf, Meeraal, Merlan, Wolfsbarsch, Knurrhahn)
2 Zwiebeln
2 Fleischtomaten
3 Knoblauchzehen
1 Bouquet garni (Kräutersträußchen aus Thymian, Petersilie, Lorbeer)
1 Stück unbehandelte Orangenschale
½ TL Fenchelkörner
Salz
schwarzer Pfeffer aus der Mühle
150 ml gutes Olivenöl
150 g geschälte, gekochte Tiefseegarnelen
1 kleines Baguette vom Vortag
1 Bund glatte Petersilie

Für die Sauce Rouille:
2 rote Peperoni
2 Knoblauchzehen
1 Scheibe Weißbrot
5–6 EL gutes Olivenöl

Pro Portion: 3000 kJ / 710 kcal

Zubereitungszeit:
etwa 1 Std. 15 Min.

1 Alle Fische sorgfältig waschen, nach Bedarf schuppen und ausnehmen. Köpfe, Flossen und Schwänze abschneiden und aufheben.

2 Die ausgenommenen Fische nochmals unter kaltem Wasser waschen, in etwa 3 cm lange Stücke schneiden.

3 Die Zwiebeln fein hacken. Die Tomaten über Kreuz einritzen, brühen und häuten, anschließend entkernen und grob würfeln. Die Knoblauchzehen grob hacken.

4 Die Fischabschnitte (Köpfe, Flossen, Schwänze) mit den Zwiebeln, den Tomaten, dem Knoblauch, dem Bouquet garni, der Orangenschale und den Fenchelkörnern in einen großen Topf geben. Salzen und pfeffern, etwa 4 EL Olivenöl darüber träufeln. Kaltes Wasser angießen, bis die Zutaten bedeckt sind. Aufkochen, dann bei mittlerer Hitze etwa 30 Min. köcheln lassen.

5 Inzwischen für die Sauce Rouille die Peperoni putzen, aufschlitzen und entkernen. Mit dem Knoblauch pürieren. Das Weißbrot in etwas Fischsud (aus dem großen Topf) einweichen und dazugeben, das Öl ebenfalls dazugeben. Alles zu einer glatten Paste verarbeiten.

6 Die Brühe durch ein feines Sieb gießen, wieder in den Topf zurückgeben und erhitzen. Mit Salz und Pfeffer abschmecken. Nacheinander die Fischstücke, zum Schluß die Garnelen hineingeben. Dabei auf die Garzeiten achten, festfleischige Sorten (zum Beispiel Seeteufel, Wolfsbarsch, Knurrhahn) länger garen als zarte Fischsorten und die Garnelen. Alles ist nach spätestens 8 Min. gar.

7 Das Baguette in Scheiben schneiden, eine große Terrine damit auslegen, das übrige Olivenöl darüber träufeln. Die Brühe hineingießen.

8 Die Fischstücke auf einer Platte anrichten, mit gehackter Petersilie bestreuen. Zur Brühe und der Sauce Rouille servieren.

◆ Einkaufs-Tip

Wenn Ihnen der Fischhändler die Fische küchenfertig vorbereitet, vergessen Sie nicht, sich alle Abschnitte mit einpacken zu lassen. Die brauchen Sie für die Brühe! Notfalls können Sie allerdings auch fertigen Fischfond aus dem Glas verwenden.

Kartoffel-Avocado-Suppe

Vollwertig

Zutaten für 4 Portionen:

500 g Kartoffeln (mehligkochende Sorte)
1 mittelgroße Zwiebel
1 EL Öl
3/4 l milde Gemüsebrühe
Salz
schwarzer Pfeffer aus der Mühle
1 EL frisches Koriandergrün (oder 2–3 EL gehackte Petersilie)
2 kleine, feste Tomaten
1 reife Avocado
2 EL Zitronensaft

Pro Portion: 990 kJ / 240 kcal

Zubereitungszeit: *etwa 45 Min.*

1 Die Kartoffeln waschen, schälen und grob würfeln. Die Zwiebel fein hacken.

2 Das Öl in einem breiten Topf erhitzen, die Zwiebel darin bei mittlerer Hitze glasig dünsten. Die Kartoffeln einrühren und die Gemüsebrühe angießen.

3 Mit Salz und Pfeffer würzen und etwa 1 TL Koriandergrün einrühren. Die Kartoffeln zugedeckt etwa 20 Min. garen.

4 Die Kartoffeln glatt pürieren, wieder aufkochen. Mit Salz und Pfeffer abschmecken. Je nach Konsistenz die Suppe etwas einkochen lassen oder noch etwas Wasser oder Brühe angießen.

5 Die Tomaten waschen und in kleine Würfel schneiden, die grünen Stengelsansätze entfernen.

6 Die Avocado rundherum bis auf den Stein einschneiden, die Hälften trennen, den Stein entfernen. Das Fruchtfleisch aus der Schale lösen und in kleine Würfel schneiden, sofort mit Zitronensaft beträufeln. Die Avocadowürfel mit den Tomaten mischen, mit Salz und Pfeffer würzen.

7 Zum Servieren die Kartoffelsuppe auf Teller verteilen, die Avocado-Tomatenmischung darauf streuen. Mit dem restlichen Koriandergrün oder mit Petersilie garnieren.

◆ Koriandergrün

gibt es nicht immer frisch zu kaufen. Am leichtesten finden Sie es in Asien- oder orientalischen Spezialitätenläden. Einzelne Hersteller bieten auch getrocknetes Koriandergrün (»Cilantro«) an, das Sie vor der Verwendung in warmem Wasser quellen lassen sollten. Frisches Grün können Sie aber auch selbst ziehen: Getrocknete Koriänderkörnchen in einem Blumentopf dünn mit Erde bedecken und gut feucht halten – nach etwa 3 Wochen sprießen die ersten Blättchen.

Borschtsch

Russischer Eintopf

Zutaten für 6 Portionen:

1 kg Rindfleisch zum Kochen (zum Beispiel Hochrippe)
Salz
400 g Möhren
1 Weißkohl (etwa 1 kg)
600 g rote Beten
2 Knoblauchzehen
schwarzer Pfeffer aus der Mühle
3 EL Essig
1 EL Zucker
300 g saure Sahne
2 EL Zitronensaft
1 Bund Petersilie

Pro Portion: 2200 kJ / 520 kcal

Zubereitungszeit: *etwa 1 Std. 45 Min.*

1 Das Rindfleisch mit etwa 1 1/2 l kaltem Wasser und 2 TL Salz in einem Topf zum Kochen bringen. Die Hitze verringern, das Fleisch halb bedeckt etwa 1 Std. köcheln lassen.

2 Inzwischen die Möhren schälen und in dünne, schräge Scheiben schneiden. Den Weißkohl putzen und waschen. Vierteln, den harten Strunk herausschneiden, die Viertel quer in schmale Streifen schneiden.

3 Die roten Beten waschen, schälen und in feine Stifte schneiden. Die Knoblauchzehen grob hacken.

4 Die vorbereiteten Zutaten zum Fleisch geben, mit Pfeffer würzen, alles noch etwa 30 Min. köcheln lassen.

5 Das Fleisch aus dem Topf nehmen und in 1–2 cm breite Würfel schneiden. Wieder zu den übrigen Zutaten geben. Die Brühe mit Salz, Pfeffer, Essig und Zucker leicht süßsauer abschmecken.

6 Die saure Sahne mit dem Zitronensaft verrühren und zum Servieren auf den Eintopf geben oder getrennt dazu reichen. Die Petersilie fein hacken und darüber streuen.

◆ Tip

Beim Putzen der roten Beten am besten Küchenhandschuhe anziehen und unter leicht fließendem Wasser arbeiten – der Gemüsesaft färbt sehr nachhaltig, man bekommt ihn nur schwer wieder von den Händen ab.

◆ Schnelle, leichte Variante

Das vorbereitete Gemüse in Fond aus dem Glas oder in Brühe garen, zum Schluß für etwa 5 Min. kleingeschnittenes Putenbrustfilet mitgaren.

Hühnersuppe

Indonesische Spezialität

Zutaten für 4 Portionen:

1 kleines Hähnchen (etwa 900 g)
1 Lorbeerblatt
1 unbehandelte Zitrone
2 EL geröstete, gesalzene Erdnüsse
200 g frische Bohnenkeimlinge
2 Stangen Staudensellerie
Salz
weißer Pfeffer aus der Mühle
1–2 EL Sojasauce
40 g Glasnudeln

Pro Portion: 1300 kJ / 310 kcal

Zubereitungszeit:
etwa 1 Std.

1 Etwa 1 l Wasser zum Kochen bringen. Das Hähnchen waschen und in 6–8 Teile zerlegen. In das kochende Wasser geben, das Lorbeerblatt, die abgeschälte Zitronenschale und die Erdnüsse einrühren. Bei milder Hitze etwa 30 Min. köcheln lassen.

2 Die Bohnenkeimlinge mit heißem Wasser überbrühen. Den Sellerie waschen, putzen und in feinste Scheiben schneiden, das Grün hacken.

3 Die Hähnchenteile aus der Brühe nehmen, das Fleisch von Haut und Knochen befreien und in feine Streifen schneiden.

4 Die Brühe abseihen und wieder aufkochen, mit Salz, Pfeffer, Sojasauce und 2–3 EL Zitronensaft abschmecken. Das Hähnchenfleisch, die Bohnenkeimlinge, die Selleriescheiben und die Glasnudeln in die Brühe geben, alles 3–4 Min. kochen lassen. Selleriegrün aufstreuen.

◆ Tip

In Indonesien werden viele Gewürze verwendet, die man bei uns nicht oder nur selten findet. Das Rezept wurde deshalb mit den bei uns gebräuchlichen Zutaten abgewandelt.

Linsen-Eintopf

Gelingt leicht

Zutaten für 4–6 Portionen:

300 g braune Linsen
50 g durchwachsener Speck
1 walnußgroßes Stückchen frischer Ingwer
2–3 Frühlingszwiebeln
2 El Öl
1 Knoblauchzehe
etwa 100 ml Weißweinessig
1 ¼ l Hühnerbrühe
1 getrocknete Chilischote
2 Kartoffeln (etwa 200 g)
2 Möhren (etwa 200 g)
Salz
schwarzer Pfeffer aus der Mühle
1 Bund Schnittlauch

Bei 6 Portionen pro Portion: 1200 kJ / 290 kcal

Zubereitungszeit:
etwa 1 Std. 15 Min. (+ eventuell 2 Std. Einweichzeit)

1 Die Linsen eventuell 2 Std. in Wasser einweichen. Danach den Speck fein würfeln. In einem Topf langsam erhitzen, das Fett auslassen, die Grieben knusprig braten.

2 Inzwischen den Ingwer schälen und fein hacken. Die Zwiebeln putzen, waschen, in feine Ringe schneiden. Die Grieben herausnehmen, das Öl im Speckfett erhitzen, die weißen Zwiebelringe andünsten. Den Knoblauch dazudrücken, den Ingwer und 2–3 EL Essig einrühren. Die Linsen abtropfen lassen und untermischen. Die Brühe angießen, die Chilischote hineingeben, aufkochen.

3 Die Kartoffeln und die Möhren waschen, schälen, beides in winzige Würfelchen schneiden und zu den Linsen geben. Die grünen Zwiebelringe untermischen.

4 Den Eintopf etwa 45 Min. leise köchelnd garen. Mit Salz, Pfeffer und Essig würzen. Schnittlauchröllchen und die Speckgrieben aufstreuen.

Nudelsuppe

Braucht etwas Zeit

Zutaten für 6–8 Portionen:

2 Zwiebeln
300 g Möhren
300 g Knollensellerie
2 Stangen Lauch (etwa 400 g)
1 kg Ochsenschwanz (in Stücke gehackt)
Salz
1 TL Wacholderbeeren
1 TL schwarze Pfefferkörner
2 Lorbeerblätter
1 TL getrockneter Thymian
250 g Suppennudeln
schwarzer Pfeffer aus der Mühle
4 cl trockener Madeira
1 Bund glatte Petersilie

Bei 8 Portionen pro Portion: 890 kJ / 210 kcal

Zubereitungszeit:
etwa 4 Std. 30 Min. (davon 4 Std. Garzeit)

1 Die Zwiebeln grob zerteilen. Die Hälfte von den Möhren, vom Sellerie und vom Lauch putzen, waschen und grob zerkleinern. Das zerkleinerte Gemüse mit den Ochsenschwanzstücken in einen großen Topf geben, etwa 2 ½ l Wasser angießen. 2 TL Salz, die Wacholderbeeren, die Pfefferkörner, die Lorbeerblätter und den Thymian dazugeben. Kräftig aufkochen, danach bei kleinster Hitze zugedeckt 3–4 Std. sachte ziehen lassen.

2 Nach etwa 3 Std. die Ochsenschwanzstücke herausnehmen. Das Fleisch von den Knochen lösen und in kleine Stückchen schneiden, dabei das Fett und die Sehnen entfernen. Die Knochen wieder in den Topf zurückgeben und die Brühe weiter köcheln lassen.

3 Inzwischen das übrige Gemüse putzen und waschen, in streichholzfeine Stifte schneiden.

4 Nach insgesamt etwa 4 Std. die Brühe durch ein feines

Irish Stew

Herzhafter Eintopf

Sieb filtern und in den Topf zurückgießen. Wieder zum Kochen bringen, die Suppennudeln und das feingeschnittene Gemüse hineingeben und 5–10 Min. garen.

5 Zum Schluß die Fleischstückchen untermischen. Die Suppe mit Salz, Pfeffer und Madeira abschmecken. Die Petersilie fein hacken und einrühren.

◆ **Schnelle Variante**

Feingeschnittenes Gemüse und Suppennudeln in kräftiger Fleischbrühe (fertig aus dem Vorrat) garen, mit Madeira und Petersilie verfeinern.

◆ **Ochsenschwanz**

Relativ preiswertes Stück, das ein ausgezeichnetes Aroma für Suppen und Ragouts liefert. Eventuell vorbestellen und vom Metzger gleich in etwa 5 cm lange Stücke hacken lassen.

Zutaten für 6–8 Portionen:

1 kg Lammfleisch aus dem Nacken
1 kg Weißkohl
500 g Kartoffeln
2 Stangen Lauch (etwa 400 g)
2–3 Möhren
2 Zwiebeln
2 Knoblauchzehen
Kümmel nach Geschmack
Salz
schwarzer Pfeffer aus der Mühle
1 Bund glatte Petersilie
1 Lorbeerblatt
1 l Fleischbrühe
Worcestersauce

Bei 8 Portionen pro Portion: 2000 kJ / 480 kcal

Zubereitungszeit:
etwa 3 Std.
(davon 2 Std. Garzeit)

1 Das Lammfleisch in etwa 3 cm große Würfel schneiden. Den Kohl putzen und vierteln, Strunkteile herausschneiden, die Viertel quer in etwa 1 cm breite Streifen schneiden. Die Kartoffeln waschen und schälen, den Lauch putzen und waschen, die Möhren schälen und alles in Scheiben schneiden. Die Zwiebeln und Knoblauchzehen fein hacken.

2 Den Backofen auf 175° vorheizen. In einen großen schweren Topf eine Lage Kohl geben. Darauf Lammwürfel verteilen, mit Zwiebeln, Knoblauch, Kümmel, Salz und Pfeffer würzen. Das Fleisch mit Kartoffeln, Lauch und Möhren abdecken. Das Gemüse ebenfalls würzen, danach wieder eine Lage Kohl einschichten.

3 Alle Zutaten in dieser Reihenfolge einfüllen und jeweils nach Geschmack würzen. Mit Gemüse abschließen, die Stengel der Petersilie und das Lorbeerblatt darauf verteilen. Die Brühe angießen, den Topf zudecken und in den Backofen schieben (Gas Stufe 2). Etwa 1 Std. 30 Min. garen, danach den Deckel abnehmen und das Irish Stew im offenen Topf in etwa 30 Min. fertiggaren.

4 Lorbeerblatt und Petersilienstengel entfernen. Mit Worcestersauce, Salz und Pfeffer abschmecken, ganze Petersilienblättchen aufstreuen und heiß servieren.

◆ **Das Original**

aus Irland schmeckt besonders würzig und deftig, da es meist mit Hammelfleisch zubereitet wird. Bei uns wird dieses Fleisch eher selten angeboten und ist auch weniger begehrt, obwohl es bei fachgerechter Zubereitung eine Delikatesse ist. Beim Hammel sollten Sie auf jeden Fall das Fett schon vorm Braten entfernen, das Fleisch eventuell über Nacht in Buttermilch einlegen und das fertige Gericht sehr heiß servieren.

Chinesisches Fondue

Feuertopf · Für Gäste

Zutaten für 6–8 Portionen:

etwa 3 l kräftige Hühnerbrühe (am besten hausgemacht)

Zutaten, die in der Brühe gegart werden:
250 g Putenbrustfilet
250 g Rinderlende
250 g Schweinefilet
250 g Fischfilet (zum Beispiel Seezunge, Thunfisch, Lachs)
8–12 Garnelen
25 g getrocknete Shiitake-Pilze (oder 150 g frische Pilze)
50 g Glasnudeln
1 Stange Lauch
1 Bund Frühlingszwiebeln
300 g Möhren
1 kleiner Chinakohl

Marinade fürs Fleisch:
2 EL Sojasauce
2 EL Sherry (oder Sake)
2 Knoblauchzehen (oder 1 Stückchen frischer Ingwer)
1 frische Chilischote
1 Prise Cayennepfeffer
1 TL Speisestärke
½ TL Zucker (oder 1 EL süße Sojasauce)

Marinade für den Fisch:
2 EL Sojasauce
2 EL Sesamöl
1 EL Limettensaft (oder Zitronensaft)
weißer Pfeffer aus der Mühle

Beilagen und Saucen:
300 g Reis
würzige Fertigsaucen aus dem Asien-Fachgeschäft: zum Beispiel Pflaumensauce, Austernsauce, Hoisinsauce, Sojasauce, Sambal Oelek (scharfe Würzpaste)
frischer Ingwer
frische grüne Peperoni
Sherry (Fino oder medium)

Bei 8 Portionen pro Portion: 1300 kJ / 430 kcal

Zubereitungszeit:
etwa 1 Std. 30 Min. (+ eventuelle Marinierzeit)

◆ **Varianten**

können Sie ganz leicht selbst erfinden: mal Gemüse, Fisch oder Fleisch in den Mittelpunkt stellen, mal die Brühe mild oder pikant würzen. Wenn Zeit dafür ist, sollten Sie auch die Brühe selbst zubereiten: Aus 1 Poularde mit ausgelösten Brustfilets Suppengrün und Gewürzen (siehe auch Seite 67).

1 Alle Fleischsorten in dünne Scheibchen, dann in feine Streifen schneiden. Das Fischfilet in schmale Streifen schneiden.

2 Nach Geschmack verschiedene Marinaden anrühren (zum Beispiel nach oben genannten Rezepten) und Fleisch oder Fisch darin durchziehen lassen. Die Marinaden können Sie natürlich auch mit anderen Zutaten variieren, für Fisch eher milde Würze wählen.

3 Garnelen aus den Schalen lösen, den dunklen Darmstrang jeweils mit einem spitzen Messer entfernen. Die getrockneten Pilze in Wasser einweichen. Die Glasnudeln kurz in Wasser einweichen, im Sieb abtropfen lassen und mit der Küchenschere etwas zerkleinern.

4 Das Gemüse putzen und waschen. Lauch, Frühlingszwiebeln und Möhren in streichholzfeine Stifte schneiden. Den Chinakohl in feine Streifen schneiden. Die Pilze abtropfen lassen, fein schneiden.

5 Den Reis in kochendes Wasser schütten und ausıellen lassen. Abgedeckt ɾarmhalten. Für jeden Gast die ıaucen in kleine Schälchen ɪllen und bereitstellen. (Nach ɛschmack auch Fertigsaucen ischen, mit feingehacktem ɡwer, Peperonischeibchen ɟer Sherry würzen.)

6 Die Brühe im Topf aufkochen, in den Feuertopf umfüllen. Gut erreichbar für alle Gäste auf ein Rechaud in die Mitte des Tisches stellen. Etwas geschnittenes Gemüse und einige Glasnudeln in der Brühe verteilen. Die übrigen Zutaten auf Platten um den Feuertopf herum verteilen.

7 Jeder Gast wählt sich nun verschiedenste Zutaten aus, füllt sie ins Sieb und hält dies 1–3 Min. in die kochendheiße Brühe. Dabei werden Gemüse und Glasnudeln mit herausgefischt. Gemüse, Glasnudeln und Brühe (eventuell heißes Wasser) werden immer wieder im Feuertopf ergänzt.

8 Den Reis gibt es als Beilage, die Saucen können Sie nach Geschmack über Gemüse, Fisch, Fleisch oder Reis träufeln. Zum Abschluß des Essens servieren Sie die köstlich würzige Brühe als letzten Gang.

Fisch und Meeresfrüchte

Reiselustige und Feinschmecker geraten ins Schwärmen, wenn die schillernden, silberglänzenden Schuppen vor ihrem geistigen Auge auftauchen. Die einen denken voll Vorfreude an den Urlaub am Meer, die Muschelsuche am Strand, das Schnorcheln in bunter Gesellschaft. Die anderen rechnen sich ein besonders delikates Festessen aus. Frisch, duftend, aromatisch sind die Objekte dieser Träumereien: All das, was aus dem Wasser kommt.

Mit praktischem Wissen ausgerüstet, läßt sich gleich beim Einkauf ein guter Fang machen. Frische ist oberstes Gebot und hat noch Vorrang vor fest eingeplanten Rezepten. Warum muß es ein Seelachs sein, wenn gerade der Kabeljau ins Netz gegangen ist? Gut beraten sind Sie im Zweifelsfall mit tiefgekühltem Fisch, er ist immer noch besser als der frische von gestern. In der Küche kommen alte Traditionen und moderne Technik gleichermaßen zum Zug: Garen im Dampf und in der Folie, Braten in versiegelten Pfannen, Dünsten und Schmoren in der Mikrowelle – das sind die besten Methoden, um Fisch aus dem Freitagsexil zu befreien.

Scholle

Hering

So sehen Sie klar: Alles über Qualität und Frische

Der Blick in die Augen beseitigt alle Zweifel: sind sie leicht nach vorne gewölbt, klar, frisch und glänzend, steht ungetrübter Genuß bevor. Schön klar und durchsichtig muß auch der Schleim sein, der die straffe, glänzende Haut von frischem Fisch bedeckt, das Fleisch darunter fühlt sich fest an. Die Schuppen sind glatt und festanliegend. Die Kiemen leuchten rot und feucht, die einzelnen Kiemenblättchen zeichnen sich deutlich ab. Wichtig ist der angenehme, feine, appetitliche, niemals penetrante Duft: So erkennen Sie auch beim zerteilten und filetierten Fisch, ob sich das Zugreifen lohnt. Fragen Sie außerdem den Fischhändler, wann welche Fische geliefert werden – und lassen Sie sich das Beste vom Tag empfehlen.

Schmecken nach Meer: Vom Seewolf bis zur Sprotte

Mini-Steckbriefe der gängigsten Meeresfische – mit idealen Zubereitungsarten.

Kabeljau (Dorsch) ist relativ preiswert und vielseitig. Er wird im Ganzen oder als Filet angeboten, getrocknet als Stockfisch und zusätzlich gesalzen als Klippfisch verkauft. Sein weißes, mageres Fleisch verträgt sich mit dezenter und kräftiger Würze und eignet sich zum Pochieren und Kochen, Dünsten, Dämpfen und Braten.

Seelachs (Köhler) ist preiswert und überall zu haben. Das magere Fleisch wird beim Braten leicht trocken, die Filets vorher am besten panieren. Größere Stücke eignen sich auch zum Kochen und Pochieren, kleine Schnitzel zum Dünsten und Dämpfen.

Schellfisch wird hauptsächlich im Ganzen angeboten, seltener als Filet. Sein festes, fettarmes und eiweißreiches Fleisch ist zart rosa und eignet sich besonders zum Pochieren, Kochen, Dünsten und Dämpfen, weniger zum Braten.

Rotbarsch (Goldbarsch) kommt meist filetiert, seltener als ganzer Fisch in den Handel. Sein festes Fleisch glänzt rosaweiß, ist fettreicher als Kabeljau und Seelachs. Beim Braten kommt das feine Aroma am besten zur Geltung. Er kann aber auch gut pochiert und gedünstet werden.

Wolfsbarsch ist Feinschmeckern auch als »Loup de mer« bekannt. Das feine Aroma des festen, mageren Fisches darf auf keinen Fall von dominanter Würze erschlagen werden. Am besten den ganzen Fisch schonend pochieren oder dämpfen, die Filets ganz schlicht in Butter braten oder in Folie garen.

Brassen (Doraden) gibt es in unterschiedlichsten Größen, Farben, Geschmacksrichtungen. Die meisten Brassen haben festes, relativ mageres Fleisch, das sich zum Braten und Grillen mit würzigen Kräutern eignet. Am feinsten und zartesten ist die Goldbrasse, die auch gedünstet oder pochiert wird.

Seewolf (Steinbeißer) hat weißes, fettarmes und sehr aromatisches Fleisch, das sich prima zum Braten und Grillen eignet, in Suppen, Ragouts und Gratins für Geschmack sorgt.

Seeteufel (Lotte) gehört zu den begehrtesten Fischen. Sein blendend weißes Fleisch ist zart, bleibt beim Garen trotzdem angenehm fest. Es läßt sich leicht und völlig grätenfrei ablösen und servieren. Ideal zum Dünsten und Pochieren.

Rotbarbe (Meerbarbe) besitzt keine Galle, die kleinen Exemplare müssen daher nicht ausgenommen werden. Der edle Fisch hat ein feines bis kräftiges Aroma, das sich perfekt beim Braten und Grillen, Dünsten und Dämpfen entfaltet.

Knurrhahn

Rotbarbe

Sardine

Knurrhahn hat weißes, festes und würziges Fleisch, das sich vor allem zum Pochieren oder Dünsten eignet, allerdings reichlich Gräten hat. Die Filets schmecken gebraten besonders köstlich.

Makrele ist preiswert und hat würzig schmeckendes, fettreiches Fleisch, das auch beim Grillen und Braten schön saftig bleibt.

Thunfisch ist frisch eine seltene, aber lohnenswerte Delikatesse. Die festen, grätenfreien Scheiben erinnern in Aussehen und Geschmack an zartes Kalb- oder Rindfleisch. Zum Grillen, Braten, in Folie garen. Ebenso wird Schwertfisch zubereitet.

Plattfische haben ungewöhnlich zartes weißes Fleisch und ein feines Aroma. **Seezunge** und **Steinbutt** sind die edelsten Vertreter, zum sanften Dünsten geeignet. Die **Scholle** wird im Ganzen gebraten, die Filets sehr vorsichtig gegart. Der **weiße Heilbutt** hat feines, zartes und fettarmes Fleisch und ist hochwertiger als der recht fette **schwarze Heilbutt**. Beide eignen sich in Scheiben geschnitten zum Dämpfen oder Dünsten.

Heringsfische werden meist verarbeitet angeboten: als Rollmöpse, Ölsardinen, Matjes. Frische (grüne) Heringe, Sardinen, Sardellen gibt es seltener, schmecken jedoch ganz hervorragend – kräftig gewürzt und gegrillt oder knusprig gebraten. Ein Verwandter der Heringe, die Sprotte, ist hauptsächlich als Räucherfisch bekannt.

Gepanzert und in Schale: Von Kaisergranat bis Venusmuscheln

Sie werden oft in einen Topf geworfen und durcheinandergebracht: Scampi und Shrimps, Sepia und Oktopus, Gambas und Garnelen. Ein kleiner Überblick hilft beim Einkauf.

Krustentiere
sehen frisch und ungekocht eher grau aus, nach dem Kochen färben sie sich rosa bis rot. Das zarte weiße Fleisch steckt in einem kalkhaltigen Panzer.

Der begehrte **Hummer** mit seinen zwei auffallend großen Scheren gehört in diese Familie. Ebenso die **Languste**, die Sie an den langen dünnen Fühlern erkennen.
Scampi heißen auch Kaisergranate, Tiefseekrebse, Langustinen. Sie sehen aus wie kleine Hummer, mit einem stabilen, breiten Schwanz, großen dunklen Augen und zwei ausgeprägten Scheren. **Riesengarnelen** sind bis etwa 30 cm groß und auch als Prawns im Handel. (Hummerkrabben ist ein oft fälschlicherweise gebrauchter Name). Die Schwänze der Garnelen sind nach hinten spitz zulaufend, von der Seite her gesehen relativ schmal – wichtiger Unterscheidungsfaktor zu den Scampi.

Languste

Sandgarnelen / Nordseekrabben

Die kleinsten in der Garnelenfamilie heißen Sandgarnelen – sind jedoch als **Nordseekrabben** bekannt. Nach dem Schälen bleibt nur etwa ein Drittel der eingekauften Menge als Fleisch übrig. Ebenfalls recht kleine Garnelen sind die **Shrimps** oder Crevetten. **Gambas** oder Rosa Crevetten sind wieder etwas größer und schimmern durchsichtig. Die feinen **Tiefseegarnelen** sind bis zu 16 cm lang.

Weichtiere
schwimmen entweder wirklich weich und schutzlos umher wie die Tintenfische, können aber auch in einer harten Schale stecken – dann sind es zum Beispiel Muscheln, Schnecken oder Austern. Andere tragen spitze Stacheln, allen voran der Seeigel.

Zur Untergruppe der **Schaltiere** gehören neben den **Austern** die **Miesmuscheln** mit leuchtend orangefarbenem Fleisch, die braunen oder rauhen **Venusmuscheln**, die gestreiften **Herzmuscheln**. Muscheln gibt es inzwischen aus Zuchtanlagen das ganze Jahr über frisch zu kaufen.

• Wichtig: Rohe Muscheln müssen beim Kauf fest geschlossen sein, die geöffneten gleich wegwerfen. Beim Kochen wiederum öffnen sich die Schalen von gesunden Muscheln, servieren Sie auf keinen Fall geschlossene Muscheln!

Sepia ist der Fachausdruck für den gemeinen Tintenfisch. Erkennungszeichen: ein runder bis ovaler, abgeflachter Körper mit zwei auffallend langen Fangarmen und einem kleinen Kranz von kürzeren Armen. **Kalmare** haben dagegen einen langen und sehr schlanken Körper, der sich gut zum Füllen eignet. Die langen Fangarme sind besonders zart. **Oktopus**, auch Krake genannt, erkennen Sie an den dicken Fangarmen mit Saugnäpfen. Die Garzeit ist grundsätzlich länger als bei Sepia und Kalmar.

Kalmar

Scampo, auch Kaisergranat, Tiefseekrebs oder Langustino

Bachforelle

Lachsforelle

Regenbogenforelle

Süßwasserfische: Spezialitäten aus Fluß, Bach und Teich

Die früher in großer Bandbreite wildlebenden Bachfische sind inzwischen reinste Raritäten. Heute wird die Nachfrage zum großen Teil gedeckt durch Zuchtfische. Manche Fischhändler bieten sie lebendfrisch an und schlachten sie erst direkt beim Kauf. Die Qualität und Frische erkennen Sie beim Süßwasserfisch ebenso wie beim Meeresfisch: an den glänzenden Augen, dem appetitlichen Geruch, den leuchtend roten Kiemen.

Lachs (Salm) ist ein Wanderfisch. Er lebt zwar im Meer, steigt dann aber zum Laichen in die Flüsse auf. Die jungen Lachse verbringen erst einige Zeit im Süßwasser, bevor sie wieder die Reise ins Meer antreten. Der begehrte Fisch mit dem zartrosa bis orange-roten, relativ fettreichen Fleisch wird heute in großem Stil gezüchtet. Zum Pochieren und Dünsten, Braten und Grillen, Dämpfen und Garen in Folie bestens geeignet.

Forellen gehören zur Familie der Lachsfische. Meerforellen haben lachsfarbenes Fleisch, leben ebenfalls einige Zeit im Meer und heißen daher **Lachsforellen**. Gleichnamige Forellen werden auch gezüchtet, schwimmen zeitweise zu diesem Zweck in Meerwasserbecken und bekommen die typische Farbe durch spezielles Futter. Am bekanntesten sind die **Regenbogenforellen**, die Sie tiefgefroren auch häufig im Supermarkt finden. Die getupften **Bachforellen** sind besonders wohlschmeckend, aber leider selten im Handel. Ganze Forellen werden gerne blaugekocht (Rezept Seite 94), Forellenfilets gedünstet und gebraten oder aber bereits fertig geräuchert gekauft und für Vorspeisen und Salate verwendet.

Felchen (Renken) haben nur regionale Bedeutung. Ihr Fleisch ist fettarm, fest und von feinem Geschmack. Die schlanken Portionsfische werden wie Forellen zubereitet.

Zander (Schill) ist ein großer Raubfisch mit festem, aromatischem und angenehm grätenfreiem Fleisch. Scheiben oder Filets werden pochiert, gedünstet oder gedämpft.

Flußbarsch (Egli) wird relativ selten angeboten, er hat mageres, aber grätenreiches Fleisch. Kleine Fische sind ideal zum Braten, größere werden in würzigem Sud pochiert oder im Backofen gedünstet.

Hecht, ein schlanker Raubfisch mit festem, magerem, relativ grätenreichem Fleisch. Die Filets werden gerne zu Klößchen verarbeitet, der ganze Fisch eignet sich zum Füllen, Schmoren, Garen im Backofen.

Karpfen wird hauptsächlich zum traditionellen Weihnachtsschmaus blaugekocht. Das relativ magere Fleisch läßt sich in kleinen Stückchen auch gut fritieren.

Flußaal gibt es frisch oder geräuchert. Der fettreiche Fisch lebt erst einige Jahre im Süßwasser und zieht dann zum Laichen ins Meer. Lassen Sie das Ausnehmen und Häuten gleich beim Einkauf erledigen. Zum Schmoren, Blaukochen, Braten.

◆ Die drei großen »S«

Zu Großmutters Zeiten war »Salzen« und »Säuern« absolut unumgänglich, um das hochempfindliche Produkt Fisch zumindest vorübergehend haltbar zu machen. Dafür sorgt inzwischen längst eine lückenlose Kühlkette, die vom Fischkutter bis zum heimischen Kühlschrank reicht. Doch ist auch heute eine Fischküche undenkbar ohne frischen Zitronensaft (der durch Weißwein ersetzt werden kann). Denn die feine Säure stabilisiert das Fischeiweiß, das Fleisch wird durch etwa 20minütiges Marinieren darin schön fest und prall. Der Salzstreuer dagegen sollte erst kurz vorm Garen in Aktion treten – das frühzeitige Salzen entzieht viel Saft. Das dritte »S« im Bunde steht auch weiterhin unumstritten an erster Stelle: das gründliche »Säubern« vor der Zubereitung!

Zander in Korianderbutter

Schnell fertig

Zutaten für 4 Portionen:

etwa 750 g Zanderfilets
Salz
1 Zitrone
2 Schalotten
3 EL Butter
300 g tiefgekühlte Erbsen
weißer Pfeffer aus der Mühle
1 Bund Petersilie
250 g Kirschtomaten
1 Knoblauchzehe
½ TL gemahlener Koriander

Pro Portion: 1000 kJ / 240 kcal

Zubereitungszeit:
etwa 40 Min.

1 Die Zanderfilets kurz abspülen, trockentupfen. Jedes Filet längs halbieren, und jede Hälfte danach in 5 Stückchen schneiden. Leicht salzen, mit 2 EL Zitronensaft beträufeln.

2 Die Schalotten fein hacken. In einem Topf 1 EL Butter schmelzen. Die Schalotten andünsten, die Erbsen aus der Packung dazugeben, mit Salz, Pfeffer und 1–2 EL Zitronensaft würzen. Sanft dünsten. Inzwischen die Petersilie hacken, die Kirschtomaten waschen und halbieren.

3 In einer Pfanne die restliche Butter schmelzen. Den Knoblauch dazupressen, den Koriander einrühren. Die Filetstückchen in der Butter von jeder Seite 2–3 Min. sanft braten. Mit einigen Tropfen Zitronensaft würzen, pfeffern.

4 Die Petersilie unter die Erbsen mischen, mit Salz, Pfeffer und eventuell noch etwas Zitronensaft abschmekken. Vom Herd nehmen und die Kirschtomaten unterheben. Zu den Fischfilets servieren.

◆ Variante

Nach diesem Rezept können Sie auch andere Süßwasserfische wie Felchen, Forellen oder Saiblinge zubereiten.

Forelle blau

Klassiker mit Pfiff

Zutaten für 4 Portionen:

1 Bund Suppengrün
1 Zwiebel
1 Lorbeerblatt
½ TL weiße Pfefferkörner
Salz
⅛ l Weinessig
2 unbehandelte Zitronen
4 mittelgroße, küchenfertig vorbereitete Forellen (je etwa 250 g, möglichst frisch)
750 g sehr kleine Kartoffeln (vorwiegend festkochende Sorte)
80 g Butter
weißer Pfeffer aus der Mühle
frisch geriebene Muskatnuß

Pro Portion: 1900 kJ / 450 kcal

Zubereitungszeit:
etwa 1 Std. 15 Min.

1 Das Suppengrün putzen und waschen, grob zerteilen. Die Zwiebel vierteln. Mit etwa 2 l Wasser aufsetzen, Lorbeerblatt, Pfefferkörner, 1 EL Salz und den Weinessig angießen. ½ Zitrone in Scheiben schneiden und in den Sud geben. Etwa 20 Min. kräftig köcheln lassen.

2 Die ausgenommenen Forellen innen waschen, außen nur kurz kalt abspülen, um die Schleimschicht nicht zu zerstören – sie ist entscheidend für die Bildung der appetitlich frischen, blauen Farbe. Die Fische mit jeweils 2 EL Zitronensaft beträufeln (die Schale von 1 Zitrone aufheben).

3 Die Kartoffeln waschen und schälen, eventuell noch etwas zerkleinern (sie sollten nicht größer als Walnüsse sein). Mit Salzwasser bedeckt zum Kochen bringen, in etwa 15 Min. garen.

4 Inzwischen die Temperatur des Würzsudes reduzieren. Die Forellen in den nur knapp siedenden, aber nicht mehr sprudelnd kochenden Sud glei-

Kabeljau mit Kapern-Gemüse

Für Gäste

ten lassen. Den Deckel schließen, die Forellen auf niedrigster Stufe in 10–15 Min. garziehen lassen.

5 Das Wasser aus dem Kartoffeltopf abgießen, den Topf mit den Kartoffeln nochmals kurz auf der heißen Herdplatte schwenken, damit das restliche Wasser verdampft.

6 Die bereit gelegte Zitronenschale mit einem Fadenschneider in sehr feinen Streifen ablösen. Die Butter in einer Pfanne aufschäumen, mit der Zitronenschale, etwas weißem Pfeffer, Salz, Muskat und etwas Zitronensaft würzen. Die Kartoffeln in der Butter schwenken. Zur Forelle servieren.

◆ Getränke-Tip

Ein trockener Riesling, Müller-Thurgau oder ein Gutedel aus Baden passen gut zur Forelle.

Zutaten für 4 Portionen:

4 Kabeljaufilets (je etwa 150 g)
Salz
1 Zitrone
2 Stangen Lauch (etwa 400 g)
1 rote Paprikaschote
2 weiße Zwiebeln
4 EL Sonnenblumenöl
1 EL Butter
1 TL Paprikapulver edelsüß
einige Spritzer Worcestersauce
weißer Pfeffer aus der Mühle
4–5 EL Kapern mit Sud
4 EL saure Sahne
2 Dillzweige

Pro Portion: 1300 kJ / 310 kcal

Zubereitungszeit:
etwa 1 Std.

1 Die Fischfilets kurz abspülen, mit Küchenkrepp trocknen. Leicht salzen, mit 2–3 EL Zitronensaft beträufeln.

2 Die Lauchstangen längs aufschlitzen und gründlich waschen. Schräg in feine Ringe schneiden. Die Paprikaschote halbieren, die Kerne und Trennwände herauslösen. Die Schotenhälften waschen, in feine Streifchen schneiden. Die Zwiebeln schälen und halbieren, in Scheiben schneiden.

3 In einer großen Pfanne oder breiten Kasserolle mit passendem Deckel das Öl erhitzen, die Butter darin schmelzen. Zwiebeln, Lauch und Paprika einrühren und unter Rühren etwa 5 Min. andünsten. Mit Paprikapulver, Worcestersauce, Salz, Pfeffer und 2 EL Zitronensaft würzen, etwa 10 Min. schmoren. Die Hälfte der Kapern mit Sud untermischen.

4 Die Kabeljaufilets auf dem Gemüse verteilen, kräftig pfeffern. Den Deckel schließen, den Fisch in 10–15 Min. sanft garen.

5 Die saure Sahne in kleinen Klecksen auf die Fischfilets oder das Gemüse verteilen, die restlichen Kapern aufstreuen und mit Dillspitzen garnieren.

◆ Kabeljau

ist ein besonders vielseitig verwendbarer und relativ preiswerter Fisch. Er kann gut kombiniert werden mit kräftigen Gewürzen und Gemüsesorten. Das weiße Fleisch ist sehr fettarm und hat dafür einiges an Eiweiß zu bieten. Kabeljau ist auch unter dem Namen Dorsch im Handel.

◆ Varianten

Kabeljau ist meistens überall erhältlich. Sie können für dieses Rezept aber auch Schellfisch, Rotbarsch oder Seelachs nehmen.

Meerbarben im Lauchmantel

Exotisch

Zutaten für 4 Portionen:

2 Stangen Lauch (etwa 400 g)
Salz
4 große Meerbarben (jeweils etwa 250 g)
weißer Pfeffer aus der Mühle
1 unbehandelte Zitrone
4 EL Butter
½ TL gemahlener Koriander
eventuell 1 EL Fenchelsamen
2 EL süße Sojasauce (oder salzige Sojasauce + ¼ TL Zucker)

Pro Portion: 1100 kJ / 260 kcal

Zubereitungszeit:
etwa 1 Std.

◆ Tip

Wenn Sie ganz kleine Meerbarben bekommen, wird die Garzeit auf 8–10 Min. reduziert. Und Fischfilets sind schon in etwa 5 Min. gar.

◆ Garen im Dampf

ist eine besonders schonende Form der Zubereitung. Besonders geeignet für zarten Fisch und würziges Gemüse, da Struktur und Aroma optimal erhalten bleiben.

1 Die Lauchstangen putzen, längs aufschlitzen und unter fließendem Wasser gründlich waschen. Soweit möglich, einzelne Lauchblätter ablösen, den restlichen Lauch in feine Ringe schneiden.

2 In einem Topf etwa 1 l Salzwasser sprudelnd aufkochen, die Lauchblätter darin 1–2 Min. blanchieren. Die Lauchblätter mit dem Schaumlöffel herausnehmen, kalt abschrecken und gut abtropfen lassen. Das Blanchierwasser aufheben.

3 Die Meerbarben schuppen, ausnehmen und waschen. Mit Küchenkrepp sorgfältig trocknen. Innen und außen leicht salzen und pfeffern.

4 Die Zitrone heiß abwaschen und trocknen, die Schale mit einem Fadenschneider in feinen Streifen ablösen. (Oder mit einem Sparschäler dünn schälen, die Schale mit einem scharfen Messer in feine Streifchen schneiden.) Die Zitrone danach auspressen.

5 Jeweils 1 TL Zitronensaft und ½ EL Butter in die Bauchhöhle jeder Meerbarbe geben, mit Korianderpulver würzen. Die Fische mit den blanchierten Lauchstreifen umwickeln.

6 In einem großen Topf mit passendem Siebeinsatz die Lauchbrühe mit 1–2 EL Zitronensaft und den Fenchelsamen zugedeckt zum Kochen bringen. Inzwischen die Lauchringe im Sieb verteilen, mit der Sojasauce würzen, die restliche Butter in Flöckchen darauf verteilen. Die Barben auf den Lauch legen und mit der Zitronenschale bestreuen.

7 Den Siebeinsatz über der Brühe in den Topf setzen oder hängen. Den Deckel fest schließen. Die Meerbarben 12–15 Min. sanft im Dampf garen. Grob aus der Mühle pfeffern, mit dem restlichem Zitronensaft beträufeln. Zusammen mit dem Lauchgemüse servieren.

Fischröllchen auf Spinat

Raffiniert

Zutaten für 4 Portionen:

400 g Schollenfilets
2 EL Zitronensaft
Salz
schwarzer Pfeffer aus der Mühle
Paprikapulver edelsüß
500 g Blattspinat
2 EL Öl
1 Knoblauchzehe
200 g Sahne
frisch geriebene Muskatnuß
Zitronenfilets zum Anrichten

Pro Portion: 1200 kJ / 290 kcal

Zubereitungszeit:
etwa 45 Min.

1 Die Schollenfilets kurz abbrausen. Abtrocknen, mit Zitronensaft beträufeln und mit Salz, Pfeffer und wenig Paprikapulver bestreuen. Zu Röllchen aufdrehen, mit Spießchen zustecken, zugedeckt kühlen.

2 Den Spinat gründlich waschen und grob hacken.

3 Das Öl in einem breiten Topf erhitzen. Den Knoblauch durch die Presse dazudrücken und kurz anschwitzen.

4 Den Spinat einrühren, die Sahne angießen. Mit Salz, Pfeffer und Muskat würzen, offen etwa 5 Min. garen.

5 Die Schollenröllchen auf den Spinat legen, zugedeckt bei mittlerer Hitze etwa 5 Min. dünsten.

6 Die Schollen-Röllchen auf dem Spinat servieren, Pfeffer darüber mahlen, mit Zitronenfilets garnieren.

◆ Variante

Anstelle Röllchen aus zartem Schollenfilet können Sie Portionsstücke von jedem anderen Fischfilet auf dem Spinatbett dünsten. Je nach Filetdicke und Fischsorte schwanken die Garzeiten – machen Sie rechtzeitig eine Probe.

Schollen-Röllchen

Kalorienarm

Zutaten für 4 Portionen:

300 g Kartoffeln (festkochende Sorte)
1 EL Butter
400 ml Fischfond (aus dem Glas)
3 kleine, gleichmäßige Zucchini (etwa 300 g)
1 mittelgroße Tomate
400 g Schollenfilets
2 EL Zitronensaft
Salz
schwarzer Pfeffer aus der Mühle
2 EL Tomatenketchup
1 EL Crème fraîche
nach Belieben 1–2 EL Anisschnaps

Pro Portion: 810 kJ / 195 kcal

Zubereitungszeit:
etwa 1 Std.

1 Die Kartoffeln waschen, schälen und grob würfeln. Die Butter in einem breiten Topf erhitzen, die Kartoffeln darin andünsten. Mit dem Fond ablöschen, die Kartoffeln zugedeckt bei mittlerer Hitze in etwa 15 Min. weichkochen.

2 Die Zucchini waschen und putzen, längs halbieren. Mit einem Sparschäler dünne, möglichst lange Scheiben abschälen (Sie brauchen ebenso viele Zucchinischeiben wie Schollenfilets). Den Rest vom Zucchini-Fruchtfleisch in feine Rauten oder Würfel schneiden.

3 Die Tomate in kochendes Wasser tauchen, kalt abschrecken und enthäuten. Das Fruchtfleisch entkernen und in winzige Würfelchen schneiden.

4 Die Schollenfilets kurz unter kaltem Wasser abwaschen, mit Küchenkrepp abtrocknen. Auf einem Brett ausbreiten. Mit Zitronensaft beträufeln, salzen und pfeffern.

5 Die Zucchinischeiben auf die Schollenfilets legen. Das

Seezungen-Lachs-Röllchen

Für Gäste

Tomatenketchup mit der Crème fraîche verrühren, die Zucchinischeiben damit dünn bestreichen. Die Fischfilets aufrollen und mit Holzspießchen zusammenstecken. Kaltstellen.

6 Die Kartoffeln samt Kochsud mit dem Pürierstab direkt im Topf glatt pürieren. Wieder aufkochen, mit Salz, grob gemahlenem Pfeffer und eventuell mit dem Anisschnaps abschmecken.

7 Die Zucchinistücke unter die Kartoffelcreme rühren. Die Fischröllchen hineinlegen, mit den Tomaten bestreuen, zugedeckt bei mittlerer Hitze etwa 5 Min. dünsten.

Tip

Auf die kurze Garzeit achten! Schollenfilets werden bei längerem Dünsten trocken. Tiefgefrorene Filets am besten zugedeckt im Kühlschrank auftauen lassen.

Zutaten für 4 Portionen:

8 kleine Seezungenfilets (etwa 400 g)
2 EL Zitronensaft
schwarzer Pfeffer aus der Mühle
75 g Räucherlachs in dünnen Scheiben
2 Schalotten
1 TL Butter
1/8 l Fischfond (fertig aus dem Glas)
125 g Crème double
1 Döschen Safran
einige Dillzweige
Salz

Pro Portion: 1100 kJ / 260 kcal

Zubereitungszeit: *etwa 45 Min.*

1 Die Seezungenfilets ganz kurz unter kaltem Wasser abspülen. Anschließend gut abtrocknen und auf einem Brett ausbreiten. Mit Zitronensaft beträufeln und pfeffern.

2 Den Räucherlachs passend zurechtschneiden und auf die Seezungenfilets legen. Reste in feine Streifen schneiden und beiseite stellen. Die Fischfilets aufrollen und mit Holzspießchen feststecken.

3 Die Schalotten sehr fein würfeln. Die Butter in einem Topf erhitzen, die Schalotten glasig dünsten.

4 Mit dem Fischfond ablöschen. Aufkochen, dann die Hitze so reduzieren, daß der Fond nur siedet. Die Seezungen-Röllchen hineinlegen. Zugedeckt etwa 5 Min. dünsten. Die Röllchen aus dem Sud nehmen und warm halten.

5 Die Crème double und den Safran unter den Sud rühren und 2–3 Min. kräftig köcheln. Die restlichen Lachsstreifen einrühren und kurz erwärmen. Einige Dillspitzen untermischen, die Sauce mit Salz und Pfeffer abschmecken, zu den Fischröllchen servieren.

◆ Seezungen

liefern bei weitem die zartesten Fischfilets. Sie sind extrem schnell gar, werden allerdings auch im Nu trocken, wenn sie zu lange der Hitze ausgesetzt sind. Die Filets können sehr unterschiedlich groß sein. Beachten Sie vor der Zubereitung das Gewicht, um die richtige Garzeit einzuplanen. Große Filets am besten vor der Verarbeitung halbieren.

◆ Variante

Preiswertere Alternative: Schollenfilets. Die Garzeit geringfügig verlängern.

◆ Getränke-Tip

Zu diesem edlen Essen paßt ein extra trockener Sekt oder ein spritziger frischer Weißwein.

Fischragout in Senfsahne

Gelingt leicht

Zutaten für 4 Portionen:

600 g Fischfilets (siehe Tip)
1 Limette (oder 1 unbehandelte Zitrone)
Salz
weißer Pfeffer aus der Mühle
50 g Butter
25 g Mehl
1/4 l Gemüsebrühe
1/8 l trockener Weißwein
2 EL Crème fraîche
2 EL Dijon-Senf
1 Bund Schnittlauch

Pro Portion: 1200 kJ / 290 kcal

Zubereitungszeit:
etwa 40 Min.

1 Die Fischfilets kalt abbrausen. Gut abtrocknen und in 2–3 cm große Stücke schneiden. Mit abgeriebener Limettenschale, 2–3 EL Limettensaft, Salz und Pfeffer würzen.

2 1 EL Butter in einer Pfanne aufschäumen. Den Fisch bei mittlerer Hitze etwa 2 Min. rundum andünsten. Die Stücke vorsichtig wenden, damit sie nicht zerfallen. Danach wieder aus der Pfanne nehmen.

3 Die restliche Butter in der Pfanne aufschäumen. Das Mehl einrühren und goldgelb anschwitzen. Nach und nach mit der Brühe und dem Wein ablöschen, unter Rühren sämig kochen. Die Crème fraîche und den Senf einrühren, die Sauce würzig abschmecken und 2–3 Min. durchkochen.

4 Die Fischwürfel vorsichtig unterheben und 4–5 Min. ziehen lassen. Abschmecken, mit Schnittlauchröllchen bestreuen und eventuell mit Limettenscheibchen garnieren.

◆ Tip

Für dieses Ragout können Sie jedes kräftige Fischfilet verwenden. Besonders gut schmeckt eine Mischung aus Rotbarsch, Schellfisch und Kabeljau.

Schellfisch in Tomatensug

Preiswert

Zutaten für 4 Portionen:

1 kg reife Fleischtomaten
1 mittelgroße Zwiebel
5 EL Olivenöl
1 Knoblauchzehe
Salz
schwarzer Pfeffer aus der Mühle
600 g Schellfischfilet
2 EL Zitronensaft
1 Bund Basilikum
30 g Parmesan am Stück

Pro Portion: 1200 kJ / 290 kcal

Zubereitungszeit:
etwa 1 Std.

1 Die Tomaten einritzen und kurz in kochendes Wasser legen. Abschrecken, häuten und entkernen, grob hacken. Die Zwiebel fein hacken.

2 Das Olivenöl in einem breiten Topf erhitzen, die Zwiebel glasig andünsten. Die Knoblauchzehe durch die Presse dazudrücken. Die Tomaten einrühren und zerdrücken, mit Salz und Pfeffer würzen. Etwa 30 Min. bei milder Hitze leicht köcheln lassen, zwischendurch immer wieder umrühren.

3 Inzwischen das Schellfischfilet unter kaltem Wasser abbrausen, gut abtrocknen. In 4 Portionen zerteilen, mit dem Zitronensaft beträufeln, salzen und pfeffern.

4 Einige kleine Basilikumblättchen zum Garnieren beiseite legen, die restlichen Blättchen in feine Streifen schneiden und unter die Tomatensauce rühren. Mit Salz und Pfeffer würzig abschmecken.

5 Die Fischstücke möglichst nebeneinander in die Sauce legen. Zugedeckt bei milder Hitze etwa 12 Min. dünsten.

6 Den Parmesan in groben Spänen abhobeln und über den Fisch streuen. Mit den

Rotbarsch in Kräutersauce

Schnell fertig

'estlichen Basilikumblättchen
garnieren.

◆ Schellfisch

hat rosafarbenes, festes und mageres Fleisch, das auch kräftige Würze verträgt. Er gehört zur Familie der Dorsche, st somit eng mit dem Kabeljau verwandt. Genau den können Sie auch als Ersatz nehmen.

◆ Tip

Wenn Sie keine aromatischen Tomaten bekommen, nehmen Sie am besten die geschälten »Pelati« aus der Dose. Die sind gerade im Winter eine gute Alternative.

Zutaten für 4 Portionen:

600 g Rotbarschfilets
1 unbehandelte Zitrone
Salz
schwarzer Pfeffer aus der Mühle
1 Bund Basilikum
1 Bund glatte Petersilie
2 Zweige frischer Thymian
1 Zwiebel
1 EL Butterschmalz
100 ml trockener Weißwein
100 ml Brühe
100 g Doppelrahm-Frischkäse
100 g Kirschtomaten

Pro Portion: 1300 kJ / 310 kcal

Zubereitungszeit:
etwa 45 Min.

1 Die Rotbarschfilets kalt abbrausen, gut abtrocknen. In 3–4 cm große Würfel schneiden, mit 2–3 EL Zitronensaft beträufeln, salzen und pfeffern. Einige Kräuterblättchen beiseite legen, die übrigen fein hacken.

2 Die Zwiebel sehr fein hacken. Das Butterschmalz in einem breiten Topf aufschäumen, die Zwiebel glasig dünsten. Die gehackten Kräuter einrühren, mit dem Wein und der Brühe ablöschen.

3 Den Frischkäse einrühren, mit Salz, Pfeffer und etwas abgeriebener Zitronenschale würzen, 2–3 Min. kräftig durchkochen.

4 Die Hitze reduzieren, die Fischstücke vorsichtig unter die Sauce mischen. Zugedeckt bei milder Hitze etwa 8 Min. ziehen lassen.

5 Die Kirschtomaten waschen und halbieren oder vierteln. Unter die Sauce rühren, etwa 2 Min. mit erhitzen. Nochmals mit Salz, Pfeffer und eventuell Zitronensaft abschmecken, mit den übrigen Kräuterblättchen garniert servieren.

◆ Tip

Die Rotbarschstücke garen in der Sauce, sind somit von heißer Flüssigkeit umgeben und in sehr kurzer Zeit fertig. Größere Stücke brauchen entsprechend länger, beachten Sie das gleich beim Zurechtschneiden.

◆ Variante

Die feinwürzige Kräutersauce schmeckt ebenso zu anderem Fischfilet. Wenn Sie zartere Sorten wie beispielsweise Scholle verwenden, verkürzt sich die Garzeit um die Hälfte.

◆ Für Kinder

Den Wein weglassen und statt dessen mehr Brühe nehmen.

Heilbutt im Wurzelsud

Schnell fertig

Zutaten für 4 Portionen:

4 Heilbutt-Koteletts (gleichmäßig dicke Stücke; je etwa 150 g)
2 EL Zitronensaft (+ 4 Zitronenscheiben zum Garnieren)
Salz
schwarzer Pfeffer aus der Mühle
1–2 TL Paprikapulver edelsüß
1 großes Bund Suppengrün
2 EL Öl
¼ l Gemüsebrühe

Pro Portion: 850 kJ / 200 kcal

Zubereitungszeit:
etwa 30 Min.

1 Die Heilbutt-Koteletts kalt abwaschen, gut abtrocknen. Mit dem Zitronensaft beträufeln, mit Salz, Pfeffer und Paprikapulver bestreuen, zugedeckt kaltstellen.

2 Das Suppengrün putzen, waschen und in feine Juliennestreifen schneiden.

3 Das Öl in einem Topf erhitzen, das Suppengemüse unter Rühren bei mittlerer Hitze andünsten. Die Brühe angießen, das Gemüse zugedeckt etwa 5 Min. dünsten.

4 Die Fischkoteletts hineinlegen, zugedeckt bei mittlerer Hitze etwa 10 Min. dünsten. Mit Zitronenscheiben garniert servieren.

◆ Heilbutt

Vom Heilbutt, dem größten und schwersten aller Plattfische (er kann bis zu 300 kg auf die Waage bringen) gibt es zwei Arten zu kaufen: Weißer Heilbutt hat helles, schmackhaftes, mageres Fleisch. Das Fleisch des Schwarzen Heilbutts hingegen ist gräulich gefärbt, fetter und weniger fein, allerdings weit preiswerter.

Kabeljau-Kartoffel-Ragout

Vollwertig

Zutaten für 4 Portionen:

600 g Kabeljaufilets
2 EL Zitronensaft
Salz
schwarzer Pfeffer aus der Mühle
1 TL gemahlener Koriander
750 g Frühkartoffeln (vorwiegend festkochende Sorte)
1 Bund Frühlingszwiebeln
2 EL Butter
knapp ⅜ l Gemüsebrühe
1 Bund glatte Petersilie

Pro Portion: 1200 kJ / 290 kcal

Zubereitungszeit:
etwa 1 Std.

1 Die Fischfilets kalt abspülen gut abtrocknen und in kleinfingerbreite und -lange Streifen schneiden. Mit dem Zitronensaft beträufeln, mit Salz, Pfeffer und Koriander würzen, zugedeckt kaltstellen.

2 Die Kartoffeln waschen und schälen, in Stifte oder etwa olivengroße Stücke schneiden.

3 Die Frühlingszwiebeln putzen und waschen. Die weißen Teile fein hacken, das Grün in schräge Ringe schneiden.

4 Die Butter in einem Topf aufschäumen, die weißen Zwiebeln unter Rühren bei mittlerer Hitze glasig dünsten.

5 Die Brühe angießen und aufkochen. Die Kartoffeln darin zugedeckt etwa 15 Min. leicht köcheln lassen.

6 Die Petersilie fein hacken und einrühren. Das Zwiebe grün und die vorbereiteten Fischstücke hineingeben. Zuge deckt bei milder Hitze alles noch etwa 6 Min. garen. Nicht mehr umrühren, da der Fisch sonst zerfällt. Mit Salz und Pfeffer abschmecken und heiß servieren.

Süß-saurer Seelachs

Preiswert

◆ Varianten

)as Fischfilet wird kleinge-
chnetzelt und kommt so in die
eiße Brühe – es ist deshalb
litzschnell gar. Geht ebenso
ut mit Schellfisch, Seelachs
der Rotbarsch.

◆ Mikrowellen-Tip

ei der Zubereitung in der
likrowelle alles wie oben be-
chrieben vorbereiten. Die
eißen Zwiebelteile und das
ett in eine Schüssel geben,
ugedeckt bei 600 Watt etwa
Min. garen. Kartoffeln und die
rühe dazugeben, zugedeckt
twa 15 Min. garen, dann die
brigen Zutaten einrühren, alles
och etwa 4 Min. garen. Bei
esem Rezept gewinnen Sie
var durch die Mikrowelle
aum Zeit – sie ist jedoch ganz
gemein für Fisch eine der
ealsten Garmethoden.

Zutaten für 4 Portionen:

600 g Seelachsfilets
2 EL süße Sojasauce
2 EL salzige Sojasauce
2 EL Zitronensaft
schwarzer Pfeffer aus der Mühle
Cayennepfeffer
1 haselnußgroßes Stück frischer Ingwer
1 Knoblauchzehe
2 Frühlingszwiebeln
3 Scheiben frische Ananas
2 EL Öl
1 EL Honig
200 ml milde Hühnerbrühe

Pro Portion: 1100 kJ / 260 kcal

Zubereitungszeit:
etwa 30 Min.
(+ 2 Std. Marinierzeit)

1 Die Seelachsfilets kalt abbrausen, abtrocknen und in 4 cm große Würfel schneiden.

2 Beide Sorten Sojasauce mit dem Zitronensaft, dem schwarzem Pfeffer und dem Cayennepfeffer verquirlen. Den Ingwer und den Knoblauch schälen und fein hacken, unter die Marinade rühren. Die Seelachs-Würfel darin wenden und zugedeckt etwa 2 Std. in den Kühlschrank stellen.

3 Die Frühlingszwiebeln putzen und waschen. Die weißen Teile sehr fein hacken. Die grünen Zwiebelteile in etwa 5 cm lange Stücke schneiden, jeweils von einer Seite mehrfach einschneiden und in Eiswasser legen, damit sie sich wie Blüten öffnen.

4 Die Ananasscheiben schälen und in kleine Würfel schneiden, den harten Mittelstrunk dabei entfernen.

5 Das Öl in einem Topf erhitzen, die weißen Zwiebeln darin glasig dünsten. Den Honig einrühren. Die Brühe angießen, dann die Ananas- und die Fischstücke samt der Marinade einrühren. Zugedeckt bei mittlerer Hitze etwa 10 Min. ziehen lassen. Abschmecken, mit dem Zwiebelgrün garnieren.

◆ Mikrowellen-Tip

Die Mikrowelle bringt kaum Zeitersparnis, allerdings bleiben die Aromen besser erhalten. Alles wie beschrieben vorbereiten. Das Öl, die weißen Zwiebelteile und den Honig in eine Schüssel geben, zugedeckt bei 600 Watt etwa 4 Min. garen. Heiße Brühe angießen, die übrigen Zutaten untermischen, alles noch etwa 8 Min. garen.

◆ Tip

Anstelle der Mischung aus süßer und salziger Sojasauce können Sie auch nur die normale, salzige Sojasauce verwenden. Dann einfach etwas Honig oder Zucker unter die Marinade rühren.

Gebratene Fischfilets mit Sauce Béarnaise

Für Gäste

Zutaten für 4 Portionen:

200 g Lachsfilet
200 g Seeteufelfilet (Lotte)
200 g Rotbarbenfilet
3 EL Limettensaft (oder Zitronensaft)
Salz
schwarzer Pfeffer aus der Mühle
2 EL Butter zum Braten
eventuell Limettenfilets zum Anrichten

Für die Sauce Béarnaise:
5 Zweige frisches Estragon (ersatzweise etwa 1 EL getrockneter, fein gerebelter Estragon)
5 Schalotten
1 TL weiße Pfefferkörner
6 EL Estragonessig (ersatzweise guter Weißweinessig)
⅛ l trockener Weißwein
200 g Butter
4 Eigelb
Salz
1 Prise Zucker

Pro Portion: 2800 kJ / 670 kcal

Zubereitungszeit:
etwa 1 Std.

◆ Variante

Filets von verschiedenen Edelfischen machen aus diesem Essen ein Festmahl. Damit alles auf den Punkt gegart auf den Tisch kommt, sollten die Filets gleich dick sein. Andernfalls kommen dicke Stücke 1–2 Min. eher in die Pfanne als dünne. Machen Sie unbedingt schon nach kurzer Zeit eine Garprobe. Fertig gebratene Stücke können Sie gut zugedeckt warm halten.

◆ Tip

Die würzige Grundlage für die Sauce Béarnaise aus Wein, Essig und Kräutern am besten gleich in größerer Menge kochen, einfrieren und erst bei Bedarf fertigstellen.

◆ Getränke-Tip

Ein gehaltvoller, trockener Weißwein, zum Beispiel Weißburgunder oder Chardonnay.

1 Die Fischfilets kalt abbrausen. Abtrocknen und jede Sorte in 4 gleich große Portionen teilen. Eventuell häuten, auf Gräten untersuchen. Mit dem Limettensaft beträufeln, salzen und pfeffern, zugedeckt kaltstellen.

2 Für die Sauce Béarnaise die Estragonblättchen abzupfen (einige zum Garnieren beiseite legen) und fein hacken. Die Schalotten fein hacken.

3 Die Schalotten mit der Hälfte des gehackten Estragons, den Pfefferkörnern, dem Essig und dem Weißwein in einem kleinen Topf zum Kochen bringen. Auf etwa 4 EL Flüssigkeit einkochen lassen. Anschließend durch ein feines Sieb abgießen.

4 Inzwischen die Butter bei schwacher Hitze zerlassen, nicht aufschäumen. In ein Kännchen umgießen, damit sich die weiße Molke absetzen kann.

5 Die Eigelb in eine Schüssel geben, den Estragonsud durch ein Sieb dazugießen. Gut verrühren, über dem warmen Wasserbad cremig aufschlagen. Die Butter zuerst tropfenweise, dann in dünnem Strahl mit dem Schneebesen unterschlagen, die weiße Molke im Kännchen zurücklassen.

6 Zum Braten der Fischfilets 2 EL Butter in einer Pfanne aufschäumen lassen. Die Filets von jeder Seite 2–4 Min. (je nach Dicke) goldbraun braten. Vorsichtig wenden, damit sie nicht zerfallen.

7 Die Sauce Béarnaise mit Salz und Zucker abschmekken, den übrigen gehackten Estragon einrühren. Zu den gebratenen Fischfilets servieren, mit Estragon und eventuell Limettenfilets garnieren.

Speck-Schollen

Etwas teurer

Zutaten für 4 Portionen:

8 Schollenfilets (je etwa 80 g)
Salz
1 Zitrone
1 EL Mehl
200 g gleich große Schalotten
50 g durchwachsener Speck
2 EL Butter
¼ TL getrockneter Thymian
½ TL grob geschroteter, grüner Pfeffer
2 cl trockener Sherry
1 Bund glatte Petersilie

Pro Portion: 1200 kJ / 290 kcal

Zubereitungszeit:
etwa 40 Min.

1 Die Schollenfilets kurz unter fließendem Wasser abspülen, mit Küchenkrepp trocknen. Leicht salzen, mit 2–3 EL Zitronensaft beträufeln und sehr dünn mit Mehl bestäuben. Die Schalotten schälen und ganz lassen.

2 Den Speck in sehr feine Würfelchen schneiden. In einer großen Pfanne auslassen, die Grieben knusprig braten und herausnehmen.

3 1 EL Butter im Speckfett schmelzen lassen. Die Schalotten einrühren, mit Salz, Thymian, grünem Pfeffer, Sherry und 2 EL Zitronensaft würzen. Etwa 8 Min. dünsten. Die Petersilie fein hacken.

4 Die Schalotten an den Rand schieben. Die restliche Butter in der Pfanne zerlassen, die Schollenfilets pro Seite etwa 1 Min. sanft braten. Die Petersilie unter die Schalotten mischen. Die Speckwürfelchen auf die Fischfilets streuen.

◆ Variante

Sie können die etwa 400 g schweren Schollen auch im ganzen zubereiten: Dünn mit Mehl bestäuben und pro Seite 6–8 Min. braten.

Sardinen-Spieße

Auch zum Grillen ideal

Zutaten für 4 Portionen:

500 g frische Sardinen (ersatzweise tiefgekühlt)
Salz
3 EL Walnußkerne
1 Bund glatte Petersilie
4 Knoblauchzehen
2 EL frisch geriebener Pecorino (oder Parmesan)
2 EL Portwein oder Sherry
2 Zitronen
10 EL Olivenöl
schwarzer Pfeffer aus der Mühle
250 g festes Weißbrot
8–12 Lorbeerblätter

Pro Portion: 2200 kJ / 520 kcal

Zubereitungszeit:
etwa 1 Std. 15 Min.

1 Die Sardinen schuppen, ausnehmen und waschen. Die Köpfe abschneiden, die Mittelgräten herauslösen. Die Fische seitlich auseinanderklappen, abtrocknen. Leicht salzen.

2 Die Walnußkerne, die Petersilie und die Knoblauchzehen fein hacken und mischen. Mit dem geriebenen Käse, dem Portwein oder Sherry, 2–3 EL Zitronensaft und etwa 5 EL Olivenöl zu einer geschmeidigen Paste rühren. Mit Salz und Pfeffer würzig abschmecken.

3 Die vorbereiteten Sardinen dick mit der Mischung bestreichen und zu kleinen Rouladen aufrollen. Das Weißbrot in große Würfel schneiden. Die Lorbeerblätter kurz im restlichen Öl wenden. Alle drei Zutaten abwechselnd auf geölte Rouladenspieße stecken.

4 Den Backofen auf 250° vorheizen. Ein Blech mit Alufolie auslegen, dünn mit Öl bestreichen und die Spieße darauf verteilen. Brot und Fisch nochmals mit dem restlichen Olivenöl bestreichen. Im Backofen (Gas Stufe 5) etwa 15 Min garen. Zwischendurch einmal

wenden. Ganz heiß direkt aus dem Ofen servieren und Zitronenschnitze dazu reichen.

◆ Tip

Die Sardinen-Spieße sind eine köstliche Bereicherung fürs sommerliche Grillfest: Statt im Backofen auf dem Holzkohlengrill etwa 10 Min. grillen.

◆ Beilagen

Grüner Blattsalat und frisches Weißbrot.

◆ Getränke-Tip

Kräftiger, trockener Rotwein oder Bier.

Muschelpfanne

Raffiniert

Zutaten für 4 Portionen:

2 kg Miesmuscheln
1 Zwiebel
etwa 6 EL Öl
eventuell 1/8 l Hühnerbrühe
1/8 l trockener Weißwein
1 Lorbeerblatt
1/2 TL Pfefferkörner
1 Stück Knollensellerie (etwa 150 g)
2 Möhren (etwa 150 g)
1 kleine Stange Lauch (etwa 200 g)
1 EL Currypulver
1–2 EL Sojasauce
Salz
schwarzer Pfeffer aus der Mühle
100 g Crème fraîche
1–2 EL Zitronensaft
4 Scheiben Vollkornbrot

Pro Portion: 1700 kJ / 400 kcal

Zubereitungszeit:
etwa 1 Std. 15 Min.

1 Die Muscheln gründlich waschen und abbürsten, offene und beschädigte Exemplare aussortieren. Die kleinen Faserbüschel abreißen, die Muscheln unter fließendem Wasser nochmals abspülen und abtropfen lassen.

2 Die Zwiebel grob hacken. In einem großen Topf 2 El Öl erhitzen, die Zwiebel glasig dünsten. Die Muscheln in den Topf geben, die Hühnerbrühe oder etwas Wasser und den Wein angießen, das Lorbeerblatt und die Pfefferkörner hineingeben. Aufkochen und so lange garen, bis die Muscheln sich öffnen (5–10 Min.).

3 Inzwischen das Gemüse vorbereiten. Den Knollensellerie und die Möhren putzen und schälen. In dünne Scheibchen, dann in feine Streifen schneiden. Den Lauch längs aufschlitzen und waschen, die Stange in etwa 3 cm lange Stücke schneiden, längs in feine Streifen schneiden.

4 Die gegarten Muscheln aus dem Topf nehmen, noch geschlossene Muscheln wegwerfen. Den Sud durch ein feines Sieb abgießen und bereithalten. Das Muschelfleisch aus den Schalen lösen.

5 In einer großen Pfanne oder im Wok 2–3 EL Öl erhitzen. Nach und nach die Gemüsestreifen unter Rühren anbraten, eventuell etwas Öl nachgießen. Das Currypulver darüber stäuben und kurz anschwitzen. Mit etwa 100 ml vom Muschelsud ablöschen, mit Sojasauce, Salz und Pfeffer würzen. Etwa 5 Min. sanft köcheln.

6 Die Crème fraîche einrühren, dann die ausgelösten Muscheln untermischen und noch etwa 2 Min. heiß werden lassen. Mit Salz, Pfeffer, Sojasauce und Zitronensaft abschmecken. Dazu das Vollkornbrot servieren.

Kleine Fische in Rosé

Gut vorzubereiten

Zutaten für 4 Portionen:

etwa 1,5 kg kleine Fische (roter Knurrhahn oder andere kleine Fische, zum Beispiel Sardinen)
Salz
1 Zitrone
200 g Perlzwiebeln (oder sehr kleine Schalotten)
4 Stangen Staudensellerie
1 kg kleine aromatische Tomaten
8 EL Olivenöl
4 Knoblauchzehen
2 Bund glatte Petersilie
schwarzer Pfeffer aus der Mühle
knapp ½ l Roséwein
eventuell frisches Fenchelgrün (die Fenchelknolle für ein Gemüsegericht verwenden)

Pro Portion: 2000 kJ / 480 kcal

Zubereitungszeit:
etwa 1 Std. 20 Min.

1 Die Fische schuppen, ausnehmen und waschen, die Seitenflossen abtrennen. Die Knurrhähne innen und außen mit Salz bestreuen und mit Zitronensaft beträufeln.

2 Die Zwiebelchen schälen und nicht zerteilen. Die Selleriestangen putzen und waschen, das Grün grob hacken, die Stangen in 1–2 cm breite Stücke schneiden.

3 Die Tomaten kreuzweise einschneiden, kurz in kochendes Wasser legen, abschrecken und enthäuten. Die Tomaten halbieren, mit einem Löffel entkernen.

4 Den Backofen auf 200° vorheizen. In einem Bräter das Öl erhitzen. Die Zwiebeln glasig dünsten, dann die Selleriestücke einrühren und etwa 5 Min. mitdünsten. Die Knoblauchzehen durch die Presse dazudrücken. 1 Bund Petersilie grob hacken.

5 Die vorbereiteten Fische und die Tomatenhälften in den Bräter geben, alles salzen, pfeffern und mit einem Teil der Petersilie bestreuen. Den Roséwein angießen, das Fenchelgrün aufstreuen.

6 Den Bräter auf der mittleren Schiene in den Backofen (Gas Stufe 3) schieben. Die Fische etwa 20 Min. sanft schmoren. Die restliche Petersilie hacken, aufstreuen und die Fische mit reichlich Weißbrot servieren.

◆ Knurrhahn

Er sieht exotisch aus und klingt auch so: der rote Knurrhahn wird vor allem in den Mittelmeerländern oft angeboten. Sein festes weißes Fleisch eignet sich gut zum Schmoren in würzigem Sud. Nicht so zart im Geschmack, aber preiswerter und mit weit weniger Abfall verbunden: frische Sardinen statt Knurrhahn nehmen.

Fischgratin mit Ananas-Spinat-Reis

Etwas aufwendiger

Zutaten für 4 Portionen:

200 g Wildreis-Mischung (Wildreis und Langkornreis gemischt)
400 g frisches Fischfilet (siehe Tip)
Salz
weißer Pfeffer aus der Mühle
frisch geriebene Muskatnuß
1 unbehandelte Zitrone
500 g Blattspinat
3 Scheiben frische Ananas
1/4 TL Pimentpulver
1 Prise Zimtpulver
4 EL weiche Butter
200 g Crème fraîche

Pro Portion: 2700 kJ / 640 kcal

Zubereitungszeit:
etwa 1 Std. 15 Min.

1 Die Wildreis-Mischung nach Packungsangabe zubereiten, bei milder Hitze ausquellen lassen (dauert etwa 45 Min.).

2 Inzwischen die Fischfilets in 8 Stücke schneiden, leicht salzen, mit Pfeffer und Muskat würzen. Die Zitrone heiß abwaschen und trocknen, die Schale fein abreiben und den Saft auspressen. Die Fischfilets mit etwa 2 EL Zitronensaft beträufeln, ziehen lassen.

3 Den Blattspinat waschen und verlesen. Tropfnaß in einen heißen Topf geben, zusammenfallen lassen, dabei ab und zu wenden. Gut abtropfen lassen, mit Salz, Pfeffer und 1–2 EL Zitronensaft würzen.

4 Die Ananasscheiben vierteln, die Schale und den harten Strunk entfernen. Das Fruchtfleisch in winzige Würfelchen schneiden. Unter den fertig ausgequollenen Reis mischen. Mit der abgeriebenen Zitronenschale, Pfeffer, Muskat, Piment und 1 Prise Zimt würzen.

5 Den Backofen auf 200° vorheizen. Eine feuerfeste Form mit 2 EL Butter ausstreichen.

6 Eine Lage Reis in die Form füllen. Eine Schicht Spinat darauf verteilen, die Hälfte der Fischfilets auf den Spinat legen und mit Crème fraîche bestreichen. Als nächstes wieder Reis einfüllen. Alle Zutaten in dieser Reihenfolge einschichten. Mit Reis abschließen, die restliche Butter in kleinen Flöckchen darauf verteilen.

7 Die Form mit einem gut schließenden Deckel oder mit Alufolie abdecken. Auf der mittleren Schiene in den Backofen schieben (Gas Stufe 3) und etwa 15 Min. garen.

◆ Tip

Für dieses Rezept eignen sich Rotbarsch oder Kabeljau, aber auch besonders edle Sorten wie Lotte (Seeteufel).

Lachs mit Weinschaum

Für Gäste

Zutaten für 4 Portionen:

4 Lachs-Koteletts (möglichst gleichmäßige Stücke von je etwa 200 g)
2 Zitronen (1 davon unbehandelt)
Salz
weißer Pfeffer aus der Mühle
2 EL weiche Butter für die Alufolie
2–3 Zweige frisches Estragon
1/8 l Fischfond
3 Eigelb
1 TL Speisestärke
1/8 l trockener Weißwein

Pro Portion: 1400 kJ / 330 kcal

Zubereitungszeit:
etwa 40 Min.

1 Den Backofen auf 200° vorheizen. Den Fisch kurz unter fließendem kaltem Wasser abwaschen und gründlich abtrocknen. Die Koteletts mit 2–3 EL Zitronensaft beträufeln, salzen und pfeffern.

2 4 Stücke Alufolie bereitlegen und mit Butter fetten. Den Lachs darauf legen, mit einigen Estragonblättchen bestreuen. Die unbehandelte Zitrone waschen, abtrocknen und in Scheiben schneiden. Die Zitronenscheiben auf die Fischkoteletts legen.

3 Die Folienstücke locker zu Päckchen zusammenfalten. Auf ein Backblech oder den Rost legen, auf die mittlere Schiene des Backofens (Gas Stufe 3) schieben und etwa 25 Min. garen.

4 Inzwischen den Fischfond in einem Töpfchen erhitzen. Die 3 Eigelb mit der Speisestärke, Salz und Pfeffer in einer Wasserbadschüssel verquirlen. Die Schüssel ins heiße Wasserbad setzen, nach und nach den Fischfond und den Weißwein unterschlagen, bis eine dicklich-schaumige Sauce entsteht.

5 Die Lachs-Koteletts aus den Folienpäckchen wickeln, zur Weinschaumsauce servieren.

◆ Variante

Anstelle der Lachskoteletts können Sie auch Lachsfilet am Stück oder Lachsforellenfilets nehmen. Aus etwa 700 Gramm werden 4 gleich große Portionsstücke geschnitten und eventuell gehäutet.

◆ Mikrowellen-Tip

In der Mikrowelle die Lachs-Koteletts wie beschrieben vorbereiten, aber nicht in Alufolie wickeln. Mit den schmalen Enden zur Mitte in eine gefettete runde Form legen, zugedeckt bei 600 Watt 4 Min., dann bei 180 Watt noch etwa 4 Min. garen.

◆ Lachs

Der weitaus größte Teil der Lachse, die wir heute kaufen können, stammt von Zuchtfarmen. Manchmal allerdings wird noch Wildlachs angeboten. Dann sollten Sie unbedingt zugreifen, das Fischfleisch schmeckt aromatischer, ist allerdings auch teurer.

Makrelen mit Möhrenfüllung

Preiswert

Zutaten für 4 Portionen:

4 kleine Makrelen (bratfertig, je etwa 250 g)
1 Zitrone
Salz
schwarzer Pfeffer aus der Mühle
Fett für die Form
250 g Möhren
1 haselnußgroßes Stück frischer Ingwer
2 EL Butter
½ TL Honig
2 kleine Eigelb
1 Bund Schnittlauch

Pro Portion: 1900 kJ / 450 kcal

Zubereitungszeit:
etwa 50 Min.

1 Die Makrelen unter kaltem Wasser gründlich waschen, mit Küchenkrepp gut trocknen. Die Rückenflossen mit einer Schere abschneiden.

2 Die Makrelen innen und außen mit 3–4 EL Zitronensaft beträufeln, mit Salz und Pfeffer einreiben. Zugedeckt in den Kühlschrank stellen.

3 Den Backofen auf 200° vorheizen, eine große Gratinform gründlich fetten.

4 Die Möhren putzen und schälen, in kleine Würfel schneiden. Den Ingwer schälen, winzig fein hacken.

5 1 TL Butter in einem kleinen Topf zerlassen, die Möhren darin unter Rühren andünsten. Mit dem Ingwer, Honig und Salz würzen, etwa 6 EL Wasser angießen, die Möhren zugedeckt bei mittlerer Hitze in etwa 10 Min. weichkochen.

6 Die Möhren gut abtropfen lassen. Mit einer Gabel leicht zerdrücken, dann die 2 Eigelb unterrühren. Den Schnittlauch in feine Röllchen schneiden, die Hälfte davon unter die Möhren ziehen.

7 Die Makrelen mit der Möhrenmischung füllen, nebeneinander in die vorbereitete Form legen. Die übrige Butter zerlassen, die Fische mit einem Teil davon bestreichen.

8 Im Backofen auf mittlerer Schiene (Gas Stufe 3) etwa 15 Min. backen, zwischendurch einmal vorsichtig wenden und mit der restlichen flüssigen Butter bestreichen. Den übrigen Schnittlauch aufstreuen.

◆ Beilage

Die Makrelen sind würzig und relativ fett – als Beilage passen dazu Salzkartoffeln oder auch einfach kräftiges Bauernbrot.

◆ Einkaufs-Tip

Bei Ihrem Fischhändler bekommen Sie frische, küchenfertige Makrelen, die Fische sind also ausgenommen und geputzt. Alternative: tiefgefrorene Makrelen, die Sie vor der Zubereitung vollständig auftauen lassen sollten.

◆ Variante

Makrelen haben ein kräftiges Aroma. Für eine mildere Variante können Sie Forellen verwenden. Dann wird das Essen zudem kalorienärmer, da Makrelen recht fettreich, Forellen hingegen mager sind.

◆ Mikrowellen-Tip

Bei 600 Watt in der Mikrowelle brauchen die Möhren für die Füllung nur etwa 5 Min. Die gefüllten Makrelen sind dann, ebenfalls bei 600 Watt, nach etwa 10 Min. fertig und schmecken ganz besonders aromatisch.

Lasagne mit Meeresfrüchten

Etwas aufwendiger

Zutaten für 4 Portionen:

Für die Nudelblätter:
150 g tiefgekühlter, gehackter Blattspinat
100 g Hartweizengrieß
200 g Mehl + Mehl zum Ausrollen
2 Eier
1 TL Salz
1 Schuß Öl

Für die Füllung:
1 kleiner Zucchino (etwa 100 g)
2 Möhren (etwa 150 g)
2 Frühlingszwiebeln
Salz
1 großes Bund Basilikum
300 g Lachsfilet
300 g Rotbarschfilet
1 Zitrone
150 g geschälte Garnelen oder Scampi
3 EL Butter
weißer Pfeffer aus der Mühle
400 ml Fischfond (fertig aus dem Glas)
200 g Crème fraîche
1 Eigelb

Pro Portion: 3900 kJ / 930 kcal

Zubereitungszeit:
etwa 1 Std. 45 Min.
(+ Auftauzeit für den Spinat)

◆ Tip

Ein zwar aufwendiges, aber auch besonders attraktives Gäste-Essen. Schneller und einfacher geht es, wenn Sie fertige Lasagneblätter aus der Packung verwenden. (Bei bereits vorgegarten Lasagneblättern darauf achten, daß Sie gut mit Sauce bedeckt sind!).

◆ Varianten

Sie können die Lasagne natürlich nicht nur mit Garnelen, sondern mit allen denkbaren Arten von Meeresfrüchten zubereiten (am besten jeweils ergänzt mit zartem Fischfilet): Von kleinen, preiswerten Nordseekrabben über Tintenfisch bis hin zu edlen Jakobsmuscheln. Alle Zutaten müssen vorgegart und beim Einschichten gut mit Sauce bedeckt werden, damit sie beim Überbacken nicht austrocknen.

◆ Getränketip

Ein vollmundiger, trockener Weißwein, zum Beispiel Orvieto Classico oder Rheingauer Riesling, paßt am besten zu diesem edlen Fischgericht.

1 Für den Teig den Spinat auftauen lassen und fest ausdrücken. Den Hartweizengrieß mit dem Mehl mischen, den Spinat, die Eier und 1 TL Salz dazugeben. Zu einem glatten Teig kneten. In Frischhaltefolie wickeln und ruhen lassen.

2 Für die Füllung den Zucchino und die Möhren längs in dünne Scheiben und diese in lange, schmale Streifen schneiden. Die Frühlingszwiebeln in 4–5 cm lange, sehr feine Streifen schneiden. 1 l Salzwasser aufkochen. Die Gemüsestreifen etwa 1 Min. blanchieren, kalt abschrecken, abtropfen lassen.

3 Drei Viertel vom Basilikum fein hacken. Den Lachs und den Rotbarsch in 2–3 cm breite Stücke schneiden. Die Fischfilets leicht salzen und mit 1–2 EL Zitronensaft beträufeln. Die Garnelen mit 1 EL Zitronensaft würzen.

4 Etwa 2 l Salzwasser mit 1 Schuß Öl aufkochen. Den Teig auf leicht bemehlter Fläche hauchdünn ausrollen. Rechteckige Stücke von etwa 12 x 6 cm ausschneiden. In 5–6 Min. bißfest garen. Die Teigblätter in kaltes Wasser tauchen, gut abtropfen lassen. Den Backofen auf 200° vorheizen.

5 In einer Pfanne 1 EL Butter schmelzen. Das Gemüse darin schwenken, salzen und pfeffern, herausnehmen. Nochmals 1 EL Butter erhitzen, die Fischstücke nur kurz in der Butter wenden, kräftig pfeffern. Aus der Pfanne nehmen und abdecken. Die Garnelen ganz kurz unter Rühren braten.

6 Den Fischfond in die Pfanne gießen, zur Hälfte einköcheln lassen. Etwa 150 g Crème fraîche einrühren, mit Salz, Pfeffer und Zitronensaft nach Geschmack würzen. Zur cremigen Sauce köcheln. Das gehackte Basilikum untermischen.

7 Auf vier feuerfeste Teller jeweils 2–3 Nudelblätter mit einer Füllung aus Gemüse, Fisch und Garnelen aufeinanderschichten. Jede Schicht mit etwas Basilikumsauce beträufeln. Die restliche Crème fraîche mit dem Eigelb verquirlen, salzen und pfeffern. Die Creme auf die obersten Nudelblätter streichen, die restliche Butter in Flöckchen darauf verteilen. Im Backofen (Gas Stufe 3) knapp 5 Min. überbacken, mit kleinen Basilikumblättchen garnieren und sofort servieren.

Ingwer-Bratheringe

Braucht etwas Zeit

Zutaten für 4–6 Portionen:

4 Knoblauchzehen
1 Stückchen frischer Ingwer
¼ l Weißweinessig
2 cl Sherry medium
½ TL schwarze Pfefferkörner
2 getrocknete Chilischoten
½ TL Wacholderbeeren
1 Lorbeerblatt
1 kg frische (grüne) Heringe
Salz
etwa 50 g Mehl
etwa 3 EL Butterschmalz
2 große Möhren (etwa 300 g)
2 weiße Zwiebeln

Bei 6 Portionen pro Portion:
1400 kJ / 330 kcal

Zubereitungszeit:
etwa 1 Std.
(+ 24 Std. Marinierzeit)

1 Knoblauch und Ingwer schälen, den Ingwer in feine Streifchen schneiden. Beides mit Essig, Sherry, knapp ½ l Wasser, den Pfefferkörnern, Chilischoten, Wacholderbeeren und dem Lorbeerblatt aufkochen. Vom Herd nehmen und abkühlen lassen.

2 Die Heringe schuppen und ausnehmen, die Köpfe abschneiden. Die Heringe gründlich waschen und abtrocknen. Mit Salz einreiben und in Mehl wenden. In zwei Pfannen das Butterschmalz erhitzen. Die Heringe bei mittlerer Hitze von beiden Seiten in insgesamt etwa 15 Min. knusprig braten.

3 Die Möhren putzen, schräg in dünne Scheiben schneiden. Die Zwiebeln in dünne Ringe schneiden. Die Heringe auf Küchenkrepp abtropfen lassen. Mit dem Gemüse in einen Steintopf schichten. Die kalte Marinade angießen, den Topf verschließen und kaltstellen. Mindestens 24 Std. durchziehen lassen.

◆ Beilage

Bratkartoffeln oder Brot.

Kabeljau mit Guacamole

Schnell fertig

Zutaten für 4 Portionen:

etwa 6 EL Olivenöl
4 Scheiben Kabeljau (je etwa 150 g)
Salz
schwarzer Pfeffer aus der Mühle
1 unbehandelte Zitrone
2 frische rote Chilischoten
1 reife Avocado
1 Zwiebel
3 Knoblauchzehen
1 Bund glatte Petersilie
2 reife Tomaten (etwa 150 g)
2 EL Weißweinessig
¼ TL gemahlener Koriander

Pro Portion: 1600 kJ / 380 kcal

Zubereitungszeit:
etwa 30 Min.

1 Den Backofen auf 200° vorheizen. Vier ausreichend große Stücke Alufolie dünn mit etwa 2 EL Olivenöl bestreichen. Die Kabeljauscheiben salzen, pfeffern, jeweils in die Mitte der vorbereiteten Folien legen.

2 Die Zitrone heiß waschen und abtrocknen. Die Schale abreiben, den Saft auspressen. Etwa 2 EL Zitronensaft über den Fisch träufeln. Die Chilischoten entkernen, 1 in feine Ringe schneiden (und danach gleich die Hände waschen!).

3 Die Chiliringe und die abgeriebene Zitronenschale auf den Fischscheiben verteilen, etwa 2 EL Öl darüber träufeln. Die Alufolien locker verschließen, die Päckchen auf ein Blech legen. Den Kabeljau im Backofen (Gas Stufe 3) etwa 15 Min. im eigenen Saft garen.

4 Für die Guacamole die Avocado längs halbieren, den Stein entfernen. Das Fruchtfleisch schälen und in winzige Würfel schneiden, mit 2–3 EL Zitronensaft verrühren. Die Zwiebel, die Knoblauchzehen, die zweite Chilischote und die Petersilie fein hacken.

5 Die Tomaten kreuzweise einschneiden, kurz in kochendes Wasser legen, kalt abschrecken und enthäuten. Die Tomaten halbieren, das Fruchtfleisch entkernen und winzig klein würfeln.

6 Alle vorbereiteten Zutaten mit der Avocado mischen, den Essig und etwa 2 EL Olivenöl unterrühren, mit Salz, Pfeffer und Koriander würzig abschmecken. Die Guacamole-Sauce zum Kabeljau servieren.

◆ **Tip**

Dazu passen Pellkartoffeln oder körnig gekochter Langkornreis.

◆ **Guacamole**

Eine mexikanische Saucen-Spezialität aus Avocadopüree. Die Schärfe sollten Sie nach Ihrem Geschmack dosieren!

Seelachs mit Aioli

Gut vorzubereiten

Zutaten für 4 Portionen:

4 Scheiben Seelachs (jeweils etwa 150 g)
Salz
schwarzer Pfeffer aus der Mühle
1 gehäufter TL frischer Thymian (oder ½ TL getrockneter)
Cayennepfeffer
⅛ l trockener Weißwein
3 Knoblauchzehen
1 Eigelb
⅛ l Olivenöl
2–3 EL Zitronensaft
2 kleine Zucchini (etwa 250 g)
2 EL Butter

Pro Portion: 2100 kJ / 500 kcal

Zubereitungszeit:
etwa 45 Min.
(+ Marinierzeit nach Wunsch)

1 Die Seelachsscheiben von beiden Seiten kräftig salzen und pfeffern, mit Thymian und etwas Cayennepfeffer würzen. In eine flache, feuerfeste Form legen, den Wein angießen und im Kühlschrank durchziehen lassen.

2 Für die Aioli die Knoblauchzehen mit 1 Prise Salz im Mörser zerdrücken. In eine Schüssel umfüllen und mit dem Eigelb verrühren. Zuerst tropfenweise, dann in dünnem Strahl das Olivenöl einfließen lassen, mit dem Rührbesen zu einer cremigen Mayonnaise schlagen. Falls sie zu dick wird, löffelweise warmes Wasser untermischen. Mit 1–2 EL Zitronensaft, Salz und Pfeffer abschmecken.

3 Den Backofen auf 200° vorheizen. Die Zucchini putzen und waschen, in dünne Scheiben hobeln. Den Fisch dachziegelartig mit den Zucchinischeiben belegen. Salzen und pfeffern, mit dem restlichen Zitronensaft beträufeln und die Butter in Flöckchen darauf verteilen.

4 Die Form zudecken und in den Backofen (Gas Stufe 3) schieben. Zugedeckt etwa 15 Min. garen. Dann Deckel oder Folie abnehmen, den Fisch in der offenen Form weitere 5 Min. bei 225° (Gas Stufe 4) überbacken.

◆ **Kapern-Mayonnaise**

Statt der geknofelten Aioli schmeckt zum Fisch auch prima eine Kapern-Mayonnaise mit Estragon: 2 Eigelb mit 1 TL abgeriebener Zitronenschale, 2 EL grobkörnigem Senf, Salz und Pfeffer verrühren. In dünnem Strahl etwa ⅛ l Olivenöl einfließen lassen, mit dem Rührbesen kräftig verquirlen. 2 EL Kapern mit Sud und 1 TL frisch gehackten Estragon untermischen. Mit 2 EL Zitronensaft, Salz und Pfeffer abschmecken und bis zum Servieren kaltstellen.

Knusper-Brasse

Für Gäste

Zutaten für 4 Portionen:

1 Brasse (knapp 1 kg)
Salz
1 Zitrone
1–2 Kartoffeln (mehligkochende Sorte, etwa 150 g)
1 Ei
2 EL Semmelbrösel
1 TL getrockneter Majoran
2 EL frisch geriebener Parmesan
1 Bund glatte Petersilie
frisch geriebene Muskatnuß
schwarzer Pfeffer aus der Mühle
4 EL Olivenöl
eventuell 1 EL Butter

Pro Portion: 1700 kJ / 400 kcal

Zubereitungszeit:
etwa 1 Std.

1 Die Brasse schuppen und ausnehmen, gründlich waschen und trocknen. Leicht salzen, innen mit 1–2 EL Zitronensaft beträufeln. Den Backofen auf 200° vorheizen.

2 Die Kartoffeln waschen, schälen und fein raspeln. Abtropfen lassen, gut ausdrükken. Mit dem Ei, den Semmelbröseln, dem Majoran und dem Parmesan gründlich mischen. Die Petersilie hacken und untermischen. Mit Muskat, Pfeffer und Salz würzen.

3 Eine feuerfeste Form mit 2 EL Öl ausstreichen. Die Brasse hineinlegen, die obere Seite mit 1 EL Öl bestreichen. Auf der mittleren Schiene (Gas Stufe 3) etwa 10 Min. garen.

4 Herausnehmen, den Fisch mit weiteren 1–2 EL Zitronensaft beträufeln, in der Form wenden. Die obere Seite dick mit der Kartoffelmasse bestreichen. 1 EL Öl über die Kartoffeln träufeln, mit Butterflöckchen belegen. Auf der untersten Schiene bei 225° (Gas Stufe 4) in etwa 25 Min. fertiggaren. Die Kartoffelkruste soll goldgelb und knusprig sein.

Geschmorter Thunfisch

Gelingt leicht

Zutaten für 4 Portionen:

4 Scheiben frischer Thunfisch (je etwa 150 g)
Salz
schwarzer Pfeffer aus der Mühle
2 Knoblauchzehen
1 TL frischer Rosmarin (oder 1/4 TL getrockneter)
1/8 l Rotwein
6 EL Olivenöl
500 g reife Tomaten
1 grüne Paprikaschote
2 kleine Zucchini (etwa 250 g)
2 kleine milde Zwiebeln
Zitronenpfeffer (ersatzweise scharzer Pfeffer aus der Mühle)
1 Prise Chilipulver
1–2 EL Zitronensaft

Pro Portion: 2400 kJ / 570 kcal

Zubereitungszeit:
etwa 1 Std.
(+ Marinierzeit nach Wunsch)

1 Die Thunfischscheiben kalt abspülen und trocknen. Von beiden Seiten salzen und pfeffern, in eine flache Form legen. Geschälten Knoblauch und Rosmarin fein hacken. Den Thunfisch damit bestreuen. Mit dem Wein beträufeln und etwa 4 EL Olivenöl angießen. Zugedeckt durchziehen lassen (am besten über Nacht).

2 Die Tomaten kreuzweise einritzen, kurz in kochendes Wasser legen. Abschrecken und enthäuten. Die Tomaten halbieren und entkernen.

3 Die Paprikaschote waschen und halbieren, Kerne und Trennwände entfernen, die Schotenhälften in feine Streifen schneiden. Zucchini waschen und putzen, in etwa 2 cm dicke Scheiben schneiden und diese vierteln. Die Zwiebeln in Ringe schneiden.

4 Den Backofen auf 175° vorheizen. In einer Pfanne das restliche Olivenöl erhitzen.

Die Zwiebelringe, die Paprikastücke und die Zucchiniwürfel unter Rühren etwa 5 Min. andünsten. Mit Salz, Zitronenpfeffer, Chilipulver und Zitronensaft würzen. Die Gemüsemischung in eine große, feuerfeste Form umfüllen.

5 Den Thunfisch und die Tomatenhälften auf dem Gemüse verteilen, alles mit der Marinade beträufeln. Auf der mittleren Schiene im Backofen (Gas Stufe 2) etwa 25 Min. garen. Eventuell nochmals mit Salz und Pfeffer würzen und in der Form servieren.

◆ Variante

Frische Thunfischscheiben erinnern fast ein bißchen an mageres Rindfleisch – sie sind schön fest und relativ grätenfrei. Statt dessen können Sie auch die saftigen Scheiben vom Schwertfisch nehmen, beides sind nicht ganz billige Genüsse.

Gefüllte Kräuter-Forellen

Schnell fertig

Zutaten für 2 Portionen:

2 küchenfertig vorbereitete Bachforellen (je etwa 300 g, ersatzweise große Regenbogenforellen)
1 unbehandelte Zitrone
Salz
frisch geriebene Muskatnuß
150 g Frühlingszwiebeln
1 kleine Stange Staudensellerie
3 EL Butter
weißer Pfeffer aus der Mühle
2 cl trockener weißer Wermut (zum Beispiel Martini bianco)
2 EL Crème double
1 gehäufter EL gemahlene Mandeln
1 Bund glatte Petersilie
Öl für die Folie
½ Kästchen Kresse

Pro Portion: 2500 kJ / 600 kcal

Zubereitungszeit:
etwa 45 Min.

1 Die Forellen innen gründlich waschen, außen kalt abspülen und vorsichtig abtrocknen. Die Zitrone heiß waschen und abtrocknen, die Schale fein abreiben. Die Zitrone auspressen. Je 1 EL Saft in die Bauchhöhlen der Forellen träufeln, die Fische rundum leicht salzen und mit Muskat würzen.

2 Die Frühlingszwiebeln und die Selleriestange putzen, waschen und fein hacken.

3 In einer Pfanne 1 EL Butter schmelzen. Zwiebeln und Sellerie unter Rühren etwa 2 Min. dünsten. Salzen, pfeffern, den Wermut angießen und kräftig aufkochen, bis alle Flüssigkeit verdampft ist. Vom Herd nehmen und etwas abkühlen lassen.

4 Die Crème double und die gemahlenen Mandeln unterrühren, mit abgeriebener Zitronenschale und Zitronensaft abschmecken. ½ Bund Petersilie fein hacken, untermischen.

5 Den Backofen auf 200° vorheizen. Ein großes Stück Alufolie gut mit Öl einstreichen. Die Forellen mit der Zwiebelmasse füllen und auf die Folie legen. Die restliche Petersilie sehr fein hacken, die Kresse abschneiden. Die Kräuter mit der übrigen Butter verrühren, leicht salzen und pfeffern. Die Kräuterbutter in kleinen Flöckchen auf den Forellen verteilen.

6 Die Folie locker verschließen. Die Päckchen auf den Rost vom Backofen legen, auf mittlerer Schiene einschieben. Die Forellen etwa 25 Min. garen (Gas Stufe 3). Mit Zitronenschnitzen anrichten.

◆ Tip

Zum Garen im Backofen eignet sich natürlich auch sehr gut ein Bratschlauch statt der Alufolie.

Lachsforelle im Teigmantel

Etwas aufwendiger

Zutaten für 4 Portionen:

1 Paket tiefgekühlter Blätterteig (300 g)
600 g frische Champignons
1–2 Bund Basilikum
1–2 Bund glatte Petersilie
1 große Zwiebel
3 EL Butterschmalz
Salz
schwarzer Pfeffer aus der Mühle
2 Limetten (oder 2 kleine, unbehandelte Zitronen)
1 mittelgroße Lachsforelle (küchenfertig, etwa 800 g)
Mehl zum Ausrollen
1 Eigelb
3 EL Milch

Pro Portion: 2500 kJ / 600 kcal

Zubereitungszeit:
etwa 1 Std. 30 Min.

◆ Lachsforellen

haben das zarte Fleisch der Forellen, dabei aber die typische Rosafärbung der Lachse. Verkauft werden unter diesem Namen nicht nur die echten Lachsforellen aus dem Meer, sondern es sind hauptsächlich Zuchtforellen, die durch eine spezielle Fütterung ihre Fleischfarbe verändern und außerdem einige Zeit in Meerwasserbecken verbringen.

◆ Garnier-Tip

Die Reste vom Blätterteig dekorativ zurechtschneiden und den Fisch damit verzieren.

1 Den Blätterteig auftauen lassen. Die Champignons putzen und waschen. Etwa 350 g Pilze in sehr feine Würfelchen schneiden oder hacken, die übrigen je nach Größe ganz lassen, vierteln oder halbieren.

2 Je 2 Basilikum- und Petersilienzweige beiseite legen, die übrigen Kräuterblättchen sehr fein hacken. Die Zwiebel sehr fein würfeln, in 2 EL Butterschmalz in einer Pfanne glasig werden lassen.

3 Die gehackten Pilze mit anbraten, salzen und pfeffern. Bei mittlerer Hitze garen, bis die Feuchtigkeit verdampft ist. Die gehackten Kräuter einrühren. Etwas abkühlen lassen. 1 Limette dick abschälen, auch die weiße Haut entfernen. Die Fruchtfilets auslösen und kleinschneiden.

4 Die Lachsforelle kalt abspülen. Abtrocknen, innen und außen mit 2–3 EL Limettensaft beträufeln, salzen und pfeffern. Die Kräuterzweige und die vorbereiteten Limettenstückchen in die Bauchöffnung geben. Den Backofen auf 200° vorheizen, ein Backblech mit Backpapier auslegen.

5 Die Blätterteigplatten aufeinanderlegen, auf leicht bemehlter Fläche zum Rechteck (etwa 35 x 50 cm) ausrollen. Die Hälfte der Pilzmischung in die Mitte streuen. Die Lachsforelle darauf legen, mit der restlichen Pilzmischung bedecken. Den Blätterteig darüber zusammenlegen, die Nahtstellen mit Wasser befeuchten und »verkleben«. Darauf achten, daß Fisch und Füllung komplett eingeschlossen sind. Die Lachsforelle vorsichtig mit der Teignaht nach unten auf das Blech heben. Das Eigelb mit der Milch verquirlen, den Teig damit einpinseln. Im Backofen auf mittlerer Schiene (Gas Stufe 3) etwa 35 Min. garen.

6 Inzwischen das restliche Schmalz zerlassen, die übrigen Champignons darin einige Min. braten. Mit Salz und Pfeffer würzen, zur Lachsforelle servieren.

Fleisch, Geflügel und Wild

Das Steak hat der Roulade den Rang abgelaufen – dem mürbe Geschmorten wird heute das saftig Kurzgebratene vorgezogen. Schnelles aus der Pfanne spart Energie und schafft Freizeit, aber es stellt auch mehr Ansprüche an die Qualität. Nur absolut hochwertiges und sehr sorgfältig zubereitetes Fleisch ist nach dem Braten so butterweich und zart, wie es sich Feinschmecker wünschen. Daß Sie für ein Filetstück außerdem tiefer in die Tasche greifen als für Schmor- und Kochfleisch, ist bei der Planung des Küchenzettels natürlich auch zu bedenken. Die Alternative: öfter mal variieren! Bringen Sie die edlen Fleischgerichte zum Beispiel einfach in kleineren Portionen auf den Tisch. Mit appetitlich-frischen Vorspeisen und raffinierten Beilagen kombiniert wird daraus ein Essen, das garantiert Furore macht. Vorschläge für solche Menüs finden Sie in Kapitel 9 dieses Buches ab Seite 264.

Auch Geflügel steht in der Gunst der Schlemmer ganz weit vorne. Vom Grillhähnchen bis zum exotisch gewürzten Ragout reicht die Palette der Lieblingsgerichte. Und es hat etwas für sich: Mit feiner Hähnchenbrust, saftigen Putenschnitzeln, kernigen Schlegeln oder Keulen lassen sich in der Küche wahre Wunder vollbringen. Geflügel paßt immer: zu Gemüse und Salaten, zu Nudeln, Reis und Kartoffeln, zu milder oder scharfer Würze.

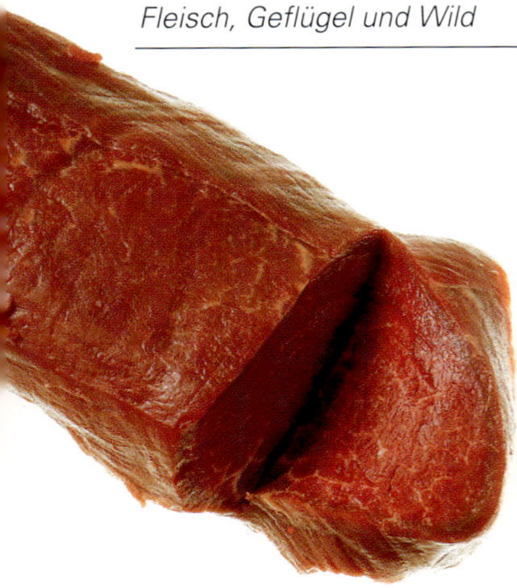

Rinderfilet

Kalbsschnitzel

Schweinekotelett (ausgelöst)

Vielseitig: Das Kleingehackte

Am edelsten ist es roh – in Form von **Tatar oder Schabefleisch** (6% Fett). Dafür läßt der Metzger das beste Schulterstück vom Rind, den dicken Bug, durch den Fleischwolf. Oder aber er nimmt die magere Oberschale, aus der zum Beispiel auch Kluftsteaks geschnitten werden. Beides sind fettarme und zarte Fleischsorten, die Sie schon als Rouladen, Fonduefleisch oder Rollbraten kennengelernt haben. Etwas mehr Fett, aber höchstens 20%, darf das **Rinderhack** enthalten. Grundlage ist ebenfalls reines Muskelfleisch ohne jeden Zusatz. Das gleiche gilt für **Schweinehack** mit maximal 35% Fettgehalt. Das **gemischte Hackfleisch**, halb und halb aus Rind und Schwein, soll höchstens zu 30% aus Fett bestehen. Mit der entsprechenden Würze und bindenden Zutaten wie Eiern und Semmelbröseln können Sie all diese Sorten formenreich und geschmackvoll verwandeln: zu Buletten und Hackbraten oder zu einer üppigen Sauce, als Füllung für Gemüse und Strudel oder als Belag für Pizzaböden. Prima für Partys: gebratene, gegrillte, geschmorte Hackfleischgerichte schmecken nicht nur ofenfrisch heiß, sondern auch lauwarm und kalt.

• Wichtig: Hackfleisch sofort am Tag des Einkaufs zubereiten – oder gleich einfrieren!

Die flotten Scheiben: Steak, Schnitzel, Kotelett

Es soll schnell gehen – und alles muß in Reichweite sein: gehackte Zwiebeln, Kräuter, Gewürze, Sahne oder Wein für die Sauce. Das Fleisch zu braten ist in wenigen Minuten erledigt. Unerläßlich: Die richtige Pfanne steht auf dem Herd bereit – groß genug und vor allem zweckmäßig (lesen Sie dazu auch Seite 266 f.).

Das gilt für alles Kurzgebratene: Das Fleisch vorm Braten sorgfältig mit Küchenkrepp abtupfen, damit sich im zischend heißen Fett sofort die Poren schließen. (Mit Salz würzen Sie am besten erst unmittelbar vorm Anbraten, denn es soll zwar noch in die Poren eindringen, aber kein Wasser ziehen.) Nach scharfem Anbraten das Fleisch wenden, ohne es anzustechen, damit der kostbare Saft nicht entrinnt. Und jetzt unbedingt runter mit der Temperatur, denn nun soll das Fleisch eher garziehen als braten: je nach persönlichem Geschmack und Qualität des Fleisches innen noch roh, rosa oder durchgegart. Dabei gilt: Je hochwertiger und zartfaseriger das Fleisch, desto kürzer darf und muß die Bratzeit sein.

Das beste Beispiel: **Filet mignon**. Dies dünn geschnittene Scheibchen aus der Filetspitze wiegt etwa 100 g und braucht kaum 1 Min. pro Seite. Etwa doppelt so dick ist das **Filetsteak** vom dicken Ende des Rinderfilets – nach etwa 2 Min. pro Seite ist es innen zart rosa. Das **T-Bone-Steak**, ein Stück aus dem Roastbeef mit Knochen und Filetanteil, wiegt fast 400 g und braucht pro Seite 7–9 Min. Garzeit.

• Wichtig beim Einkauf: Das Rindfleisch für die Steaks muß auf jeden Fall gut abgehangen sein – erkennbar an der dunkelroten bis braunroten Farbe.

Die zartesten **Schnitzel** werden aus der Kalbskeule geschnitten, bevorzugt aus der Oberschale. Kräftiger und auch preisgünstiger sind die aus Hüfte, Nuß oder Rücken. Beim Schwein kommt das beste Schnitzel aus der Keule, preiswerter und ideal zum Grillen sind zum Beispiel die fettmarmorierten Nackenstücke.

• Beim Einkauf beachten: Blaß und wäßrig aussehendes Schweinefleisch stammt von überzüchteten Tieren, schrumpelt in der Pfanne und wird zäh. Schnitzel und Steaks sind übrigens hervorragend geeignet für ein überraschendes Gäste-Essen: In feinste Streifen geschnetzelt, eventuell kurz mariniert und mit ebenso fein geschnittenem Gemüse unter Rühren rasch gebraten – so reicht 1 Schnitzel locker für 2.

Koteletts gibt es vom Kalb, Schwein und Lamm. Bei allen sorgt der anhängende Knochen für zusätzliches Aroma und hält das Fleisch saftig. Den Fettrand vorm Braten einkerben, damit sich das Fleisch nicht wölbt. Eventuell auch mit einem leichten Schnitt das Fleisch zum Teil vom Knochen lösen, damit sich die Hitze schneller verteilt. Dicke Koteletts lassen sich auch gut füllen.

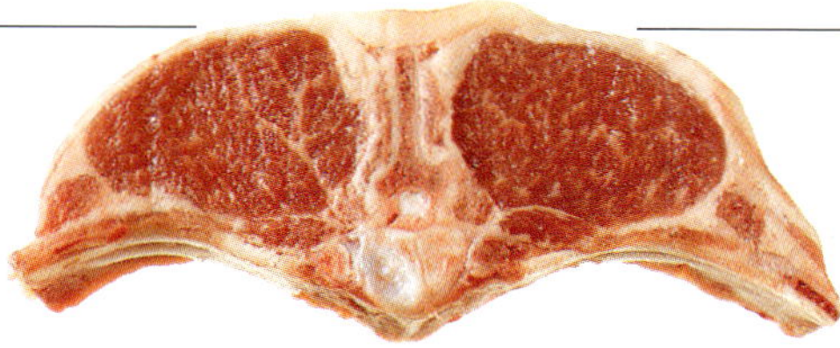

Lammkotelett

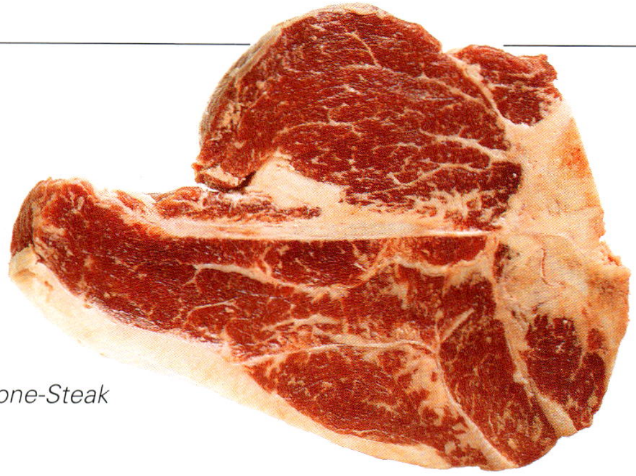

T-Bone-Steak

Der letzte Schliff fürs Kurzgebratene ist die **Sauce**. Der entstandene Bratensatz wird abgelöscht und unter Rühren gelöst, zum Beispiel mit einem Schuß Wein, Sahne oder auch Wasser. Kurz aufköcheln, nach Geschmack würzen und verfeinern. Das gebratene Fleisch natürlich vorher aus der Pfanne nehmen und zugedeckt warm halten.

Kleine und große Stücke: Schmoren, Kochen, Braten

Für Kochanfänger besonders zu empfehlen sind alle **Schmorgerichte** – ob gewürfelt als Gulasch und Lammragout oder im Ganzen, zum Beispiel als Rinderbraten. Die Regeln sind simpel und äußerst zuverlässig: zuerst wird das Fleisch rundum scharf angebraten. Zum Ablöschen etwas Brühe, Wein oder Wasser angießen, würzende Zutaten dazugeben und nun im geschlossenen Topf bei mildester Hitze schmoren. Bei dieser Art des Garens kommt es auf ein halbes Stündchen überhaupt nicht an – vorausgesetzt, Sie haben das richtige Stück Fleisch eingekauft!
Rindfleisch sollte grundsätzlich gut abgehangen und schön marmoriert, also von feinen Fettadern durchzogen sein. Die besten großen Stücke werden aus der Keule geschnitten: Oberschale (Kluft), Unterschale (Schwanzstück), Kugel (Nuß) und Hüfte (Blume). Geeignet sind außerdem Hochrippe und Fehlrippe aus dem Rücken und verschiedene Teile aus dem Vorderviertel. Für die kleinen Schmorgerichte: Rouladen aus Ober- und Unterschale. Gulasch aus Unterschale, Nacken (Hals) und Fehlrippe.
Beim **Kalb** werden aus der Nuß (Keule), aus Brust, Schulter und Rücken die feinsten Schmorbraten. Als Frikassee oder Ragout werden neben der Schulter auch Haxe, Dünnung und Nacken zubereitet.
Auch für **Schweinefleisch** gilt, daß gut durchwachsenes Fleisch beim Schmoren am saftigsten bleibt und am besten schmeckt. Preiswert sind Teile aus Schulter, Blatt, Schaufel und Bug – für große Braten und Gulasch. Nacken, Hals und Kamm liefern ebenfalls gutes Schmorfleisch. Am edelsten vom Schwein sind die Teile aus der Keule, zum Beispiel Nuß, Ober- und Unterschale.
Gutes **Lammfleisch** erkennen Sie an der Farbe von Fleisch und Fett: Junges Lamm hat zartfaseriges lachs- bis ziegelrotes Fleisch und weißes Fett. Schafe und Hammel haben dunkelrotes Fleisch und gelbliches Fett. Die besten Schmorstücke werden beim Lamm aus Hals (Nacken), Brust, Schulter (Bug) und Keule geschnitten.

Bei **Kochfleisch** muß man unterscheiden, ob die Suppe oder das Fleisch im Mittelpunkt steht. **Suppenfleisch** vom Rind hat lange, grobe Fleischfasern und ist stark durchwachsen: zum Beispiel Brust und Dünnung (Lappen), aber auch Fehl-, Quer- und Hochrippe sowie Vorder- und Hinterbein mit den Markknochen. **Zum Pochieren** lohnt es sich, edlere Stücke auszuwählen, etwa Tafelspitz oder Filet (siehe die Rezepte auf Seite 152). Haxe und Fuß vom **Kalb**, Schulter, Dünnung und Nacken sind die Grundlage für schöne Suppen. Kochfleisch vom **Schwein** sind Bauch, Haxe, Spitzbein und Rippchen. Für Eintöpfe und Sülzen werden vor allem Vorder- und Hinterfuß, Spitzbein und Pfoten ausgekocht.
Lammfleisch aus Hals (Nakken), Brust, Schulter (Bug), Dünnung und Haxe ist zum Kochen und Garziehen ideal.

Etwas anspruchsvoller sind die großen **Braten.** Die Garzeit ist neben der Fleischqualität und der richtigen Hitze entscheidend. Es kommt auch mal auf Minuten an – zum Beispiel, ob das Roastbeef innen noch fast roh bleibt oder zart rosa wird. Die exakten Garzeiten finden Sie jeweils bei den entsprechenden Rezepten.
Vom Rind: Filet oder Roastbeef, Keule oder verschiedene Schulterteile. **Vom Kalb:** Nuß, Brust, Schulter und Rücken. **Vom Schwein:** Hüfte, Kugel, Schulter, Nacken, Dicke Rippe, Kotelett am Stück, Bauch, Keule und Haxe. **Vom Lamm:** Keule und Rücken.

Hähnchen

Putenkeulen können Sie wie alles Fleisch zum Braten oder Schmoren vorm Garen in eine würzige Marinade einlegen, zum Beispiel aus Öl, Zitronensaft oder Wein, Kräutern und Knoblauch. Dadurch wird das Fleisch zarter und noch schmackhafter.

Geflügelte Genüsse: Frisch oder tiefgekühlt?

Diese Frage beantwortet sich meist von selbst – durch die gebotenen Einkaufsmöglichkeiten. Frisches Geflügel gibt es auf Wochenmärkten, beim Fachhändler und in Feinkostabteilungen – im normalen Supermarkt sucht man danach oft vergeblich. Frisches Geflügel soll möglichst bald zubereitet werden, maximal 5 Tage im Kühlschrank lagern. Beim verpackten Frischgeflügel unbedingt das Haltbarkeitsdatum beachten! Tiefgefrorene Ware hält sich im Gefrierfach etwa 1 Jahr. Wenn Sie das Hähnchen jedoch selbst eingefroren haben, sollten Sie nicht so lange warten.

- **Die richtige Methode beim Auftauen:** Das Geflügel aus der Verpackung nehmen, in ein Sieb legen und dieses über eine Schüssel hängen, um darin die Auftauflüssigkeit aufzufangen. Ganz langsam und schonend im Kühlschrank auftauen lassen – das dauert pro Kilo etwa 15 Std. Die aufgefangene Flüssigkeit gleich wegschütten und dafür sorgen, daß sie nicht in Kontakt kommt mit Schneidebrettchen oder Lebensmitteln. Das Sieb muß gründlich unter heißem Wasser abgebürstet werden, bevor es wieder zum Einsatz kommt. Das Geflügel selbst spülen Sie unter fließendem Wasser ab und trocknen es mit Küchenkrepp. Mit diesen hygienischen Maßnahmen schützen Sie sich vor Salmonellen. Dazu gehört auch, daß Geflügelfleisch gut durchgebraten wird. Andere Möglichkeit: Das Geflügel in der Mikro-

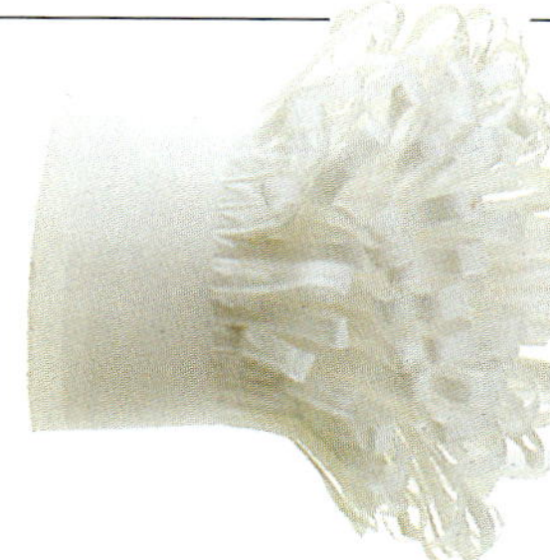

welle auftauen. Beachten Sie dabei genau die Angaben des Geräte-Herstellers.

Alter und Gewicht sind die wichtigsten Merkmale von Geflügel – danach werden die offiziellen Namen vergeben: **Stubenküken** heißen die kleinsten Hähnchen und Hühnchen, sie wiegen 400–600 g, ihr Fleisch ist hell, mild und zart. **Hähnchen** können auch Hühnchen sein, sind 6–10 Wochen alt und wiegen 700–1150 g. **Poularden** nennen sich die Hähnchen und Hühnchen, die etwas mehr Gewicht auf die Waage bringen: ab 1200 g. **Poulets** sind Masthähnchen aus Frankreich, unter ihnen das sehr schmackhafte und nicht ganz billige »Poulet de Bresse«. **Junge Hähne** sind tatsächlich männlich, wiegen etwa 1800 g und haben kräftiges Fleisch. **Suppenhühner** wiederum sind Legehennen mit relativ fettem Fleisch, 1½–2 kg schwer. **Landkorn- und Freilandhähnchen** werden länger und geduldiger gemästet und haben besonders aromatisches und festes Fleisch. **Baby-Puten** sind ganz junge Puten und Truthähne mit 2–3 kg Gewicht. Größere Tiere werden fast ausschließlich in Teilen angeboten. **Enten** zum Braten und Grillen sind 2 Monate alte Jungtiere oder die spezielle Rasse Peking-Ente mit etwa 2 kg Gewicht. **Flugenten**, eine gezüchtete Kreuzung aus Haus- und Wildente, haben besonders mageres, würziges Fleisch. Die weibchen Vögel wiegen etwa 2 kg, die männlichen 3 kg. **Gänse** wiegen zwischen 3 kg und 4,5 kg und haben recht fettes Fleisch.

Brust oder Keule: Kleinteile sind die Renner

Geflügel ist (bis auf Ente und Gans) leicht verdaulich, fettarm, eiweißreich – und äußerst vielseitig. Das gilt besonders für die zahlreich angebotenen Portionsstücke: Schlegel und Keulen, Flügel und Brustfilets, Schnitzel und Innereien. **Putenbrust** zum Beispiel kann einerseits ein köstlicher Schmor- oder Rollbraten sein, in Scheiben geschnitten werden daraus magere, saftige Schnitzel zum Braten oder Dünsten. Gefüllt sind dünne Putenscheiben raffinierte Röllchen, geschnetzelt landen sie im Wok oder werden zu Ragout geschmort. **Hähnchenbrust** liefert kleine zarte Filets, die blitzschnell gar sind. **Putenkeulen** sind meist zerteilt in die besonders fleischige Oberkeule und die etwas sehnigere Unterkeule. Beide eignen sich zum Schmoren und Braten. **Hähnchenschenkel** gibt es ganz, als Unter- und als Oberschenkel, alle sind köstlich zum Grillen, Braten oder Schmoren. **Putenflügel und Hähnchenflügel** sind besonders preiswerte Teile, zum Schmoren, Grillen und Braten. Besonders lecker, wenn sie vorher pikant mariniert werden. **Hähnchenleber** ist unter den Innereien am beliebtesten, das zarte Fleisch ist im Nu gar und paßt sich raffinierter Würze an.

Wild – Edles für den besonderen Anlaß

Rehrücken, Hirschkeule oder Wildschweinbraten bringen festliche Abwechslung auf den Tisch, als tägliche Mahlzeit sind sie weniger geeignet – allein schon, was die Beschaffungsmöglichkeiten und Einkaufspreise betrifft. Die Belastung durch Umwelteinflüsse ist außerdem im Wald und auf freier Wildbahn grundsätzlich höher als in kontrollierten Zuchtbetrieben. **Rehfleisch** von guter Qualität erkennen Sie an der dunkelroten Farbe, zarten Fasern und blendend weißem Fett. Das Muskelfleisch ist äußerst mager und schmeckt fein würzig. Kräftiger im Geschmack und auch in der Struktur ist das Fleisch vom **Hirsch**. Schulter und Nacken eignen sich zum Schmoren, Keule und Rücken zum Braten. **Kaninchen und Hase** gibt es wild oder gezähmt aus dem Stall. Die häuslichen Langohren haben milderes Fleisch, das beim Hauskaninchen fast schon an Geflügel erinnert. Bei Wildkaninchen und -hasen ist das Fleisch dunkler, das Aroma kräftiger. Zum **Wildgeflügel** gehören zum Beispiel Fasan und Rebhuhn, Wachtel und Schnepfe. Einige dieser Vögel werden heute in speziellen Farmen gezüchtet. Grundsätzlich ist nur junges Wildgeflügel mit zartem Fleisch ideal zum Braten, älteres eignet sich besser zum Schmoren.

Hacksteaks in Weinsauce

Raffiniert · Schnell

Zutaten für 4 Portionen:

1 Brötchen vom Vortag
150 g Camembert
1 mittelgroße Zwiebel
2 EL Butterschmalz
1 Bund glatte Petersilie
400 g gemischtes Hackfleisch
1 großes Ei
Salz
schwarzer Pfeffer aus der Mühle
½ TL gemahlener Koriander
200 ml Rotwein
1 EL eiskalte Butter

Pro Portion: 2300 kJ / 550 kcal

Zubereitungszeit:
etwa 35 Min.

1 Das Brötchen kleinschneiden und in Wasser einweichen. Den Camembert in etwa ½ cm große Würfel schneiden. Die Zwiebel sehr fein hacken. 1 TL Butterschmalz in einer Pfanne erhitzen, die Zwiebel darin glasig dünsten.

2 Etwa drei Viertel der Petersilie hacken, das Brötchen gut ausdrücken. Beides mit dem Hackfleisch, dem Ei, den Zwiebeln und dem Camembert mischen. Pikant abschmecken.

3 Das restliche Butterschmalz erhitzen. Aus der Teigmasse vier Steaks formen, bei mittlerer Hitze von beiden Seiten in etwa 15 Min. knusprig braten.

4 Die Steaks herausnehmen. Den Wein in die Pfanne gießen, unter Rühren den Bratensatz lösen. Vom Herd ziehen, die Butter in Flöckchen unterschlagen und die Sauce dadurch binden. Mit der übrigen Petersilie garnieren.

◆ **Hackfleisch**

verdirbt wegen seiner großen Oberfläche schnell. Es darf laut Gesetz nur am Tag der Herstellung verkauft werden – und Sie sollten Sie es auch am Kauftag verarbeiten oder einfrieren.

Chili con carne

Mexikanischer Hackfleisch-Bohnen-Topf

Zutaten für 8 Portionen:

3 Zwiebeln
3 Knoblauchzehen
250 g Möhren
200 g Knollensellerie
je 1 kleine grüne und gelbe Paprikaschote
750 g Fleischtomaten
4 EL Öl
500 g mageres Rinder-Hackfleisch
¼ l kräftiger Rotwein
¼–½ l Fleischbrühe
1 EL frische Thymianblättchen
½ TL Chilipulver (oder Sambal Oelek)
Salz
schwarzer Pfeffer aus der Mühle
1 kleine Dose Kidneybohnen (etwa 400 g)
frische Kräuter zum Garnieren

Pro Portion: 1400 kJ / 330 kcal

Zubereitungszeit:
etwa 2 Std. 30 Min.

1 Die Zwiebeln und die Knoblauchzehen fein hacken. Die Möhren, den Knollensellerie und die Paprikaschoten putzen, waschen und ebenfalls klein würfeln. Die Tomaten brühen, häuten und grob hacken.

2 Das Öl in einem großen, schweren Topf erhitzen, das Hackfleisch darin unter Rühren scharf anbraten. Die Zwiebeln und den Knoblauch dazugeben und kurz mitbraten, dann das vorbereitete Gemüse, zuletzt die Tomaten, einrühren.

3 Mit dem Wein und ¼ l Brühe ablöschen, mit Thymian, Chilipulver, Salz und Pfeffer kräftig würzen. Aufkochen und zugedeckt bei milder Hitze 1–1 ½ Std. schmoren.

4 Die Bohnen in ein Sieb abgießen und kalt abbrausen. Zum Chili geben, alles gründlich mischen. Eventuell noch etwas Brühe angießen,

s soll ein saftiges Ragout ntstehen. Weitere 15 Min. chmoren, das Chili nochmals würzig abschmecken und mit räutern garniert servieren.

Beilage

eröstete Weißbrotscheiben.

Reste-Ideen

ollten Reste vom Chili übrig eiben, haben Sie dafür mehre Möglichkeiten: Sie können s 3–4 Tage im Kühlschrank ıfbewahren. Mit kräftiger rühe ergänzt wird beispielseise eine würzige Suppe araus, das Chili schmeckt aber ıch als Belag auf einer Pizza der als Ragout zu Nudeln. ußerdem können Sie es einfrieren, dann hält es sich etwa Monate.

Hackbraten mit Sahnegurken

Preiswert

Zutaten für 4 Portionen:

1 Brötchen vom Vortag (oder 2 Scheiben Toastbrot)
500 g gemischtes Hackfleisch
1 großes Ei
1 Knoblauchzehe
Salz
schwarzer Pfeffer aus der Mühle
2 TL getrockneter Oregano
3 EL Öl
200 ml Fleischbrühe
600 g Schmorgurken
125 g Sahne

Pro Portion: 2300 kJ / 550 kcal

Zubereitungszeit:
etwa 1 Std.

1 Das Brötchen etwas zerkleinern, in Wasser einweichen. Gut ausdrücken, mit dem Hackfleisch und dem Ei in eine Schüssel geben. Den Knoblauch durch die Presse dazudrücken. Alles gründlich mischen, mit Salz, Pfeffer und Oregano kräftig würzen.

2 Mit kalt abgespülten Händen aus dem Hackfleischteig einen ovalen Laib formen.

3 Das Öl in einem Schmortopf erhitzen, den Hackbraten darin rundherum anbraten. Vorsichtig wenden, damit er zusammenhält.

4 Die Hitze reduzieren, etwa 1/8 l Brühe angießen. Den Topf zudecken, den Braten bei milder Hitze etwa 40 Min. schmoren, zwischendurch einmal wenden.

5 Inzwischen die Schmorgurken gründlich waschen, die Enden abschneiden. Die Gurken eventuell schälen, in fingerdicke Stifte schneiden (oder oval zurechtschneiden).

6 Die restliche Brühe und die Sahne in einen breiten Topf geben, bei starker Hitze etwas einkochen lassen.

7 Die Gurken hineingeben, zugedeckt bei milder Hitze etwa 10 Min. köcheln lassen. Anschließend eventuell die Flüssigkeit im offenen Topf bei starker Hitze noch etwas einkochen lassen. Den Hackbraten in Scheiben schneiden, mit den Sahnegurken servieren.

◆ Reste-Ideen

Reste vom Braten in Scheiben schneiden, in heißem Öl braten und mit Brot servieren. Oder: Bratenreste kleingeschnitten unter knusprige Bratkartoffeln mischen.

◆ Variante

Etwa 100 g milden Schafskäse in Würfel schneiden, unter den Fleischteig mischen. Den Hackbraten wie beschrieben schmoren – mit Brühe und zusätzlich 400 g geschälten, grob gehackten Tomaten aus der Dose. Dazu keine Gurken, sondern Reis servieren.

Chili-Schnitten

Raffiniert

Zutaten für 8 Portionen:

2 mittelgroße Zwiebeln
2 TL Butter
2 Knoblauchzehen
2–3 frische, rote Chilischoten
1 kg Rinder-Hackfleisch
3 Eier
60 g Semmelbrösel
Salz
schwarzer Pfeffer aus der Mühle
1–2 TL frisches Koriandergrün (Tip Seite 82; ersatzweise ½ Bund Petersilie)
50 g geröstete, gesalzene Erdnüsse
1 große Dose Sauerkraut (800 g)

Pro Portion: 1600 kJ / 380 kcal

Zubereitungszeit:
etwa 1 Std.

1 Den Backofen auf 225° vorheizen. Die Zwiebeln fein hacken. Die Butter in einer Pfanne erhitzen, die Zwiebeln glasig dünsten, den Knoblauch durch die Presse dazudrücken. Die Chilischoten entkernen, waschen und winzig klein hakken, untermischen.

2 Das Hackfleisch, die Eier, die Semmelbrösel und die Zwiebeln vermengen, mit Salz, Pfeffer und 1 TL gehacktem Koriandergrün würzen. Den Teig auf einem Backblech verteilen. Im Backofen (Gas Stufe 4) etwa 30 Min. backen.

3 Die Erdnüsse grob hacken, in einem Topf bei mittlerer Hitze kurz rösten. Das Sauerkraut zerzupfen und mit Sud untermischen, kräftig pfeffern und zugedeckt erhitzen.

4 Das Hackfleisch in Rauten schneiden, mit dem Erdnußkraut anrichten, eventuell mit Koriandergrün garnieren.

◆ Reste-Ideen

Reste einfrieren oder in einem Sandwich als Imbiß servieren.

Keftethes in Tomatensauce

Griechische Hackbällchen

Zutaten für 4 Portionen:

1 Brötchen vom Vortag
500 g Lamm-Hackfleisch (selbst durchgedreht; oder beim Metzger vorbestellt)
1 großes Ei
3 Knoblauchzehen
Salz
schwarzer Pfeffer aus der Mühle
einige Zweige frischer Oregano
3 EL Olivenöl
1 Zwiebel
600 g Tomaten
100 g Sahne

Pro Portion: 2100 kJ / 500 kcal

Zubereitungszeit:
etwa 40 Min.

1 Das Brötchen etwas zerkleinern, mit warmem Wasser übergießen und kurz quellen lassen. Gut ausdrücken und in eine Schüssel geben.

2 Das Lamm-Hackfleisch und das Ei dazugeben. Den Knoblauch durch die Presse dazudrücken. Alles gründlich vermischen, mit Salz und Pfeffer kräftig würzen. Etwa 1 EL frische Oreganoblättchen fein hacken und untermischen.

3 Die Hände unter kaltes Wasser halten, aus dem Hackfleisch etwa 30 walnußgroße Bällchen formen.

4 Das Öl in einer Pfanne erhitzen, die Hackbällchen darin rundherum scharf anbraten, dabei durch Rütteln der Pfanne wenden. Anschließend bei mittlerer Hitze rundherum noch etwa 5 Min. braten.

5 Inzwischen die Zwiebel fein hacken. Die Tomaten über Kreuz einschneiden, kurz in kochendes Wasser legen. Abschrecken, enthäuten und klein hacken.

6 Die Bällchen aus der Pfanne nehmen. Die Zwiebel in die

Pfanne geben und glasig werden lassen. Dann die Tomaten und die Sahne einrühren, mit Salz, Pfeffer und etwa 1 TL gehacktem Oregano würzen, bei starker Hitze etwa 5 Min. köcheln lassen. Dabei die Tomaten gut zerdrücken.

7 Die Hackbällchen in die Sauce geben, noch etwa 5 Min. zugedeckt bei mittlerer Hitze garen. Mit Oregano garniert servieren.

◆ Tip

Hackfleischteig läßt sich am besten formen, wenn Sie die Hände zwischendurch immer mal wieder kurz unter kaltes Wasser halten.

◆ Einfrieren

Fertig gebratene Keftethes können Sie in der Tiefkühltruhe etwa 3 Monate aufbewahren.

Königsberger Klopse

Ostpreußische Spezialität

Zutaten für 4 Portionen:

Für die Klopse:
1 Brötchen vom Vortag
⅛ l lauwarme Milch
500 g Kalbs-Hackfleisch
1 großes Ei
2 eingelegte Sardellenfilets
2 Zwiebeln
1 TL Butter
1 Bund glatte Petersilie
1 kleine unbehandelte Zitrone
400 ml Fleischbrühe
Salz
schwarzer Pfeffer aus der Mühle

Für die Sauce:
30 g Butter
25 g Mehl
3 EL kleine Kapern
2 EL Zitronensaft
125 g Sahne
⅛ l trockener Weißwein
Salz
1 Prise Zucker
schwarzer Pfeffer aus der Mühle
2 Eigelb

Pro Portion: 1800 kJ / 430 kcal

Zubereitungszeit:
etwa 45 Min.

1 Für die Klopse das Brötchen etwas zerkleinern, in der Milch einweichen. Gut ausdrükken, mit dem Hackfleisch und dem Ei in eine Schüssel geben.

2 Die Sardellen kalt abspülen, sehr fein hacken. Die Zwiebeln fein hacken. Die Butter in einer Pfanne erhitzen, die Zwiebeln glasig dünsten. Drei Viertel der Petersilie hacken, etwas Zitronenschale abreiben. Alles zum Hackfleisch geben, salzen und pfeffern und zu einem Teig vermischen. Etwa 16 Klopse daraus formen.

3 Die Brühe aufkochen, die Klopse darin bei mittlerer Hitze etwa 10 Min. köcheln lassen, wieder herausheben.

4 Für die Sauce die Butter in einem breiten Topf zerlassen. Das Mehl einstreuen und goldgelb anschwitzen. Nach und nach die Brühe einrühren.

5 Die Kapern mit Sud, den Zitronensaft, die Sahne und den Wein einrühren. Mit Salz, Zucker und Pfeffer süß-sauer abschmecken.

6 Die Eigelb verquirlen und unterziehen, die Sauce nun nicht mehr kochen lassen. Die Klopse hineinlegen und darin nochmals erhitzen. Mit Petersilie und Zitrone garnieren.

◆ Tip

Kalbs-Hackfleisch bekommen Sie beim Metzger oft nur auf Vorbestellung. Ersatzweise können Sie mageres Rinder-Hack verwenden.

◆ Reste

Reste zugedeckt über Nacht in den Kühlschrank stellen. Beim Erhitzen nicht aufkochen, sonst gerinnt die Sauce.

Schnitzel-Klassiker

Schnell fertig

Zutaten für jeweils 4 Portionen:

Für »Saltimbocca« (Schnitzel natur mit Salbei):
4 große, dünn geschnittene Kalbsschnitzel (je etwa 180 g)
12 hauchdünne Scheiben roher Schinken (etwa 100 g)
schwarzer Pfeffer aus der Mühle
12 Salbeiblätter
3–4 EL Butter (1 EL davon eiskalt)
Salz
1/8 l trockener Weißwein

Für »Cordon bleu« (gefüllte, panierte Schnitzel):
4 große, dünn geschnittene Kalbssschnitzel (je etwa 180 g)
schwarzer Pfeffer aus der Mühle
1 TL Paprikapulver edelsüß
4 dünne Scheiben gekochter Schinken (etwa 50 g)
4 dünne Scheiben Emmentaler oder mittelalter Gouda (etwa 50 g)
2 EL Mehl
2 Eier
Salz
6–8 EL Semmelbrösel
3 EL Butterschmalz
1 Zitrone

Pro Portion:
1500 kJ / 360 kcal für »Saltimbocca«
1900 kJ / 450 kcal für »Cordon bleu«

Zubereitungszeit:
jeweils etwa 30 Min.

◆ Beilage

Zu beiden Schnitzeln paßt gut ein Salat mit klarer Vinaigrette.

◆ Panieren

Eine knusprige Hülle aus Mehl, Eiern und Semmelbrösel sorgt dafür, daß das Fleisch schön zart und saftig bleibt. Allerdings darf das Schnitzel nicht zu dick geschnitten sein, damit nicht die Panierung verbrennt, bevor das Fleisch gar ist. Paniertes wird immer in reichlich heißem Fett gebraten, das anschließend beim Abtropfen auf dem Küchenkrepp zurückbleibt.

1 Für »Saltimbocca«: Die großen Kalbsschnitzel in jeweils 3 kleine teilen, vorsichtig noch flacher klopfen, leicht pfeffern. Auf jedes Schnitzelchen je 1 Schinkenscheibe und 1 Salbeiblatt legen, mit Holzspießchen flach am Schnitzel feststecken.

2 In einer Pfanne 2–3 EL Butter zerlassen. Die Schnitzelchen pro Seite jeweils 2–3 Min. braten. Leicht salzen und nochmals pfeffern, aus der Pfanne nehmen und abgedeckt warmhalten.

3 Den Bratensatz mit dem Wein ablöschen, etwa 2 Min. kräftig aufkochen. Mit dem Schneebesen 1 EL eiskalte Butterflöckchen in die Sauce rühren. Abschmecken, die Schnitzelchen in der Sauce nochmals kurz ziehen lassen.

4 Für »Cordon bleu«: Die dünn geschnittenen Kalbsschnitzel noch flacher klopfen. Die Schnitzel von beiden Seiten pfeffern und mit Paprikapulver würzen.

5 Jeweils eine Hälfte von jedem Schnitzel mit je 1 Schinken- und 1 Käsescheibe belegen, die Schnitzel zusammenklappen und feststecken.

6 Die Schnitzel dünn mit Mehl bestäuben. Die Eier in einem Teller verquirlen, leicht salzen. Die Semmelbrösel ebenfalls in einen Teller geben. Die Schnitzel im Ei wenden, danach mit den Semmelbröseln panieren. Die Brösel mit der flachen Hand gut andrücken, die Schnitzel kurz ruhen lassen.

7 In einer Pfanne das Butterschmalz sehr heiß werden lassen. Die gefüllten Schnitzel hineinlegen, dann die Hitze etwas verringern und die Schnitzel von jeder Seite jeweils etwa 5 Min. goldbraun braten. Mit Zitronenschnitzen garnieren.

Schnitzel aus dem Wok

Preiswert

Zutaten für 4 Portionen:

2 Schweineschnitzel (etwa 300 g)
2 Knoblauchzehen
6–7 EL Öl
6 EL trockener Weißwein
2 EL scharfer Senf
schwarzer Pfeffer aus der Mühle
1 Bund glatte Petersilie
½ Sellerieknolle (etwa 250 g)
2 EL Zitronensaft
1 große, rote Paprikaschote (etwa 250 g)
Salz
3 EL Sojasauce

Pro Portion: 1300 kJ / 310 kcal

Zubereitungszeit: etwa 50 Min. (+ 2 Std. Marinierzeit)

1 Die Schnitzel in feine Streifchen schneiden. Die Knoblauchzehen durchpressen, mit etwa 4 EL Öl, dem Wein, Senf und Pfeffer verrühren. Die Hälfte der Petersilie sehr fein hacken und untermischen. Die Fleischstreifen mit der Marinade in eine Schüssel geben, im Kühlschrank zugedeckt mindestens 2 Std. durchziehen lassen.

2 Kurz vorm Braten das Gemüse vorbereiten. Die Sellerieknolle schälen, in dünne Scheiben und danach in sehr feine Stifte schneiden. Sofort in kaltes Wasser mit Zitronensaft legen.

3 Die Paprikaschote waschen und halbieren, Trennwände und Kerne entfernen. Die Schotenhälften in kleine, quadratische Stücke schneiden.

4 Das marinierte Schweinefleisch bereitstellen. In einem Wok oder einer großen Pfanne 1 EL Öl verstreichen und hoch erhitzen. Eine Portion Fleisch gut abtropfen lassen, ins heiße Öl geben und unter Rühren kräftig anbraten. Auf die Seite schieben, die nächste Portion abtropfen lassen und in wenig Öl anbraten, danach wieder an den Rand der Pfanne schieben.

5 Das angebratene Fleisch salzen und kräftig pfeffern. Eventuell nochmals etwas Öl in die Mitte der Pfanne geben und erhitzen. Nach und nach die gut abgetropften Selleriestifte, dann die Paprikastücke anbraten. Dabei ständig rühren, das angebratene Gemüse jeweils beiseite schieben und für die nächste Portion Platz machen.

6 Die übrige Senfmarinade aus der Schüssel mit der Sojasauce glattrühren und angießen. Die Mischung in der Pfanne bei mittlerer Hitze in 8–10 Min. fertiggaren. Sellerie und Paprika sollten noch schön knackig sein. Mit Salz und Pfeffer abschmecken, die restliche Petersilie aufstreuen und heiß aus der Pfanne servieren.

◆ Variante

Noch feiner: Schweinefilet marinieren, Marinade ergänzen mit Sherry, als Gemüse feine Möhrenstifte, Stangensellerie in Scheibchen kurz mitbraten.

◆ Wok

Aus China kommt die tiefe Pfanne mit rundem Boden, die in ihrer Heimat nicht nur fürs schnelle Braten unter Rühren, sondern für unzählige andere Garmethoden zuständig ist. Auch bei uns gibt es inzwischen eine breite Auswahl an Wok-Geräten – etliche davon mit leicht abgeflachtem Boden, damit die Pfanne auch auf der Elektroplatte einsatzfähig ist. Die Pfannen mit rundem Boden können Sie nur auf dem Gasherd verwenden, mit einem entsprechenden Metallring als Untersatz.

Zürcher Geschnetzeltes

Schweizer Spezialität

Zutaten für 4 Portionen:

1 große Zwiebel
250 g frische Champignons
4 Kalbsschnitzel (etwa 600 g)
2–3 EL Butter
1/8 l trockener Weißwein
200 g Sahne
Salz
weißer Pfeffer aus der Mühle
1/2 Bund glatte Petersilie

Pro Portion: 1600 kJ / 380 kcal

Zubereitungszeit:
etwa 40 Min.

1 Die Zwiebel fein hacken. Die Champignons putzen und abreiben, in Scheiben schneiden. Die Kalbsschnitzel längs halbieren, dann quer zur Faser in etwa 1 cm schmale Streifen schneiden.

2 In einer großen Pfanne 1–2 EL Butter schmelzen. Das geschnetzelte Fleisch portionsweise hineingeben, unter Rühren anbraten, wieder aus der Pfanne nehmen und in eine Schüssel umfüllen.

3 Die restliche Butter in die Pfanne geben und erhitzen. Die gehackte Zwiebel sanft andünsten, die Champignons dazugeben und anbraten. Den Weißwein und einen Teil der Sahne angießen. Die Flüssigkeit cremig einköcheln lassen.

4 Die angebratenen Fleischstreifen mitsamt dem Fleischsaft untermischen. Mit Salz und Pfeffer würzen, die restliche Sahne einrühren, in etwa 5 Min. fertiggaren. Die Petersilie fein hacken, aufstreuen und das Geschnetzelte heiß servieren.

◆ Tip

Das beste Fleisch fürs Kalbsgeschnetzelte wird aus der Kalbsnuß geschnitten.

◆ Rösti

Dieses ebenfalls klassische Nationalgericht wird in der Schweiz gerne als Beilage zum Geschnetzelten gereicht. Für 4 Portionen brauchen Sie dazu etwa 1 kg festkochende Kartoffeln, die am Vortag in der Schale gekocht werden. Die Pellkartoffeln noch heiß schälen, aber erst am nächsten Tag grob raffeln. Mit Salz und Pfeffer würzen. In einer Pfanne etwas Butter oder Butterschmalz erhitzen, die geraffelten Kartoffeln hineingeben und erst einmal kräftig durchrühren. Danach den Kartoffelteig mit einem Löffel zu einem Fladen flach drücken und zugedeckt braten. Eventuell ganz wenig Sahne über die Kartoffeln träufeln. Sobald die Unterseite gebräunt ist, den Fladen auf einen Teller oder Topfdeckel stürzen, mit der rohen Seite nach unten wieder ins heiße Fett gleiten lassen und fertigbraten. Nochmals salzen und pfeffern, in vier Portionsstücke schneiden und zum Fleisch servieren.

◆ Beilagen-Varianten

Falls Ihnen der Aufwand fürs hausgemachte Rösti zu groß ist: Es gibt diese Schweizer Spezialität auch fertig in Folie verpackt oder tiefgekühlt zu kaufen. Knusprige Bratkartoffeln oder Spätzle (eventuell aus der Packung) passen ebenfalls prima zum sahnigen Kalbsgeschnetzelten. Erfrischende Abrundung: grüner Blattsalat!

◆ Getränke-Tip

Ein trockener Weißwein – zum Beispiel ein Fendant aus der Schweiz. Nehmen Sie am besten die gleiche Sorte auch zum Köcheln der Sahnesauce fürs Geschnetzelte.

Geschmorte Rinderrouladen

Klassiker auf feine Art

Zutaten für 4 Portionen:

50 g roher Schinken in dünnen Scheiben
1 Bund glatte Petersilie
1 Bund Basilikum
½ Kästchen Kresse
1 EL Kapern
2 EL Crème fraîche
1 TL abgeriebene, unbehandelte Zitronenschale
Salz
schwarzer Pfeffer aus der Mühle
4 Rinderrouladen, (etwa 1 cm dünne Scheiben aus der Rinderschulter, vom mageren Bug geschnitten, je etwa 150 g)
1 Möhre
1 Selleriestange
1 Zwiebel
4 EL Olivenöl
⅛ l Rotwein
250 g passierte Tomaten aus der Packung
Cayennepfeffer

Pro Portion: 1800 kJ / 430 kcal

Zubereitungszeit:
etwa 1 Std. 45 Min.

1 Den Schinken in feine Streifchen schneiden. Die Hälfte der Petersilie und die Hälfte vom Basilikum fein hakken, die Kresse abschneiden. Die Kapern ebenfalls hacken. Alles mit der Crème fraîche verrühren, mit der Zitronenschale, etwas Salz und Pfeffer würzen.

2 Die Rouladenscheiben nebeneinander ausbreiten, kräftig pfeffern. Die Würzmischung gleichmäßig auf die Fleischscheiben verteilen und glattstreichen. Die Rouladen aufrollen, mit Spießchen feststecken.

3 Die Möhre, ddie Selleriestange und die Zwiebel in winzig kleine Würfel schneiden. In einem Schmortopf das Olivenöl erhitzen. Die Rouladen rundum scharf anbraten, salzen und wieder herausnehmen. Das Gemüse in den Topf geben, bei mittlerer Hitze unter Rühren andünsten. Mit dem Rotwein ablöschen, die Flüssigkeit auf etwa die Hälfte einköcheln lassen.

4 Die passierten Tomaten einrühren und die Rouladen wieder in den Topf legen, zugedeckt etwa 1 Std. bei milder Hitze schmoren.

5 Die Rouladen herausnehmen und zugedeckt warmhalten. Die Sauce nach Wunsch noch kräftiger einköcheln lassen, mit Salz, schwarzem Pfeffer und 1 Prise Cayennepfeffer abschmecken. Die restliche Petersilie hacken.

6 Die Rouladen mit der Tomatensauce anrichten. Die Petersilie aufstreuen, mit dem restlichen Basilikum garnieren.

◆ Gäste-Tip

Überraschungsgäste? Die 4 Rouladen schräg in Scheiben schneiden. Auf einem Berg dampfender Nudeln oder Gnocchi anrichten, mit etwas Fleischsauce beträufeln, mit Basilikum und Kresse garnieren. Fein geriebenen Parmesan aufstreuen, die restliche Sauce extra servieren. Dazu Salat oder Gemüse als Beilage – so reicht's für 6 Hungrige.

◆ Variante

Die Füllung kann schlichter oder aufwendiger sein, je nach Zeit, vorrätigen Zutaten und persönlichem Geschmack. Beliebt und bewährt ist nach wie vor die klassische herzhafte Hausmacherart: Die Rouladen mit Senf und Pfeffer würzen, dünne Speckscheiben und Gewürzgurken einrollen (Salz ist reichlich in Senf und Speck enthalten). Wichtig: die sämige würzige Sauce!

Putenschnitzel vom Blech

Ideal auch für viele Gäste

Zutaten für 6 Portionen:

3 große Putenschnitzel (etwa 600 g)
weißer Pfeffer aus der Mühle
1 unbehandelte Zitrone
gut 100 ml Olivenöl
Salz
600 g Broccoli
2 Fleischtomaten (etwa 400 g)
150 g Mozzarella
1 EL Kapern

Pro Portion: 1500 kJ / 360 kcal

Zubereitungszeit:
etwa 1 Std. 15 Min.
(+ 1–2 Std. Marinierzeit)

1 Die Putenschnitzel in je 3–4 dünne Scheibchen schneiden. Mit weißem Pfeffer einreiben. Die Zitrone heiß abwaschen und trocknen, die Hälfte der Schale fein abreiben und mit 5 EL Olivenöl verrühren. Die übrige Zitronenschale zum Garnieren aufheben.

2 Die Schnitzelchen mit dem Zitronenöl bestreichen. Zugedeckt im Kühlschrank 1–2 Std. durchziehen lassen.

3 In einem Topf etwa 1 l Salzwasser aufkochen. Den Broccoli putzen: Die Röschen abtrennen, die Haut von den dicken Stielen abziehen, Stiele etwas zerkleinern. Broccoli im sprudelnd kochenden Salzwasser etwa 3 Min. blanchieren. Kalt abschrecken und gut abtropfen lassen.

4 Den Backofen auf 150° vorheizen, ein Backblech mit 3 EL Olivenöl bestreichen. Die Schnitzelchen auf dem Blech verteilen, mit der abgetropften Marinade beträufeln.

5 Den Broccoli zwischen den Fleischscheibchen verteilen. Die Tomaten waschen, in dicke Scheiben schneiden und dabei die grünen Stengelansätze entfernen.

6 Den Mozzarella in dünne Scheiben schneiden. Jedes Minischnitzel mit je 1 Tomatenscheibe und 1 Mozzarellascheibe belegen, mit wenig Salz und etwas grob gemahlenem Pfeffer würzen. Das Blech in den Backofen (Gas Stufe 1) schieben, Fleisch und Gemüse etwa 5 Min. garen.

7 Etwa 4 EL Olivenöl mit 3–4 EL Zitronensaft kräftig zu einer schaumigen Sauce verquirlen, mit Salz und Pfeffer würzen, die Kapern einrühren.

8 Das Blech aus dem Backofen nehmen. Den Broccoli und die belegten Schnitzel mit der Zitronensauce beträufeln, nochmals für 5–10 Min. in den Backofen schieben. Die übrige Zitronenschale in feinen Streifen ablösen, über das fertige Gericht streuen.

◆ Vorrats-Tip

Statt frischen Broccoli abgetropfte Artischockenherzen aus dem Glas zum Fleisch aufs Blech legen.

◆ Marinieren

Je länger die Schnitzel durchziehen (ideal wäre über Nacht), desto würziger und zarter schmecken sie. Auch die Garzeit verkürzt sich durchs längere Einlegen. Bitte darauf achten und rechtzeitig mit der Messerspitze prüfen, ob die Scheiben gar sind.

◆ Getränke-Tip

Leichter, französischer Rosé oder ein trockener Weißwein

Rehfilet mit Cassis-Sauce

Etwas teurer

Zutaten für 4 Portionen:

½ TL Pimentkörner
1 TL Wacholderbeeren
¼ TL getrockneter Rosmarin
¼ TL schwarze Pfefferkörner
Salz
500 g Rehfilet
50 g durchwachsener Räucherspeck
2 TL Butterschmalz
125 g Crème double
⅛ l Roséwein
1 Dose Pfifferlinge (etwa 200 g)
schwarzer Pfeffer aus der Mühle
4–5 EL Cassis (schwarzer Johannisbeerlikör)
Kerbel zum Garnieren

Pro Portion: 1900 kJ / 450 kcal

Zubereitungszeit:
etwa 45 Min.

1 Pimentkörner, Wacholderbeeren, Rosmarin und Pfefferkörner mit etwa ¼ TL Salz im Mörser zerstoßen. Das Rehfilet rundum damit einreiben.

2 Den Speck sehr klein würfeln und mit dem Butterschmalz in eine Pfanne geben, bei mittlerer Hitze ausbraten.

3 Das Rehfilet im Speckfett rundherum scharf anbraten. Die Hitze reduzieren, das Rehfilet rundherum noch etwa 8 Min. braten. Aus der Pfanne nehmen und warmhalten.

4 Die Crème double und den Wein in die Pfanne gießen, bei starker Hitze unter Rühren cremig einköcheln. Die Pfifferlinge hineingeben und kurz mit erhitzen. Vom Herd nehmen, mit Salz, Pfeffer und Cassis würzen. Das Rehfilet in schräge Scheiben schneiden, zur Sauce servieren, mit Kerbel garnieren.

◆ Reste-Idee

Übriggebliebenes Rehfilet am nächsten Tag ganz kurz in Butterschmalz braten, in Streifen schneiden und auf buntem Blattsalat servieren.

Lamm-Koteletts mit Okra

Gelingt leicht

Zutaten für 4 Portionen:

4 doppelte oder 8 einfache Lamm-Koteletts
2 Knoblauchzehen
½ unbehandelte Zitrone
schwarzer Pfeffer aus der Mühle
Salz
500 g Okraschoten
75 g Walnußkerne
75 g weiche Butter

Pro Portion: 2500 kJ / 600 kcal

Zubereitungszeit:
etwa 45 Min.

1 Die Lamm-Koteletts kurz waschen und abtrocknen. Die Fettränder mehrfach einschneiden, damit sich das Fleisch beim Braten nicht wölbt.

2 Den Knoblauch durchpressen, mit 2 EL Zitronensaft und Pfeffer verquirlen, die Koteletts von beiden Seiten einreiben und kaltstellen.

3 Etwa 1 l Salzwasser zum Kochen bringen. Die Okraschoten putzen und waschen, die Stengelansätze abschneiden. Die Schoten im kochendem Salzwasser etwa 2 Min. blanchieren. Abgießen, anschließend in wenig Salzwasser noch etwa 5 Min. dünsten.

4 Inzwischen gut die Hälfte der Walnußkerne fein hacken und mit der Butter verrühren, salzen und pfeffern. Etwas Zitronenschale abreiben und untermischen. Die übrigen Walnußkerne grob hacken.

5 Eine Pfanne mittelstark erhitzen, mit etwa 1 TL Walnußbutter ausstreichen. Die Lamm-Koteletts darin von jeder Seite etwa 3 Min. braten. Nach dem Wenden mit etwa 1 EL Walnußbutter bestreichen, die übrige Walnußbutter in der Pfanne zerlassen.

6 Die Koteletts mit der zerlassenen Butter auf Teller geben. Die Okraschoten abtropfen lassen, eventuell halbieren und dazu anrichten, die restichen Walnußkerne aufstreuen.

◆ **Okra**

sondern beim Kochen einen durchsichtigen Schleim ab, der edoch auf den Geschmack keinen Einfluß hat. Damit die ungewohnte Konsistenz den Genuß nicht stört, werden die Schoten kurz blanchiert. Man kann sie aber auch gleich in wenig Salzwasser dünsten.

◆ **Lammfleisch**

gibt es frisch, häufiger aber iefgekühlt zu kaufen. Das Fett soll auf jeden Fall schön kernig und weiß sein – ist es leicht gelblich, handelt es sich eher um Hammelfleisch. Zum Braten das Fett nicht abschneiden, es sorgt für Saft und Aroma. Lammfleisch immer möglichst heiß servieren.

Kaninchenfilets mit Linsen

Für Gäste

Zutaten für 4 Portionen:

2 Kaninchenrücken (je etwa 600 g)
Salz
schwarzer Pfeffer aus der Mühle
1 unbehandelte Zitrone
1 EL Wacholderbeeren
4 EL Öl
1 große Zwiebel
1 EL getrocknetes Suppengewürz
200 ml trockener Weißwein
200 g rote Linsen
100 g Crème fraîche
1 Bund Schnittlauch

Pro Portion: 2300 kJ / 550 kcal

Zubereitungszeit:
etwa 1 Std. 30 Min.

1 Die Kaninchenrücken waschen, eventuell häuten. Die Filets direkt an den Knochen auslösen, die unteren Filets nicht vergessen. Salz, Pfeffer, abgeriebene Zitronenschale und die Wacholderbeeren im Mörser zerdrücken, die Filets damit einreiben. Zugedeckt kühlstellen.

2 Die Knochen mit einem Beil oder Messer zerkleinern, waschen und abtrocknen. 2 EL Öl in einem Topf erhitzen, die Knochen darin rundherum kräftig anbraten. Die ungeschälte, geviertelte Zwiebel und das Suppengewürz mit anrösten.

3 Mit dem Wein ablöschen, dann so viel Wasser angießen, daß alles knapp bedeckt ist. Etwa 45 Min. leicht köcheln lassen.

4 Die Brühe durch ein feines Sieb abgießen, die Hälfte davon beiseite stellen. Die restliche Brühe mit Wasser auf 600 ml auffüllen und in einem Topf wieder aufkochen. Die Linsen einstreuen, zugedeckt bei milder Hitze etwa 10 Min. köcheln lassen.

5 Das übrige Öl in einer Pfanne erhitzen, die Kaninchenfilets darin scharf anbraten, dann rundum insgesamt 10 Min. bei milder Hitze braten.

6 Die Filets aus der Pfanne nehmen, die beiseite gestellte Brühe angießen und schnell bei starker Hitze einkochen lassen. Die Crème fraîche einrühren und durchkochen, dann die Linsen untermischen. Das Gemüse abschmecken.

7 Die Filets schräg in Scheiben schneiden, mit dem Linsengemüse servieren. Den Schnittlauch in Röllchen schneiden und aufstreuen.

◆ **Variante**

Schnelle Alternative zu den Kaninchenrücken: ausgelöste Filets kaufen und für den Linsen- und den Saucensud fertigen Wild- oder Geflügelfond aus dem Glas verwenden.

Kasseler mit Endivien

Gelingt leicht

Zutaten für 4 Portionen:

1 unbehandelte Zitrone
2 EL Sojasauce
1 EL flüssiger Honig
Cayennepfeffer
4 Kasseler-Koteletts
1 kleiner Kopf Endiviensalat (etwa 500 g)
2 EL Butterschmalz
⅛ l Fleischbrühe
Salz

Pro Portion: 1600 kJ / 380 kcal

Zubereitungszeit:
etwa 30 Min. (+ mindestens 1 Std. Marinierzeit)

1 Die Zitrone waschen, die Schale fein abreiben, den Saft auspressen. Mit Sojasauce, Honig und Cayennepfeffer verquirlen, die Koteletts darin wenden, zugedeckt etwa 1 Std. im Kühlschrank marinieren.

2 Den Endiviensalat putzen und waschen, in 1–2 cm breite Streifen schneiden.

3 Das Butterschmalz in einer Pfanne zerlassen. Die Koteletts aus der Marinade nehmen und im Schmalz von jeder Seite etwa 4 Min. bei mittlerer Hitze braten. Ab und zu mit Marinade bestreichen.

4 Die fertigen Koteletts aus der Pfanne nehmen und warmhalten. Die Endivienstreifen einrühren, die restliche Marinade und die Brühe abgießen. Bei starker Hitze unter ständigem Rühren etwa 5 Min. garen. Mit Salz und Cayennepfeffer abschmecken, zu den Koteletts servieren.

◆ Reste-Idee

Das übrige Fleisch von den Knochen schneiden und fein schnetzeln. Mit dem Endivien-Gemüse mischen, mit Brühe aufgießen und als Eintopf servieren.

Gefüllte Koteletts

Preiswert

Zutaten für 4 Portionen:

1 mittelgroße Zwiebel
etwa 5 cm frische Meerrettichwurzel
250 g Möhren
3 EL Öl
Salz
schwarzer Pfeffer aus der Mühle
1 TL getrockneter Thymian
1 kleines Ei
1 Scheibe Toastbrot
4 dicke Schweinekoteletts (je etwa 250 g)

Pro Portion: 2100 kJ / 500 kcal

Zubereitungszeit:
etwa 45 Min.

1 Die Zwiebel sehr fein hacken. Den Meerrettich schälen und fein reiben. Die Möhren schälen, grob raspeln.

2 1 EL Öl in einem Topf erhitzen, die Zwiebel darin glasig dünsten. Den Meerrettich und die Möhren einrühren, mit Salz, Pfeffer und Thymian würzen. 2–3 EL Wasser angießen, die Möhren zugedeckt bei milder Hitze etwa 5 Min. dünsten. Gut abtropfen lassen.

3 Das Ei in einer Schüssel verquirlen. Das Toastbrot entrinden, in kleine Würfel schneiden und mit dem Ei vermischen. Dann die Meerrettich-Möhren unterrühren.

4 Die Koteletts abtupfen, in jedes Kotelett mit einem scharfen Messer vorsichtig eine Tasche schneiden, das Fleisch jedoch am hinteren Ende und an den Seiten nicht durchschneiden. Die Möhrenmischung hineinfüllen, mit Holzspießchen zustecken.

5 Das restliche Öl in einer Pfanne erhitzen, die Koteletts scharf anbraten. Salzen und pfeffern, dann bei mittlerer Hitze die Koteletts von jeder Seite noch etwa 8 Min. braten.

Rumpsteaks mit Sauce Bordelaise

Klassisches für Gäste

◆ Tip

Lassen Sie die Koteletts gleich beim Metzger fachgerecht einschneiden und zum Füllen vorbereiten.

◆ Variante

Die würzige Möhrenmischung können Sie auch als Füllung für einen saftigen Putenbraten nehmen.

◆ Beilage

Zu den gefüllten Koteletts schmeckt am besten ein nicht zu zarter Blattsalat, zum Beispiel Feldsalat mit Zwiebel-Vinaigrette oder Eisbergsalat mit Kräutersauce, eventuell auch ein warmer Kartoffelsalat.

Zutaten für 4 Portionen:

Für die Sauce:
2 Schalotten
1 TL schwarze Pfefferkörner
1 kleines Lorbeerblatt
½ l roter Bordeaux-Wein
200 ml Rinderfond (aus dem Glas)
75 g Rindermark
Salz
100 g eiskalte Butter

Für die Steaks:
4 Rumpsteaks (je etwa 180 g)
grob gemahlener schwarzer Pfeffer
2 EL Öl
Salz

Pro Portion: 2600 kJ / 620 kcal

Zubereitungszeit:
etwa 45 Min.

1 Die Schalotten fein hacken. Mit den Pfefferkörnern, dem Lorbeerblatt und dem Rotwein in einen Topf geben und zum Kochen bringen. Auf etwa ⅛ l Flüssigkeit einköcheln. Den Fond angießen, nochmals auf etwa die Hälfte einkochen lassen.

2 Inzwischen das Rindermark in feine Scheibchen schneiden. Leicht gesalzenes Wasser aufkochen, vom Herd ziehen, das Mark darin etwa 2 Min. ziehen lassen. In einem Sieb abtropfen lassen.

3 Die Steaks abtupfen und pfeffern. Das Öl in einer Pfanne stark erhitzen, die Steaks darin von beiden Seiten scharf anbraten, dann bei etwas reduzierter Hitze von jeder Seite noch 2–4 Min. braten. Salzen, abgedeckt warm halten.

4 Die Sauce durch ein feines Sieb abgießen und wieder aufkochen. Vom Herd ziehen. Eiskalte Butter in Flöckchen nach und nach unter den Fond schlagen, die Sauce dadurch binden. Nicht mehr aufkochen.

5 Das Rindermark unter die Sauce ziehen, die Sauce würzig abschmecken und zu den Steaks servieren.

◆ Kurzbraten

Die Garzeit für Steaks läßt sich nie genau angeben, sie schwankt sehr. Entscheidend ist, wie dick die Steaks sind und wie stark durchgebraten Sie das Fleisch servieren möchten.

◆ Welche Pfanne?

Am besten eignet sich eine unversiegelte Edelstahlpfanne oder eine Bratpfanne mit Grillfläche, in der sich das Fett optimal verteilt und daher sparsam verwendet werden kann.

◆ Sauce Bordelaise

Eine klassische Sauce aus Frankreich, die zu gebratenem Fleisch, zu Geflügel und zu Seezunge ausgezeichnet paßt.

Coq au vin

Braucht etwas Zeit

Zutaten für 4 Portionen:

1 Poularde (etwa 1,2 kg)
Salz
schwarzer Pfeffer aus der Mühle
etwa 2 EL Mehl zum Bestäuben
200 g Schalotten (oder kleine Zwiebelchen)
200 g kleine Champignons
100 g durchwachsener Speck
1 Lorbeerblatt
1 Zweig Thymian
1 Zweig Rosmarin
1 Bund glatte Petersilie
2 EL Butterschmalz
4 cl Cognac
3/4 l kräftiger Rotwein
2 Knoblauchzehen
frisch geriebene Muskatnuß
1 Prise Zucker
Stangenweißbrot

Pro Portion: 3400 kJ / 810 kcal

Zubereitungszeit:
etwa 2 Std. 30 Min.

◆ Das Original

wird nicht nur mit Cognac abgelöscht, sondern flambiert. Nach dem Anbraten der Geflügelteile (Step 4) den eventuell erwärmten Cognac darüber gießen und anzünden. Solange die Flamme brennt, nicht über den Topf beugen!

◆ Bouquet garni

In Frankreich äußerst gängige Art und Weise, die Würze verschiedenster Kräuter in die Speisen zu zaubern. Als kompaktes Sträußchen schmort oder köchelt das gebündelte Aroma im Sud mit und kann danach ganz einfach entfernt werden (beispielsweise vor der Fertigstellung der Sauce). Meist besteht dieses »Bouquet«, das kleine Sträußchen, aus Lorbeerblatt, Petersilie, Thymian, Rosmarin und Majoran.

◆ Einkaufs-Tip

Eine Poularde eignet sich besonders gut für dieses Rezept, da sie recht fleischig ist und und saftig bleibt. Sie können aber auch ein normales Brathähnchen mit etwas geringerem Gewicht nehmen.

1 Die küchenfertige Poularde in 8 Teile zerlegen, salzen und pfeffern, rundum dünn mit Mehl bestäuben. Die Schalotten oder Zwiebelchen pellen, die Champignons putzen und abreiben, den Speck in feine Streifen schneiden.

2 Ein Kräutersträußchen (Bouquet garni) binden aus dem Lorbeerblatt, dem Thymian- und Rosmarinzweig und den Petersilienstengeln. Die Petersilienblättchen für später aufheben.

3 In einem Schmortopf 1 EL Butterschmalz erhitzen. Die Schalotten, den Speck und die Champignons hineingeben und bei mittlerer Hitze unter häufigem Rühren etwa 5 Min. braten. Wieder aus dem Topf nehmen und beiseite stellen.

4 Das übrige Butterschmalz erhitzen, die Poulardenteile undum schön bräunen. Mit Cognac ablöschen und kräftig ufkochen.

5 Den Rotwein angießen und das Kräutersträußchen hineingeben. Mit 2 grob gehackten Knoblauchzehen, Salz, Pfeffer, etwas Muskat und 1 Prise Zucker würzen. Zugedeckt etwa 1 Std. 15 Min. bei milder Hitze schmoren.

6 Die Geflügelteile und das Kräutersträußchen aus dem Topf nehmen. Die Sauce bei hoher Hitze stark einköcheln lassen, mit Salz, Pfeffer und Muskat abschmecken.

7 Das Geflügel wieder in die Sauce legen, Schalotten, Champignons und Speck darauf verteilen. Zugedeckt nochmals etwa 20 Min. sanft garen. Die Petersilienblättchen grob hacken und auf das Hähnchen streuen. Coq au vin mit dem Weißbrot servieren.

Schnelles Puten-Chili

Gelingt leicht

Zutaten für 4 Portionen:

600 g Putenbrustfilet (Putenschnitzel)
2 EL Sojasauce
2 EL Zitronensaft
4 EL Öl
schwarzer Pfeffer aus der Mühle
Chilipulver
1 Bund Frühlingszwiebeln
1 Dose Kidney-Bohnen (etwa 400 g)
eventuell 1 kleine Chilischote
2 EL Tomatenmark
⅛ l Hühnerfond (aus dem Glas)
Salz

Pro Portion: 2000 kJ / 480 kcal

Zubereitungszeit:
etwa 35 Min.

1 Das Putenfleisch in 2–3 cm große Würfel schneiden. Die Sojasauce mit Zitronensaft, 2 EL Öl, Pfeffer und 1 Prise Chilipulver verquirlen, die Putenwürfel darin marinieren.

2 Inzwischen die Frühlingszwiebeln putzen und waschen. Die weißen Teile fein hacken, die grünen schräg in Ringe schneiden. Die Bohnen abtropfen lassen.

3 In einem Topf die restlichen 2 EL Öl erhitzen. Die weißen Zwiebeln andünsten, dann das Putenfleisch mit der Marinade dazugeben. Bei starker Hitze etwa 5 Min. unter Rühren braten. Die abgetropften Bohnen und nach Belieben die Chilischote untermischen. Das Tomatenmark mit dem Hühnerfond glattrühren und angießen. Halb bedeckt bei milder Hitze in etwa 15 Min. fertiggaren.

4 Mit Salz, Pfeffer und Chilipulver abschmecken, grüne Zwiebelringe aufstreuen.

◆ **Chilipulver und -schote**

sorgen für ein höllisch scharfes Aroma – vorsichtig verwenden!

Hähnchenbrust-Curry

Für Gäste

Zutaten für 4 Portionen:

1 Zwiebel
2 Knoblauchzehen
1 walnußgroßes Stückchen frischer Ingwer
8 ausgelöste Hähnchenbrustfilets (je etwa 80 g)
Salz
schwarzer Pfeffer aus der Mühle
4 EL Öl
1 TL Kurkuma (Gelbwurz)
½ TL Korianderpulver
½ TL gemahlener Kreuzkümmel
¼ TL Cayennepfeffer
⅛ l Hühnerbrühe
150 g Vollmilch-Joghurt (3,5%)
2 EL Sahne
250 g reife Tomaten
1 Bund glatte Petersilie
½ unbehandelte Zitrone

Pro Portion: 1300 kJ / 310 kcal

Zubereitungszeit:
etwa 50 Min.

1 Zwiebel, Knoblauch und Ingwer schälen und fein hacken. Die Hähnchenfilets leicht salzen und pfeffern. In einem breiten Topf das Öl erhitzen. Die Hähnchenfilets von jeder Seite etwa 1 Min. anbraten und wieder aus dem Topf nehmen.

2 Im Bratfett Zwiebel, Ingwer und Knoblauch unter Rühren andünsten, die Hitze etwas reduzieren und alle Gewürze einrühren. Etwa 1 Min. anschwitzen, mit der Brühe ablöschen und kräftig aufkochen.

3 Den Joghurt mit der Sahne verquirlen und in den Würzsud rühren. Die angebratenen Hähnchenfilets mit dem gezogenen Fleischsaft hineingeben und rundum mit Sauce bedekken. Den Topf schließen und das Geflügel bei ganz milder Hitze etwa 20 Min. garen.

4 Die Tomaten kreuzweise einritzen, kurz in kochendes Wasser legen. Kalt abschrek-ken und enthäuten, die Toma-en halbieren, entkernen, das Fruchtfleisch mit einem schar-en Messer in kleine Würfel schneiden. Die Petersilie grob hacken. Die Zitronenhälfte in Schnitze schneiden.

5 Das Hähnchen-Curry auf Teller oder Schalen vertei-en, mit Tomatenwürfelchen nrichten und die gehackte Petersilie aufstreuen. Mit itronenschnitzen garnieren.

Variante

ie Joghurtsauce als erstes ubereiten. Das Hähnchen-eisch fein schnetzeln, in einer reiten Pfanne oder im Wok siehe Seite 134) unter ständi-em Rühren in feinem Sesamöl twa 2 Min. braten. Die Sauce ntermischen, noch 1–2 Min. usammen schmoren.

Kalbsfrikassee

Klassiker aus Frankreich

Zutaten für 4 Portionen:

750 g Kalbfleisch aus der Schulter
1 Möhre
2 Zwiebeln
2 Gewürznelken
2 EL Butter
Salz
weißer Pfeffer aus der Mühle
1 ½ EL Mehl
⅛ l trockener Weißwein
1 Bund glatte Petersilie
1 Lorbeerblatt
1 Zweig Thymian (oder knapp ½ TL gerebelter)
250 g kleine, weiße Champignons
1 Eigelb
2 EL Crème fraîche
1–2 EL Zitronensaft
eventuell Worcestersauce

Pro Portion: 1400 kJ / 330 kcal

Zubereitungszeit:
etwa 2 Std.

1 Das Kalbfleisch in etwa 3 cm große Stücke schneiden, von Haut und Fett befreien. Die Möhre schälen und in winzige Würfelchen schneiden. 1 Zwiebel fein hacken, die zweite mit den Gewürznelken bestecken.

2 In einem Topf die Butter zerlassen. Das Fleisch portionsweise sanft anbraten, aber nicht bräunen. Die gehackte Zwiebel und die Möhre untermischen, kurz mitdünsten. Salzen und pfeffern, mit Mehl bestäuben. Den Wein und etwa 200 ml Wasser angießen.

3 Die Zwiebel, die Stengel der Petersilie, das Lorbeerblatt und den Thymian in den Topf geben. Zugedeckt bei milder Hitze etwa 45 Min. garen.

4 Die Champignons putzen, größere Pilze halbieren. Nach etwa 45 Min. Garzeit die Pilze unters Fleisch mischen, alles zusammen nochmals weitere 15–20 Min. garen.

5 Das Eigelb mit der Crème fraîche und dem Zitronensaft verquirlen. Die Petersilienblättchen fein hacken.

6 Die Kräuterstengel und die ganze Zwiebel aus dem Topf nehmen und wegwerfen. Das Kalbfleisch und die Pilze mit dem Schaumlöffel herausheben, abtropfen lassen und abgedeckt gut warmhalten.

7 Nach und nach die Fleischsauce zur Eigelbmischung geben und kräftig verquirlen. Mit Salz, Pfeffer und eventuell einigen Tropfen Worcestersauce abschmecken, die Petersilie untermischen. Übers Frikassee gießen und sofort servieren.

◆ Beilage

Gekochter Reis, in kalt ausgespülte Förmchen gedrückt und dekorativ auf die Teller gestürzt.

Gulasch

Klassiker aus Ungarn

Zutaten für 4 Portionen:

2 Zwiebeln
2–3 EL Butterschmalz
750 g Rindergulasch
1 EL Paprikapulver edelsüß
¼ l Fleischbrühe
400 g geschälte Tomaten (aus der Dose)
Salz
schwarzer Pfeffer aus der Mühle
1 Lorbeerblatt
scharfes Rosen-Paprikapulver (oder Cayennepfeffer)

Pro Portion: 1700 kJ / 400 kcal

Zubereitungszeit:
etwa 2 Std.

1 Die Zwiebeln grob hacken. In einem schweren Schmortopf das Butterschmalz erhitzen. Die Fleischwürfel darin portionsweise scharf anbraten, unter Rühren rundum bräunen. Die Zwiebeln untermischen, bei etwas verringerter Hitze mitbraten.

2 Das milde Paprikapulver (edelsüß) darüberstäuben, kurz anschwitzen und mit der Brühe ablöschen. Die Tomaten abtropfen lassen, grob hacken und unters Fleisch mischen. Salzen und pfeffern, das Lorbeerblatt dazugeben.

3 Das Fleisch zugedeckt etwa 1 Std. 30 Min. bei kleiner Hitze schmoren. Bei Bedarf den Tomatensaft aus der Dose oder etwas Wasser angießen. Es soll eine kräftige, schön sämige Sauce entstehen. Das Gulasch mit Salz, Pfeffer und scharfem Rosen-Paprikapulver feurig abschmecken.

◆ **Szegediner Gulasch**

Für diese Spezialität aus der ungarischen Stadt Szeged wird Schweinefleisch mit Zwiebeln, mildem Paprikapulver und Brühe geschmort, Sauerkraut eingerührt und alles mit saurer Sahne abgeschmeckt.

Lammragout

Raffiniert

Zutaten für 4 Portionen:

750 g Lammfleisch (aus der Schulter)
etwa 2 EL Mehl
50 g durchwachsener Speck
1 Zwiebel
2 EL Butterschmalz
200 ml trockener Weißwein
Salz
schwarzer Pfeffer aus der Mühle
frisch geriebene Muskatnuß
etwa ⅛ l Fleischbrühe
1 unbehandelte Zitrone
3 Eigelb
2 Knoblauchzehen

Pro Portion: 2700 kJ / 640 kcal

Zubereitungszeit:
etwa 1 Std. 45 Min.

1 Das Lammfleisch von Haut und Fett befreien, in etwa 2 cm große Würfel schneiden. Dünn mit Mehl bestäuben.

2 Den Speck in Würfelchen schneiden, die Zwiebel hacken. Das Butterschmalz mit den Speckwürfeln in einen Schmortopf geben und langsam erhitzen, den Speck auslassen. Die Lammstückchen portionsweise unter Rühren kräftig anbraten, dann die Zwiebeln untermischen und bei etwas verringerter Temperatur mitbraten.

3 Etwa ⅛ l Wein angießen, mit Salz, Pfeffer und Muskat würzen. Sachte köcheln, bis die Flüssigkeit fast verdampft ist. Noch etwas Wein und die Fleischbrühe angießen, den Topf schließen und das Ragout auf kleinster Stufe etwa 1 Std. schmoren. Bei Bedarf noch Brühe oder Wein nachgießen.

4 Wenn das Fleisch schön zart und weich ist, die Stückchen mit einem Schaumlöffel herausheben, auf einer vorgewärmten Platte abgedeckt warmhalten.

Ossobuco

Geschmorte Kalbshaxen aus Italien

5 Die Zitrone heiß waschen und trocknen, die Schale in feinen Streifchen ablösen und ür später bereithalten. Die Zitrone auspressen. Etwa 4 EL Saft mit den 3 Eigelb und 2 durchgepreßten Knoblauchzehen verquirlen.

6 Den Topf mit der Fleischsauce an den Herdrand ziehen, die Eigelbcreme langsam einfließen lassen und mit dem Schneebesen kräftig unterrühren. Die schaumig geschlagene Sauce ganz vorsichtig erhitzen, keinesfalls aufkochen. Mit Salz, Pfeffer und Muskat abschmecken.

7 Die Schaumsauce über die Lammstückchen gießen, mit Zitronenschale bestreuen und heiß servieren.

Beilage

Schmale grüne Bandnudeln der Wildreis-Mischung.

Zutaten für 6 Portionen:

3 mittelgroße Möhren
3 Stangen Staudensellerie
2 Zwiebeln
5 Knoblauchzehen
3 EL Butter
6 Kalbshaxenscheiben (je etwa 350 g)
Salz
schwarzer Pfeffer aus der Mühle
etwa 3 EL Mehl
4 EL Olivenöl
1/4 l trockener Weißwein
800 g geschälte Tomaten
2 Bund glatte Petersilie
etwa 1/2 l Fleischbrühe
je 1/2 TL getrockneter Thymian und Oregano
2 Lorbeerblätter
1 1/2 unbehandelte Zitronen

Pro Portion: 1900 kJ / 450 kcal

Zubereitungszeit:
etwa 3 Std. 50 Min.
(davon 2–3 Std. Schmorzeit)

1 Die Möhren und die Selleriestangen putzen, in winzige Würfel schneiden. Die Zwiebeln und 2 Knoblauchzehen fein hacken. In einem Bräter die Butter zerlassen. Die Zwiebeln glasig dünsten, dann Gemüse und Knoblauch kurz mitgaren. Vom Herd nehmen.

2 Die Kalbshaxenscheiben mit Küchengarn rund binden. Salzen und pfeffern, von beiden Seiten dünn mit Mehl bestäuben. In einer Pfanne das Öl erhitzen, das Fleisch von beiden Seiten bei mittlerer Hitze anbräunen. Auf das Gemüse in den Bräter setzen.

3 Das Öl aus der Pfanne abgießen. Den Bratensatz mit dem Wein unter Rühren loskochen, auf etwa ein Drittel der Menge einkochen. Den Backofen auf 175° vorheizen. Die Tomaten vierteln und entkernen. 1/2 Bund Petersilie grob hacken.

4 Etwa 1/4 l Fleischbrühe zum Bratfond gießen, die restliche Brühe in einem Topf erhitzen. Die gehackte Petersilie, Thymian und Oregano, Lorbeer und die Tomatenstücke in die Pfanne rühren. Salzen und pfeffern, kurz aufkochen.

5 Die Sauce aus der Pfanne über die Haxenscheiben gießen. Kurz aufkochen, danach den Bräter zudecken und in den Backofen schieben (Gas Stufe 2). Insgesamt etwa 2 1/2 Std. schmoren, das Fleisch etwa alle 20 Min. mit heißer Brühe übergießen.

6 Für die Gremolata (italienische Würzmischung) die restliche Petersilie sehr fein hacken. Die Zitrone heiß abwaschen und trocknen, die Schale fein abreiben. Den restlichen Knoblauch fein hacken, mit Petersilie und Zitronenschale mischen. Die Kalbshaxen mit der Gremolata bestreuen.

Kalbsleber mit Mango

Raffiniert

Zutaten für 4 Portionen:

500 g frische Kalbsleber in Scheiben
5 EL Portwein
schwarzer Pfeffer aus der Mühle
3 Frühlingszwiebeln
1 Mango (etwa 400 g)
3 EL Öl
1–2 EL Mehl
2 EL Butter
Salz

Pro Portion: 1500 kJ / 360 kcal

Zubereitungszeit: *etwa 45 Min.*

1 Die Kalbsleber abspülen, mit Küchenkrepp trocknen und in schmale Streifen schneiden. Mit 2 EL Portwein beträufeln, pfeffern und durchziehen lassen.

2 Die Frühlingszwiebeln putzen und waschen, die weißen Teile hacken, die grünen in etwa 3 cm lange, sehr feine Streifen schneiden. Die Mango schälen, das Fruchtfleisch rundum in kleinen Schnitzen vom Stein lösen. Den abtropfenden Saft auffangen.

3 In einer Pfanne das Öl erhitzen. Die Kalbsleber gut abtropfen lassen, dünn mit Mehl bestäuben und im sehr heißen Fett unter Rühren kurz anbraten. Die weißen Zwiebeln einrühren, bei etwas verringerter Temperatur kurz dünsten. Die Butter dazugeben und schmelzen lassen. Die grünen Frühlingszwiebeln untermischen, 1–2 Min. mitbraten.

4 Zum Schluß die Mangostückchen mit dem Saft und den restlichen Portwein einrühren, alles zusammen noch etwa 3 Min. bei milder Hitze garen. Mit Salz und Pfeffer abschmecken.

Herz-Ragout

Sehr heiß servieren

Zutaten für 4 Portionen:

600 g Rinderherz
200 g Möhren
200 g Knollensellerie
2 Zwiebeln
2 Knoblauchzehen
4 EL Öl
Salz
schwarzer Pfeffer aus der Mühle
1 ½ EL Paprikapulver edelsüß
½ l kräftiger Rotwein
2 EL Tomatenmark
Cayennepfeffer
1 Bund glatte Petersilie

Pro Portion: 1700 kJ / 400 kcal

Zubereitungszeit: *etwa 2 Std. 15 Min.*

1 Das Rinderherz von Sehnen und Häutchen befreien, das schiere Muskelfleisch in etwa 2 cm breite Würfel schneiden. Möhren und Sellerie putzen und schälen, in streichholzfeine Stifte schneiden. Zwiebeln und Knoblauch hacken.

2 In einem Schmortopf 2 EL Öl erhitzen. Die Herzwürfel portionsweise scharf anbraten, salzen und kräftig pfeffern und wieder aus dem Topf nehmen. Das restliche Öl nachgießen und erhitzen. Die Zwiebeln glasig dünsten, dann Möhren, Sellerie und Knoblauch in den Topf geben und anbraten.

3 Das Paprikapulver einrühren, kurz anschwitzen und mit der Hälfte des Weines ablöschen. Die angebratenen Herzwürfel gründlich untermischen. Zugedeckt etwa 1 Std. 30 Min. bei sanfter Hitze schmoren. Nach und nach den restlichen Wein angießen.

4 Das Tomatenmark in die Sauce rühren, mit Salz, Pfeffer und Cayennepfeffer abschmecken. Die Petersilie grob hacken und aufstreuen, das Ragout sehr heiß servieren

Kalbsbries mit Tomatenvinaigrette

Etwas teurer

◆ **Innereien**

können ab und zu als kleine Delikatessen den Speiseplan bereichern – wenn sie entsprechend zubereitet sind. Ein guter Metzger ist die Grundvoraussetzung, lassen Sie sich nur wirklich frische Leber, Bries, Herz oder Nieren einpacken. Bei der Zubereitung sehr sorgfältig vorgehen: Sehnen und Häute entfernen, Leber erst nach dem Anbraten salzen, damit sie nicht hart wird. Grundsätzlich gilt: Innereien nicht zu häufig essen. Vom Kalb sind sie besonders zart, fein und wohlschmeckend – allerdings auch nicht so preiswert wie von Rind und Schwein.

Zutaten für 4 Portionen:

Salz
500 g Kalbsbries
frisch geriebene Muskatnuß
4–5 EL Zitronensaft
weißer Pfeffer aus der Mühle
1 TL frischer Thymian (oder 1/4 TL getrockneter)
500 g reife, aromatische Tomaten
4 EL kaltgepreßtes Olivenöl
2 EL milder Weinessig
1 Bund Schnittlauch
Butterschmalz zum Fritieren
etwa 50 g Mehl
frisches Weißbrot

Pro Portion: 1600 kJ / 380 kcal

Zubereitungszeit:
etwa 45 Min.

1 In einem Topf etwa 1 l Salzwasser zum Kochen bringen. Das Kalbsbries putzen, Häute und Fett so gut wie möglich mit einem Messer ablösen. Das Bries ins kochende Salzwasser geben, etwa 5 Min. blanchieren, kalt abschrecken. Das Bries von restlicher Haut und Sehnen befreien, in kleine Stückchen teilen. Rundum mit Muskat würzen.

2 Den Zitronensaft mit Salz, reichlich Pfeffer und Thymian verrühren. Über die Kalbsbriesstückchen gießen, durchziehen lassen.

3 Die Tomaten kreuzweise einritzen, kurz in kochendes Wasser legen, kalt abschrecken und häuten. Die Tomaten halbieren und entkernen, das Fruchtfleisch mit einem großen Messer sehr fein hacken.

4 Die Tomaten mit Olivenöl und Weinessig zu einer kompakten Sauce rühren, mit Salz und Pfeffer würzig abschmecken. Den Schnittlauch in feine Röllchen schneiden und untermischen.

5 In einer Friteuse oder einem geeigneten Topf reichlich Butterschmalz erhitzen. Die Temperatur vom Butterschmalz mit einem Holzlöffelstiel prüfen: Sobald kleine Bläschen aufsteigen, ist es heiß genug zum Fritieren.

6 Die Kalbsbriesstückchen mit Küchenkrepp trocknen, dünn mit Mehl bestäuben und portionsweise knusprig ausbacken. Mit dem Schaumlöffel herausheben, auf Küchenkrepp abtropfen lassen und abgedeckt gut warmhalten, bis alles fertig ist. Mit der Tomatenvinaigrette und reichlich frischem Weißbrot servieren.

◆ **Tip**

Kalbsbries rechtzeitig beim Metzger vorbestellen.

Rosmarin-Hähnchen

Preiswert

Zutaten für 2 Portionen:

1 Brathähnchen (etwa 1 kg)
Öl für die Folie
Salz
schwarzer Pfeffer aus der Mühle
1 EL frischer Rosmarin (ersatzweise 1 TL getrockneter)
2 EL flüssiger Honig
1–2 EL Zitronensaft
Tabasco

Pro Portion: 2500 kJ / 600 kcal

Zubereitungszeit:
etwa 1 Std. 30 Min.

1 Das Hähnchen halbieren und flach drücken. 2 große Stücke Alufolie mit Öl bestreichen, die Hähnchenhälften mit Salz und Pfeffer einreiben und auf die Folienstücke legen. Den Backofen auf 225° vorheizen.

2 Den Rosmarin sehr fein hacken. Den Honig mit dem Zitronensaft und dem Rosmarin gründlich verrühren, mit etwas Pfeffer und 1 Spritzer Tabasco würzen. Das Geflügel mit der Mischung bestreichen, die Folie darüber falten und locker verschließen.

3 Die Geflügelpäckchen auf den Grillrost legen (mittlere Schiene des Backofens) und etwa 40 Min. garen (Gas Stufe 4). Danach die Temperatur auf 200° verringern (Gas Stufe 3). Die Folie öffnen und seitlich aufschlagen. Das Hähnchen etwa 30 Min. weiterbraten, bis die Haut knusprig braun ist.

◆ Tip

Hähnchen am Tag vorher mit der Marinade bestreichen und bis zur Zubereitung im Kühlschrank durchziehen lassen.

◆ Tip

Ganze Rosmarinnadeln sehen schöner aus, sind aber nicht angenehm zu essen.

Entenbraten

Etwas teurer

Zutaten für 4–6 Portionen:

1 Flugente (gut 2 kg, küchenfertig vorbereitet)
1 unbehandelte Zitrone
Salz
schwarzer Pfeffer aus der Mühle
800 g kleine, weiße Rüben
1 unbehandelte Orange
½ l fertige Hühnerbrühe
1 Lorbeerblatt
½ Bund glatte Petersilie

Bei 6 Portionen pro Portion: 2500 kJ / 600 kcal

Zubereitungszeit:
etwa 2 Std. 30 Min.

1 Den Backofen auf 175° vorheizen. Die Ente waschen und abtrocknen, Federkiele mit der Pinzette herauszupfen. Die Zitrone heiß abwaschen und trocknen, die Schale fein abreiben und beiseite stellen, den Saft auspressen. Die Ente kräftig mit Zitronensaft einreiben, salzen und pfeffern.

2 Die Flügel der Ente am Körper festbinden. Die Ente mit der Brust nach unten in einen Bräter legen, seitlich etwas Wasser angießen, den Bräter zudecken. Die Ente im Backofen (Gas Stufe 2) etwa 1 Std. garen. Ab und zu mit austretendem Fett bestreichen.

3 Die möglichst gleichmäßig kleinen Rübchen putzen und schälen (größere Rüben notfalls in Würfel schneiden). Die Orange heiß waschen, die Schale abreiben und beiseite stellen, den Saft auspressen. Die Rüben mit der Hühnerbrühe, dem Orangensaft und dem Lorbeerblatt in einen Topf geben und erhitzen. Bei sanfter Hitze etwa 10 Min. köcheln lassen. Die Rübchen sollten noch leichten Biß haben.

4 Nach gut 1 Std. Garzeit die Ente aus dem Backofen nehmen, das Bratfett abgießen. Die Brustfilets der Ente heraus

lösen, in Alufolie gewickelt warmhalten. Den Rest der Ente wieder in den Backofen schieben. Die Brühe vom Gemüse angießen, bei verringerter Temperatur (150°, Gas Stufe 1) weitere 50–60 Min. garen. Die Ente häufig mit der Brühe begießen.

5 Die Rübchen rund um die Ente in die Sauce legen. Die Petersilie fein hacken, mit der Zitronenschale und der Orangenschale mischen, auf die Ente streuen und alles zusammen nochmals etwa 5 Min. im Ofen lassen. Während dieser Zeit auch die in Alufolie gewickelte Brust nochmals in den Backofen legen und heiß werden lassen.

6 Zum Servieren die Ente in Portionsstücke zerlegen, die Brustfilets in Scheiben schneiden, mit den Rübchen anrichten.

Putenkeule mit Wacholder

Gelingt leicht

Zutaten für 4 Portionen:

1 Puten-Oberkeule (etwa 1 kg, ersatzweise 2 Unterkeulen)
Salz
weißer Pfeffer aus der Mühle
1 EL Wacholderbeeren
600 g mittelgroße Kartoffeln (vorwiegend festkochende Sorte)
4 mittelgroße Möhren
4 mittelgroße Zwiebeln
2 EL Butterschmalz
1/8 l trockener Weißwein
1/8 l Hühnerbrühe
1 EL scharfer Senf (Dijon)
2 EL Crème fraîche
1 Bund Schnittlauch

Pro Portion: 1900 kJ / 450 kcal

Zubereitungszeit:
etwa 2 Std.

1 Die Putenkeule rundum salzen und pfeffern. Die Wacholderbeeren im Mörser zerstoßen, das Fleisch damit einreiben. Den Backofen auf 200° vorheizen.

2 Die Kartoffeln waschen, schälen und vierteln. Die Möhren putzen und schälen, in etwa 1 cm dicke schräge Scheiben schneiden. Die Zwiebeln vierteln.

3 In einem Bräter das Butterschmalz erhitzen. Die Keule rundum kräftig anbraten und wieder herausnehmen. Nun die Kartoffeln, Möhren und Zwiebeln in den Bräter geben, unter Rühren kurz anbraten. Das Gemüse salzen und pfeffern, den Wein und die Brühe angießen.

4 Die Putenkeule aufs Gemüse legen, für gut 1 Std. 15 Min. in den Backofen schieben (Gas Stufe 3). Das Geflügel häufig mit dem Weinsud begießen. Die gebratene Keule herausnehmen und auf eine feuerfeste Platte legen. Nochmals kurz in den Backofen schieben oder unterm Grill knusprig nachgaren.

5 Den Bräter mit dem Gemüse auf die Herdplatte stellen. Den Senf mit der Crème fraîche und einigen Eßlöffeln vom heißen Sud aus dem Bräter verrühren. Unters Gemüse mischen und alles gut heiß werden lassen. Mit Salz und Pfeffer abschmecken und mit Schnittlauchröllchen bestreuen.

6 Die Putenkeule parallel zum Knochen in dünne Scheiben aufschneiden. Zum Gemüse servieren.

◆ Tip

Die kleineren Puten-Unterkeulen haben eine kürzere Garzeit: etwa 1 Std.

◆ Putenkeulen

haben besonders kräftig schmeckendes, relativ dunkles Fleisch und eignen sich am besten zum Schmoren und Braten.

Marinierter Putenbraten

Für Gäste

Zutaten für 4 Portionen:

750 g Putenbrust (ein möglichst gleichmäßiges Stück)
½ l Buttermilch
1 Lorbeerblatt
2 TL getrockneter Oregano
1 Stück unbehandelte Zitronenschale
schwarzer Pfeffer aus der Mühle
2 Zwiebeln
Salz
2 TL Mehl
3 EL Öl
1 TL Speisestärke
500 g kleine, neue Kartoffeln
½ Bund glatte Petersilie

Pro Portion: 1700 kJ / 400 kcal

Zubereitungszeit:
etwa 1 Std. 10 Min.
(+12–24 Std. Marinierzeit)

1 Die Putenbrust kurz unter kaltem Wasser abwaschen und abtrocknen.

2 Die Buttermilch mit dem Lorbeerblatt, dem Oregano und der Zitronenschale in einer Schüssel verrühren und mit Pfeffer würzen. 1 Zwiebel in Ringe schneiden und untermischen.

3 Den Braten in der Buttermilch-Marinade wenden, zugedeckt über Nacht in den Kühlschrank stellen.

4 Das Fleisch herausnehmen, abtropfen lassen und die Marinade so gut wie möglich abstreifen. Den Braten gut mit Küchenkrepp abtrocknen, rundum salzen und pfeffern und mit dem Mehl bestäuben.

5 Die zweite Zwiebel fein hacken. 2 EL Öl in einem Schmortopf erhitzen, den Putenbraten rundherum anbraten. Die Zwiebelwürfel kurz mit anbräunen.

6 Die Buttermilch-Marinade durch ein Sieb gießen, mit der Speisestärke verrühren und zum Braten gießen. Alles zugedeckt bei milder Hitze etwa 50 Min. schmoren, zwischendurch wenden.

7 Inzwischen die Kartoffeln gründlich waschen und abbürsten. Das restliche Öl in einer Pfanne erhitzen, die Kartoffeln anbraten. Salzen, den Deckel auflegen, die Kartoffeln etwa 35 Min. garen. Die Petersilie hacken oder in feine Streifen schneiden.

8 Die Sauce vom Putenbraten abschmecken, zum Fleisch und zu den Kartoffeln servieren. Die Petersilie darüber streuen.

◆ Buttermilch-Marinade

Die Säure der Buttermilch sorgt dafür, daß das Fleisch besonders mürbe wird, selbst zähe Fleischfasern werden dadurch weicher. Wichtig ist, daß Sie stets etwas Mehl oder Speisestärke dazugeben, bevor Sie die Marinade angießen, sonst flockt die Buttermilch aus.

◆ Mikrowellen-Tip

Das Fleisch wie oben beschrieben marinieren und auf dem Herd anbraten. Zugedeckt in der Mikrowelle bei 600 Watt etwa 45 Min. garen, zwischendurch wenden.

◆ Reste-Idee

Reste von Braten und Sauce gut zugedeckt im Kühlschrank aufbewahren. Am nächsten Tag das Fleisch fein schnetzeln. Kleingeschnittene Frühlingszwiebeln in einer Pfanne mit heißer Butter oder Butterschmalz anschwitzen, die Sauce angießen und erhitzen, eventuell mit etwas Brühe auffüllen. Das Putenfleisch darin ganz kurz erhitzen.

Sauerbraten

Klassiker auf feine Art

Zutaten für 4–6 Portionen:

1 kg Rinderschmorbraten (zum Beispiel aus der Oberschale)
1/8 l Rotweinessig
1/4 l Rotwein
2 Lorbeerblätter
2 EL schwarze Pfefferkörner
schwarzer Pfeffer aus der Mühle
2 große Zwiebeln
250 g Kartoffeln
2 EL Öl
Salz
1/4 l Brühe
2 EL Crème fraîche
1 Bund Schnittlauch

Bei 6 Portionen pro Portion: 2000 kJ / 480 kcal

Zubereitungszeit:
etwa 2 Std.
(+ 2–3 Tage Marinierzeit)

1 Das Fleisch waschen und abtrocknen. In eine hohe, nicht zu breite Schüssel legen. Essig mit Rotwein, Lorbeerblättern und Pfefferkörnern aufkochen, abkühlen lassen. Fleisch mit der Marinade bedecken, gut zugedeckt 2–3 Tage in den Kühlschrank stellen, zwischendurch mindestens einmal wenden.

2 Das Fleisch aus der Marinade heben und mit Küchenkrepp gründlich abtrocknen. Rundum mit Pfeffer einreiben.

3 Die Zwiebeln und die Kartoffeln schälen und in Würfel schneiden. Das Öl in einem Schmortopf erhitzen, das Fleisch darin rundherum kräftig anbraten. Die Zwiebeln einrühren und goldbraun braten.

4 Das Fleisch mit Salz würzen. Die Kartoffeln kurz mit anschwitzen, dann die Brühe angießen. Etwa 75 ml Marinade durch ein feines Sieb angießen.

5 Zugedeckt etwa 1 1/2 Std. bei milder Hitze schmoren, zwischendurch einmal wenden.

6 Das Fleisch aus dem Topf nehmen und warmhalten. Den Bratfond mit dem Pürierstab direkt im Topf oder im Mixer glatt pürieren, eventuell etwas einkochen lassen oder mit etwas Wasser oder Marinade verrühren, um die Sauce cremiger oder flüssiger zu bekommen. Die Crème fraîche einrühren, mit Salz und Pfeffer abschmecken.

7 Den Braten in Scheiben schneiden, mit der Sauce anrichten. Den Schnittlauch in Röllchen schneiden und aufstreuen.

◆ Marinade

Wenn Sie einen milderen Sauerbraten lieber mögen, legen Sie ihn in weniger Essig ein und würzen die Sauce am Schluß nur mit einem Schuß Marinade. Dafür etwa 200 ml Rotweinessig mit 1/4 l Wasser und den Gewürzen aufkochen und wieder abkühlen lassen.

◆ Das Original

Beim klassischen »Rheinischen Sauerbraten« werden zusätzlich einige Rosinen oder Korinthen in die Sauce gegeben. Deren Süße mildert die Säure der Essigmarinade.

◆ Reste-Ideen

Reste vom Sauerbraten können Sie gut einfrieren. Andere Idee: Das Fleisch am nächsten Tag in sehr dünne Scheiben schneiden, auf einem Teller oder einer Platte ausbreiten und mit einer milden Schnittlauch- oder Zwiebel-Vinaigrette beträufeln. Frisches Baguette oder gerösteten Toast dazu reichen und das Ganze als Vorspeise oder als raffiniertes Abendessen servieren.

Tafelspitz mit Erbspüree

Klassiker mit neuer Beilage

Zutaten für 6 Portionen:

2 Bund Suppengrün
Salz
½ TL schwarze Pfefferkörner
¼ TL Wacholderbeeren
2 Lorbeerblätter
1 kg Tafelspitz (Rindfleisch aus der Hüfte)
2 Frühlingszwiebeln
1 EL Butter
600 g tiefgekühlte Erbsen
weißer Pfeffer aus der Mühle
2–3 EL Zitronensaft
1 Prise Cayennepfeffer
1 Bund Basilikum
2 EL Crème fraîche

Pro Portion: 1800 kJ / 430 kcal

Zubereitungszeit:
etwa 3 Std.

1 Das Suppengrün putzen und grob zerkleinern. Mit 2 l Wasser aufsetzen, 1 TL Salz, die Pfefferkörner, Wacholderbeeren und Lorbeerblätter hineingeben. Das Fleisch ins kochende Wasser geben, die Hitze verringern und den Dekkel halb auflegen. Etwa 2 Std. 30 Min. bei geringster Temperatur ziehen lassen.

2 Die Frühlingszwiebeln putzen, fein hacken. In einem Topf die Butter schmelzen, die Zwiebeln andünsten. Die Erbsen hineinschütten, eine Schöpfkelle voll Tafelspitzbrühe angießen. Aufkochen, etwa 10 Min. im offenen Topf sanft dünsten. Mit Salz, Pfeffer, Zitronensaft und Cayennepfeffer würzen. Drei Viertel vom Basilikum hacken und untermischen. Die Erbsen im Topf pürieren, Crème fraîche einrühren und abschmecken.

3 Tafelspitz vom Herd nehmen, in der Brühe noch einige Minuten nachziehen lassen. Quer zur Faser in dünne Scheiben aufschneiden, grob pfeffern. Mit dem Erbspüree servieren, Basilikumblättchen aufstreuen.

Rinderfilet im Kräutersud

Gelingt leicht

Zutaten für 6 Portionen:

etwa 2 l kräftige Fleischbrühe (nach dem Grundrezept auf Seite 66 zubereitet)
3–4 Knoblauchzehen
1 Bund glatte Petersilie
je 1–2 Zweige Thymian und Estragon (oder je 1 TL getrocknete Kräuter)
etwa 1,2 kg Rinderfilet (Mittelstück)
4 Stangen Staudensellerie
250 g große weiße Champignons
500 g Broccoli
Salz
schwarzer Pfeffer aus der Mühle

Pro Portion: 1200 kJ / 290 kcal

Zubereitungszeit:
etwa 1 Std. 30 Min.

1 Die Fleischbrühe in einem Topf aufkochen (das Filet muß der Länge nach hineinpassen). Die geschälten Knoblauchzehen, die Stengel der Petersilie und die anderen Kräuter in die Brühe geben. Köcheln lassen.

2 Das Rinderfilet mit einem Baumwollfaden wie ein Paket längs verschnüren. 3–4 Schlaufen an die umwikkelte Schnur knüpfen und das Filet damit an einen langen Kochlöffelstiel binden. Die Schlaufen müssen die richtige Länge haben, damit das Filet später frei schwebend in der Brühe hängt.

3 Den Kochlöffel quer über den Topfrand legen und so das Filet in die Brühe hängen. Dabei ist wichtig, daß das Fleisch rundum von Flüssigkeit umgeben ist. Die Hitze ist dann gleichmäßig verteilt, und das Filet wird perfekt gegart.

4 Die Brühe nun knapp am Siedepunkt halten und das Fleisch insgesamt etwa 50 Min. garen.

Pochierte Lammschulter

Für Gäste

5 Inzwischen die Selleriestangen putzen und waschen, in etwa 5 cm lange Stücke schneiden. Einen Teil vom Grün beiseite legen. Die Champignons putzen und abreiben. Broccoli putzen, die Röschen abtrennen, die dicken Stiele zerteilen.

6 Das Gemüse nach etwa 25 Min. Garzeit zum Fleisch in den Topf geben, leicht salzen und bis zum Schluß mitgaren.

7 Das Filet herausnehmen, von der Schnur befreien und in Alufolie wickeln. Etwa 5 Min. nachziehen lassen. Das Selleriegrün und die Petersilie hacken. Das Fleisch in Scheiben schneiden, mit dem Gemüse anrichten. Mit etwas Brühe beträufeln, salzen und pfeffern, das gehackte Grün aufstreuen.

◆ Getränke-Tip

Kräftiger vollmundiger Rotwein, zum Beispiel Burgunder oder Chianti Classico.

Zutaten für 6–8 Portionen:

2 Bund frisches Suppengrün
2 Zwiebeln
2–3 Knoblauchzehen
3 EL Öl
1 l Fleischbrühe
¼ l trockener Weißwein
1 unbehandelte Zitrone
½ TL Wacholderbeeren
2 Lorbeerblätter
etwa 1,2 kg Lammschulter ohne Knochen
schwarzer Pfeffer aus der Mühle
800 g kleine Kartoffeln (vorwiegend festkochende Sorte)
500 g Möhren
etwa 50 g Keimlinge und/oder Kräuter (zum Beispiel Mungobohnenkeimlinge, Alfalfasprossen, Rettichkeimlinge, Kresse, Kerbel)
250 g Mascarpone
1 TL Dijon-Senf
Salz

Bei 8 Portionen pro Portion: 2600 kJ / 620 kcal

Zubereitungszeit: etwa 3 Std. 30 Min.

1 Das Suppengrün waschen und in kleine Würfel schneiden. Zwiebeln und Knoblauch fein hacken. In einem großen Topf das Öl erhitzen. Die Zwiebeln, das Gemüse und den Knoblauch kurz andünsten.

2 Die Brühe und den Wein angießen, zum Kochen bringen. Die Zitrone heiß abwaschen, in Scheiben schneiden und mit den Wacholderbeeren und den Lorbeerblättern in den Sud geben.

3 Die Lammschulter rundum mit Pfeffer einreiben. In die kochende Brühe legen, die Hitze herunterschalten und das Fleisch halb bedeckt bei niedrigster Temperatur 2 ½–3 Std. ziehen lassen.

4 Inzwischen die Kartoffeln und die Möhren waschen und schälen. Nach etwa 1 Std. zum Lamm geben, noch etwa 1 ½–2 Std. mitgaren.

5 Für die Sauce die Keimlinge und Kräuter fein hacken. Mascarpone mit dem Senf und etwa ⅛ l Lammsud verrühren, kurz einköcheln und die gehackten Keimlinge untermischen. Mit Salz und Pfeffer würzen. (Für eine kalte Sauce nur Mascarpone und Kräuter verrühren).

◆ Reste-Ideen

Bei allen drei Rezepten die Brühe vom Fleischköcheln als Grundlage für eine Suppe oder einen Eintopf verwenden. Fleisch-Reste in hauchdünne Scheiben schneiden, marinieren oder mit fertigen Pasten würzen und als Brotbelag servieren. Oder aus feinen Fleischstreifen einen Salat zubereiten mit frisch geriebenem Meerrettich, Frühlingszwiebeln und Kartoffeln.

Gefüllte Kalbsbrust

Preiswert

Zutaten für 8 Portionen:

2 Bund Frühlingszwiebeln
1 Bund Suppengrün
2 EL Butter
1 Knoblauchzehe
100 g Grünkernschrot
½ l milde Brühe
1 ½ kg Kalbsbrust ohne Knochen
Salz
schwarzer Pfeffer aus der Mühle
1 kleine Dose Leberpastete (etwa 65 g)
1 Bund glatte Petersilie
2 EL Öl für den Bräter
200 ml trockener Weißwein
100 g Crème fraîche

Pro Portion: 1900 kJ / 450 kcal

Zubereitungszeit:
etwa 2 Std. 30 Min.

◆ Beilage

Möglichst kleine, festkochende Frühkartoffeln waschen und abbürsten. Als Pellkartoffeln kochen, schälen und kurz in Butter braten (oder die Kartoffeln im Bräter mitgaren).

◆ Kalbsbrust

können Sie auch als kleineres Stück kaufen und somit für eine geringere Personenzahl zubereiten. Die Füllung der Fleischmenge müssen Sie dann entsprechend verringern. Die Schmorzeit ändert sich kaum, das Fleischstück bleibt etwa gleich dick. Außerdem wird es durch das langsame Schmoren besonders zart.

◆ Reste-Idee

Übriggebliebene Kalbsbrust können Sie auch gut einfrieren, es lohnt sich also, gleich ein großes Stück zuzubereiten.

1 Die Frühlingszwiebeln putzen und waschen, die weißen Teile fein hacken, das Grün in feine, schräge Ringe schneiden. Das Suppengrün putzen, waschen und in kleine Würfel schneiden.

2 Die Butter in einem Topf zerlassen, die weißen Zwiebelteile darin glasig dünsten. Die Knoblauchzehe durch die Presse dazudrücken.

3 Suppengrün und Grünkernschrot einrühren und kurz anrösten, dann mit etwa 300 ml Brühe ablöschen. Zugedeckt bei milder Hitze in etwa 10 Min. ausquellen lassen.

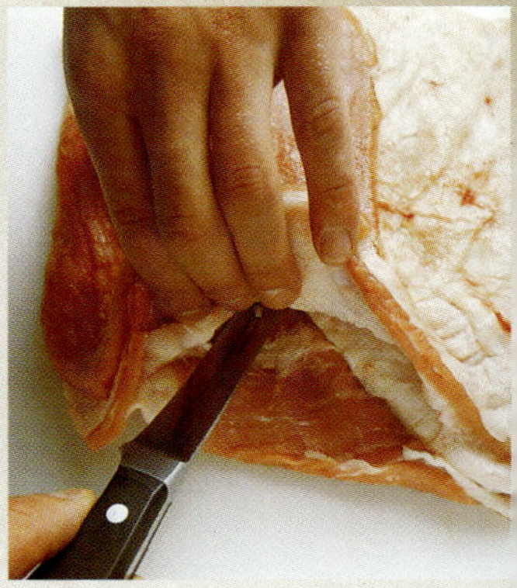

4 Die Kalbsbrust waschen und abtrocknen. Mit einem scharfen Messer eine Tasche hineinschneiden. Innen und außen mit Salz und Pfeffer einreiben. Den Backofen auf 200° vorheizen.

5 Die Grünkernmischung mit der Leberpastete und gut der Hälfte des Zwiebelgrüns verrühren. Die Petersilie hacken und untermischen, die Füllung mit Salz und Pfeffer pikant abschmecken.

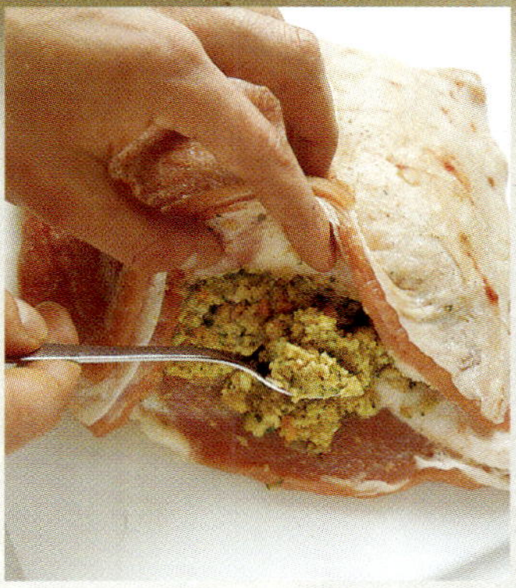

6 Die Kalbsbrust mit der Grünkernmischung füllen, mit Holzspießchen und Küchengarn verschließen. Das Öl in einem Bräter erhitzen, die Kalbsbrust darin rundherum scharf anbraten.

7 In den Backofen auf die mittlere Schiene stellen (Gas Stufe 3) und etwa 30 Min. braten. Danach die restliche Brühe und den Wein angießen, das Fleisch weitere 50–60 Min. braten. Aus dem Bräter nehmen und noch etwa 20 Min. im ausgeschalteten Ofen ruhen lassen.

8 Inzwischen den Bratfond auf dem Herd kräftig durchkochen. Die Crème fraîche und das übrige Zwiebelgrün unterziehen, abschmecken und zum Fleisch servieren.

Roastbeef

Gelingt leicht

Zutaten für 8 Portionen:

2 EL Worcestersauce
2 Msp. Cayennepfeffer
6 EL Sonnenblumenöl
etwa 1 ½ kg Rinderlende

Pro Portion: 1700 kJ / 400 kcal

Zubereitungszeit:
etwa 1 Std.

1 Den Backofen mit eingeschobenem Rost (mittlere Schiene) und Fettpfanne (untere Schiene) auf 250° vorheizen. Die Worcestersauce mit dem Cayennepfeffer und dem Öl verrühren, die Rinderlende damit rundum einreiben.

2 Das Fleisch auf den Rost legen, etwa 15 Min. garen. Danach die Hitze auf 200° reduzieren, etwa ½ l heißes Wasser unten in die Fettpfanne gießen. Der entstehende Wasserdampf sorgt für gleichmäßige Hitze beim Garen.

3 Das Fleisch nun etwa weitere 30 Min. garen, es ist dann innen schön rosa. Wenn Sie kein dickes Mittelstück, sondern ein schmales Endstück gekauft haben, müssen Sie die Garzeit verkürzen. Garprobe: Mit einer Gabel leicht auf das Fleisch drücken, es soll federnd und nicht zu weich nachgeben.

4 Das Roastbeef im ausgeschalteten Backofen noch etwa 10 Min. nachziehen lassen. Abkühlen lassen, in hauchdünne Scheiben schneiden.

◆ Beilage

Knusprige Bratkartoffeln und eine feine Mayonnaise – zum Beispiel die Kapern-Mayonnaise mit Estragon, Rezept Seite 115.

◆ Variante

Warmes Roastbeef in dickere Scheiben schneiden, dazu Blattsalat und Baguette servieren.

Riesen-Roulade

Ideal für ein Buffet

Zutaten für 6–8 Portionen:

1 Brötchen vom Vortag
3 Eier (2 davon hartgekocht)
6 EL Milch
750 g Rindfleisch zum Schmoren (vom Metzger zu einer 1 cm dünnen Scheibe aufschneiden lassen)
1 Bund glatte Petersilie
2 Knoblauchzehen
1 TL frischer Thymian (oder ½ TL getrockneter)
400 g Kalbsbrät
4 EL frisch geriebener Parmesan
Salz
schwarzer Pfeffer aus der Mühle
frisch geriebene Muskatnuß
150 g Mozzarella
2 Zwiebeln
6 EL Öl
½ l kräftiger Rotwein
800 g geschälte Tomaten (aus der Dose)
Cayennepfeffer

Bei 8 Portionen pro Portion: 2200 kJ / 530 kcal

Zubereitungszeit:
etwa 2 Std. 45 Min.

1 Die Rinde des Brötchens abreiben, die Krume zerpflücken. Das rohe Ei mit der Milch verquirlen, die Krume darin einweichen. Das Rindfleisch eventuell flach klopfen.

2 Die Petersilie, den Knoblauch und den Thymian fein hacken. Mit dem Kalbsbrät und der Brotkrume verkneten. Käse und Brösel untermischen, mit Salz, Pfeffer, Muskat würzen.

3 Die Füllung gleichmäßig auf der Fleischscheibe verteilen, die Ränder frei lassen. Die hartgekochten Eier pellen, in Scheiben schneiden. Den Mozzarella in dünne Scheiben schneiden. Beides auf der Füllung verteilen. Das Fleisch aufrollen und verschnüren.

4 Den Backofen auf 175° vorheizen. Die Zwiebeln

hacken. In einem Bräter das Öl erhitzen, das Fleisch rundum kräftig anbraten. Herausnehmen, die Zwiebeln im Bratfett andünsten. Den Wein angießen, auf die Hälfte einkochen.

5 Die Tomaten abtropfen lassen, grob hacken. Mit dem Fleisch in den Bräter geben. Salzen und pfeffern, im Backofen (Gas Stufe 2) etwa 2 Std. sanft schmoren. Das Fleisch ab und zu mit dem Weinsud begießen, eventuell etwas Tomatensaft angießen.

6 Den Rollbraten aus dem Bräter nehmen, im ausgeschalteten Backofen nachziehen lassen. Die Sauce im Bräter pürieren, nochmals erhitzen und mit Cayennepfeffer abschmecken.

Für's Buffet

Die Roulade warm, lauwarm oder kalt in dünne Scheiben schneiden.

Schweinebraten mit Kruste

Preiswert

Zutaten für 8 Portionen:

etwa 1 ½ kg Schweineschulter mit Schwarte
4 Knoblauchzehen
Salz
1 TL schwarze Pfefferkörner
2 Gewürznelken
2 EL Öl
1 TL gehackter Rosmarin
4 Möhren
1 Lorbeerblatt
¼ l helles oder dunkles Bier (kein Pils)
500 g Lauch (2 große Stangen)
eventuell ¼ l Fleischbrühe
schwarzer Pfeffer aus der Mühle

Pro Portion: 2300 kJ / 550 kcal

Zubereitungszeit:
etwa 2 Std. 45 Min.

1 Den Backofen auf 225° vorheizen. Die Schwarte der Schweineschulter mit einem scharfen Messer kreuzweise einritzen, das Muskelfleisch jedoch nicht verletzen.

2 Den geschälten Knoblauch mit etwa ½ TL Salz, den Pfefferkörnern und den Nelken in einem Mörser fein zerreiben. Das Öl und den Rosmarin untermischen. Das Fleisch rundum mit der Gewürzmischung einreiben.

3 Einen Bräter fingerhoch mit kochendheißem Salzwasser füllen. Den Schweinebraten mit der Schwarte nach unten hineinlegen, den Bräter unten in den Backofen (Gas Stufe 4) schieben. Etwa 15 Min. garen, dann das Fleisch wenden und mit der Schwarte nach oben weitere 10–15 Min. garen.

4 Die Möhren schälen und putzen, in Scheibchen schneiden. Die Möhren und das Lorbeerblatt in den Bräter geben, das Fleisch mit dem Bier begießen. Weitere 45 Min. schmoren. Die Schwarte ab und zu mit dem Bratensaft übergießen.

5 Den Lauch putzen und längs vierteln, waschen und in etwa 5 cm lange Stücke schneiden. Die Hitze im Backofen auf 175° (Gas Stufe 2) verringern, die Lauchstücke um das Fleisch herum verteilen und etwas Brühe angießen. Den Bräter weiter oben in den Backofen schieben, das Fleisch nochmals etwa 45 Min. schmoren, immer wieder mit Bratensaft begießen.

6 Den Braten und die Lauchstücke herausnehmen und im ausgeschalteten Backofen warmhalten. Die Sauce im Bräter pürieren (Lorbeerblatt herausnehmen) und mit Salz und Pfeffer abschmecken.

◆ Tip

Die köstlich knusprige Kruste bildet sich am besten, wenn Sie die Schwarte mit Bier oder Salzwasser begießen.

Gemüse und Hülsenfrüchte

Das schönste Souvenir aus dem Süden? Das ist ein einziges Stimmungsbild: Der Anblick von leuchtend buntem Gemüse, der Duft würziger Kräuter, ein Klima, das wie geschaffen ist zum Genießen. Ein Bummel über den heimatlichen Markt ruft köstliche Erinnerungen wach, auch hier locken pralle Auberginen und Zucchini, Tomaten, Fenchel und bunte Paprikaschoten. Die Lust auf den Sommer wird übermächtig, und so füllt sich der Einkaufskorb mit allem, was dazu gehört zu einem mediterranen Schlemmermenü. Doch kennt man auch Tage und Zeiten, da mundet nichts so gut wie ein deftiger Bohneneintopf, ein würziger Kraut-Auflauf. Wohlig satt, schön aufgewärmt und rundum zufrieden nach einem solch herzhaften Schmaus – kann man sich Genußvolleres vorstellen? Vielleicht hin und wieder ein exotisches Experiment: zum Beispiel streichholzfein geschnittene Möhrchen aus der Pfanne, pikant gewürzt mit Curry und Chili, Ingwer und einer Prise Zimt…

Geschmackssache, meinen Sie? Stimmt genau! Und das ist auch schon das Geheimnis perfekter Gemüseküche: Ganz nach Gusto zubereiten! Ob nordisch und eher deftig, südlich-mediterran oder asiatisch angehaucht, die Rezeptauswahl in diesem Kapitel spricht für sich. Durch Variationen in Schnitt-Technik, Würzkunst, Mischverhältnissen und Garmethoden läßt das Thema Gemüse keine Wünsche offen.

Tomaten

Paprikaschoten

Von Früchten und Schoten, Wurzeln, Stengeln und Blättern ist hier die Rede – den eßbaren Teilen der Gemüsepflanzen. Die einzelnen Gruppen lassen sich oft eindeutig, manchmal aber auch nur schwer erkennen und unterscheiden. Wichtig für die Zubereitung aller Gemüsesorten ist vor allem anderen: Frische und Aroma. Außen glatt und schön heißt nicht immer, daß der Einkauf ein Glücksgriff war. Kommen Sie echter Qualität auf die Spur: mit Fingerspitzengefühl, Augenmaß und feiner Nase. Und mit einer Fülle an praktischen Tips.

Artischocken

sind die Blütenköpfe einer distelartigen Staude, die noch vorm Aufblühen geerntet werden müssen. Die zarten Blütenböden und die fleischigen Verdickungen der Hüllblätter schmecken sehr fein, mit leichtem Bitteraroma. Vorm Kochen werden die Stiele und die oberen Blattspitzen abgeschnitten (keinen Aluminiumtopf zum Kochen nehmen – darin färben sich die Artischocken dunkel). Beim Essen zupft man die einzelnen Blätter aus der Blüte und taucht die unteren Enden in eine würzige Sauce. Um das Herz der Knospe, den Artischockenboden, freizulegen, muß nun das sogenannte »Heu« entfernt werden. Die winzig kleinen, zarten Frühlings-Artischocken können auch im Ganzen gegessen werden. Achten Sie beim Einkauf darauf, daß die Blattenden nicht zu trocken oder verfärbt sind.

Auberginen

sind reif, wenn die Schale auf Druck leicht nachgibt, das Fruchtfleisch sich aber noch straff und fest anfühlt. Der prallen Sonne ausgesetzt, altern die Früchte rasch und werden innen schwammig. Das relativ neutral schmeckende Fleisch entfaltet sein Aroma am besten beim Braten, Schmoren und Fritieren, kräftige Würze ist ein Muß! Vitamine und Mineralstoffe sitzen in und dicht unter der Schale.

Zucchini

Die kleinen schmecken am zartesten und auch roh als Salat. Manchmal werden sie mit den Blüten verkauft, die fritiert oder gefüllt sehr lecker sind. Größere Zucchini verlieren das feine Nußaroma und eignen sich am besten zum Füllen mit pikanten Zutaten oder in Scheiben geschnitten zum Braten. Fest und glatt müssen frische Zucchini sein, weiche oder fleckige Haut weist auf lange Lagerzeit oder Kälteschäden hin. Im Gemüsefach des Kühlschranks aufbewahren!

Tomaten

gibt es in unzähligen Sorten, von den winzigen Kirschtomaten bis zur pfundschweren Fleischtomate. Das Zusammenspiel von Fruchtsäuren und Zucker macht das köstliche sonnensüße Aroma aus. Grüne Teile enthalten das giftige Solanin und dürfen nicht mitgegessen werden. Zum Nachreifen die kälteempfindlichen Tomaten nicht in den Kühlschrank legen! Das Fruchtfleisch wird glasig und verliert an Geschmack. Schneller reif werden Tomaten, wenn man sie mit Äpfeln oder Orangen zusammen lagert.

Paprikaschoten

enthalten rauhe Mengen an Vitamin C – solange sie roh verzehrt werden. Gehäutet oder überbrüht sind die Früchte für empfindliche Feinschmecker bekömmlicher. Die grünen,

Champignons

Okra

Fenchel

nicht voll ausgereiften Schoten schmecken etwas herber als die reiferen Früchte, der fleischig-saftige rote Tomatenpaprika ist besonders mild und sehr fruchtig. Bei allen Sorten auf glatte, feste und glänzende Haut achten.

Fenchel

schmeckt herzhaft erfrischend und deutlich nach Anis. Roh als Salat, gedünstet und überbakken hauptsächlich in südlichen Ländern beliebt. Die zwiebelähnlichen Knollen sollen ohne Flecken und Druckstellen sein, die Stiele fest und knackig, das Fenchelgrün zart und frisch.

Okra

Kleine und feste Schoten schmecken am besten. Ideal zum Kombinieren mit Tomaten, Zwiebeln, Paprika und kräftigen Gewürzen. Werden die Schoten zerkleinert, sondern sie eine milchige Flüssigkeit ab, die in Eintöpfen für Bindung sorgt.

Grüne Bohnen

Neu gezüchtete Sorten haben kaum noch Fäden, die beim Putzen entfernt werden müßten. Je älter die Hülsen, desto zäher schmecken sie. Die Frische erkennt man daran, daß Bruchstellen saftig und grün bleiben, die Hülsen knackig und makellos sind. Wegen des giftigen Inhaltsstoffes Phasin alle Bohnen grundsätzlich mindestens 10 Minuten kochen, niemals roh essen.

Zuckererbsen

(Zuckerschoten) werden nicht ausgepalt, sondern mitsamt der zarten Schote verzehrt. Sie schmecken besonders fein, mild und süßlich.

Spinat

Unterschiedliche Sorten Blattspinat gibt es übers Jahr verteilt: vom zarten Frühjahrs- und Sommerspinat bis zum gröberen Winterspinat. Beim Wurzelspinat werden nicht nur Blätter, sondern die ganze Blattrosette mit Wurzelhals geerntet. Je nach Sorte und Geschmack den Spinat roh als Salat zubereiten, blanchieren, dünsten oder schmoren. Auf frische, duftende und saubere Blätter achten, die luftig gelagert werden sollen. Beim Einkauf schön locker verpacken. Spinat nicht aufwärmen, da sich aus Nitrat das gesundheitsschädliche Nitrit bildet.

Mangold

Kräftig grünes Blattgemüse mit weißen fleischigen Stielen. Blätter wie Spinat, Stiele wie Staudensellerie oder Spargel verwenden.

Staudensellerie

(auch Stangen-, oder Bleichsellerie). Die Blattstiele und nicht die Wurzeln sind bei dieser Sellerieart die interessanten, als Gemüse verwendeten Teile. Ideal als Rohkost zum Dippen, als würzige Zutat für Saucen, als Gemüse gedünstet oder überbacken.

Spargel

Unterirdisch geerntet werden weiße Stangen, über der Erde grüne. Am besten unmittelbar nach der Ernte (dem »Spargelstechen«) zubereiten. Sind die Stangen verfärbt oder fleckig, wurden sie zu lange gelagert. Frische ist auch daran erkennbar, daß die Stangen beim Aneinanderreiben knistern. Den weißen Spargel großzügig schälen (den grünen nur im unteren Drittel), alle holzigen Stellen entfernen.

Schwarzwurzeln

Ein köstliches Wintergemüse, das allerdings beim Schälen etwas Mühe macht. Wegen des klebrigen Saftes dafür am besten Küchenhandschuhe tragen. Auf gerade und unbeschädigte Stangen achten, die sind leichter zu schälen und schön saftig. Zu warm gelagert werden sie schnell trocken und beginnen auszutreiben.

Möhren

Eines der vielseitigsten Gemüse, ob roh, gekocht, gebraten, gedünstet. Paßt sich fast allen Geschmacksrichtungen an, von mild über süß-sauer bis scharf. Immer in Verbindung mit Fett oder Öl zubereiten, damit aus der Vorstufe Provitamin A das wertvolle Vitamin A gebildet werden kann.

Lauch / Porree

Rüben

Zahlreiche Sorten, je nach Jahreszeit und Anbaugebiet. Gemeinsamkeiten sind der hohe Ballaststoffanteil, der angenehm milde Geschmack, der geringe Kaloriengehalt. Kleine, zarte Rübchen können im Ganzen gebacken, glasiert oder gedünstet werden, große Rüben schmecken zerkleinert und geschmort, in Suppe oder Eintopf gekocht und püriert.

Kohlrabi

Ein rübenähnliches, leicht nußartig schmeckendes Kohlgemüse. Junge und zarte Knollen brauchen nicht geschält zu werden. Die Blätter sind ebenfalls schmackhaft – sollten aber frisch und schön grün sein. Das ist auch das äußere Zeichen für einwandfreies und nicht holziges Kohlrabifleisch.

Kürbis

Sortenreiches Gemüse, kann an trockenen und kühlen Stellen über Wochen gelagert werden. Das feste Fruchtfleisch eignet sich für Eintöpfe, Suppen, Schmorgerichte und verträgt sich mit süß-sauren und pikanten Würzen.

Rote Bete

Am besten kleine und gleichmäßig geformte Rüben kaufen und erst nach dem Kochen schälen (dazu Gummihandschuhe tragen – der Saft färbt intensiv). Ideal auch als Rohkost. Gesundes, kräftiges Laub deutet auf Frische hin.

Knollensellerie

Die knorrige, runde Wurzel ist hauptsächlich im Bund von Suppengrün bekannt. Als eigenständiges Gemüse wegen der zahlreichen wertvollen Inhaltsstoffe und dem würzigen Aroma zu empfehlen.

Weißkohl

hat den höchsten Vitamin C-Gehalt von allen Kohlarten. Aus einer Vorstufe entsteht das Vitamin außerdem noch zusätzlich beim Kochen – ganz im Gegensatz zu anderen Gemüsearten, die beim Garen Vitamine einbüßen. Vielseitige Zubereitungsarten und Würzmöglichkeiten: vom deftigen Kohlwickel über Sauerkraut bis zum Rohkostsalat und asiatischen Spezialitäten.

Rotkohl

hat etwas kleinere und festere Köpfe als Weißkohl und ist lila bis violett gefärbt. Eine der beliebtesten Gemüsebeilagen, zu festlichen Braten und Wild. Die Farbe wird intensiviert durch Zugabe von Essig, Zitronensaft, säuerlichen Apfelschnitzen. Auch als Rohkost interessant.

Wirsing

Früh geerntete Sorten sind mild im Geschmack, zart in der Konsistenz. Sie garen auch schneller als die kräftigen Sorten, die im Herbst und Winter auf den Markt kommen. Wirsing kann von deftig bis fein zubereitet werden – mit Speck geschmort oder mit zartem Fisch gefüllt.

Rosenkohl

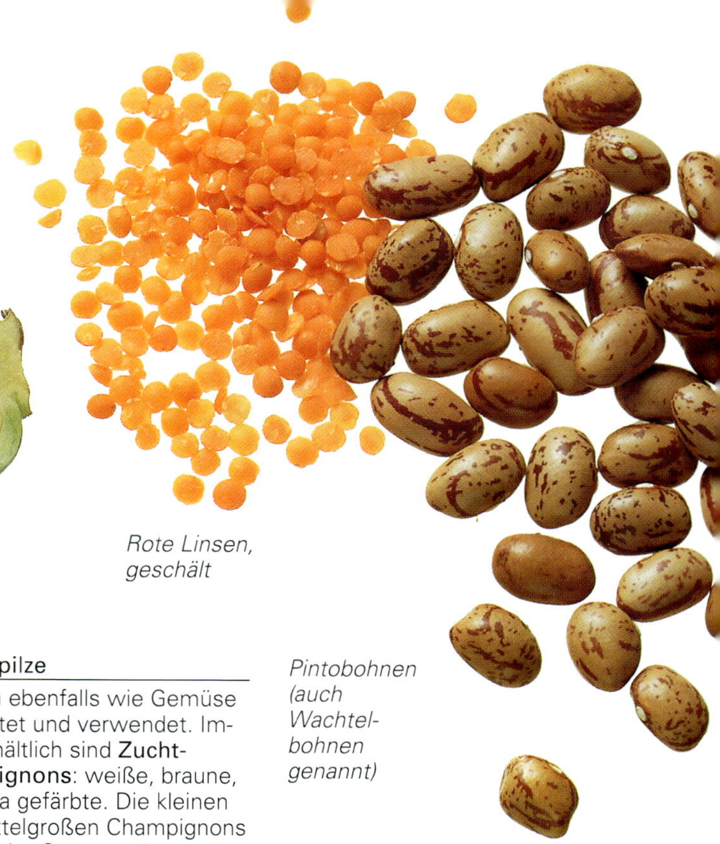

Rote Linsen, geschält

Pintobohnen (auch Wachtelbohnen genannt)

Rosenkohl

braucht nur wenig Zubehör und Würze, um sein Aroma voll zu entfalten. Die Röschen kann man zum Garen ganz lassen, aber auch halbieren oder vierteln. Die Strunkenden werden kreuzweise eingeschnitten, damit die Röschen gleichmäßig garen und sich die Garzeit verkürzt. Die welken Außenblätter immer sorgfältig entfernen. Besonders edel: die Köpfchen soweit wie möglich entblättern, die Blätter nur ganz kurz in Sahne oder Wein dünsten.

Broccoli

ist frisch, wenn er kräftig grün und knackig aussieht, nicht muffig riecht und noch keine Spur von gelb aufgeblühten Spitzen zu sehen ist. Die Röschen und die Stengel haben unterschiedliche Garzeiten, die Stiele werden am besten geschält und etwas zerkleinert.

Blumenkohl

Frische grüne Blättchen am gleichmäßig weiß oder gelblich gefärbten Kopf deuten auf gute Qualität hin. Werden die Kohlköpfe der Sonne ausgesetzt, färben sie sich grün, braun oder violett. Variante: der grüne, bizarr geformte **Romanesco**, der ebenso zubereitet wird wie der helle Blumenkohl.

Mais

Gemüsemais oder Zuckermais hat im Gegensatz zum Futtermais kleine, zarte Kolben mit wohlschmeckenden Körnern. Die Umwandlung des Zuckers in Stärke verläuft sehr langsam, bei rechtzeitiger Ernte bleibt der aromatische, süßliche Geschmack einige Tage erhalten. Zu spät geernteter Mais wird schnell mehlig, die Körner schrumpfen und verlieren rasch an Aroma. Ganze Kolben werden gegrillt oder gekocht. Vom Kolben gelöste Körner gibt es in Dosen zu kaufen.

Lauch

(Porree) ist das ganze Jahr über frisch zu haben: dicke Stangen mit blendend weißem Schaft und dunkelgrünem Laub. Fein geschnitten oder in größere Stücke geteilt ist er ideal zum Dünsten, Pfannenrühren, mit Sauce überbacken. Der zarte Sommerlauch wird auch gerne roh gegessen, als Zutat im Salat. Schmeckt mit herzhafter, aber auch mit raffinierter und exotischer Würze.

Zwiebeln

unterscheiden sich hauptsächlich durch ihre Schärfe: Die großen, hellen sind meist milder als die kleinen, dunkleren. Je nach Größe und Geschmack bieten sich verschiedene Verwendungsmöglichkeiten an. Die milden **Gemüsezwiebeln** sind ideal zum Füllen und Schmoren, **Perlzwiebelchen** bereichern pikante Gemüsemischungen oder Fleischspieße, **Schalotten** werden feingehackt in raffinierte Saucen gerührt, **Frühlingszwiebeln** (Lauchzwiebeln) oft auch als eigenständiges Gemüse oder als Salatzutat verwendet. Kein anderes Gemüse wird so häufig eingesetzt, als alltägliche Würze für kalte wie für warme Gerichte. Zwiebeln immer erst unmittelbar vorm Verwenden schälen und zerkleinern.

Speisepilze

werden ebenfalls wie Gemüse zubereitet und verwendet. Immer erhältlich sind **Zuchtchampignons**: weiße, braune, zart rosa gefärbte. Die kleinen und mittelgroßen Champignons werden im Ganzen oder etwas zerkleinert gebraten, gedünstet, geschmort. In hauchdünnen Scheibchen schmecken sie roh als würzige Ergänzung in Salaten. Riesenchampignons sind ideal zum Füllen. Die eiweißreichen **Austernpilze** haben einen noch etwas intensiveren Geschmack, eine besonders fleischige Konsistenz und werden auch gerne wie ein Schnitzel gebraten oder paniert. **Steinpilze** gibt es frisch nur zur Sammelzeit, etwa von Juni bis Oktober. Getrocknet sind Steinpilze eine besonders würzige Delikatesse und verfeinern schon in winzigen Mengen Saucen und Ragouts. Auch **Pfifferlinge** konnten bisher nicht kultiviert werden, sondern wachsen von Juni bis fast in den November hinein im Wald und auf der Heide. Zum Trocknen sind sie weniger geeignet, in Dosen und Gläsern konserviert gibt es Pfifferlinge jedoch ganzjährig zu kaufen. **Shiitakepilze**, die ursprünglich aus Japan stammen, sind in Europa noch eine Rarität, auf dem Weltmarkt jedoch fast so bekannt wie Champignons. Besonders interessant ist neben dem köstlichen Aroma die relativ lange Haltbarkeit im Vergleich zu allen anderen Frischpilzen.

Hülsenfrüchte

sind eigentlich ein Kapitel für sich. Unzählige Sorten an **Bohnen, Erbsen und Linsen** gibt es heute zu kaufen – die getrockneten Samen bestimmter Hülsengewächse. Trocken und kühl aufbewahrt sind sie praktisch unbegrenzt haltbar. Überlagerte Hülsenfrüchte verlieren allerdings immer mehr an Geschmack, und mit zunehmendem Alter erhöhen sich die Garzeiten beträchtlich. Man erkennt ältere Samen an einer eingeschrumpelten, runzligen Schale. Bohnen werden grundsätzlich über Nacht in kaltem Wasser eingeweicht, bei Linsen und geschälten Erbsen kann darauf verzichtet werden, da sie viel schneller gar sind (rote Linsen zum Beispiel bereits nach etwa 10 Min.). Hülsenfrüchte sind ausgesprochen gesund, von allen pflanzlichen Nahrungsmitteln haben sie den höchsten Eiweißgehalt, Sojabohnen sind die Spitzenreiter. Am würzigsten schmecken bei den Bohnen die dunklen, bei Linsen die kleinsten Sorten. Bei den Erbsen sind die gelben etwas sanfter und feiner im Geschmack als die halbreif geernteten grünen.

Möhren-Puffer

Vollwertig

Zutaten für 4 Portionen:

250 g Speisequark (20%)
50–75 ml Milch
Salz
schwarzer Pfeffer aus der Mühle
1 Handvoll Kerbel
500 g dicke Möhren
2 EL Zitronensaft
4 Eier
40 g Vollkorn-Semmelbrösel
50 g gehackte Mandeln
etwa 75 ml Öl zum Braten

Pro Portion: 1800 kJ / 430 kcal

Zubereitungszeit:
etwa 30 Min.

1 Den Quark mit Milch dickflüssig anrühren, salzen und pfeffern. Den größten Teil vom Kerbel hacken, untermischen.

2 Die Möhren putzen, schälen und waschen, mittelfein raspeln, sofort mit Zitronensaft beträufeln. Mit den Eiern, den Semmelbröseln und den gehackten Mandeln mischen, pikant abschmecken.

3 Etwas Öl in einer Pfanne erhitzen. Je 1 EL Möhrenmasse zu einem Puffer formen und von beiden Seiten bei milder Hitze goldbraun backen. Nach und nach 16–20 Puffer backen. Mit der Quarkcreme servieren, mit Kerbel garnieren.

◆ **Möhren**

sind jederzeit preiswert zu bekommen. Allerdings ändert sich ihr Geschmack im Laufe des Jahres. Im Frühjahr kommen die zart-süßlichen Bundmöhren samt Grün auf den Markt. Will man sie aufbewahren, sollte man das Grün abschneiden – es entzieht den Möhren Feuchtigkeit. Im Sommer gibt es derbere, einige Wochen haltbare Möhren, im Herbst und Winter dann die robusten Sorten, die im kühlen, luftigen Keller mehrere Monate überstehen können.

Gefüllte Zwiebeln

Gut vorzubereiten

Zutaten für 4 Portionen:

4 mittelgroße Gemüsezwiebeln (etwa 1,2 kg)
Salz
10 g getrocknete Steinpilze
2 EL Öl
350 g gemischtes Hackfleisch
1 kleine Dose Wein- oder Sauerkraut (etwa 300 g)
6 Wacholderbeeren (zerdrückt)
schwarzer Pfeffer aus der Mühle
1 Paket Tomatenfruchtfleisch mit Pilzen (370 g)
75 g grob geriebener Gruyère

Pro Portion: 2000 kJ / 480 kcal

Zubereitungszeit:
etwa 1 Std. 15 Min.

1 Die Zwiebeln pellen, dabei Stiel- und Wurzelende nicht abschneiden. Die Zwiebeln in reichlich kochendem Salzwasser etwa 20 Min. vorgaren.

2 Inzwischen die Steinpilze in 75 ml warmem Wasser etwa 15 Min. einweichen. Den Backofen auf 200° vorheizen.

3 Die Zwiebeln aus dem Wasser heben, abtropfen und etwas abkühlen lassen. Die Stiel- und Wurzelenden dünn abschneiden, die Zwiebeln quer halbieren. Das Innere bis auf 2 oder 3 Schichten aus den Zwiebeln herauslösen. Entsteht am Boden ein Loch, dieses mit Zwiebelfruchtfleisch stopfen.

4 Das ausgelöste Zwiebelfleisch fein würfeln. Die Steinpilze abtropfen lassen, den Sud auffangen, die Pilze eventuell kleinschneiden.

5 Das Öl in einer Pfanne erhitzen, die Hälfte der Zwiebelwürfel darin anbraten, dann die Steinpilze untermischen. Das Hackfleisch zerpflücken, unter Rühren krümelig braten. Mit dem Pilzwasser ablöschen. Das Weinkraut zerzupfen und dazugeben. Mit Wacholderbeeren,

Salz und Pfeffer kräftig würzen. Etwa 5 Min. durchköcheln.

6 Das Tomatenfruchtfleisch mit den übrigen Zwiebelwürfeln in eine breite Auflaufform geben, pfeffern.

7 Die Zwiebelhälften mit der Hackfleischmischung füllen. In die Form setzen, den Käse aufstreuen. Im Backofen auf mittlerer Schiene (Gas Stufe 3) etwa 30 Min. garen.

◆ **Einkaufs-Tip**

Die mildesten unter den Zwiebeln, die großen Gemüsezwiebeln, müssen so trocken sein, daß es beim Anfassen raschelt. Und sie sollten nicht ausgetrieben haben – dann nämlich sind oft innere Ringe weich, was man von außen nicht unbedingt sieht. Drücken Sie leicht am Stiel- und Wurzelende. Fühlt sich das Fleisch hier weich an, sind innere Schichten eventuell verdorben.

Pochierte Eier auf Gemüse

Preiswert · Kleiner Imbiß

Zutaten für 4 Portionen:

500 g frischer Blattspinat
1 kleine, rote Paprikaschote
1 Knoblauchzehe
2 EL Öl
⅛ l Brühe
schwarzer Pfeffer aus der Mühle
Salz
2 EL Essig
4 Eier

Pro Portion: 490 kJ / 120 kcal

Zubereitungszeit:
etwa 45 Min.

1 Den Spinat putzen und gründlich waschen, die groben Stiele abzwicken. Die Blätter grob hacken.

2 Die Paprikaschote halbieren, Kerne und Trennhäute entfernen. Die Hälften waschen und in feine Streifen schneiden. Die Knoblauchzehe in dünne Scheibchen schneiden.

3 Das Öl in einer großen Pfanne erhitzen, den Knoblauch darin hellgelb anbraten. Die Paprikastreifen bei mittlerer Hitze unter Rühren anschwitzen, mit der Brühe ablöschen. Mit Pfeffer und Salz würzen, offen etwa 5 Min. unter häufigem Rühren köcheln lassen.

4 Inzwischen reichlich Salzwasser für die Eier zum Kochen bringen, den Essig hineingeben. Die Hitze soweit reduzieren, daß das Wasser gerade eben siedet.

5 Die Eier einzeln in eine Tasse aufschlagen und vorsichtig in das Wasser gleiten lassen, dabei sofort mit Eßlöffeln das Eiweiß um das Eigelb herum formen. Die Eier etwa 4 Min. ziehen lassen, anschließend mit einer Schaumkelle herausheben.

6 Inzwischen den Spinat zum Paprika geben. Je nach Sorte 3–6 Min. mitgaren. Das Gemüse abschmecken, mit den Eiern anrichten und servieren.

◆ **Spinat**

Frischen Spinat gibt es fast rund ums Jahr zu kaufen, allerdings unterscheiden sich die Sorten sehr. Im Sommer handelt es sich um recht zarten Blattspinat, den man roh in Salaten oder kurz gedünstet als Gemüse servieren kann. Im Winter kommt häufig auch der derbere Wurzelspinat auf den Markt. Bei ihm sitzen die Blätter in kleinen Büscheln zusammen, oft sind noch die winzigen Wurzeln daran. Er hat eine längere Garzeit als Blattspinat.

◆ **Spinat aufbewahren**

Frischer Spinat läßt sich nur schlecht aufbewahren. Notfalls über Nacht locker in Pergamentpapier oder ein Küchentuch verpackt in das Gemüsefach des Kühlschranks legen.

Mangoldstrudel mit Muskatschaum

Für Gäste

Zutaten für 6 Portionen:

Für den Teig:
250 g Mehl + Mehl zum Ausrollen und Ausziehen
2 Eigelb (1 davon zum Bestreichen des Strudels)
1 Prise Salz
1 Prise Zucker
3 EL Öl
50 g zerlassene Butter
4 EL geriebene Mandeln
3 EL Milch

Für die Füllung:
gut 1 kg Mangold
2 große Zwiebeln
1 Knoblauchzehe
2 EL Öl
3 Eier
Salz
schwarzer Pfeffer aus der Mühle
250 g Mozzarella
150 g Emmentaler

Für den Muskatschaum:
3 Eigelb
1 EL Zitronensaft
1 TL Speisestärke
½ TL frisch geriebene Muskatnuß
Salz
schwarzer Pfeffer aus der Mühle
175 ml milde Hühnerbrühe

Pro Portion: 2500 kJ / 600 kcal

Zubereitungszeit:
etwa 2 Std.

◆ Mangold

Vom Mangold gibt es zwei Arten zu kaufen: Schnittmangold hat zarte, hellgrüne Blätter und dünne Stiele, Stielmangold große, fleischige Blätter und bis zu 10 cm breite Stiele. Beide Arten können Sie für den Strudel gleichermaßen verwenden, sehr dicke Stiele müssen allerdings etwas länger vorgegart werden. Als Ersatz eignet sich außerdem frischer Spinat.

◆ Varianten

Gemüsestrudel ist eine besonders raffinierte Methode, um Reste zu verpacken: Alle Sorten von Gemüse sind geeignet, die nicht zuviel Wasser ziehen. Geriebener Käse oder Semmelbrösel geben der Füllung Halt.

1 Für den Teig das Mehl mit 1 Eigelb, Salz, Zucker, 3 EL Öl und gut 100 ml warmem Wasser glatt und elastisch kneten. Zur Kugel formen, gut zugedeckt oder in Frischhaltefolie gewickelt mindestens 30 Min. ruhen lassen.

2 Für die Füllung den Mangold putzen und waschen. Die Stiele in feine Streifen schneiden, das Grün grob hacken. Die Zwiebeln und die Knoblauchzehe fein hacken. Das Öl in einem Topf erhitzen, Zwiebeln und Knoblauch darin glasig dünsten.

3 Die Mangoldstiele 4–5 Min. mit anschwitzen, das Grün nur etwa 3 Min. mitgaren. Alles sehr gut abtropfen lassen. In einer Schüssel die Eier verquirlen, salzen und pfeffern. Den Käse in etwa ½ cm große Würfel schneiden. Mit den Mangoldblättern und -stielen unter die Eier mischen.

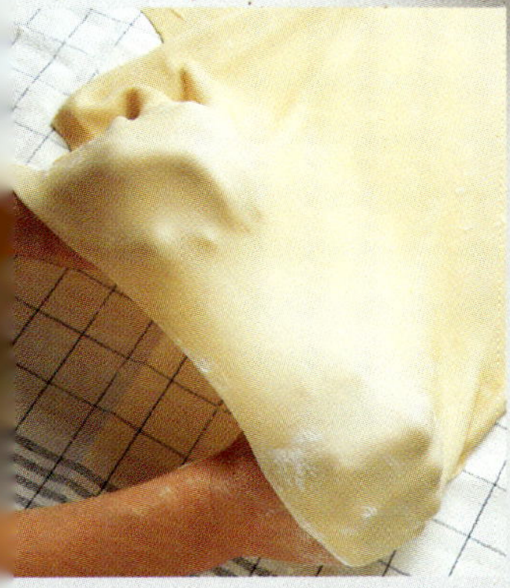

4 Den Backofen auf 200° vorheizen. Ein Backblech nit Backpapier auslegen. Den Strudelteig auf der ganz leicht bemehlten Arbeitsfläche ausrollen, dann auf ein leicht bemehltes Küchentuch legen. Mit den Handrücken unter den Teig greifen und diesen möglichst hauchdünn ausziehen.

5 Den Teig mit zerlassener Butter bestreichen, die Mandeln aufstreuen. Die Füllung darauf verteilen, dabei rundum einen Rand frei lassen. Die Teigränder nach innen über die Füllung einschlagen und den Strudel mit Hilfe des Tuches aufrollen.

6 Den Strudel vorsichtig auf das vorbereitete Blech heben, dabei soll die Naht unten liegen. Das übrige Eigelb mit den 3 EL Milch verquirlen, den Strudel damit bestreichen. Im Backofen auf mittlerer Schiene (Gas Stufe 3) etwa 40–45 Min. backen.

7 Für den Muskatschaum alle Zutaten in einer Schüssel verquirlen. Über dem heißen Wasserbad so lange aufschlagen, bis ein dicklicher Schaum entstanden ist. Abschmecken und zum Strudel servieren.

Schwarzwurzel-Gratin

Raffiniert

Zutaten für 4 Portionen:

1 kg Schwarzwurzeln
Salz
2 EL Essig
Fett für die Form
8 dünne Scheiben gekochter Schinken (etwa 200 g)
½ Bund Basilikum
100 g Crème fraîche
100 g Sahne
2 EL Zitronensaft
schwarzer Pfeffer aus der Mühle
100 g fester, nicht zu reifer Edelpilzkäse

Pro Portion: 1700 kJ / 400 kcal

Zubereitungszeit:
etwa 1 Std.

1 Die Schwarzwurzeln unter Wasser gründlich waschen und abbürsten, in Salz-Essig-Wasser etwa 20 Min. kochen. Abgießen, kalt abbrausen und die dunkle Schale wie bei Pellkartoffeln mit einem spitzen Messer abziehen.

2 Inzwischen den Backofen auf 200° vorheizen, eine große Gratinform fetten. Je 3 oder 4 Schwarzwurzeln als Bündel mit einer Schinkenscheibe umwickeln, dabei immer einige Basilikumblättchen dazwischen legen. In der gefetteten Form verteilen.

3 Die Crème fraîche mit Sahne und Zitronensaft verquirlen, mit feingeschnittenem Basilikum und Pfeffer würzen, seitlich in die Form gießen. Den Edelpilzkäse in Würfelchen schneiden und aufstreuen. Im Backofen auf mittlerer Schiene (Gas Stufe 3) etwa 10 Min. überbacken.

◆ **Einkaufs-Tip**

Schwarzwurzeln oder Winterspargel gibt es zwischen Oktober und April frisch zu kaufen. Achten Sie auf unverletzte, ganze Stangen, die noch nichts von ihrem würzigen Saft verloren haben.

Rosenkohl-Kuchen

Gut vorzubereiten

Zutaten für 4–6 Portionen:

300 g tiefgekühlter Blätterteig
1 kg Rosenkohl
Salz
Mehl zum Ausrollen
200 g gekochtes Kasseler (am Stück, ohne Knochen)
4 Eier
175 g Sahne
100 g geriebener Emmentaler
frisch geriebene Muskatnuß
Paprikapulver edelsüß
schwarzer Pfeffer aus der Mühle

Bei 6 Portionen pro Portion: 2100 kJ / 500 kcal

Zubereitungszeit:
etwa 1 Std. 30 Min.

1 Die Blätterteigplatten nebeneinander legen und auftauen lassen.

2 Inzwischen den Rosenkohl waschen und putzen. Die Strünke kreuzweise einschneiden. In wenig Salzwasser etwa 15 Min. garen. Gut abtropfen lassen. Den Backofen auf 225° vorheizen.

3 Die Blätterteigplatten aufeinander legen. Auf leicht bemehlter Arbeitsfläche nicht zu dünn ausrollen. Einen Kreis von etwa 35 cm Durchmesser ausschneiden, in eine kalt ausgespülte Tarte- oder Springform (etwa 28 cm Durchmesser) heben. Am Rand leicht andrükken. Aus den Teigresten lange Streifen ausschneiden.

4 Das Kasseler in etwa 1 cm breite Würfel schneiden, mit dem Rosenkohl mischen und in die Form geben.

5 Die Eier mit der Sahne verquirlen, etwas davon zum Bestreichen beiseite stellen. Die restliche Eiermilch und den Käse gründlich mischen, mit Muskat, Paprikapulver, Pfeffer und etwas Salz würzen. In die Form gießen.

6 Den Gemüsekuchen mit den Teigstreifen belegen und diese mit Eiermilch einstreichen. Im Backofen auf mittlerer Schiene (Gas Stufe 4) etwa 40 Min. goldgelb backen.

◆ Einkaufs-Tip

Rosenkohl nur kaufen, wenn die Röschen knackig-frisch und grün sind. Gelbliche, welke Blättchen deuten auf zu lange Lagerung hin, Geschmack und Vitamine sind teilweise verloren gegangen. Außerhalb der Saison kann man gut auf Tiefkühlware ausweichen.

◆ Mikrowellen-Tip

In der Mikrowelle wird Rosenkohl besonders aromatisch. Die Röschen mit wenig Wasser und zugedeckt garen. 1 kg braucht bei 600 Watt allerdings ebenfalls etwa 15 Min. Garzeit.

Rot-weiße Kohl-Lasagne

Preiswert

Zutaten für 4–6 Portionen:

1 kleiner Rotkohl (etwa 500 g)
1 kleiner Weißkohl (etwa 500 g)
150 g durchwachsener Räucherspeck
2 mittelgroße Zwiebeln
1 EL Gänseschmalz
Salz
schwarzer Pfeffer aus der Mühle
3 EL Butter
4 EL Mehl
600–700 ml milde Hühnerbrühe
100 g geriebener Emmentaler
175 g Lasagneblätter (vorgegarte Sorte)

Bei 6 Portionen pro Portion:
1900 kJ / 450 kcal

Zubereitungszeit:
etwa 1 Std. 45 Min.

1 Beide Kohlköpfe putzen, waschen und vierteln, jeweils den harten Strunk herausschneiden und die Viertel quer in feine Streifen schneiden.

2 Den Speck in kleine Würfel schneiden, die Zwiebeln fein hacken. In zwei Töpfen jeweils 1/2 EL Gänseschmalz erhitzen. Jeweils die Hälfte von Zwiebeln und Speck in die Töpfe einrühren und bei mittlerer Hitze braten, bis der Speck knusprig ist.

3 Den Rot- und den Weißkohl getrennt in die beiden Töpfe geben und anschwitzen. Salzen und pfeffern, jeweils 2 EL Wasser angießen. Zugedeckt bei mittlerer Hitze etwa 15 Min. dünsten. Den Backofen auf 200° vorheizen.

4 Inzwischen die Butter in einem Topf zerlassen, das Mehl einstreuen und goldgelb anschwitzen. Nach und nach die Brühe angießen und unter Rühren aufkochen. 5–10 Min. köcheln lassen, mit Salz und Pfeffer kräftig abschmecken. Gut die Hälfte des Emmentalers darin schmelzen lassen.

5 Ein Drittel des Rotkohls in eine eckige Auflaufform umfüllen, eine Schicht Lasagneblätter auflegen und diese mit etwas Käsesauce beträufeln.

6 Die übrigen Zutaten einschichten, dabei stets Sauce auf die Lasagnenudeln träufeln, damit diese beim Garen genügend Feuchtigkeit bekommen und weich werden.

7 Als oberste Lage Rotkohl einschichten und diesen mit dem übrigen Emmentaler bestreuen. Im Backofen auf mittlerer Schiene (Gas Stufe 3) etwa 35 Min. backen.

◆ Einkaufs-Tip

Beim Einkauf von Weiß- und Rotkohl stets auf gut geschlossene, unbeschädigte Köpfe achten. Im kühlen Keller und im Kühlschrank halten sie sich mehrere Wochen oder gar Monate frisch.

Rote Bete mit Matjes

Kleiner Imbiß

Zutaten für 4 Portionen:

4 kleine rote Beten (etwa 350 g)
400 g Kartoffeln (festkochende Sorte)
Salz
150 g Crème fraîche
1–2 EL milder Essig
weißer Pfeffer aus der Mühle
4 Matjesfilets
1–2 frische Dillzweige

Pro Portion: 1500 kJ / 360 kcal

Zubereitungszeit:
etwa 1 Std.

1 Die roten Beten unter fließendem Wasser gründlich waschen. Die Haut nicht verletzen. Die Knollen in sprudelndem Wasser etwa 30 Min. nicht zu weich kochen.

2 Inzwischen die Kartoffeln waschen, schälen und winzig klein würfeln. In Salzwasser etwa 5 Min. vorkochen, gut abtropfen lassen.

3 Die roten Beten unter fließendem Wasser schälen oder pellen. Die Knollen anschließend wie die Kartoffeln winzig klein würfeln.

4 Die Crème fraîche mit dem Essig in einem Topf kurz aufkochen, mit Salz und Pfeffer würzen. Die Gemüsewürfelchen untermischen und noch 3–4 Min. sanft weiterköcheln.

5 Die Matjesfilets kalt abspülen, abtrocknen und in Streifen schneiden, auf dem Gemüse anrichten. Die Dillspitzen aufstreuen.

◆ **Getränke-Tip**

Zu dieser kräftigen Mischung paßt am besten ein helles Bier.

◆ **Matjes**

sind die eingesalzenen Filets von jungen Heringen – und der besondere Pfiff dieses Rezeptes, das der russischen Küche nachempfunden ist.

Glasiertes Frühlingsgemüs-

Für Gäste · Beilage oder Zwischengericht

Zutaten für 6 Portionen:

1 Bund junge Möhren mit Grün
250 g grüner und/oder weißer Spargel (möglichst dünne Stangen)
1 Bund Frühlingszwiebeln (möglichst dünne Stangen; etwa 250 g)
2 junge Kohlrabi mit Grün
100 g Zuckererbsen
1 unbehandelte Zitrone
3 EL Butter
3 EL Honig
Salz
weißer Pfeffer aus der Mühle
1 Prise gemahlener Koriander
100 ml trockener Weißwein
1 kleines Bund Dill

Pro Portion: 620 kJ / 140 kcal

Zubereitungszeit:
etwa 45 Min.

1 Die Möhren waschen und so schälen und putzen, daß noch etwas Grün dranbleibt. Den Spargel waschen und schälen, die Frühlingszwiebeln putzen und waschen. Die Kohlrabiknollen dünn schälen (oder die feine Schale einfach abziehen), die zarten Herzblättchen beiseite legen. Die Knollen in möglichst lange, spargeldicke Stifte schneiden. Die Zuckererbsen waschen, putzen, die Enden abschneiden.

2 Die Zitrone heiß abwaschen. Etwas Schale abreiben und den Saft auspressen. Beides mit der Butter und dem Honig in einen breiten Topf geben. Unter Rühren erhitzen.

3 Die Zuckererbsen und die Frühlingszwiebeln dazugeben und kurz anschwitzen, dann wieder herausnehmen.

4 Das übrige Gemüse hineingeben und gründlich in der Honigmarinade wenden. Mit Salz, Pfeffer und Koriander wür- zen. Die Hitze reduzieren, den Wein angießen, zugedeckt etwa 10 Min. dünsten.

Geschmorter Chicorée

Gelingt leicht · Kleiner Imbiß

5 Die Zuckererbsen und die Frühlingszwiebeln wieder untermischen. Den Dill fein zerzupfen und ebenfalls dazugeben. Zugedeckt nochmals etwa 5 Min. garen. Auf einer großen Platte anrichten.

◆ Einkaufs-Tip

Im späten Frühjahr kommt das erste hiesige Freilandgemüse auf den Markt. Es schmeckt besonders zart und fein. Achten Sie beim Einkauf von schlanken Bundmöhren und Kohlrabi auf knackig-saftiges Blattgrün – nur dann ist das Gemüse wirklich superfrisch.

◆ Variante

Für 2 oder 4 Personen lohnt es sich kaum, viele verschiedene Gemüsesorten zu kaufen. Garen Sie dann beispielsweise nur Möhren und Frühlingszwiebeln in der Honigglasur.

Zutaten für 4 Portionen:

4 mittelgroße Chicoréestauden (etwa 600 g)
1 Zwiebel
2 EL Butterschmalz
1/8 l Brühe
schwarzer Pfeffer aus der Mühle
1 TL Paprikapulver edelsüß
1 Paket Tomatenfruchtfleisch mit Kräutern (500 g)
Salz
Kräuter zum Garnieren

Pro Portion: 480 kJ / 110 kcal

Zubereitungszeit:
etwa 40 Min.

1 Den Chicorée waschen und putzen, unten jeweils eine Scheibe abschneiden, die äußeren Blätter entfernen.

2 Die Zwiebel fein hacken. Das Butterschmalz in einem Topf erhitzen, die Zwiebel glasig dünsten. Den Chicorée rundherum goldbraun anbraten.

3 Mit der Brühe ablöschen, mit Pfeffer und Paprika würzen, zugedeckt bei milder Hitze etwa 15 Min. schmoren.

4 Den Chicorée herausnehmen. Das Tomatenfruchtfleisch in den Topf geben, kräftig durchkochen und mit Pfeffer und eventuell Salz abschmekken. Zum Chicorée servieren, mit frischen Kräutern garnieren.

◆ Chicorée

wächst im Dunkeln – daher seine vornehme Blässe. Immer häufiger gibt es aber Stauden mit ausgeprägterer Grünfärbung. Die haben mehr Licht gesehen und mehr Aroma entwickelt. Eine besondere Züchtung ist roter Chicorée, der jedoch nicht anders als sein grüner Bruder schmeckt. Er verliert beim Kochen seine reizvolle Farbe – der höhere Preis lohnt sich also nur, wenn Sie das Gemüse für Salate verwenden wollen.

◆ Tip

Heute muß man den Chicorée-Strunk nicht mehr unbedingt herausschneiden. Die früher darin sitzenden Bitterstoffe wurden bei den meisten Sorten herausgezüchtet.

◆ Variante

Den geputzen Chicorée in kochendem Salzwasser etwa 2 Min. blanchieren. Abtropfen lassen und mit je 1 Scheibe gekochtem Schinken umwickeln. In eine gefettete Form legen und mit einer würzig abgeschmeckten, recht kompakten Béchamelsauce übergießen (Rezept auf Seite 180). Mit Käse und Semmelbröseln bestreuen und im Backofen bei 200° (Gas Stufe 3) etwa 30 Min. garen.

Wirsing-Fisch-Röllchen

Für Gäste

Zutaten für 4 Portionen:

400 g Rotbarschfilet
3–4 EL Zitronensaft
Salz
schwarzer Pfeffer aus der Mühle
250 g Champignons
1 mittelgroße Zwiebel
4 EL Öl
2 kleine Köpfe Wirsingkohl (je etwa 600 g)
400 ml Fischfond (aus dem Glas; oder milde Hühnerbrühe)
150 g Sahne
1 Döschen oder Tütchen Safran

Pro Portion: 1400 kJ / 330 kcal

Zubereitungszeit:
etwa 1 Std. 15 Min.

◆ Wirsing

gibt es rund ums Jahr frisch zu kaufen. Besonders zart und fein schmecken die einheimischen Köpfe, die im Frühsommer auf dem Markt sind. Sie leuchten zartgrün, die Köpfe sind nur locker geschlossen. Im Herbst gibt es dunkelgrüne oder leicht gelbliche Kohlköpfe mit weit kräftigerem Aroma und derberer Struktur. Ihre Blätter müssen für die Röllchen etwas länger blanchiert werden.

1 Das Fischfilet waschen, abtrocknen und in etwa 1 cm breite Streifen schneiden. Mit dem Zitronensaft beträufeln, salzen und pfeffern. Die Champignons putzen, abreiben oder waschen und winzig fein hacken.

2 Die Zwiebel sehr fein hacken. 1 EL Öl in einer Pfanne erhitzen, die Zwiebel bei mittlerer Hitze darin glasig dünsten. Die gehackten Champignons untermischen, knapp 10 Min. mitdünsten. Salzen und pfeffern, abkühlen lassen.

3 Die Kohlköpfe waschen, den harten Strunk und die äußeren Blätter entfernen. 16 schöne große Blätter ablösen. Die Rest-Köpfe vierteln, den harten Strunk entfernen, die Viertel in schmale Streifen schneiden.

4 Die Blätter etwa 2 Min. in kochendem Salzwasser blanchieren. Gut abtropfen lassen, auf der Arbeitsfläche ausbreiten. Die dicken Mittelstrünke mit einem Messer abflachen, die Blätter sehr gründlich abtrocknen.

5 Die Pilzmischung und die Rotbarschstreifen auf die unteren Blattenden verteilen. Die Blätter aufrollen, dabei die Seiten nach innen einschlagen. Mit Küchengarn zusammenbinden.

6 2 EL Öl in einem breiten Topf nicht zu stark erhitzen, die Röllchen rundherum leicht anbraten. Mit der Hälfte des Fischfonds ablöschen, zugedeckt bei milder Hitze etwa 20 Min. schmoren.

7 Den restlichen 1 EL Öl in einem anderen Topf erhitzen, den kleingeschnittenen Kohl darin anschwitzen. Mit dem übrigen Fond ablöschen, den Kohl zugedeckt etwa 15 Min. dünsten.

8 Den Kohl und die Röllchen abtropfen lassen. Den Sud von beidem in einen Topf zusammengießen, mit der Sahne und dem Safran verrühren, offen bei starker Hitze etwas einkochen lassen. Mit Salz und Pfeffer abschmecken, mit den Röllchen und dem Gemüse servieren.

Sahnige Walnuß-Erbsen

Raffiniert

Zutaten für 4 Portionen:

150 g grüne, ungeschälte Erbsen (getrocknet)
Salz
75 g Walnußkerne
4 kleine, rote Zwiebeln
1 EL Butterschmalz
200 g Sahne
schwarzer Pfeffer
etwas gemahlener Koriander
1 TL Zitronensaft

Pro Portion: 1900 kJ / 450 kcal

Zubereitungszeit:
etwa 1–2 Std.
(+ 12–24 Std. Einweichzeit)

1 Die Erbsen in etwa ½ l kaltem Wasser über Nacht quellen lassen. Im Einweichwasser aufkochen. Den Schaum abschöpfen, die Erbsen salzen und 1–2 Std. (je nach Sorte) nicht zu weich kochen. Abtropfen lassen.

2 Die Hälfte der Walnüsse etwas kleiner hacken, die restlichen durch die Mandelmühle drehen.

3 Die Zwiebeln in dünne Spalten schneiden. Das Butterschmalz in einem Topf nicht zu stark erhitzen, die Zwiebelspalten darin kurz andünsten. Alle Walnüsse einrühren und etwa 2 Min. anrösten, dann mit der Sahne ablöschen. Leicht cremig einkochen lassen.

4 Die Erbsen untermischen, gut heiß werden lassen. Mit Salz, Pfeffer, Koriander und Zitronensaft abschmecken.

◆ Einkaufs-Tip

Beachten Sie das Mindesthaltbarkeitsdatum – überlagerte Erbsen, die man an einer runzligen Schale erkennt, werden nicht gleichmäßig gar.

◆ Tip

Dazu nach Wunsch ein kleines, gegrilltes Steak servieren.

Apfel-Linsen-Pfanne

Preiswert

Zutaten für 4 Portionen:

175 g Linsen
2 EL gekörnte Brühe
2 EL getrocknetes Suppengrün
1 Bund Frühlingszwiebeln (etwa 250 g)
200 g Cabanossi (oder andere Knoblauchwurst)
2 kleine, rotschalige Äpfel (zum Beispiel Jonathan)
2–3 EL Zitronensaft
2 EL Öl
⅛ l trockener Cidre
Salz
schwarzer Pfeffer aus der Mühle

Pro Portion: 1800 kJ / 430 kcal

Zubereitungszeit:
etwa 45 Min. –1 ¼ Std.
(je nach Linsensorte)

1 Die Linsen in kaltem Wasser aufsetzen, die gekörnte Brühe und das Suppengrün dazugeben. 20–60 Min. (je nach Sorte und Alter) nicht zu weich kochen.

2 Inzwischen die Frühlingszwiebeln putzen und waschen. Die weißen Teile fein hacken, das Grün in feine, schräge Ringe schneiden. Die Cabanossi pellen und in etwa 1 cm große Würfel schneiden.

3 Die Äpfel waschen und abreiben. Vierteln und entkernen, längs in Spalten schneiden. Mit dem Zitronensaft beträufeln.

4 Das Frühlingszwiebelgrün in den letzten 5 Min. zusammen mit den Linsen garen, dann beides abtropfen lassen.

5 Das Öl in einer sehr großen Pfanne erhitzen, die weißen Zwiebelwürfel und die Cabanossi hineingeben. Bei mittlerer Hitze unter Rühren leicht anbraten. Die Apfelspalten kurz mitbraten, dann mit dem Cidre ablöschen.

Bohnen-Pilz-Gemüse

Braucht etwas Zeit · Beilage

6 Die Linsen in die Pfanne geben, alles vorsichtig vermischen und kurz erhitzen. Mit Salz und Pfeffer würzen.

◆ Linsen

Bei uns ist die braune Riesen- oder Tellerlinse am weitesten verbreitet. In anderen Ländern schätzt man gelbe, rote und grün-schwarze Linsen. Je kleiner die Hülsenfrüchte sind, desto herzhafter schmecken sie. Ursache: Sie haben einen höheren Schalenanteil, und darin sitzt das meiste Aroma.

◆ Tip

Linsen müssen nicht über Nacht quellen – diese Hülsenfrüchte stehen also recht schnell fertig auf dem Tisch. Eine genaue Garzeit läßt sich jedoch nicht angeben, sie variiert je nach Alter und Sorte der Linsen.

Zutaten für 4 Portionen:

125 g kleine, weiße Bohnen (Perlbohnen)
Salz
10 g getrocknete Steinpilze (oder 100 g frische Steinpilze)
100 g kleine, feste Champignons
100 g Austernpilze
1 kleine Dose Pfifferlinge (etwa 200 g; oder 100 g frische)
100 g kleine Schalotten
1 Knoblauchzehe
2 EL Gänseschmalz
1/8 l trockener Weißwein (oder Fleischbrühe)
schwarzer Pfeffer aus der Mühle
4 Wacholderbeeren (zerdrückt)
1/2 Bund Schnittlauch

Pro Portion: 960 kJ / 230 kcal

Zubereitungszeit:
etwa 1 1/2–2 Std.
(+ 12–24 Std. Einweichzeit)

1 Die Bohnen über Nacht in knapp 1/2 l kaltem Wasser einweichen. Dann im Einweichwasser zum Kochen bringen, salzen und bei milder Hitze 1–1 1/2 Std. nicht zu weich kochen.

2 Die Steinpilze etwa 15 Min. in wenig warmem Wasser einweichen. Die Champignons und die Austernpilze putzen, abreiben oder kurz waschen, eventuell etwas kleiner schneiden. Die Pfifferlinge abtropfen lassen.

3 Die Schalotten schälen, nur größere Exemplare zerteilen. Den Knoblauch schälen und in feine Stifte schneiden oder durch die Presse drücken.

4 Das Schmalz in einem Topf zerlassen, die Schalotten und den Knoblauch darin bei mittlerer Hitze rundherum anbraten. Die Champignons, die Austernpilze und die Pfifferlinge mit anbraten.

5 Die Steinpilze abtropfen lassen, den Sud auffangen. Die Pilze eventuell kleinschneiden und ebenfalls anbraten.

6 Mit dem Steinpilzsud und dem Wein oder der Brühe ablöschen. Mit Salz, Pfeffer und den zerdrückten Wacholderbeeren würzen.

7 Die Bohnen abtropfen lassen und unter die Pilze mischen, etwa 5 Min. bei milder Hitze köcheln lassen. Würzig abschmecken, den Schnittlauch in Röllchen schneiden und aufstreuen.

◆ Getrocknete Bohnen

gibt es in den verschiedensten Farben: weiß, rot, grün, gesprenkelt. Je dunkler sie sind, desto herzhafter ist ihr Geschmack.

Bohnen mit Radieschen

Gelingt leicht · Beilage

Zutaten für 4 Portionen:

600 g grüne Bohnen
100 ml milde Gemüsebrühe (oder Hühnerbrühe)
1 Bund Radieschen
3 EL Sherryessig
Salz
schwarzer Pfeffer aus der Mühle
3 EL Öl

Pro Portion: 530 kJ / 130 kcal

Zubereitungszeit:
etwa 30 Min.

1 Die Bohnen waschen und putzen, eventuell zerteilen. Die Brühe aufkochen, die Bohnen darin zugedeckt je nach Sorte in 10–15 Min. bißfest garen.

2 Inzwischen die Radieschen putzen und waschen. In dünne Scheiben, den größten Teil der Scheiben dann in feine Stifte schneiden. Etwas zartes Radieschengrün fein hacken.

3 Wenn die Bohnen gar sind, die Radieschenscheiben dazu geben, etwa 1 Min. mitgaren. Abtropfen lassen, den Sud auffangen.

4 Den Bohnensud schnell bei starker Hitze etwas einkochen lassen. Mit den Radieschenstiften, dem Radieschengrün und dem Essig verrühren, mit Salz und Pfeffer würzen, dann das Öl kräftig unterschlagen. Das Bohnengemüse darin wenden und sofort servieren.

◆ **Grüne Bohnen**

Das Angebot bei frischen Bohnen ist vielfältig. Immer häufiger findet man neben den gewohnten, leicht derben Brechbohnen feinere Sorten wie die Prinzeßbohnen, die superzarten Kenia-Böhnchen oder die französischen Haricots verts. Der unterschiedlichen Dicke und Derbheit der Stangen entsprechend sind auch die Garzeiten sehr verschieden.

Sellerie-Schnitzel

Vollwertig · Kleiner Imbiß

Zutaten für 4 Portionen:

1 große, gleichmäßig runde Sellerieknolle (etwa 700 g)
Salz
1 großes Ei
schwarzer Pfeffer aus der Mühle
100–125 g ungeschälte Sesamsamen
4 EL Öl
1 mittelgroße Zwiebel
1 EL Butter
2 EL Paprikapulver edelsüß
150 g Crème fraîche
scharfes Rosen-Paprikapulver
1 Bund Schnittlauch

Pro Portion: 2000 kJ / 480 kcal

Zubereitungszeit:
etwa 45 Min.

1 Die Sellerieknolle waschen. Die beiden Enden abschneiden, die Knolle dann in 4 gleichmäßige Scheiben schneiden.

2 Die Schale dünn abschälen. Die Scheiben in kochendem Salzwasser etwa 8 Min. garen. Sehr gut abtropfen lassen, den Kochsud auffangen.

3 Das Ei auf einem Teller verquirlen und mit Salz und Pfeffer würzen, den Sesam auf einen anderen Teller geben. Die Selleriescheiben zuerst im verquirlten Ei, dann sehr gründlich in dem Sesam wenden.

4 Das Öl in zwei beschichtete Pfannen geben, nicht zu stark erhitzen. Die Selleriescheiben darin auf jeder Seite etwa 5 Min. braten.

5 Inzwischen die Zwiebel schälen und fein würfeln. In der Butter in einem kleinen Topf glasig werden lassen. Das edelsüße Paprikapulver einstreuen und anschwitzen, dann die Crème fraîche und etwa ⅛ l Selleriesud angießen. Offen bei starker Hitze cremig einkochen lassen.

6 Die Sauce mit Salz, Pfeffer und scharfem Rosen-Paprika abschmecken, mit dem Pürierstab direkt im Topf cremig aufschlagen. Schnittlauch in Röllchen schneiden und untermischen. Zu den Sellerieschnitzeln servieren.

◆ Sellerie

st in erster Linie als Suppengewürz bekannt. Die würzige Knolle kann aber auch als Gemüse vielfältig zubereitet werden. Der kräftige Selleriegeschmack wird etwas gemildert, wenn das Gemüse, wie bei diesem Rezept, erst vorgekocht, mit Sesam paniert und schließlich noch gebraten wird. Die Scheiben sollten vor dem Braten knapp gar sein. Bei völlig rohem Gemüse verbrennt die Panade, bevor das Innere weich ist, zu lange vorgekochte Scheiben werden beim Braten noch weicher.

Rübchen-Soufflé

Braucht etwas Zeit · Beilage oder Vorspeise

Zutaten für 4 Portionen:

600 g weiße Rübchen
1 EL Butter
1 TL Zucker
Salz
schwarzer Pfeffer aus der Mühle
Fett und Semmelbrösel für die Form
3 Eier, getrennt
75 g zarter Blattspinat
150 g Crème fraîche

Pro Portion: 1100 kJ / 260 kcal

Zubereitungszeit:
etwa 1 Std. 30 Min.

1 Die Rübchen waschen, schälen und grob würfeln. Die Butter in einem Topf zerlassen, die Rübchen darin unter Rühren anschwitzen. Mit Zukker, Salz und Pfeffer würzen, 4–5 EL Wasser angießen. Zugedeckt in etwa 15 Min. weichkochen.

2 Den Backofen auf 175° vorheizen. Vier dekorative Portionsförmchen (oder eine größere Form) gründlich fetten und mit Semmelbröseln ausstreuen.

3 Die Rübchen abtropfen lassen. Etwa ein Viertel beiseite nehmen und noch etwas feiner würfeln, den Rest im Mixer oder mit dem Pürierstab glatt pürieren. Die Rübenwürfel wieder untermischen, etwas abkühlen lassen.

4 Die 3 Eigelb unter das Püree ziehen, die 3 Eiweiß zu steifem Schnee schlagen und vorsichtig unterheben. Sofort in die vorbereiteten Formen umfüllen (oben einen Rand frei lassen!) und im Backofen auf mittlerer Schiene (Gas Stufe 2) etwa 35 Min. garen.

5 Inzwischen den Spinat waschen und verlesen. Einige Blättchen zum Garnieren lassen, die restlichen zusammen mit der Crème fraîche pürieren, mit Salz und Pfeffer abschmekken. Zum Soufflé servieren, mit Spinatblättchen garnieren.

◆ Weiße Rüben

Zwei Arten sind bei uns verbreitet: Die länglichen, weiß- oder gelbfleischigen Teltower Rübchen und die runden, oft rötlich getönten Navets aus Frankreich.

◆ Soufflés

sind problemlos zu meistern, wenn man einige Regeln beachtet: Form oder Förmchen gut einfetten, die Masse sofort nach dem Zusammenmischen einfüllen und die Backofentür während des Garens nicht öffnen.

Leipziger Allerlei

Klassisches für Gäste

Zutaten für 4 Portionen:

250 g Spargel
250 g grüne Bohnen
1 kleiner Blumenkohl (etwa 400 g)
150 g Zuckererbsen
1 Bund junge Möhren (etwa 250 g)
Salz
eventuell 25 g getrocknete Spitzmorcheln
150 g kleine, feste Champignons
2 EL getrocknetes Suppengrün
8 Flußkrebse (ersatzweise geschälte Scampi oder ausgelöste Krebsschwänze)
75 g Butter
2 EL Mehl
1–2 TL gekörnte Brühe
schwarzer Pfeffer aus der Mühle
2 Eigelb
50 g Sahne

Pro Portion: 1500 kJ / 360 kcal

Zubereitungszeit:
etwa 1 Std. 30 Min.

1 Den Spargel schälen, waschen und in etwa 5 cm lange Stücke schneiden. Die grünen Bohnen waschen und putzen, eventuell einmal zerteilen. Den Blumenkohl putzen, waschen und in kleine Röschen zerteilen.

2 Die Zuckererbsen waschen, die Enden abschneiden, eventuell die Fäden an den Seiten abziehen. Die Möhren putzen, waschen und schälen, in streichholzfeine und -lange Stifte schneiden.

3 Die Gemüsesorten getrennt in wenig Salzwasser nicht zu weich kochen (Spargel, Bohnen und Blumenkohl etwa 10 Min., Zuckererbsen und Möhren je etwa 5 Min.). Das Kochwasser auffangen, das Gemüse in Eiswasser geben und anschließend gut abtropfen lassen.

4 Die Spitzmorcheln in kaltem Wasser waschen und in etwa 75 ml lauwarmem Wasser einweichen. Die Champignons abreiben oder waschen, nur die größeren zerteilen. Kleine Pilze ganz lassen.

5 Reichlich Wasser zum Kochen bringen, das Suppengrün und 1 TL Salz hineingeben. Die Krebse ins sprudelnd kochende Wasser werfen, dann die Hitze reduzieren, die Krebse etwa 10 Min. leicht kochen lassen, anschließend mit einer Schaumkelle herausheben. Das Fleisch auslösen. (Scampi oder Krebsschwänze nicht vorgaren.)

6 Etwa 40 g Butter in einem großen Topf zerlassen. Das Krebsfleisch darin kurz anschwitzen und wieder herausheben. Die Morcheln ausdrükken und zusammen mit den Champignons in der Butter etwa 10 Min. bei mittlerer Hitze anschwitzen, dann wieder herausheben.

7 Die übrige Butter im Topf zerlassen. Das Mehl einstreuen und unter Rühren goldgelb werden lassen. Nach und nach so viel Kochwasser vom Gemüse einrühren, bis eine leicht cremige Sauce entstanden ist. Mit gekörnter Brühe, Salz und Pfeffer würzen.

8 Das Gemüse und die Pilze einrühren, in der Sauce erhitzen, zum Schluß das Krebsfleisch dazugeben.

9 Die Eigelb mit der Sahne verquirlen, unter das Gemüse ziehen. Abschmecken, nicht mehr kochen lassen.

Blumenkohl-Broccoli-Gratin

Gelingt leicht

◆ **Das Original**

Für »Leipziger Allerlei« gibt es viele Rezepte. Wichtig ist vor allem, daß »allerlei« verschiedenes Gemüse enthalten ist. Es macht also auch nichts, wenn Sie einzelne der oben angegebenen Sorten nicht oder nur schlecht bekommen können. Frische sollte beim Einkauf oberstes Gebot sein – nicht das exakte Einhalten der Rezeptzutaten. Unter gleichem Namen ist übrigens auch eine eher schlichte Gemüsemischung bekannt – die meist aus der Konserve kommt.

Zutaten für 4 Portionen:

1 mittelgroßer Blumenkohl (etwa 600 g)
Salz
500 g Broccoli
Fett für die Form
1 Knoblauchzehe
½ gegrilltes Hähnchen
50 g gemahlene Mandeln
30 g gehackte Mandeln
schwarzer Pfeffer aus der Mühle
40 g weiche Butter
75 g geriebener Emmentaler
3–4 EL Semmelbrösel

Pro Portion: 2100 kJ / 500 kcal

Zubereitungszeit:
etwa 45 Min.

1 Den Blumenkohl putzen, waschen und in Röschen zerteilen. In wenig Salzwasser etwa 10 Min. nicht zu weich dünsten. Gut abtropfen lassen.

2 Inzwischen den Broccoli waschen, die Stiele abziehen, die Röschen zerteilen. Die Stiele in wenig kochendes Salzwasser geben und etwa 4 Min. dünsten. Dann die Röschen dazugeben, zusammen noch etwa 4 Min. garen. Ebenfalls gut abtropfen lassen.

3 Den Backofen auf 225° vorheizen. Eine breite Gratinform fetten und mit der Knoblauchzehe einreiben.

4 Das Hähnchenfleisch von Haut und Knochen lösen und kleinschneiden. Mit dem Blumenkohl und dem Broccoli in die vorbereitete Form geben.

5 Die gemahlenen und die gehackten Mandeln mischen, mit Pfeffer würzen. Mit der Butter und dem Käse zu groben Streuseln verkneten, nach und nach die Semmelbrösel dazugeben. Übers Gemüse streuen. Im Backofen auf mittlerer Schiene (Gas Stufe 4) etwa 20 Min. gratinieren.

◆ **Blumenkohl**

Blumenkohlköpfe sollten aus geschlossenen Röschen bestehen und von saftigem Blattgrün umgeben sein. Wirklich frisch sind sie, wenn sie zart und angenehm duften. Kräftiger Kohl- oder gar Fischgeruch zeigt, daß der Kopf bereits zu lange gelagert wurde. Die Farbe hingegen sagt wenig aus, frischer Blumenkohl kann sowohl schneeweiß als auch elfenbeinfarben sein, sogar rotviolett gefärbte Köpfe gibt es inzwischen zu kaufen.

◆ **Broccoli**

Kleine Broccoli-Röschen sind zarter als große, wählen Sie je nach dem geplanten Rezept. Broccoli darf keine welken Blätter und keine gelben Röschen haben – dann ist er alt. Auch blühen darf er nicht – dann schmeckt er bitter.

Moussaka

Gelingt leicht

Zutaten für 6 Portionen:

1 kg Auberginen
Salz
2 Zwiebeln
etwa $\frac{1}{8}$ l Olivenöl + Öl für die Form
500 g gemischtes Hackfleisch (oder Lammhack)
schwarzer Pfeffer aus der Mühle
2 Lorbeerblätter
1 kg reife Tomaten (oder 1 große Dose geschälte Tomaten, 800 g)
Mehl zum Wenden der Auberginenscheiben
2 Eier
200 g griechischer Joghurt (ersatzweise 150 g Vollmilch-Joghurt, gemischt mit 50 g Crème fraîche)
frisch geriebene Muskatnuß
100 g frisch geriebener Parmesan (oder ein anderer würziger Hartkäse)

Pro Portion: 2600 kJ / 620 kcal

Zubereitungszeit:
etwa 1 Std. 45 Min.

◆ Das Original

kommt aus Griechenland und erfordert etwas Geduld und viel Zeit. Alle Zutaten werden zunächst einmal getrennt voneinander vorbereitet und erst zum Überbacken gemeinsam eingeschichtet: gebratene Auberginenscheiben, würziges Hackfleisch und die helle Sauce mit Käse, die hier als leichte Joghurt-Variante abgewandelt ist.

◆ Béchamelsauce

Das ist die echte Sauce für Moussaka, die das Rezept ursprünglicher, aber auch üppiger macht. Für die Grundsauce: Etwa 2 EL Butter zerlassen, 2 EL Mehl darin hell anschwitzen und nach und nach mit etwa $\frac{3}{8}$ l Milch aufgießen. Bei schwacher Hitze sachte köcheln und unter häufigem Rühren ausquellen lassen. Mit Salz, Pfeffer und Muskat würzen, den Käse untermischen. Für eine kompaktere Sauce im Verhältnis etwas mehr Mehl anschwitzen. Ein Teil der Milch kann auch durch Brühe oder durch Sahne ersetzt werden.

1 Die Auberginen waschen, die Stengelansätze abschneiden. Die Auberginen längs in etwa 1 cm breite Scheiben schneiden, nebeneinander ausbreiten und mit Salz bestreuen.

2 Die Zwiebeln hacken. In einer großen Pfanne etwa 4 EL Olivenöl erhitzen, die Zwiebeln darin glasig dünsten. Das Hackfleisch portionsweise dazugeben, unter Rühren krümelig braten. Salzen und pfeffern, die Lorbeerblätter hineingeben.

3 Die Tomaten einritzen und kurz in kochendes Wasser legen. Kalt abschrecken, enthäuten und halbieren. Die Kerne mit einem Löffel entfernen, das Fruchtfleisch hacken. (Dosentomaten abtropfen lassen und grob hacken.)

4 Die Auberginen kalt abspülen, auf Küchenkrepp gut abtropfen lassen, abtrocknen. In einer Pfanne nach und nach das restliche Olivenöl erhitzen. Die Scheiben dünn in Mehl wenden, portionsweise ins heiße Öl geben und von beider Seiten knusprig braten. Auf Küchenkrepp abtropfen lassen.

5 Den Backofen auf 220° vorheizen. Eine große, feuerfeste Form leicht einölen. Das Hackfleisch abschmecken, die Lorbeerblätter entfernen. Die Eier mit dem Joghurt verquirlen, mit Salz, Pfeffer und Muskat würzen.

6 Abwechselnd Auberginenscheiben und Hackfleisch in die Form schichten, jeweils mit etwas Tomatenfruchtfleisch und geriebenem Käse bestreuen, mit Auberginen abschließen. Die Joghurtsauce darüber verteilen und den restlichen Käse aufstreuen. Im Backofen (Gas Stufe 4) auf der mittleren Schiene etwa 30 Min. garen. Falls die Oberfläche zu dunkel wird, mit Pergamentpapier abdecken. Vorm Servieren im ausgeschalteten Backofen noch 5–10 Min. nachziehen lassen.

Okra-Tomaten-Gemüse

Beilage zu Lammbraten

Zutaten für 4 Portionen:

500 g Okraschoten
Salz
1 Schuß Essig
1 kg reife Tomaten
1 Zwiebel
½ Bund glatte Petersilie
2–3 Knoblauchzehen
2 Sardellenfilets
1 unbehandelte Zitrone
4 EL Olivenöl
Pfeffer aus der Mühle
1 TL Paprikapulver edelsüß
Cayennepfeffer

Pro Portion: 690 kJ / 160 kcal

Zubereitungszeit:
etwa 45 Min.

1 Die Okraschoten waschen und den zarten Flaum abreiben. Spitzen und Stielansätze abschneiden. 1 ½ l Salzwasser mit 1 Schuß Essig aufkochen. Die Okras darin etwa 3 Min. blanchieren. Kalt abschrecken, gut abtropfen lassen.

2 Die Tomaten kreuzweise einritzen, kurz in kochendes Wasser legen. Kalt abschrecken, die Haut ablösen und die Tomaten halbieren. Das Fruchtfleisch entkernen und grob hacken. Die Zwiebel hacken.

3 Petersilie und Knoblauch fein hacken. Die Sardellenfilets abspülen und trocknen, fein hacken. Die Zitrone heiß abspülen, die Schale abreiben. Die vier Zutaten gründlich mischen.

4 In einem Topf das Olivenöl erhitzen. Die Zwiebel andünsten, dann die Okraschoten kurz mitbraten. Drei Viertel der Würzmischung dazugeben, mit Pfeffer, Paprikapulver und 2–3 EL Zitronensaft würzen. Die Tomaten einrühren, zugedeckt etwa 15 Min. garen. Das Gemüse mit Salz, Pfeffer, Zitronensaft und Cayennepfeffer abschmecken, restliche Würzmischung aufstreuen.

Fenchel-Risotto

Italienisches Reisgericht

Zutaten für 4–6 Portionen:

2 Fenchelknollen (etwa 500 g)
etwa ¾ l heiße Hühnerbrühe
4 EL Olivenöl
250 g Reis (Avorio oder Vialone)
2 EL milder Weinessig
schwarzer Pfeffer aus der Mühle
⅛ l trockener Weißwein
1 Döschen Safranfäden (oder ½ TL Kurkumapulver)
1 EL Butter
Salz
4–6 dünne Scheiben roher Schinken
50 g frisch geriebener Parmesan

Bei 6 Portionen pro Portion: 1500 kJ / 360 kcal

Zubereitungszeit:
etwa 1 Std.

1 Den Fenchel putzen, das zarte Grün abschneiden und aufheben. Die Knollen längs vierteln, quer in dünne Scheiben schneiden.

2 Die Hühnerbrühe in einem Topf zum Kochen bringen. In einer großen Pfanne das Öl erhitzen. Den Fenchel darin andünsten. Den Reis gründlich untermischen. Mit dem Essig und etwas Pfeffer würzen, den Wein angießen. Solange rühren, bis die Flüssigkeit verdampft ist.

3 In kleinen Portionen die kochendheiße Brühe zum Reis gießen. Die Mischung in der Pfanne immer knapp am Köcheln halten, dabei ständig rühren und immer erst Brühe nachgießen, wenn die Flüssigkeit fast verdampft ist. Nach etwa 25 Min. Garzeit hat der Reis die gewünschte, cremig-fließende Konsistenz.

4 Gegen Ende der Garzeit Safranfäden oder Kurkumapulver in der restlichen Brühe auflösen und unter den Reis mischen. Die Butter dazugeben und schmelzen lassen, den

Reis mit Salz und Pfeffer abschmecken. Die Schinkenscheibchen nach Belieben in Streifen schneiden, mit dem Fenchelgrün auf dem Reis verteilen. Frisch geriebenen Parmesan aufstreuen, den Risotto sehr heiß servieren.

◆ Risotto

wird im Norden Italiens als Zwischengang serviert, unmittelbar nach den Antipasti. Zum Sattessen reicht die angegebene Menge für 4 Personen, dazu paßt dann ein frischer Salat. Typisch für Risotto ist die weiche, cremige Konsistenz, die nur bei Verwendung spezieller Reissorten perfekt erreicht wird. Avorio oder Vialone heißen die bekanntesten, die beide in der Po-Ebene angebaut werden. Sie nehmen beim Garen reichlich Flüssigkeit auf und geben gleichzeitig bindende Stärke ab. (Siehe auch das Rezept auf Seite 220.)

Gemüse-Eintopf mit Pesto

Für Gäste

Zutaten für 6 Portionen:

Für den Eintopf:
200 g weiße Bohnen
1 l Fleischbrühe
300 g Kartoffeln
500 g Möhren
500 g Tomaten
2 Bund Frühlingszwiebeln
200 g Knoblauchwurst
3 EL Olivenöl
Salz
schwarzer Pfeffer aus der Mühle

Für den Pesto:
2 Bund Basilikum
3 EL Pinienkerne
4–6 Knoblauchzehen
1 Prise Salz
1/8 l kaltgepreßtes Olivenöl
50 g frisch geriebener Parmesan oder Pecorino

Pro Portion: 2500 kJ / 600 kcal

Zubereitungszeit:
etwa 1 Std. 30 Min.
(+ 12–24 Std. Einweichzeit)

1 Die weißen Bohnen mit Wasser bedeckt über Nacht einweichen.

2 Die Fleischbrühe in einem Topf aufkochen. Die Bohnen abgießen, in der Brühe zugedeckt etwa 1 Std. garen.

3 Für den Pesto die Basilikumblättchen abzupfen, die Pinienkerne in einer Pfanne ohne Fett kurz anrösten. Die Knoblauchzehen schälen und mit 1 Prise Salz zerdrücken. Die drei Zutaten im Mörser fein zerstampfen oder im Blitzhakker pürieren. In eine Schüssel umfüllen, nach und nach das Olivenöl und den Käse gründlich untermischen. (Der fertige Pesto hält sich im Kühlschrank übrigens mindestens 1 Woche.)

4 Die Kartoffeln waschen, schälen, in kleine Würfel schneiden. Die Möhren putzen, erst in Scheiben, dann in Stifte schneiden. Die Tomaten kreuzweise einritzen, kurz in kochendes Wasser legen. Kalt abschrecken, enthäuten und halbieren. Das Fruchtfleisch entkernen, grob hacken.

5 Die Frühlingszwiebeln putzen und waschen, grüne und weiße Teile getrennt in etwa 1/2 cm breite Ringe schneiden. Die Knoblauchwurst in Scheibchen schneiden.

6 In einem großen Topf das Olivenöl erhitzen. Die weißen Zwiebeln darin unter Rühren andünsten. Kartoffeln, Möhren und Knoblauchwurst untermischen, kurz mitbraten. Salzen und pfeffern. Die Bohnen mit der Brühe dazugeben, alles etwa 20 Min. garen. Gehackte Tomaten und die grünen Zwiebelringe einrühren, in etwa 5 Min. fertig garen. Würzig abschmecken, mit dem Pesto servieren.

Gefüllte Zucchini

Auch als Vorspeise für 8 Personen

Zutaten für 4 Portionen:

1 Bund Basilikum
½ Bund glatte Petersilie
200 g Sahne
200 g Weißbrot oder Brötchen vom Vortag
4 mittelgroße Zucchini (etwa 800 g)
150 g Mozzarella
100 g gekochter Schinken am Stück
2 EL Walnußkerne
1 Ei
Salz
schwarzer Pfeffer aus der Mühle
frisch geriebene Muskatnuß
200 g weiße Zwiebeln
2 EL Olivenöl
⅛ l Hühnerbrühe
1 EL milder Weißweinessig

Pro Portion: 2400 kJ / 570 kcal

Zubereitungszeit:
etwa 1 Std. 30 Min.

1 Einige Kräuterzweige für später beiseite legen, die restlichen Blättchen abzupfen, sehr fein hacken und unter die Sahne rühren. Die Rinde vom Weißbrot als Brösel abreiben und bereitstellen. Die Brotkrume in Würfel schneiden, mit der Kräutersahne begießen und durchziehen lassen.

2 Inzwischen die Zucchini putzen, waschen und längs halbieren. Mit einem Löffel das Fruchtfleisch bis auf einen etwa 1 cm breiten Rand auslösen und kleinhacken. Den Mozzarella und den gekochten Schinken in Würfelchen schneiden. Die Walnußkerne hacken.

3 Das Ei kräftig verquirlen. Das eingeweichte Brot (es sollte die Sahne ganz aufgesogen haben) mit den abgeriebenen Bröseln, dem Ei, Mozzarella, Schinken und Walnüssen gründlich mischen, mit Salz, Pfeffer und Muskat abschmecken. Die Brotmasse in die ausgehöhlten Zucchini füllen. Den Backofen auf 220° vorheizen.

4 Die Zwiebeln fein hacken. In einem breiten (für den Backofen geeigneten) Topf das Olivenöl erhitzen, die Zwiebeln darin bei milder Hitze andünsten. Das gehackte Zucchinifruchtfleisch untermischen, kurz mitbraten, dann die Brühe angießen. Etwa 5 Min. sanft köcheln lassen, direkt im Topf mit dem Pürierstab fein pürieren. Salzen und pfeffern, mit dem Essig abschmecken.

5 Die gefüllten Zucchini dicht nebeneinander in die pürierte Gemüsesauce setzen. In den Backofen (Gas Stufe 4) schieben und etwa 20 Min. garen, das Zucchinifleisch sollte noch zarten Biß haben. Mit den restlichen Kräuterblättchen bestreuen und servieren.

◆ Tip

Ein ideales Sommeressen – mit Baguette und einem leichten, trockenen Weißwein serviert.

◆ Zucchini

schmecken relativ neutral und eignen sich deshalb besonders gut zum Kombinieren mit anderen Zutaten. Für Salate sind die kleinen, festen Früchte mit zarter Schale am begehrtesten, vor allem, wenn die ebenfalls eßbaren Blüten daransitzen. Größere Zucchini eignen sich gut zum Füllen und Überbacken oder kleingeschnitten zum Schmoren, zum Beispiel wie in nebenstehendem Rezept: der Ratatouille.

◆ Variante

Eine Füllung aus Hackfleisch: kurz anbraten mit Zwiebeln, Knoblauch, Tomatenmark, Rotwein und Gewürzen, in die Zucchinihälften füllen, mit geriebenem Käse überbacken.

Ratatouille

Klassiker aus Frankreich

Zutaten für 4 Portionen:

1 kg reife Tomaten
500 g Auberginen
Salz
je 1 rote, grüne und gelbe Paprikaschote
500 g Zucchini
2 frische Chilischoten (oder 3–4 eingelegte Peperoni)
250 g Zwiebeln
3–4 Knoblauchzehen
100 ml Olivenöl
1 Zweig frischer Rosmarin (oder 1 TL getrockneter)
schwarzer Pfeffer aus der Mühle

Pro Portion: 1500 kJ / 360 kcal

Zubereitungszeit:
etwa 1 Std. 20 Min.

1 Die Tomaten kreuzweise einritzen und kurz in kochendes Wasser tauchen. Kalt abschrecken, enthäuten und halbieren. Das Fruchtfleisch entkernen, grob hacken.

2 Die Auberginen waschen, die Stengelansätze wegschneiden. Auberginen in etwa 1 cm breite Scheiben, dann in Würfel schneiden. In ein Sieb legen, mit Salz bestreuen und kurz ziehen lassen.

3 Inzwischen die Paprikaschoten waschen und halbieren, die Trennwände entfernen, die Kerne herauswaschen. Die Schotenhälften in kleine Stücke schneiden. Die Zucchini waschen und putzen, in Scheiben oder Würfel schneiden. Die Chilischoten längs aufschlitzen, die Kerne und die Stiele entfernen, die Schoten kleinschneiden. Die Zwiebeln halbieren und quer in feine Scheibchen schneiden. Die Knoblauchzehen fein hacken.

4 Die Auberginenwürfel unter fließendem Wasser abspülen, gut abtropfen lassen und mit Küchenkrepp trocknen.

5 In einem großen Topf etwa 3 EL Olivenöl erhitzen. Die Zwiebelscheibchen und den Knoblauch (und eventuell den getrockneten Rosmarin) unter Rühren andünsten. Nacheinander in kleinen Portionen das vorbereitete Gemüse in den Topf geben und unter Rühren kräftig anbraten: zuerst die Paprikastücke, dann die Auberginen, Zucchini und Chilischoten. Zwischendurch immer wieder etwas Öl nachgießen.

6 Das Gemüse kräftig salzen und pfeffern, zuletzt die gehackten Tomaten einrühren. Den frischen Rosmarinzweig erst jetzt einlegen, alles zugedeckt etwa 40 Min. garen.

7 Den Rosmarinzweig herausnehmen, die Ratatouille mit Salz und Pfeffer nochmals kräftig abschmecken und servieren.

◆ Tip

Die verschiedenen Gemüsesorten getrennt voneinander andünsten, dann mischen und in eine Kasserolle umfüllen, im Backofen fertiggaren.

◆ Reste-Ideen

Kühlstellen, als Beilage zu kaltem Braten oder Fisch servieren. Oder in ein flaches Portionsförmchen füllen, mit mildem Schafskäse oder Crème fraîche überbacken.

◆ Beilage

Knuspriges Baguette, Vollkornbrot, Reis oder Pellkartoffeln.

◆ Getränke-Tip

Ein junger frischer Rotwein, zum Beispiel französischer Beaujolais oder italienischer Bardolino.

Kürbispüree mit Lamm

Auch als Vorspeise für 8 Personen

Zutaten für 4 Portionen:

300 g mageres Lammfleisch (Keule oder Schulter)
6 EL Öl (zum Beispiel Sesamöl) + Öl für Spieße und Pfanne
¼ TL Korianderpulver
2 EL Sojasauce
750 g frischer Kürbis
½ l Hühnerbrühe
½ TL getrockneter Thymian
1 unbehandelte Zitrone
weißer Pfeffer aus der Mühle
Salz
1 Bund glatte Petersilie
4 TL Crème fraîche

Pro Portion: 1600 kJ / 380 kcal

Zubereitungszeit:
etwa 50 Min.

1 Das Lammfleisch von Fett und Sehnen befreien, in etwa ½ cm breite Würfel schneiden. Das Öl mit Korianderpulver und Sojasauce verrühren. Lammwürfel einlegen und durchziehen lassen.

2 Den Kürbis schälen, das Fruchtfleisch kleinschneiden und mit Hühnerbrühe und Thymian aufsetzen. Die Zitrone heiß abwaschen, trocknen, die Schale fein abreiben und zum Kürbis geben. Etwa 15 Min. zugedeckt garen.

3 Die Lammwürfelchen auf geölte Spieße stecken, eine Pfanne mit Öl ausstreichen und erhitzen. Die Spieße rundum in etwa 15 Min. knusprig braten. Danach mit etwas Zitronensaft beträufeln, grob pfeffern.

4 Inzwischen den Kürbis mit dem Pürierstab fein zerkleinern. Mit Salz, Pfeffer und Zitronensaft würzig abschmekken. Die Petersilie hacken und untermischen. Das Kürbispüree auf Teller verteilen, die Crème fraîche einrühren. Mit den Lammspießchen servieren.

◆ **Beilage**

Fladenbrot oder wilder Reis.

Spinat-Pastete

Gut vorzubereiten

Zutaten für 6–8 Portionen:

450 g tiefgekühlter Blätterteig
1 kg frischer Blattspinat
2 Zwiebeln
4 EL Olivenöl
2–3 Knoblauchzehen
2 EL Zitronensaft
½ TL Korianderpulver
Salz
schwarzer Pfeffer aus der Mühle
250 g milder Schafskäse
250 g Frischkäse
50 g frisch geriebener Parmesan
2 Eier
1 Bund Dill
Mehl zum Ausrollen
1 Eigelb
1 EL Milch

Bei 8 Portionen pro Portion: 2100 kJ / 500 kcal

Zubereitungszeit:
etwa 1 Std. 30 Min.

1 Den Blätterteig auftauen lassen. Den Spinat gründlich verlesen, waschen und in ein Sieb geben. Einen großen Topf ohne Fettzugabe erhitzen, den Spinat tropfnaß portionsweise hineingeben und zusammenfallen lassen. In ein Sieb geben, abtropfen und abkühlen lassen. Den Topf ausspülen und abtrocknen.

2 Die Zwiebeln fein hacken. Den Spinat ausdrücken und grob hacken. Im großen Topf das Olivenöl erhitzen. Die Zwiebeln unter Rühren andünsten, Knoblauch durch die Presse dazudrücken. Den Spinat einrühren, mit Zitronensaft, Korianderpulver, Salz und Pfeffer würzen. Im offenen Topf etwa 5 Min. sanft garen.

3 Den Backofen auf 200° vorheizen. Die Fettpfanne des Backofens oder ein tiefes Backblech bereitstellen.

4 Den Schafskäse mit einer Gabel zerdrücken, mit dem

Frischkäse und dem Parmesan vermischen. Die Eier verquirlen und unterrühren. Pfeffern, vorsichtig salzen. Den Dill fein schneiden und untermischen.

5 Den Blätterteig halbieren, auf leicht bemehlter Fläche zur doppelten Größe ausrollen. Das Blech kalt abspülen, mit einer der Teigplatten auslegen.

6 Den Spinat sehr gut abtropfen lassen und unter die Käsecreme mischen, auf den Teig streichen. Die Teigränder über die Füllung nach innen einschlagen, die zweite Teigplatte als Decke darüber legen. Mit einer Gabel mehrmals einstechen. Das Eigelb mit der Milch verquirlen, den Teig damit bestreichen. Im Backofen (Gas Stufe 3) etwa 50 Min. backen.

◆ Tip

Die Spinatpastete können Sie warm, lauwarm oder kalt servieren.

Kichererbsen-Bällchen

Kleiner Imbiß

Zutaten für 4 Portionen:

250 g getrocknete Kichererbsen (oder etwa 600 g gekochte Kichererbsen aus der Dose)
2 Eier
2 Zwiebeln
4–6 Knoblauchzehen
½ TL gemahlener Koriander
½ TL gemahlener Kreuzkümmel
½ TL scharfer Rosen-Paprika
Salz
Zitronenpfeffer (oder schwarzer Pfeffer aus der Mühle)
2 Bund Petersilie
50 g milder Schafs- oder Ziegenkäse
350 g Vollmilch-Joghurt (falls erhältlich, türkischer oder griechischer Joghurt)
Mehl zum Wenden
Öl zum Braten
frische Salatblätter

Pro Portion: 1600 kJ / 380 kcal

Zubereitungszeit:
etwa 1 Std. 30 Min.
(+ 12–24 Std. Einweichzeit)

1 Die getrockneten Kichererbsen über Nacht mit Wasser bedeckt einweichen. Am nächsten Tag in etwa 45 Min. weichkochen (Kichererbsen aus der Dose nur abtropfen lassen).

2 Die gekochten Kichererbsen abtropfen und etwas abkühlen lassen. Durch den Fleischwolf drehen oder im Blitzhacker zu Mus zerkleinern. Die Eier gründlich untermischen. Die Zwiebeln sehr fein hacken und unterrühren, den Knoblauch durch die Presse dazudrücken. Mit Koriander, Kreuzkümmel, Paprikapulver, Salz und Zitronenpfeffer kräftig abschmekken. 1 Bund Petersilie fein hakken, untermischen. Abgedeckt kaltstellen.

3 Den Schafskäse mit einer Gabel zerdrücken, den Joghurt unterrühren, eventuell salzen. Die restliche Petersilie fein hacken und untermischen. Die Sauce kühlstellen.

4 Mit einem Löffel aus der Kichererbsenmasse etwa pflaumengroße Portionen abstechen, mit den Händen zu kleinen Kugeln formen und in Mehl wenden. In einer tiefen Pfanne reichlich Öl erhitzen, die Bällchen portionsweise hineingeben und rundum knusprig braten. Auf Küchenkrepp sehr gut abtropfen lassen.

5 Die Salatblätter waschen und trockenschütteln, eine große Platte damit auslegen. Die Kichererbsen-Bällchen darauf anrichten, mit Zitronenpfeffer bestreuen. Die kühle Joghurtsauce dazu servieren.

◆ Das Original

nennt sich Falafel und hat arabische Ursprünge. Saftig-aromatische Ergänzung: Tomatensalat.

Tofu-Gemüse-Wok

Gut vorzubereiten

Zutaten für 4 Portionen:

1 EL scharfer Senf
4 cl trockener Sherry (Fino)
4 EL Sojasauce + Sojasauce zum Abschmecken
3–4 EL Zitronensaft
4 EL Erdnußöl (oder Sonnenblumenöl)
4 Knoblauchzehen
1 kleine, frische Chilischote
250 g Tofu
250 g Broccoli
1 Stange Lauch (etwa 200 g)
1 rote Paprikaschote (etwa 150 g)
Öl zum Braten
Salz
schwarzer Pfeffer aus der Mühle
1 Bund glatte Petersilie

Pro Portion: 970 kJ / 230 kcal

Zubereitungszeit:
etwa 40 Min.
(+ 12–24 Std. Marinierzeit)

◆ Beilage

Körnig gekochten Reis dazu servieren.

◆ Tofu

ist der Überbegriff für quarkähnliche Produkte, die aus Sojabohnen hergestellt werden. Es gibt feste und weiche Sorten, geräucherten, aromatisierten oder getrockneten Tofu. Da er extrem eiweißreich ist, bietet der eher geschmacksneutrale Bohnenquark eine interessante Alternative zu Fleisch – und ergänzt sich ausgezeichnet mit Marinaden und allen würzigen Zutaten.

◆ Pfannenrühren

im Wok, eine alte chinesische Garmethode, setzt sich immer mehr auch in unserer Küche durch. Alle Zutaten müssen entsprechend ihrer Garzeit kleingeschnitten bereitstehen. Die Pfanne wird mit etwas Öl ausgestrichen und hoch erhitzt. Unter ständigem Rühren und Braten ist das Essen nun in Sekundenschnelle fertig – bunte Mischungen aus feinen Gemüsestreifen und Fischhäppchen, geschnetzeltem Rinderfilet oder Schweineschnitzel. Ein Glücksfall für jede Art der Resteverwertung!

1 Aus Senf, Sherry, Sojasauce, Zitronensaft, Erdnußöl und durchgepreßtem Knoblauch eine Marinade rühren. Die Chilischote längs aufschlitzen, die Kerne und den Stiel entfernen. Die Schote in schmale Ringe schneiden und unter die Marinade mischen.

2 Den Tofu abtropfen lassen und in etwa 1 cm breite Würfel schneiden. Vorsichtig mit der Marinade mischen, zugedeckt über Nacht im Kühlschrank durchziehen lassen.

3 Den Broccoli putzen, die kleinen Röschen von den Stielen trennen. Die dicken Stiele abziehen und in Scheibchen schneiden. Die Lauchstange längs aufschlitzen und gründlich waschen, schräg in feine Ringe schneiden.

4 Die Paprikaschote waschen und halbieren, die Trennwände entfernen und die Kerne herauswaschen. Die Schotenhälften nochmals teilen und in schmale Streifchen schneiden.

5 Das vorbereitete Gemüse und den marinierten Tofu in Schälchen bereitstellen. Den Wok oder eventuell eine andere geeignete Pfanne auf den Herd stellen, dünn mit Öl ausstreichen und hoch erhitzen.

6 Die Lauchringe ins heiße Öl streuen, bei starker Hitze unter Rühren kurz anbraten und danach an den Pfannenrand schieben. Nach Bedarf noch etwas Öl in die Mitte nachgießen und für die nächste Brataktion erhitzen.

7 Nun portionsweise den Broccoli und die Paprikastreifen in die Mitte der Pfanne geben, ebenso wie den Lauch unter Rühren kurz anbraten. Alles Gemüse in der Pfanne mischen, salzen und pfeffern und wieder an den Rand der Pfanne schieben. Etwas Öl in die Mitte gießen und erhitzen.

8 Den Tofu gut abtropfen lassen, löffelweise ins heiße Öl geben, unter Rühren rasch anbraten. Vorsichtig mit dem Gemüse mischen, die abgetropfte Marinade vom Tofu angießen. Mit Salz, Pfeffer und Sojasauce abschmecken. Die Petersilie grob hacken und aufstreuen.

Kokos-Sahne-Gemüse

Gelingt leicht

Zutaten für 4–6 Portionen:

250 g Sahne
etwa 150 ml Milch
100 g Kokosraspel
300 g Zucchini
300 g Möhren
500 g Kartoffeln
2 Schalotten
2 EL Öl
Salz
weißer Pfeffer aus der Mühle
eventuell 1/4 TL gemahlener Kardamom
1 Knoblauchzehe
1/2 unbehandelte Zitrone
1 großes Bund Basilikum

Bei 6 Portionen pro Portion: 1400 kJ / 330 kcal

Zubereitungszeit:
etwa 1 Std.

1 Die Sahne mit der Milch aufkochen und die Kokosraspel gründlich einrühren. Bei niedriger Hitze im offenen Topf sanft köcheln lassen. Zwischendurch immer wieder umrühren.

2 Die Zucchini und die Möhren putzen und waschen, die Kartoffeln schälen. Alles in etwa 1/2 cm dünne Scheiben, dann in Stifte schneiden. Die Schalotten fein hacken. In einer Pfanne das Öl erhitzen, die Schalotten andünsten. Die Kartoffeln einrühren und etwa 5 Min. braten. Das restliche Gemüse dazugeben, mit Salz, Pfeffer, Kardamom, durchgepreßtem Knoblauch, abgeriebener Zitronenschale würzen. Die Hälfte vom Basilikum fein schneiden und untermischen.

3 Die cremige Kokos-Sahne untermischen, noch etwa 5 Min. garen. Mit Salz, Pfeffer und Zitronensaft abschmecken, restliches Basilikum aufstreuen.

◆ Tip

Raspel in Wasser einweichen, die Flüssigkeit abpressen und diese sehr dezent und fein nach Kokos schmeckende »Milch« mit der Sahne aufkochen.

Gemüsecurry

Preiswert

Zutaten für 4 Portionen:

500 g Weißkohl
300 g Möhren
1/2 frische Ananas (etwa 250 g)
2–3 Knoblauchzehen
1/2 TL schwarze Pfefferkörner
Salz
1 etwa walnußgroßes Stückchen frische Ingwerwurzel
4 EL Sesamöl (oder Sonnenblumenöl)
1/2 TL Kurkumapulver
1/4 TL Korianderpulver
1/4 TL Kreuzkümmel
1/4 – 1/2 l heiße Gemüsebrühe (oder Hühnerbrühe)
1 Bund glatte Petersilie
Cayennepfeffer
1–2 EL Zitronensaft

Pro Portion: 630 kJ / 150 cal

Zubereitungszeit:
etwa 1 Std.

1 Den Weißkohl putzen, den harten Strunk herausschneiden. Die Blätter in etwa 1 cm breite Streifen und diese in kleine Stückchen schneiden. Die Möhren schälen und quer 2–3mal teilen. Längs in dünne Scheiben, dann in feine Stifte schneiden. Die Ananas schälen, kleinschneiden und dabei die harten Stellen entfernen.

2 In einem Mörser die Knoblauchzehen und Pfefferkörner mit 1 Prise Salz fein zerstoßen. Den Ingwer schälen, fein hacken und untermischen.

3 In einem Topf das Öl erhitzen. Die Möhren andünsten, die Knoblauchmischung und alle Gewürze einrühren und etwas heiße Brühe angießen. Den Weißkohl untermischen.

4 Das Gemüse halb bedeckt etwa 30 Min. garen, es sollte dann noch etwas Biß haben und auf keinen Fall zu weich gekocht sein. Nach etwa 20 Min. die Ananasstücke untermischen.

5 Die Petersilie grob hacken und unterrühren. Das Gemüse mit Salz, Cayennepfeffer und Zitronensaft abschmecken und servieren.

◆ Beilage

Körnig gekochter Naturreis oder anderer Langkornreis.

◆ Curry

Indische Gewürzmischung aus mindestens einem Dutzend verschiedener Komponenten: Kurkuma und Kardamom, Koriander, Cayennepfeffer und Ingwer sind nur einige der wichtigsten Grundzutaten. Alle Gerichte, die mit diesem von sanft bis höllisch scharf gemischten Pulver gewürzt sind, haben in Indien ihren speziellen Namen – Curry!

Blumenkohl mit Korianderkrabben

Raffiniert · Für Gäste

Zutaten für 4 Portionen:

1 kleiner Blumenkohl (etwa 400 g)
Salz
4–5 EL Weinessig
250 g rote Linsen
etwa 100 ml Sonnenblumenöl
schwarzer Pfeffer aus der Mühle
1/4 TL Zucker
2 EL Sojasauce
1 Msp. Sambal Oelek (scharfe Würzpaste; ersatzweise 1/4 TL Cayennepfeffer)
2 EL Kapern
1 Frühlingszwiebel
200 g gekochte und geschälte Nordseekrabben (kleine Garnelen)
1/2 TL Korianderkörner (oder 1/4 TL gemahlener Koriander)
Cayennepfeffer

Pro Portion: 2100 kJ / 500 kcal

Zubereitungszeit:
etwa 45 Min.

1 Den Blumenkohl putzen, in Röschen teilen. Mit kaltem Wasser bedecken, 1 TL Salz und 1 EL Essig angießen.

2 Die Linsen mit Wasser bedeckt aufsetzen, 1–2 EL Essig angießen und die Linsen etwa 10 Min. garen.

3 Den Blumenkohl abbrausen und gut abtropfen lassen, die Röschen in feine Scheiben schneiden. In einem Wok oder einer großen Pfanne 2–3 EL Öl erhitzen. Den Blumenkohl portionsweise unter Rühren kurz braten, salzen und pfeffern, bei Bedarf Öl nachgießen.

4 Die Linsen abtropfen lassen, unter den Blumenkohl mischen. Mit Zucker, Sojasauce, Sambal Oelek und Essig nach Geschmack würzen, die Kapern mit Sud einrühren. Eventuell wenig Wasser angießen, bei mittlerer Hitze etwa 10 Min. sanft köcheln lassen.

5 Inzwischen die Frühlingszwiebel putzen und fein hacken. In einer Pfanne 3 EL Öl erhitzen. Die Krabben unter Rühren kurz anbraten. Die Frühlingszwiebel und den Koriander untermischen, bei mittlerer Hitze kurz weiterbraten. Mit etwas Salz, Cayennepfeffer und reichlich schwarzem Pfeffer würzen. Die Krabben über den Blumenkohl und die Linsen verteilen und sofort servieren.

◆ Tip

Statt Sambal Oelek können Sie auch 1–2 »Piri Piri« zum Schärfen nehmen. Die winzigen, eingelegten, teuflisch scharfen Schoten machen sich optisch recht gut – sind aber nicht so gezielt zu dosieren wie die rote Paste.

◆ Gäste-Tip

Eine echte Überraschung, die auch Skeptiker für exotische Genüsse begeistern wird.

Gebackene Austernpilze

Auch als Vorspeise für 6–8 geeignet

Zutaten für 4 Portionen:

500 g Austernpilze
8 EL Sonnenblumenöl
4 EL Sojasauce
1 TL Honig
2 EL Tomatenmark
2–3 EL Weinessig
einige Tropfen Tabasco
schwarzer Pfeffer aus der Mühle
1 Bund glatte Petersilie
eventuell einige Blätter frische Minze
½ Zitrone

Pro Portion: 490 kJ / 120 kcal

Zubereitungszeit: *etwa 40 Min.*

1 Den Backofen auf 225° vorheizen. Die Austernpilze putzen und abreiben, die harten Stiele abschneiden und die Pilze etwas zerteilen.

2 Aus 6 EL Öl, Sojasauce, Honig, Tomatenmark und Essig eine Sauce rühren, mit Tabasco und Pfeffer pikant würzen. Die Hälfte der Petersilie und die Minze sehr fein hacken, untermischen.

3 Ein Backblech mit Alufolie auslegen, mit dem restlichen Öl bestreichen. Die Pilze von beiden Seiten gründlich mit der Sauce bestreichen und auf das Blech legen. Die restliche Sauce darüber träufeln. Im Backofen (Gas Stufe 4) etwa 15 Min. backen.

4 Die gebackenen Pilze nochmals frisch aus der Mühle pfeffern, die restlichen Petersilienblättchen aufstreuen. Mit Zitronenscheiben garnieren.

◆ **Beilage**

Mit Baguette ein sättigender Imbiß für 4 Personen.

◆ **Tip**

Die Austernpilze einige Stunden in der Sauce marinieren.

Fruchtige Exotenpfanne

Raffiniert · Für Gäste

Zutaten für 4 Portionen:

2 frische grüne Chilischoten
2 Hähnchenbrustfilets (etwa 300 g, ersatzweise Putenschnitzel)
Zitronenpfeffer (oder schwarzer Pfeffer aus der Mühle)
eventuell 2 cl weißer Rum
1 Papaya (etwa 400 g)
2 kleine Zucchini
1 milde Gemüsezwiebel (etwa 200 g)
4 EL Öl
Salz
½ rosa Grapefruit
2 EL Crème double
1 feste, nicht zu reife Banane

Pro Portion: 1200 kJ / 290 kcal

Zubereitungszeit: *etwa 45 Min.*

1 Die Chilischoten längs aufschlitzen, die Kerne und die Stiele entfernen. Die Schoten waschen und in sehr feine Streifchen schneiden. Die Hähnchenbrustfilets mit Zitronenpfeffer einreiben, in Würfel schneiden, die Chilischoten untermischen und nach Belieben mit weißem Rum beträufeln. Zugedeckt kühlstellen.

2 Die Papaya mit dem Sparschäler dünn schälen, längs halbieren und die Kerne entfernen. Das Fruchtfleisch in kleine Schnitze oder in Würfel schneiden. Die Zucchini waschen und putzen, in Scheiben schneiden. Die Zwiebel grob hacken.

3 In einer Pfanne das Öl erhitzen. Die Hähnchenwürfel scharf anbraten, dann die Zwiebel untermischen und bei mittlerer Hitze andünsten. Zucchini und Papaya dazugeben und kurz anbraten, alles salzen und kräftig mit Zitronenpfeffer würzen. Die halbe Grapefruit auspressen, den Saft in die Pfanne gießen und die Mischung etwa 10 Min. garen.

Paprikaschoten mit Quinoa-Füllung

Vollwertig · Gelingt leicht

4 Die Crème double einrühren. Die Banane schälen, in Scheiben schneiden und vorsichtig untermischen. Alles zusammen nochmals 2–3 Min. richtig heiß werden lassen. Würzig abschmecken.

◆ Beilage

Wie zu vielen exotischen Gemüsegerichten paßt Reis am besten.

◆ Papaya

Die melonenähnliche Tropenfrucht wird in unreifem Zustand als Gemüse zubereitet, vollreif eher für Obstsalate oder Süßspeisen verwendet. Reife Früchte erkennen Sie an der gelb gefärbten Schale und daran, daß die Frucht bei leichtem Fingerdruck nachgibt.

Zutaten für 4 Portionen:

1 Zwiebel
2 Knoblauchzehen
eventuell 1 Chilischote
50 g durchwachsener Speck
4 EL Sonnenblumenöl
1 EL Paprikapulver edelsüß
200 g Quinoa (siehe auch Seite 225)
etwa ½ l Gemüsebrühe
je 2 große rote und grüne Paprikaschoten
Salz
weißer Pfeffer aus der Mühle
200 g Kefir
150 g Vollmilch-Joghurt (3,5%)
1 Bund Dill

Pro Portion: 2000 kJ / 480 kcal

Zubereitungszeit:
etwa 1 Std.

1 Die Zwiebel und die Knoblauchzehen hacken. Die Chilischote längs aufschlitzen, die Kerne und den Stiel entfernen und die Schote in feine Ringe schneiden.

2 Das Quinoa waschen und in einem Sieb abtropfen lassen. Den Speck in kleine Würfel schneiden. In einem Topf 1 EL Öl erhitzen, die Speckwürfel darin anbraten. Die Zwiebel einrühren und andünsten, Knoblauch, Chilischote, Paprikapulver und Quinoa einrühren, knapp 400 ml Brühe angießen und die Körner bei mittlerer Hitze 15–20 Min. ausquellen lassen.

3 Die Paprikaschoten waschen, auf der Seite mit dem Stielansatz jeweils einen Deckel abschneiden. Die Trennwände aus den Schoten herauslösen, die Kerne herausspülen und die Schoten kopfüber abtropfen lassen.

4 Das ausgequollene Quinoa etwas abkühlen lassen, mit Salz und Pfeffer kräftig abschmecken. Die Paprikaschoten mit der Mischung füllen. Schoten senkrecht in einen Topf stellen und die abgeschnittenen Deckel wieder aufsetzen. Die restliche Brühe angießen, die Schoten mit dem übrigen Öl beträufeln. Zugedeckt etwa 15 Min. dünsten, bis die Paprikaschoten gar, aber nicht zu weich sind.

5 Inzwischen für die Sauce den Kefir mit dem Joghurt verrühren, mit Salz und Pfeffer würzen. Den Dill fein schneiden und untermischen. Zu den Paprikaschoten reichen.

◆ Variante

Wenn Sie kein Quinoa im Naturkostladen, Reformhaus oder Feinkostgeschäft finden, ersetzen Sie diese speziellen, getreideähnlichen Körnchen durch Hirse oder Reis. Die Garzeit ist bei Hirse gleich, bei Reis je nach Sorte etwas länger.

Joghurt-Gemüse

Gelingt leicht

Zutaten für 4 Portionen:

2 Stangen Lauch (etwa 400 g)
250 g Egerlinge (oder Champignons)
250 g Blattspinat
4 EL Olivenöl
Salz
schwarzer Pfeffer aus der Mühle
eventuell 2 cl Sherry (Fino)
2 Knoblauchzehen
1/8 l trockener Weißwein
150 g gekochter Schinken
1 EL scharfer Senf (Dijon)
200 g griechischer Joghurt (10%)
100 g Sahne
2 EL Kapern

Pro Portion: 1300 kJ / 310 kcal

Zubereitungszeit:
etwa 40 Min.

1 Den Lauch putzen und waschen, schräg in hauchdünne Scheiben schneiden. Die Pilze putzen und in Scheiben schneiden. Den Spinat verlesen, gründlich waschen und abtropfen lassen.

2 In einer großen Pfanne das Olivenöl erhitzen. Den Lauch unter Rühren andünsten, die Pilze untermischen und etwa 5 Min. mitbraten. Salzen und pfeffern, Sherry angießen.

3 Den Knoblauch durch die Presse dazudrücken. Den Wein angießen, weitere 5 Min. sanft köcheln. Den Schinken in Streifen oder Würfel schneiden.

4 Die Spinatblätter unterheben, kurz mitgaren. Den Senf mit Joghurt und Sahne verquirlen und unters Gemüse mischen. Die Kapern und den Schinken unterrühren und weitere 5 Min. köcheln. Mit Salz und Pfeffer kräftig würzen.

◆ **Beilage**

Dazu Pellkartoffeln servieren, eventuell gründlich gebürstete Frühkartoffeln mit Schale.

Gemüse-Taschen

Frisch aus dem Ofen servieren

Zutaten für 4 Portionen:

4 tiefgekühlte Blätterteigplatten
300 g Wirsing (1/2 Kopf; oder Weißkohl)
Salz
1 Bund glatte Petersilie
1 Bund Basilikum
30 g Walnußkerne
2 Knoblauchzehen
4 EL Olivenöl
50 g roher Schinken
2 EL frisch geriebener Pecorino oder Parmesan
3 Eier (1 davon getrennt)
schwarzer Pfeffer aus der Mühle
Cayennepfeffer
Mehl zum Ausrollen
500 g Tomatenfruchtfleisch (aus der Packung)

Pro Portion: 2500 kJ / 600 kcal

Zubereitungszeit:
etwa 1 Std.

1 Die Blätterteigplatten auftauen lassen. Den Wirsing putzen und waschen, die Strünke und dicken Blattrippen herausschneiden. Reichlich Salzwasser aufkochen, die Wirsingblätter etwa 1 Min. blanchieren, kalt abschrecken und abtropfen lassen. In Streifen schneiden und sehr fein hacken.

2 Die Petersilien- und die Basilikumblättchen abzupfen. Zusammen mit den Walnußkernen, den Knoblauchzehen und dem Olivenöl im Blitzhacker pürieren. Unter den Wirsing mischen.

3 Den Schinken in schmale Streifen oder kleine Würfel schneiden. Mit dem Käse und 2 Eiern gründlich unters Gemüse mischen, mit Salz, Pfeffer und Cayennepfeffer kräftig würzen. Den Backofen auf 200° vorheizen.

4 Jede Blätterteigplatte auf leicht bemehlter Fläche so dünn ausrollen, daß man Kreise in der Größe eines Kuchen-

Rosinen-Lauch

Auch als Vorspeise für 8 Personen

tellers ausschneiden kann (etwa 20 cm Durchmesser). Auf eine Hälfte jedes Kreises jeweils ein Viertel der Füllung häufen. Die Teigränder mit verquirltem Eiweiß bestreichen, die Kreise halbmondförmig zusammenklappen und die Ränder fest andrücken. Die Teigreste zurechtschneiden, die Oberflächen damit dekorieren.

5 Ein Blech kalt abspülen, die Teigtaschen darauf setzen und mit Eigelb bestreichen. Im vorgeheizten Backofen (Gas Stufe 4) etwa 20 Min. goldbraun backen.

6 Das Tomatenfruchtfleisch in einem Topf erhitzen, mit Salz, Pfeffer und Cayennepfeffer abschmecken. Als Sauce zu den Gemüsetaschen servieren.

◆ Garniertip

Die Taschen mit Zackenrand ausradeln. Mit Walnußkernen und Basilikum anrichten.

Zutaten für 4 Portionen:

2 dicke Stangen Lauch (etwa 500 g)
Salz
3 EL Rosinen
4 cl trockener Sherry (Fino)
2 Eier
200 g Sahne
frisch geriebene Muskatnuß
schwarzer Pfeffer aus der Mühle
80 g Cashewkerne (oder geschälte Mandeln)
2 EL Butter
1 gehäufter TL Currypulver

Pro Portion: 1400 kJ / 330 kcal

Zubereitungszeit:
etwa 40 Min.

1 Die Lauchstangen putzen, in etwa 10 cm lange Stücke schneiden und diese längs halbieren. Unter fließendem Wasser waschen. In einem Topf 1 l Salzwasser aufkochen, die Lauchstücke darin etwa 3 Min. blanchieren. Kalt abschrecken und gut abtropfen lassen. Den Backofen auf 200° vorheizen.

2 Die Rosinen im Sherry einweichen. Die Eier mit der Sahne verquirlen, mit Muskat, Pfeffer und Salz kräftig würzen.

3 Die Lauchstücke dicht nebeneinander in eine Gratinform schichten. Mit der gewürzten Eiersahne begießen (der Lauch soll davon nicht völlig bedeckt sein!). Die Form für etwa 20 Min. in den Backofen schieben (Gas Stufe 3).

4 Die Cashewkerne grob hakken. In einer Pfanne ohne Fett unter Rühren kräftig anrösten. Dann 1 EL Butter dazugeben und schmelzen lassen. Mit dem Currypulver bestäuben, kurz anschwitzen. Die Rosinen samt Marinade einrühren und die Flüssigkeit einkochen lassen. Die Mischung auf dem Lauch verteilen, mit Butterflöckchen belegen und den Lauch nochmals etwa 5 Min. überbacken.

◆ Lauch

oder Porree gibt es das ganze Jahr über frisch zu kaufen. Sommer-, Herbst- und Wintersorten unterscheiden sich zum einen in Länge und Dicke des weißen Schaftes. Der frühe Lauch schmeckt außerdem feiner und zarter als der winterliche und ist schneller gar.

◆ Einkaufs-Tip

Unabhängig von der Sorte müssen die grünen Blattenden vom Lauch immer frisch und fest aussehen, welke Lauchblätter deuten auf zu lange Lagerung und Vitaminverlust hin.

◆ Tip

Die Nuß-Rosinen-Mischung verführt zum Knabbern – es schadet also nichts, gleich etwas mehr einzuplanen.

Nudeln, Kartoffeln, Reis und Getreide

Als Randerscheinungen auf gefüllten Fleischtellern sind sie in unser Bewußtsein getreten: Salzkartoffeln und Spirelli, Minutenreis und Semmelknödel. Nun scheint sich das Interesse sichtbar zu verlagern. Al dente gekochte Spaghetti sind längst gesellschaftsfähig geworden, Geschichten über wilden Reis und raffinierte Körner lassen nicht nur den geborenen Feinschmecker aufhorchen. Nirgends sonst liegen Volksnahrung und Nobelküche so dicht beieinander. Die einen lassen sich deftige Lasagne und gefüllte Maultaschen schmecken, andere erfreuen sich an getrüffelten Tagliatelle. Es ist erklärte Kunst, über Knollengemüse zu philosophieren, und nebenbei entstehen aus Resten köstliche Kartoffel-Aufläufe. Die Vollwertküche baut auf eine der solidesten Grundlagen – auf das gesunde Getreide. Auch der Ruf von Nudeln & Co. als Dickmacher löst sich ganz allmählich in Luft auf, seit sich herumspricht, daß nur die Sauce mit Schuld beladen ist. Ein kleines Randproblem bleibt aber doch bestehen: Wie schafft man es in einem durchschnittlichen Menschenleben, in den Genuß aller Pasta-Premieren zu kommen? Wie auch immer: Es lebe das Zeitalter der Beilagen!

Dekorativ und phantasievoll sind die verschiedenen Nudelsorten – und maßgeschneidert für spezielle Gerichte: zum Beispiel schmetterlingsartige Farfalle, radähnliche Ruote und kurze, gewölbte Hohlnudeln für alle sämigen Fleisch- und Gemüsesaucen, bandförmige Tagliatelle für cremige Sahnesaucen.

Nudeln: Hartweizen contra Eiernudel

Erst einmal ist es eine Frage des Geschmacks, für welche Nudel Sie sich erwärmen – für die rein aus Wasser und Grieß geknetete oder für die gehaltvollere mit Ei. Beide Sorten werden nach gleichermaßen streng kontrollierten Qualitätskriterien industriell hergestellt, beide teilweise aufgefrischt und gefärbt mit Spinat, Kräutern, Tomatenmark. Beim Hartweizen sorgt der überdurchschnittlich hohe Anteil an Kleber-Eiweiß für eine gleichmäßig elastische Struktur – das Resultat ist ein zarter, kerniger Biß im Inneren der »al dente« gekochten Spaghetti oder Fusilli. Eiernudeln sind üppiger und sehr schmackhaft, vor allem als frische Ware: zum Beispiel breite und schmale Bandnudeln, Lasagne oder gefüllte Teigwaren wie Ravioli und Tortellini. Die Technik erlaubt es heute, daß auch die Eiernudeln über Monate, wenn nicht Jahre haltbar sind. Ihre individuelle Nudel-Wahl sollte im übrigen auch vom geplanten Rezept abhängen: Eiernudeln schmekken besonders gut mit sanften, sahnigen Zutaten, Hartweizennudeln vertragen auch pikante bis höllisch scharfe Begleiter.

Nudeln perfekt gekocht

Ein großer Topf ist Bedingung. Pro 100 g Nudeln wird darin etwa 1 l Wasser sprudelnd aufgekocht und leicht gesalzen. Die Nudeln auf einmal hineingeben, den Topf offen lassen und den Inhalt bei gleich starker Hitze weiterkochen. Ab und zu umrühren, damit die Nudeln nicht aneinanderkleben (eventuell 1 Schuß Öl ins Wasser geben). Und nun kommt das Wichtigste: bitte rechtzeitig mit den Garproben beginnen! Dazu angeln Sie mit dem Kochlöffel eine Nudel heraus und prüfen den Biß. Fertig gegarte Nudeln in ein großes Sieb abgießen, gründlich abtropfen lassen – auf keinen Fall mit kaltem Wasser abschrecken, die Nudeln müssen dampfend heiß bleiben. Im Idealfall werden die Nudeln nach dem Abtropfen sofort mit der vorbereiteten Sauce vermengt, dann ist die Klebegefahr endgültig gebannt. Sie können aber auch etwas Öl untermischen, die Nudeln in eine vorgewärmte Schüssel geben und die Sauce und den geriebenen Käse extra dazu servieren.

Nudeln machen satt und glücklich

Nicht etwa dick und unzufrieden. In 100 g Rohware (das ist 1 Portion) sind nämlich durchschnittlich nur etwa 1600 kJ / 400 kcal enthalten. Beim Kochen nehmen die Nudeln reichlich Wasser auf, und die Portion auf Ihrem Teller wiegt dann ungefähr 350 g, liefert deshalb aber nicht mehr Energie. Kombiniert mit frischem Gemüse oder würziger Tomatensauce, Fisch, Kräutern und Knoblauch sind Nudeln ausgewogen gesund und keineswegs hochkalorisch. Anders sieht es natürlich aus, wenn die Sauce aus reichlich Sahne, Butter und fettem Käse gezaubert wird. Wirksames Gegenmittel: Danach sofort einen Salattag einlegen!

Kartoffeln: von früh bis spät

Ab Ende Mai werden die ersten Kartoffeln des Jahres geerntet. Es sind festkochende Sorten mit sehr zarter Schale, die weit kürzere Garzeiten brauchen als ihre Nachfolger. Der Stärkegehalt ist noch etwas geringer, der Wasseranteil relativ hoch. Wichtig beim Einkauf: Die Schale muß glatt und unversehrt sein und darf nicht in Fetzen herunterhängen. Die frühen Sorten müssen rasch verbraucht werden, beim Lagern würden sie schnell austrocknen und an Geschmack verlieren. Ab Mitte August wird das Angebot vielfältiger: nun gibt es auch die vorwiegend festkochenden Sorten, die mehr Stärke enthalten. Kartoffeln zum Einkellern können Sie erst ab Mitte September einkaufen, die ganz späten, mehligkochenden Sorten ab Oktober sind dafür am allerbesten geeignet. Sie halten sich mindestens so lange, bis die neue Generation wieder auf dem Markt ist. Auch die festkochenden Sorten werden im Laufe der Lagerzeit noch mehliger, da ihre Stärke umgewandelt wird.

Die Kocheigenschaften

Festkochende Kartoffeln springen beim Kochen nicht auf, bleiben fest, feinkörnig und feucht und können problemlos in Scheiben geschnitten werden. Sie sind daher ideal für Kartoffelsalate, Bratkartoffeln, Gratins, schmecken aber auch vorzüglich als Pellkartoffeln. Sorten: Cilena, Hansa, Linda, Nicola, Selma, Sieglinde. Die Folienbeutel tragen grüne Banderolen.

Vorwiegend festkochende Kartoffeln springen beim Kochen nur leicht auf, sind noch relativ feinkörnig und mäßig feucht. Ideal für Salz- und Pellkartoffeln, aber auch für Bratkartoffeln und für Salate – dafür die Kartoffeln aber schon am Vortag kochen, damit die Scheiben beim Schneiden nicht zerfallen. Im Spätherbst geerntete Kartoffeln sind auch schon für Eintöpfe, Suppen und Klöße geeignet. Sorten: Berolina, Christa, Clivia, Erstling, Gloria, Grandifolia, Granola, Grata, Hela, Jessica, Jetta, Maja, Quarta, Roxy, Ulla, Ukama. Die Folienbeutel tragen rote Banderolen.

Mehligkochende Kartoffeln springen beim Kochen stärker auf, sind locker, trocken und grobkörnig. Ideal für Püree und Puffer, für Klöße, Eintöpfe und Suppen. Als Salzkartoffeln nehmen sie besonders viel Sauce auf – zum Beispiel als Beilage für Gulasch und Ragout. Sorten: Aula, Bintje, Datura, Irmgard. Die Folienbeutel tragen blaue Banderolen.

Einkauf und Lagerung

Fest und glatt müssen die Knollen sein – also Finger weg von weicher und runzliger Ware. Das gilt auch für gekeimte Kartoffeln (Geschmack verändert sich) und für grün gefärbte (enthalten giftiges Solanin). Grüne Stellen müssen in jedem Fall großzügig weggeschnitten werden. Unabhängig von der Sorte müssen Kartoffeln dunkel, luftig und kühl aufbewahrt werden. Unbedingt aus der Folienverpackung nehmen, da die Knollen darin zu schwitzen und zu keimen beginnen.

Die inneren Werte

Daß Pellkartoffeln mit Quark gesund sind, weiß jedes Kind. Der Grund: Das hochwertige Eiweiß der Kartoffeln ergänzt sich besonders gut mit den Eiweißbestandteilen aus Milchprodukten. Auch Bratkartoffeln mit Spiegelei sind eine wertvolle Kombination – vorausgesetzt, Sie gehen dabei nicht allzu üppig mit dem Fett um. Die Kartoffeln enthalten davon fast nichts, ihre größten Stärken sind die Kohlenhydrate, Ballaststoffe, Mineralstoffe wie Kalium und Magnesium und reichlich Vitamin C und Vitamin B-Bestandteile. Der Tip für Kalorienbewußte: 100 g Kartoffeln enthalten nur etwa 284 kJ / 68 kcal.

Naturreis

Rundkornreis

Wildreis

Reis: Das lange oder runde Korn

An der äußeren Form ist die enorme Auswahl an Sorten auf Anhieb zu unterscheiden: **Langkornreis** (Patnareis) ist lang und dünn mit spitz zulaufenden Enden. Beim Kochen bleibt er locker und körnig. Pur oder mit Kräutern, Gewürzen, Gemüse vermischt wird er bei uns hauptsächlich als Beilage serviert.
Rundkornreis ist rundlicher gebaut, gibt beim Kochen viel Stärke ab und nimmt reichlich Wasser auf. Je nach Sorte klebt er daher mehr oder weniger zusammen und läßt sich so auch leicht mit Eßstäbchen bewältigen. Risotto-Reis aus Italien oder Milchreis für süße Gerichte gehören ebenfalls in diese Kategorie.
Wildreis sind schwarze, sehr lange und schlanke Samen eines Wassergrases. Das leicht rauchige und nussige Aroma macht Wildreis zu einer besonders edlen Beilage.

Roh oder geschliffen

Der braune **Naturreis** enthält besonders viele Mineralstoffe und Vitamine – aber auch mehr Fett, was seine Haltbarkeit einschränkt. Wegen der robusten Struktur hat er eine etwas längere Garzeit als die behandelten Sorten. Beim **polierten, weißen Reis** wird die Silberhaut und damit ein Teil der kostbaren Inhaltsstoffe entfernt. Vorteil: Er läßt sich gut lagern und nimmt als Beilage reichlich Sauce auf. Am vielfältigsten verwendbar ist **Parboiled Reis**. Bei dieser Sorte werden durch Dampf und Druck Vitamine und Mineralstoffe im Inneren des Korns konzentriert, erst danach findet das Schälen und Polieren statt. Der Stärkeverlust führt dazu, daß die Körner später nicht klebrig werden. **Schnellkochreis** ist geschliffen, poliert, vorgekocht und getrocknet. Er braucht nur noch etwa 5 Minuten zum Ausquellen.

Reis kochen – leicht gemacht

Je nach Reissorte und Verwendung können Sie eine der drei Grundmethoden wählen. Für körnigen Reis als Beilage bietet sich das **Kochen in reichlich Wasser** an. Dazu wird Salzwasser kräftig aufgekocht, der Reis hineingeschüttet und leise sprudelnd bißfest gegart. In ein Sieb abgießen, mit warmem Wasser überbrausen und gut abtropfen lassen. Danach den Reis in den leeren Topf zurückgeben und etwa 1 Minute trockendämpfen. Für Milchreis eignet sich besonders gut das **Ausquellen in wenig Flüssigkeit**. Eine genau abgemessene Wassermenge (doppelt so viel wie die Reismenge) aufkochen, den Reis einstreuen und im geschlossenen Topf bei milder Hitze ausquellen lassen. Der Reis ist gar, sobald das Wasser völlig aufgesogen ist. Diese Methode funktioniert auch im Backofen. **Nach Art der Italiener** läßt sich Risottoreis, aber auch normaler Langkornreis perfekt zubereiten – vor allem, wenn er zusammen mit anderen Zutaten, zum Beispiel Gemüse, gegart werden soll. In einer Pfanne wird etwas Butter oder Öl erhitzt. Den Reis unter Rühren glasig dünsten, dann nach und nach kochendheiße Brühe oder einen würzigen Sud angießen, den Reis unter häufigem Rühren ausquellen lassen. Feingehackte Zwiebeln werden noch vorm Reis angedünstet, andere Zutaten je nach Garzeit untergemischt.

Getreide: Wissenswertes über Schrot und Korn

Ob Stulle, Müsli oder Pizza – ohne Getreide nicht dran zu denken! Getreide liefert außer einer Fülle an Rezept-Ideen ein ganzes Bündel lebensnotwendiger Inhaltsstoffe: Stärke, Eiweiß und Ballaststoffe, Vitamine der B-Gruppe und Mineralstoffe wie Calcium und Eisen. Je mehr Randschichten vom Korn entfernt werden, desto weniger bleibt von diesen wertvollen Stoffen übrig. Aus diesem Grund hat die Vollwertküche das ungeschälte Korn ins Spiel gebracht: im Ganzen, geschrotet oder vermahlen.
Getreidekörner: für Eintöpfe, Suppen, Buletten. Alle Getreidekörner am besten über Nacht einweichen, damit sie richtig aufquellen können und leichter verdaulich sind. Das gilt nicht für Hirse oder Buchweizen (der botanisch ein Wiesenkraut ist, in der Küche jedoch wie Getreide zubereitet wird). Zum Garen mit der doppelten Wassermenge aufsetzen, nach dem Aufkochen die Hitze reduzieren, die Körner bei schwacher Hitze zugedeckt köcheln (je nach Sorte 20 Min. bis 1 ½ Std.).
Schrot wird aus dem ganzen Korn grob oder fein gemahlen. Darin enthalten sind der Mehlkörper mitsamt der Stärke, der

Lang-kornreis

Roggen

Weizen

fettreiche Getreidekeim und die Samenschale mit Eiweiß, Vitaminen und Mineralstoffen. Als Frischkornmüsli zubereitet, muß Getreideschrot in Wasser, Milch oder Sauermilchprodukten eingeweicht werden und an einem kühlen Ort einige Stunden quellen. Für Klöße oder Buletten läßt man den Schrot zunächst bei milder Hitze in Wasser ausquellen. Der Brei wird danach mit Eiern und Gewürzen vermischt, geformt und fertig gegart.
Mehl zum Backen von Brot, Kuchen, pikanten Blechkuchen und Quiches ist in unterschiedliche Typen eingeteilt. Je mehr wertvolle Inhaltsstoffe mit ausgemahlen werden, desto höher ist die Typezahl des Mehles. Weizenmehl mit der Type 405 ist weißes Mehl, die Type 1700 bezeichnet kräftiges Vollkornmehl, bei dem nicht nur der Mehlkörper fein ausgemahlen, sondern das ganze Korn zu Mehl verarbeitet wurde. Da es auch Fett enthält, ist Vollkornmehl nur begrenzt haltbar. Beim Teigkneten beachten: Vollkornmehl braucht mehr Flüssigkeit und längere Zeit, um richtig quellen zu können.

Wichtige Getreidesorten

Weizen wird am häufigsten verwendet: zum Backen, aber auch für Nudelteige. Der hohe Anteil an Kleber-Eiweiß macht die Teige elastisch und sorgt für locker-luftiges Gebäck.
Dinkel ist eng mit dem Weizen verwandt, hat ebenfalls einen hohen Klebergehalt und ist daher bestens zum Backen geeignet.
Grünkern entsteht, wenn unreife Dinkelkörner über Holz- oder Ofenfeuer gedarrt werden. Der würzige, raffinierte Geschmack ist der Grund, warum Grünkern immer wieder in Feinschmeckerrezepten auftaucht.
Roggen ist die Grundlage für Brote aus Sauerteig, enthält hochwertiges Eiweiß und viel Kalium.
Hafer ist ganz besonders reich an Fett, Eiweiß, Eisen, Calcium, Vitamin B und E. In der Küche verwendet werden hauptsächlich die Flocken – dafür wird das Korn erhitzt und gepreßt oder gewalzt.
Gerste schmeckt besonders gut in Suppen und Eintöpfen. Die Körner heißen in geschliffenem und poliertem Zustand Graupen.
Hirse schmeckt besonders fein und ist vor allem schon in knapp 20 Minuten gar. Die Körnchen enthalten unter anderem auch Kieselsäure, die für gesunde Haut und Augen wichtig ist.
Quinoa ist eine getreideähnliche Körnerfrucht aus Südamerika, die auch bei uns immer bekannter wird. Die roten, weißen oder gelben Samen enthalten besonders ausgewogenes Eiweiß, mehrfach ungesättigte Fettsäuren und Mineralstoffe. In der Küche wird Quinoa wie Reis zubereitet, es eignet sich für süße und pikante Gerichte.

Maultaschen mit Eier-Speck-Sauce

Etwas aufwendiger

Zutaten für 4–6 Portionen:

Für den Teig:
300 g feines Weizenmehl + Mehl zum Ausrollen
3–4 Eier (je nach Größe)
1 TL Salz + Salz fürs Wasser
2 EL Olivenöl

Für die Füllung:
250 g Blattspinat
1 Zwiebel
1 TL Öl
je 2 EL gehackte und gemahlene Mandeln
2 Eier
Salz
schwarzer Pfeffer aus der Mühle
frisch geriebene Muskatnuß

Für die Sauce:
100 g durchwachsener Räucherspeck
300 g Crème fraîche
schwarzer Pfeffer aus der Mühle
Paprikapulver edelsüß
2 Eigelb
3 EL Schnittlauchröllchen

Bei 6 Portionen pro Portion: 2500 kJ / 600 kcal

Zubereitungszeit:
etwa 2 Std.

◆ Tip

Den Nudelteig können Sie mit einer speziellen Nudelmaschine oder mit der Teigrolle auf einem Brett ausrollen. Maschine, Teigrolle und Brett dabei nur leicht bemehlen, damit der Teig nicht trocken wird. Stets nur eine Portion abnehmen und verarbeiten, den übrigen Teig unter dem Tuch ruhen lassen, damit er nicht austrocknet.

Wenn Sie eine Nudelmaschine besitzen: beim Ausrollen auf der größten Stufe der Walze beginnen, enger stellen, sobald der Teig zusammenhält. Die Seiten des ausgerollten Teigstreifens dabei immer wieder zur Mitte legen. Nudelmaschine und Teig zwischendurch ganz leicht mit Mehl bestäuben. Die etwa 2 mm dünn ausgerollte Teigplatte schließlich auf einem bemehlten Tuch flach ausbreiten.

◆ Kalorien sparen

Die Maultaschen schmecken auch gut ohne Sauce – als sättigende Einlage in einer klaren Brühe.

1 Für den Teig die Zutaten etwa 10 Min. lang kräftig verkneten. Tropfenweise noch etwas Wasser dazugeben, wenn der Teig zu trocken ist, er darf aber nicht klebrig werden. Zugedeckt etwa 30 Min. ruhen lassen.

2 Inzwischen für die Füllung den Spinat waschen, verlesen und hacken. Die Zwiebel hacken. Das Öl in einem Topf erhitzen, die Zwiebel glasig dünsten. Alle Mandeln untermischen, unter Rühren ganz kurz anschwitzen.

3 Den Spinat tropfnaß dazugeben, zugedeckt etwa 5 Min. garen. Abtropfen lassen, die Eier unterrühren, mit Salz, Pfeffer und Muskat pikant abschmecken.

4 Den Nudelteig durchkneten und portionsweise zu dünnen, flachen Platten ausrollen (mit einer Teigrolle auf einem bemehlten Brett oder wie oben beschrieben mit einer Nudelmaschine).

5 Die Füllung häufchenweise mit einem Teelöffel auf der Hälfte der Teigplatten verteilen (etwa 35 Portionen), daumenbreite Abstände dazwischen frei lassen.

6 Die freien Teigplatten darüber legen, den Teig um die Füllungen herum etwas andrücken. Mit einem Teigrädchen viereckige oder runde Teigtaschen ausradeln.

7 Für die Sauce den Speck klein würfeln und bei mittlerer Hitze in einem Topf auslassen. Die Crème fraîche einrühren und kurz aufkochen, dann die Hitze verringern. Mit Pfeffer und Paprika abschmecken.

8 Währenddessen die Maultaschen in reichlich kochendem Salzwasser etwa 10 Min. garen, anschließend gut abtropfen lassen. Die 2 Eigelb unter die Speck-Sauce rühren, nicht mehr aufkochen lassen. Zu den gefüllten Nudeln servieren, mit dem Schnittlauch bestreuen.

Ravioli in Kräutersahne

Raffiniert

Zutaten für 4 Portionen:

200 g Mehl + Mehl zum Ausrollen
2–3 Eier (je nach Größe)
Salz
2 Möhren (etwa 150 g)
250 g Kalbsbrät
schwarzer Pfeffer aus der Mühle
1 EL scharfer Senf
1 TL abgeriebene Zitronenschale
1 Bund glatte Petersilie
2 EL Semmelbrösel
300 g Sahne
1/8 l Weißwein
frisch geriebene Muskatnuß
reichlich gemischte Kräuter (Schnittlauch, Basilikum, Zitronenmelisse)

Pro Portion: 2800 kJ / 670 kcal

Zubereitungszeit:
etwa 1 Std. 20 Min.

1 Das Mehl aufhäufen, eine Mulde in die Mitte drücken. Die Eier hineingeben, salzen und alles zu einem geschmeidigen Teig kneten, eventuell etwas Wasser dazugeben. Zur Kugel formen, mit einem feuchten Tuch bedecken und etwa 30 Min. ruhen lassen.

2 Inzwischen die Füllung vorbereiten. Die Möhren putzen, schälen und grob raspeln. Unters Kalbsbrät mischen, mit Pfeffer, Senf, wenig Salz und der abgeriebenen Zitronenschale würzen. Die Hälfte der Petersilie fein hacken, mit den Semmelbröseln zur Mischung geben.

3 Für die Sauce die Sahne mit dem Wein in einem breiten Topf langsam cremig einköcheln. Mit Salz, Pfeffer und Muskat würzen.

4 Auf leicht bemehlter Fläche den Teig etwa 2 mm dick ausrollen. Teigbahnen von etwa 5 cm Breite ausschneiden. Auf der Hälfte der Streifen im Abstand von 5 cm mit einem Teelöffel kleine Portionen der Füllung verteilen. Die restlichen Teigbahnen direkt darüber legen, mit einem Teigrädchen Ravioli ausschneiden und auf ein bemehltes Tuch legen, die Ränder leicht andrücken.

5 In einem großen Topf 2 l Salzwasser aufkochen. Die Kräuter (auch die restliche Petersilie) fein hacken, unter die Sahnesauce rühren. Die Ravioli ins kochende Wasser geben, nach dem Aufwallen 3–5 Min. ziehen lassen. Mit dem Schaumlöffel herausheben, gut abtropfen lassen und sofort in die Kräutersahne legen.

◆ Tip

Zum Zubereiten, Ausrollen und Füllen des Teiges finden Sie genaue Bildbeschreibungen auf den vorhergehenden Seiten (am Beispiel der Maultaschen).

◆ Variante

Die berühmtesten Ravioli kommen aus Ligurien, dem schmalen Küstenabschnitt im Nord-Westen Italiens. Dort werden die Nudeltaschen mit einer raffinierten Mischung aus verschiedensten Fleischsorten und reichlich würzigen Kräutern gefüllt. Vegetarische Variante: Ersetzen Sie das Kalbsbrät in unserem Rezept durch gut abgetropften Speisequark oder den italienischen Frischkäse Ricotta.

◆ Kalorien sparen

Die üppige Sahnesauce ersetzen! Leichtere Alternative: 400 ml Kalbsfond (gibt's fertig im Glas) und 1 Gläschen Weißwein auf etwa ein Drittel einkochen lassen, zum Binden 1 Eigelb oder 1 kleines Löffelchen Crème fraîche einrühren. Mit abgeriebener Zitronenschale und Pfeffer würzen.

Lasagne

Läßt sich gut vorbereiten

Zutaten für 4–6 Portionen:

1 Zwiebel
6 EL Olivenöl
300 g mageres Hackfleisch
Salz
schwarzer Pfeffer aus der Mühle
Cayennepfeffer
2 Knoblauchzehen
etwa 200 ml Rotwein
250 g Austernpilze
1 kg Tomatenfruchtfleisch aus der Packung
1 Bund glatte Petersilie
300 g Mozzarella
250 g Lasagneblätter (vorgegarte Sorte)
150 g Crème fraîche
4 EL Sahne
4 EL frisch geriebener Parmesan

Pro Portion: 2800 kJ / 660 kcal

Zubereitungszeit:
etwa 1 Std. 45 Min.

1 Die Zwiebel hacken. In einer Pfanne 2 EL Olivenöl erhitzen, die Zwiebeln andünsten. Das Hackfleisch dazugeben, unter Rühren krümelig braten. Mit Salz, Pfeffer und Cayennepfeffer würzen, die Knoblauchzehen dazudrücken und den Wein angießen. Etwa 10 Min. sanft köcheln lassen.

2 Die Austernpilze putzen und abreiben, die harten Stiele abschneiden, die Pilze zerkleinern. In einer zweiten Pfanne 2 EL Öl erhitzen, die Pilze etwa 5 Min. unter Rühren anbraten, salzen und pfeffern.

3 Inzwischen das Tomatenfruchtfleisch in einen Topf geben, dicklich einköcheln lassen. Mit Salz und Pfeffer würzen. Die Petersilie fein hacken und untermischen. Den Mozzarella in dünne Scheiben schneiden.

4 Den Backofen auf 200° vorheizen. Eine rechteckige, feuerfeste Form mit 1 EL Olivenöl ausstreichen. Den Boden der Form mit Nudelblättern auslegen. Abwechselnd Hackfleisch und Pilze, Mozzarellascheiben, Tomatensauce und Nudelblätter einschichten. Einige Mozzarellascheiben für die oberste Schicht aufheben.

5 Mit Nudelblättern abschließen. Die Crème fraîche mit Sahne und 2 EL Parmesan verrühren, auf die oberste Nudelschicht streichen. Mit den übrigen Mozzarellascheiben abdekken, salzen und pfeffern.

6 Die Form mit Pergamentpapier abdecken und in den Backofen schieben (Gas Stufe 3). Etwa 30 Min. garen. Danach das Papier abnehmen, den restlichen Parmesan aufstreuen, mit 1 EL Olivenöl beträufeln und die Lasagne in weiteren 10 Min. knusprig überbacken.

◆ Lasagne

Die rechteckigen Nudelblätter werden inzwischen in vielen Sorten fabrikmäßig hergestellt. Eine angenehme Zeitersparnis bieten dabei die kurz vorgegarten Lasagneblätter (bei dieser Sorte besonders darauf achten, daß alle Blätter üppig mit Sauce bedeckt sind, damit sie beim Garen nicht austrocknen).
Ein Rezept für hausgemachte Lasagne finden Sie in diesem Buch auf Seite 112.

◆ Gäste-Tip

Die Zutaten für die Lasagne fertig einschichten, zugedeckt im Kühlschrank aufbewahren. Erst kurz vorm Eintreffen der Gäste in den Backofen schieben. Nun bleibt noch Zeit für die Vorspeise!

◆ Variante ohne Fleisch

Das Hackfleisch einfach weglassen und statt dessen mehr Austernpilze nehmen.

Curry-Tortellini

Für Gäste

Zutaten für 4–6 Portionen:

2 Frühlingszwiebeln
250 g frische Champignons
Salz
4 EL Olivenöl
2 Knoblauchzehen
1 EL Currypulver
1/8 l trockener Sekt (oder Weißwein)
250 g Sahne
schwarzer Pfeffer aus der Mühle
500 g Tortellini
1/2 Zitrone
1/2 Kästchen Kresse

Bei 6 Portionen pro Portion: 2100 kJ / 500 kcal

Zubereitungszeit: *etwa 45 Min.*

1 Die Frühlingszwiebeln putzen und waschen. In sehr feine Ringe schneiden, einen Teil der grünen Ringe für später beiseite legen. Die Champignons putzen und grob hacken.

2 Für die Tortellini reichlich Salzwasser aufsetzen. In einer Pfanne das Olivenöl erhitzen. Die hellen Zwiebelringe andünsten, die Pilze untermischen, den Knoblauch dazupressen.

3 Alles mit dem Currypulver bestäuben, unter Rühren kurz anschwitzen. Mit Sekt ablöschen und aufkochen. Die Sahne angießen, salzen und pfeffern, die Sauce bei mittlerer Hitze cremig einköcheln.

4 Die Tortellini ins kochende Wasser geben und etwa 15 Min. garen. Abgießen und gut abtropfen lassen.

5 Die Currysauce mit 2–3 EL Zitronensaft, Salz und Pfeffer abschmecken. Die Tortellini untermischen, mit den frischen grünen Zwiebelringen und der Kresse bestreut servieren.

Makkaroni-Gratins

Preiswert

Zutaten für 4–6 Portionen:

Salz
500 g Makkaroni
1 große Stange Lauch (etwa 400 g)
4 EL Olivenöl
1 EL Zitronensaft
schwarzer Pfeffer aus der Mühle
1 Bund glatte Petersilie
2 Knoblauchzehen
50 g mittelalter Gouda (oder Emmentaler)
4 Eier
1/2 l Milch
500 g passierte Tomaten (aus der Packung)
1/8 l Rotwein
Cayennepfeffer
100 g saure Sahne

Bei 6 Portionen pro Portion: 2200 kJ / 520 kcal

Zubereitungszeit: *etwa 50 Min.*

1 In einem großen Topf reichlich Salzwasser aufkochen. Die Makkaroni 2–3mal durchbrechen, ins sprudelnde Salzwasser geben und in etwa 10 Min. nicht zu weich kochen.

2 Inzwischen die Lauchstange längs aufschlitzen und waschen. Schräg in feine Scheiben schneiden. In einer Pfanne das Olivenöl erhitzen, den Lauch unter Rühren 2–3 Min. dünsten. Mit Zitronensaft, Salz und Pfeffer kräftig würzen. Die Petersilie fein hacken und untermischen. Den Knoblauch durch die Presse dazudrücken.

3 Den Backofen auf 200° vorheizen. Die Makkaroni abgießen, gut abtropfen lassen und sofort in die Pfanne zum Lauch geben. Gründlich vermischen, vom Herd nehmen. Den Käse reiben.

4 Die Lauch-Makkaroni in vier kleine, feuerfeste Formen umfüllen. Die Eier mit der Milch verquirlen, salzen und pfeffern,

ɔden geriebenen Käse unter-
mischen. Die Eiermilch über die
Makkaroni gießen. Im Backofen
(Gas Stufe 3) etwa 20 Min.
überbacken.

5 Inzwischen die passierten Tomaten mit dem Rotwein aufkochen. Mit Salz, Pfeffer und Cayennepfeffer würzig abschmecken. Die Tomatensauce über die Nudelgratins verteilen, in die Mitte jeweils 1 Klecks saure Sahne setzen.

◆ Für Kinder

Den Rotwein in der Sauce durch Brühe ersetzen, mit edelsüßem Paprikapulver statt mit Cayennepfeffer würzen.

◆ Variante

Schmeckt auch mit anderen Nudeln, die relativ dick und vor allem hohl sind und dadurch die Eiermilch gut aufnehmen. Kein Lauch im Haus? Mit milden Zwiebeln probieren!

Wirsing-Nudeln vom Blech

Gelingt leicht

Zutaten für 6 Portionen:

1 kleiner Wirsing (etwa 500 g)
2 l Fleischbrühe
500 g breite Bandnudeln
2 EL Öl fürs Blech
100 g weiche Butter
Salz
schwarzer Pfeffer aus der Mühle
1 EL Paprikapulver edelsüß
100 g Semmelbrösel
200 g gekochter Schinken in Scheiben
150 g Crème fraîche
2 EL Zitronensaft

Pro Portion: 2900 kJ / 690 kcal

Zubereitungszeit:
etwa 1 Std.

1 Den Wirsing vierteln, den Strunk und die äußeren Blätter entfernen, den Rest in etwa 1 cm schmale Streifen schneiden. Waschen und abtropfen lassen. Währenddessen die Fleischbrühe in einem großen Topf aufkochen.

2 Die Bandnudeln in der kochenden Brühe etwa 5 Min. garen. Die Wirsingstreifen dazugeben und alles weitere 5–10 Min. köcheln lassen, bis die Nudeln gar sind.

3 Den Backofen auf 225° vorheizen. Ein großes Blech mit Öl bestreichen.

4 Die weiche Butter mit einer Gabel cremig rühren, leicht salzen, pfeffern und mit dem Paprikapulver würzen. Die Semmelbrösel einstreuen, mit der Butter zu Bröseln kneten. Den Schinken in etwa 1 cm breite Streifen schneiden.

5 Die Nudeln und den Wirsing abgießen, gut abtropfen lassen und die Brühe auffangen. Etwa ½ l davon wieder in den Topf geben.

6 Die Wirsing-Nudeln mit den Schinkenstreifen mischen und auf dem Blech verteilen. Vorsichtig salzen, pfeffern, mit den Paprikabröseln bestreuen. Im Backofen (Gas Stufe 4) etwa 15 Min. backen.

7 Inzwischen die Brühe im Topf kräftig aufkochen und auf die Hälfte einköcheln lassen. Die Crème fraîche einrühren, mit Salz, Pfeffer und Zitronensaft abschmecken. Als Sauce zu den Wirsing-Nudeln servieren (oder während des Garens ab und zu darüber träufeln).

◆ Tip

Für 4 Personen: einfach nur die Nudelmenge auf 350 g verringern, die Wirsingmenge kann gleich bleiben.

◆ Varianten

Kann auch leicht abgewandelt werden mit allem, was sich in Ihrem Vorrat findet: andere Nudelsorten, tiefgekühltes Gemüse, würzige Hartwurst.

Knoblauch-Spaghetti

Blitzschnell fertig

Zutaten für 4–6 Portionen:

Salz
500 g Spaghetti
etwa 150 g Butter
4–6 frische Knoblauchzehen
1 Bund glatte Petersilie
100 g roher Schinken in hauchdünnen Scheiben
schwarzer Pfeffer aus der Mühle

Bei 6 Portionen pro Portion:
2300 kJ / 550 kcal

Zubereitungszeit:
etwa 20 Min.

1 In einem großen Topf reichlich Salzwasser aufkochen. Die Spaghetti hineingeben und in 8–10 Min. bißfest garen (zwischendurch mehrmals eine Garprobe machen).

2 In einer großen Pfanne die Butter bei sehr milder Hitze zerlassen. Den Knoblauch in hauchdünne Scheiben schneiden, in der Butter andünsten.

3 Die Petersilie fein hacken und unter die Knoblauchbutter rühren. Den Schinken in feine Streifchen schneiden, ebenfalls untermischen.

4 Die fertigen Spaghetti abgießen, gut abtropfen lassen und sofort in die Pfanne mit der Knoblauchbutter geben. Gründlich mischen, mit Salz und reichlich grob gemahlenem Pfeffer würzen.

◆ Feurige Variante

1–2 rote Chilischoten mit in die Pfanne geben, als Dekoration auf den Spaghetti servieren – aber mit Vorsicht genießen!

◆ Spaghetti

werden in Italien als »Primi piatti«, als Zwischengang nach der Vorspeise und vor Fisch oder Fleisch serviert. In diesem Falle reicht die Menge für 6–8 Personen, zum Sattessen für 4.

Tomaten-Spaghetti

Gelingt leicht

Zutaten für 4–6 Portionen:

1 Zwiebel
4 EL Olivenöl
2 Knoblauchzehen
½ TL getrockneter Oregano
1 kg Tomatenfruchtfleisch (aus der Packung)
⅛ l kräftiger Rotwein
Salz
500 g Spaghetti
300 g Mozzarella
50 g Parmesan am Stück
schwarzer Pfeffer aus der Mühle
Cayennepfeffer

Bei 6 Portionen pro Portion:
2300 kJ / 550 kcal

Zubereitungszeit:
etwa 45 Min.

1 Die Zwiebel hacken. In einem Topf 1 EL Öl erhitzen, die Zwiebel andünsten. Den Knoblauch dazupressen, Oregano einstreuen. Tomatenfruchtfleisch und Rotwein einrühren, sanft köcheln lassen.

2 Inzwischen in einem großen Topf reichlich Salzwasser aufkochen. Die Spaghetti darin in 8–10 Min. bißfest garen.

3 Den Mozzarella winzig klein würfeln. Den Parmesan fein reiben. Die Tomatensauce mit Salz, Pfeffer und Cayennepfeffer würzig abschmecken.

4 Die Spaghetti abgießen, gut abtropfen lassen und das restliche Olivenöl untermischen. Auf vorgewärmte Teller verteilen, mit der Sauce begießen. Mozzarellawürfel aufstreuen, kräftig aus der Mühle pfeffern. Den Parmesan dazu servieren.

◆ Al dente

Der Fachausdruck für richtig gegarte Pasta. Auf den Punkt genau müssen die Spaghetti aus dem Wasser – und zwar dann, wenn sie im Inneren einen gerade noch spürbaren festen Kern haben, also »bißfest« sind.

Hackfleisch-Spaghetti

Preiswert

Zutaten für 4–6 Portionen:

1 mittelgroße Möhre
1 Stange Staudensellerie
1 Zwiebel
1 Bund glatte Petersilie
4 EL Olivenöl
300 g gemischtes Hackfleisch
1 TL Paprikapulver edelsüß
Salz
schwarzer Pfeffer aus der Mühle
1/8 l Fleischbrühe
2 EL Tomatenmark
500 g Spaghetti
100 g mit Paprika gefüllte grüne Oliven
50 g Parmesan am Stück

Bei 6 Portionen pro Portion: 2300 kJ / 550 kcal

Zubereitungszeit:
etwa 45 Min.

1 Die Möhre und die Selleriestange putzen und schälen, in winzige Würfel schneiden. Die Zwiebel und die Petersilie fein hacken. Das Öl erhitzen. Die Zwiebel und die Hälfte der Petersilie andünsten. Möhre und Sellerie untermischen und kurz anbraten.

2 Das Hackfleisch unterrühren, krümelig braten. Mit Paprikapulver, Salz und Pfeffer würzen, die Brühe angießen und das Tomatenmark einrühren. Etwa 10 Min. sanft köcheln lassen.

3 Inzwischen in einem großen Topf reichlich Salzwasser aufkochen. Die Spaghetti darin in 8–10 Min. bißfest garen.

4 Die Oliven grob hacken, unters Hackfleisch mischen. Würzig abschmecken, mit der restlichen Petersilie und eventuell Selleriegrün bestreuen. Die Spaghetti abgießen, gut abtropfen lassen und sofort auf Teller verteilen, mit der Sauce begießen. Den Käse fein hobeln und aufstreuen.

Thunfisch-Spaghetti

Raffiniert

Zutaten für 4–6 Portionen:

1 kleine Zwiebel
1 TL Butter
1 TL frischer Thymian (oder 1/2 TL getrockneter)
250 g Sahne
1/8 l Hühnerbrühe oder -fond (aus dem Glas)
Salz
500 g Spaghetti
2 Dosen Thunfisch au naturel (300 g)
schwarzer Pfeffer aus der Mühle
1 unbehandelte Zitrone
2 EL Kapern
1/2 Bund Basilikum (oder glatte Petersilie)

Bei 6 Portionen pro Portion: 2300 kJ / 550 kcal

Zubereitungszeit:
etwa 30 Min.

1 Die Zwiebel fein hacken. Die Butter zerlassen, die Zwiebel andünsten, Thymian einstreuen. Sahne und Hühnerbrühe angießen, bei mittlerer Hitze cremig einköcheln lassen.

2 In einem großen Topf reichlich Salzwasser aufkochen. Spaghetti darin in 8–10 Min. bißfest garen.

3 Inzwischen den Thunfisch abtropfen lassen und fein zerpflücken. In die Sahnesauce rühren und bei milder Hitze etwa 5 Min. mitgaren. Die Sauce mit Salz, Pfeffer und Zitronensaft nach Geschmack würzen.

4 Die Spaghetti abgießen, gut abtropfen lassen. Sofort auf Teller verteilen, mit der Sauce begießen und mit Kapern, Basilikum und feinen Streifen der Zitronensschale bestreuen. Kräftig pfeffern und sofort servieren.

◆ **Reste-Idee**

Übrige Thunfischpaste als Brotaufstrich servieren.

Kartoffel-Birnen-Gratin

Für Gäste · Gelingt leicht

Zutaten für 4 Portionen:

750 g Kartoffeln (festkochende Sorte)
3 kleine, nicht zu reife Birnen
2 EL Zitronensaft
1 Zwiebel
2 EL Butter + Butter für das Pergamentpapier
3 Eier
150 g Sahne
Salz
weißer Pfeffer aus der Mühle
etwa 12 Salbeiblättchen

Pro Portion: 1600 kJ / 380 kcal

Zubereitungszeit:
etwa 1 Std. 15 Min.

1 Den Backofen auf 200° vorheizen. Die Kartoffeln schälen, waschen und in dünne Scheiben hobeln.

2 Die Birnen schälen und vierteln, die Kerngehäuse herausschneiden. Die Viertel in dünne Schnitze schneiden, die ähnlich groß wie die Kartoffelscheiben sind. Sofort mit Zitronensaft beträufeln.

3 Die Zwiebel sehr fein würfeln. Die Butter in einer Pfanne aufschäumen, die Zwiebelwürfel darin glasig werden lassen. In eine Gratinform mit geradem Boden umfüllen und gründlich darin verteilen, die Form dadurch fetten.

4 Die Kartoffelscheiben und die Birnenschnitze überlappend und kreisförmig in die Form schichten.

5 Die Eier mit der Sahne verquirlen, mit Salz und Pfeffer sehr kräftig würzen. Die Salbeiblättchen in feine Streifen schneiden und untermischen. Die Eiermilch gleichmäßig über die Kartoffeln und die Birnen träufeln. Mit gefettetem Pergamentpapier abdecken. Im Backofen auf mittlerer Schiene (Gas Stufe 3) etwa 20 Min. garen.

6 Pergamentpapier entfernen, das Kartoffel-Birnen-Gratin weitere 30–40 Min. backen, bis die Kartoffeln gar und goldbraun sind. Mit einem spitzen Messer prüfen, ob die Kartoffeln weich sind, die Backzeit eventuell etwas verlängern.

◆ Einkaufs-Tip

Für das Gratin möglichst gleichmäßig geformte, nicht zu große Kartoffeln kaufen.

◆ Varianten

Anstelle der Birnen können Sie die Kartoffeln auch mit Äpfeln, Zucchini- oder Möhrenscheiben einschichten. Die Möhrenscheiben müssen allerdings zuvor etwa 1 Min. blanchiert werden.

◆ Gäste-Tip

Kartoffelgratin können Sie für jede beliebige Personenzahl zubereiten. Als Gar-Geschirr eignen sich außer der großen flachen Gratinform auch Portionsförmchen, kleine Tarte-Formen oder (bei größeren Mengen) die Fettpfanne des Backofens. Wichtig ist stets, daß die Kartoffeln ausreichend von Eiersahne umhüllt sind, sonst bleiben sie hart und werden trocken.

◆ Beilage

zum feinen Kartoffelgratin kann ein zartrosa gebratenes Steak sein. Oder auch einige Scheiben Roastbeef, kurz gebratenes Schweinelendchen, ausgelöste Filets vom Kaninchen- oder Rehrücken. Passende Rezepte finden Sie in diesem Buch im Fleischkapitel ab Seite 126.

Gefüllte Ofen-Kartoffeln

Vollwertig

Zutaten für 4 Portionen:

4 große Kartoffeln (je etwa 250 g; festkochende Sorte)
Fett für die Alufolie
2 reife Avocados
1 kleine Zitrone
125 g Crème fraîche
Salz
schwarzer Pfeffer aus der Mühle
Cayennepfeffer
4 kleine, feste Tomaten

Pro Person: 2200 kJ / 520 kcal

Zubereitungszeit:
etwa 1 Std. 15 Min.

1 Den Backofen auf 225° vorheizen. Die Kartoffeln gründlich waschen und abbürsten, abtrocknen und getrennt in gefettete Alufolie wickeln. Auf einem Rost in den Backofen auf mittlerer Schiene (Gas Stufe 3) legen, etwa 1 Std. backen.

2 Inzwischen die Avocados in Längsrichtung rundum einschneiden, die Hälften entgegengesetzt drehen und dadurch vom Stein lösen. Die Steine entfernen.

3 Das Fruchtfleisch von 1 Avocadohälfte aus der Schale lösen und in kleine Würfel schneiden. Mit Zitronensaft beträufeln, zugedeckt beiseite stellen.

4 Das Fruchtfleisch der übrigen Avocadohälften aus den Schalen lösen, mit 2 EL Zitronensaft und der Crème fraîche pürieren. Mit Salz, Pfeffer und Cayennepfeffer pikant würzen.

5 Die Tomaten waschen und in kleine Würfel schneiden, die grünen Stellen entfernen. Die Kartoffeln mit einem Spieß oder einem spitzen Messer auf ihren Garzustand prüfen. Die Garzeit eventuell noch etwas verlängern.

6 Die fertigen Kartoffeln halb oder vollständig auswickeln, oben einschneiden und leicht auseinanderdrücken.

7 Die Avocadocreme hineingeben, die Avocado- und die Tomatenwürfel aufstreuen.

◆ **Variante**

Noch einfacher: Anstelle der Avocadosauce Speisequark mit etwas Milch, Salz, Pfeffer, und reichlich Kräutern (frisch oder tiefgekühlt) mischen und abschmecken. Die Tomaten passen auch hier dazu, besonders dekorativ sind die kleinen Kirschtomaten.

◆ **Kalorien sparen**

Mit Joghurt statt mit Crème fraîche verrührt schmeckt die Sauce ebenfalls fein-cremig, enthält aber weniger Kalorien.

Bratkartoffeln

Gelingt leicht · Beilage

Zutaten für 4 Portionen:

1 kg kleine Kartoffeln (festkochende Sorte)
Salz
1 TL Kümmel
1 Bund Frühlingszwiebeln
3 EL Schweine- oder Butterschmalz
2 EL frische Thymianblättchen (oder 2 TL getrocknete)
schwarzer Pfeffer aus der Mühle

Pro Portion: 1100 kJ / 260 kcal

Zubereitungszeit:
etwa 45 Min.

1 Die Kartoffeln gründlich waschen und abbürsten. Mit Wasser bedeckt aufsetzen, 1 TL Salz und den Kümmel dazugeben, zugedeckt knapp 20 Min. garen.

2 Die Frühlingszwiebeln putzen und waschen. Die weißen Teile hacken, das Grün in dünne Ringe schneiden.

3 Die Kartoffeln abgießen, etwas abkühlen lassen und pellen. In dünne Scheiben schneiden.

4 Das Schmalz in zwei großen Pfannen erhitzen, die weißen Zwiebeln andünsten.

5 Die Kartoffelscheiben in die Pfannen geben, mit Salz, Thymian und Pfeffer würzen, rundherum knusprig braun braten. Vorsichtig wenden, damit sie nicht zu stark zerfallen. Das Zwiebelgrün untermischen, noch kurz erhitzen.

◆ Üppige Variante

Für eine komplette Mahlzeit kleingeschnittene Wurst wie Lyoner oder Blutwurst mit den Kartoffeln braten.

◆ Raffinierte Variante

Hauchdünne, rohe Kartoffelscheibchen in heißem Butterschmalz knusprig braten.

Kartoffelpuffer

Ideal für Kinder

Zutaten für 4 Portionen:

500 g säuerliche Äpfel
2 EL Zucker
1 Vanilleschote
75 g eingelegte Preiselbeeren
1 ½ kg große Kartoffeln (mehligkochende Sorte)
Salz
4 EL feine Haferflocken (oder Semmelbrösel)
3 Eier
1 große Zwiebel
frisch geriebene Muskatnuß
schwarzer Pfeffer aus der Mühle
reichlich Öl zum Braten

Pro Portion: 2600 kJ / 620 kcal

Zubereitungszeit:
etwa 1 Std.

1 Die Äpfel vierteln, die Kerngehäuse entfernen, die Viertel längs in dünne Spalten schneiden. Mit dem Zucker in einen breiten Topf geben, 4–5 EL Wasser angießen.

2 Die Vanilleschote aufschlitzen, das Mark herauskratzen. Das Mark und die Schote zu den Äpfeln geben. Zugedeckt einmal aufkochen, dann vom Herd ziehen, damit die Äpfel nicht zerfallen. Die Preiselbeeren untermischen und abgedeckt kaltstellen.

3 Die Kartoffeln waschen, schälen und auf der Haushaltsreibe oder mit der Küchenmaschine nicht zu fein reiben.

4 Die Kartoffelmasse mit den Händen oder in einem sauberen Küchentuch gut ausdrücken. Mit 2 TL Salz, den Haferflocken und den Eiern gründlich verrühren.

5 Die Zwiebel fein reiben, unter den Kartoffelteig mischen. Mit Muskat und Pfeffer würzen.

6 In einer großen, schweren Pfanne reichlich Öl nicht zu

stark erhitzen. Für jeden Kartoffelpuffer etwa 1 gehäuften EL Kartoffelmasse hineingeben, mit einem Pfannenwender flach drücken.

7 Die Puffer solange braten, bis sie auf der Unterseite goldbraun sind. Danach wenden und auch auf der anderen Seite goldbraun backen. Auf Küchenkrepp gut abtropfen lassen, die übrigen Puffer braten. So heiß und frisch wie möglich servieren, das Apfelkompott dazu reichen.

◆ Varianten

Sie können die Puffer auch mit ganz anderen Beilagen servieren. Einfachste Methode: Etwas Zucker darüber streuen oder Kompott aus dem Glas dazu reichen. Auch herzhaftes Zubehör paßt gut, zum Beispiel würziger Schnittlauchquark oder einige Scheibchen Räucherlachs mit saurer Sahne.

Kartoffelpüree mit Kräuterbröseln

Preiswert · Beilage

Zutaten für 4 Portionen:

Für das Püree:
1 kg Kartoffeln (mehligkochende Sorte)
Salz
200 ml Milch
40 g Butter
schwarzer Pfeffer aus der Mühle
frisch geriebene Muskatnuß

Für die Kräuterbrösel:
1 Schalotte
50 g Butter
2–3 EL Semmelbrösel
5 EL gehackte Kräuter (zum Beispiel Petersilie, Schnittlauch, Basilikum, Borretsch)
Salz
schwarzer Pfeffer aus der Mühle

Pro Portion: 1600 kJ / 380 kcal

Zubereitungszeit:
etwa 45 Min.

1 Die Kartoffeln waschen, schälen und etwas zerkleinern. In Salzwasser zugedeckt kochen. In einem Sieb sehr gut abtropfen lassen und sofort durch die Kartoffelpresse drükken oder im Topf zerstampfen.

2 Für die Kräuterbrösel die Schalotte fein hacken. Die Butter in einer Pfanne erhitzen, die Schalotte glasig dünsten. Die Semmelbrösel und die Kräuter einrühren, mit Salz und Pfeffer würzen.

3 Für das Püree die Milch erhitzen und unter den Kartoffelschnee rühren. Die Butter in kleine Stückchen schneiden und dazugeben. Mit Salz, Pfeffer und etwas Muskat würzen, alles mit einem Schneebesen kräftig verrühren. Die Kräuterbrösel über das Püree verteilen.

◆ Varianten

Kartoffelpüree können Sie immer wieder raffiniert und neu abwandeln. Mischen Sie zum Beispiel Sahne statt Milch unter den Kartoffelschnee und würzen ihn mal exotisch zart mit Kreuzkümmel und Koriander, mal herzhaft mit reichlich Petersilie, Eigelb und kroß gebratenen Speckwürfeln.

◆ Garnier-Idee

Das Püree etwas fester, mit weniger Milch, zubereiten. Mit einem Spritzbeutel kleine Rosetten oder Kringel auf ein mit Backpapier belegtes Blech spritzen. Eigelb mit etwas Milch verquirlen, das Püree damit bepinseln und im heißen Backofen oder unterm Grill goldbraun gratinieren. Nach Geschmack vorher noch mit Sesamsamen oder Sonnenblumenkernen bestreuen.

Fingernudeln mit Schinken-Zwiebel-Kraut

Braucht etwas Zeit

Zutaten für 4 Portionen:

500 g Kartoffeln (mehligkochende Sorte)
Salz
2 Eier
150–200 g Mehl
frisch geriebene Muskatnuß
2 Zwiebeln
200 g gekochter Schinken in Scheiben
300 g Sauerkraut
2 EL Butterschmalz
150 g Crème fraîche
1 EL Zitronensaft
schwarzer Pfeffer aus der Mühle
1 TL frischer Thymian (oder etwa ½ TL getrockneter)

Pro Portion: 2400 kJ / 570 kcal

Zubereitungszeit:
etwa 2 Std. (+ am Vortag Garzeit für die Kartoffeln)

◆ Tip

Die benötigte Mehlmenge hängt vom Stärkegehalt der Kartoffeln ab und kann im Rezept daher nicht aufs Gramm genau angegeben werden.

◆ Blitzvariante

Bratfertige Fingernudeln kaufen – die finden Sie vakuumverpackt in der Kühltheke.

◆ Italienische Variante

Aus dem gleichen Kartoffelteig können Sie auch Gnocchi, die norditalienischen Klößchen, zubereiten. Dafür jeweils etwa eigroße Portionen vom Teig abnehmen, auf bemehlter Fläche fingerdick ausrollen. Von den Röllchen 2–3 cm lange Stücke abschneiden und mit dem Gabelrücken leicht eindrücken. In kochendes Salzwasser geben und in etwa 4 Min. garziehen lassen. Gut abtropfen lassen. In einer würzigen Tomatensauce mit Basilikum und frisch geriebenem Parmesan servieren. (Ein weiteres Gnocchi-Rezept finden Sie beim Weiterblättern auf der nächsten Seite.)

1 Am Vortag die Kartoffeln abbürsten, in Salzwasser kochen, abgießen und abkühlen lassen. Am nächten Tag pellen und durch die Kartoffelpresse drücken. Die Eier und ½ TL Salz dazugeben, nach und nach mit Mehl zu einem glatten Teig kneten. Mit Muskat würzen.

2 Den Kartoffelteig zu einer Rolle von etwa 5 cm Durchmesser formen, dünn mit Mehl bestäuben. Mit einem scharfen Messer etwa 1 cm breite Scheiben abschneiden.

3 Jede Scheibe auf bemehlter Fläche mit der Hand zu einem dünnen Würstchen rollen, die beiden Enden spitz formen (8–10 cm lang, 1–2 cm dick). Fein mit Mehl bestäuben.

4 In einem Topf 2 l Salzwasser aufkochen. Die Fingernudeln portionsweise hineingeben, nach dem Aufwallen etwa 2 Min. ziehen lassen. Mit dem Schaumlöffel herausnehmen, kurz in kaltes Wasser tauchen und in einem Sieb gut abtropfen lassen.

5 Für das Kraut die Zwiebeln halbieren, in dünne Scheiben schneiden. Den Schinken in schmale, lange Streifen schneiden. Das Sauerkraut mit einer Gabel auflockern, eventuell etwas zerkleinern.

6 In einer Pfanne die Hälfte vom Butterschmalz erhitzen, die Zwiebeln einrühren und andünsten. Die Schinkenstreifen und das aufgelockerte Kraut untermischen, etwa 10 Min. sanft braten. Crème fraîche mit Zitronensaft, Salz, Pfeffer, Muskat und Thymian würzen, unters Kraut mischen.

7 Währenddessen in einer großen, schweren Pfanne das restliche Butterschmalz erhitzen. Die Fingernudeln rundum goldgelb braten, vorsichtig wenden. Zum Schinken-Zwiebel-Kraut servieren. Nach Belieben mit frischen Thymianblättchen bestreuen.

Gnocchi mit Mohnbutter

Raffiniert

Zutaten für 4 Portionen:

1 kg Kartoffeln (mehligkochende Sorte)
Salz
2 Eier
etwa 250 g Mehl
50 g roher Schinken
2 EL Mohn
50 g Butter
1 TL abgeriebene Zitronenschale (oder Streifchen)
8–10 Salbeiblättchen (frisch oder getrocknet)
weißer Pfeffer aus der Mühle

Pro Portion: 2400 kJ / 570 kcal

Zubereitungszeit:
etwa 1 Std.

1 Die Kartoffeln abbürsten, in Salzwasser garen. Abgießen, heiß pellen und durch die Kartoffelpresse drücken. Etwas abkühlen lassen, dann mit den Eiern, etwa 1 TL Salz und so viel Mehl verkneten, daß ein glatter Teig entsteht, der sich gut von den Fingern löst.

2 Den Teig auf bemehlter Fläche zu fingerdicken Röllchen formen. Scheibchen von etwa 1 cm Breite abschneiden, mit einer Gabel leicht eindrükken. In einem Topf reichlich Salzwasser aufkochen.

3 Den Schinken in feine Streifen schneiden. Den Mohn zerstoßen oder fein mahlen. In einer Pfanne die Butter aufschäumen lassen, den Mohn und Zitronenschale einrühren.

4 Die Gnocchi portionsweise ins kochende Wasser geben, nach dem Aufwallen etwa 3 Min. ziehen lassen. Mit dem Schaumlöffel herausnehmen, gut abtropfen lassen. Sofort in die heiße Mohnbutter geben.

5 Wenn alle Gnocchi fertig sind, den Schinken und die Salbeiblättchen in die Pfanne geben, alles gründlich mischen, pfeffern und heiß servieren.

Käse-Spätzle

Preiswert

Zutaten für 4 Portionen:

400 g Mehl
4 Eier
Salz
250 g mittelalter Gouda (oder Greyerzer Käse)
2 Zwiebeln
50 g Butter
schwarzer Pfeffer aus der Mühle

Pro Portion: 3000 kJ / 710 kcal

Zubereitungszeit:
etwa 1 Std.

1 Das Mehl mit den Eiern, 1 TL Salz und etwa 100 ml lauwarmem Wasser zu einem Teig rühren, bis er Blasen schlägt. Den Käse grob reiben, die Zwiebeln in feine Scheiben schneiden.

2 In einem Topf reichlich Salzwasser aufkochen. Den Backofen auf niedrigste Stufe vorheizen, eine feuerfeste Platte hineinstellen.

3 Den Teig portionsweise durch eine Spätzlepresse ins kochende Wasser drücken. Nach dem Aufwallen ziehen lassen, bis die Spätzle oben schwimmen. Mit dem Schaumlöffel herausnehmen, in ein Sieb geben und kurz in eine Schüssel mit kaltem Wasser tauchen. Sehr gut abtropfen lassen, auf die Platte im Backofen häufen, pfeffern und mit etwas Käse bestreuen.

4 Die nächste Spätzle-Portion zubereiten, wieder auf die Platte häufen, pfeffern und mit Käse bestreuen. So fortfahren, bis alle Spätzle fertig sind.

5 Die Butter schmelzen, die Zwiebeln einrühren und hellgelb braten. Die Spätzle mit dem restlichen Käse bestreuen, die gebratenen Zwiebeln darauf verteilen. Sehr heiß servieren.

◆ **Beilage**
Einfacher grüner Blattsalat.

Kräuter-Knödelchen

Ideal für Kinder · Kleiner Imbiß

Zutaten für 4 Portionen:

6 Brötchen vom Vortag
knapp 1/4 l Milch
1 Bund glatte Petersilie
2 Eier
1 TL getrockneter Majoran
Salz
schwarzer Pfeffer aus der Mühle
frisch geriebene Muskatnuß
Semmelbrösel nach Bedarf
50 g durchwachsener Speck
500 g Tomatenfruchtfleisch (aus der Packung)
Paprikapulver edelsüß
2 EL Schnittlauchröllchen

Pro Portion: 1300 kJ / 310 kcal

Zubereitungszeit:
etwa 1 Std.

1 Die Brötchen in kleine Würfel schneiden. Die Milch erhitzen, darüber gießen, etwa 20 Min. durchziehen lassen.

2 Die Petersilie fein hacken. Die Eier verquirlen, über die Brötchen gießen. Petersilie, Majoran, Salz, Pfeffer und Muskat zufügen, gründlich verkneten. Falls der Teig zu weich ist, Semmelbrösel untermischen.

3 Für die Knödel reichlich Salzwasser aufkochen. Den Speck in winzige Würfelchen schneiden, in einem Topf auslassen und knusprig braten. Die Speckwürfel unter den Knödelteig mischen. Das Tomatenfruchtfleisch in den Topf zum ausgelassenen Speckfett geben, zu einer sämigen Sauce köcheln. Mit Salz, Pfeffer und Paprikapulver würzen.

4 Mit angefeuchteten Händen kleine Knödel aus dem Teig formen und portionsweise ins kochende Wasser gleiten lassen. Nach dem Aufwallen etwa 10 Min. ziehen lassen. Die Knödelchen herausheben, gut abtropfen lassen. Mit der Sauce servieren und Schnittlauchröllchen aufstreuen.

Apfel-Pfannkuchen

Kleiner Imbiß oder Beilage

Zutaten für 4 Portionen:

200 g Weizen-Vollkornmehl
1/4 l Milch
4 Eier (2 davon getrennt)
Salz
2 säuerliche Äpfel (zum Beispiel Boskoop, etwa 200 g)
2 EL Zitronensaft
1 TL getrockneter Thymian
weißer Pfeffer aus der Mühle
frisch geriebene Muskatnuß
1 kleine Stange Lauch
2 EL Butterschmalz
4 EL Wild-Preiselbeeren (aus dem Glas)

Pro Portion: 1400 kJ / 330 kcal

Zubereitungszeit:
etwa 1 Std.

1 Das Mehl mit der Milch, 2 ganzen Eiern, 2 Eigelb und etwa 1/2 TL Salz zu einem glatten Teig rühren. Etwa 30 Min. ruhen lassen.

2 Die Äpfel vierteln, schälen und die Kerngehäuse entfernen. Die Viertel in schmale Spalten schneiden, mit dem Zitronensaft beträufeln. Mit Thymian, Pfeffer und Muskat würzen.

3 Die Lauchstange längs aufschlitzen, waschen, schräg in feine Ringe schneiden.

4 Die 2 Eiweiß zu steifem Schnee schlagen, unter den Teig ziehen. In einer Pfanne 1 TL Butterschmalz erhitzen.

5 Nacheinander vier Pfannkuchen backen: Etwa ein Viertel vom Teig gleichmäßig in der Pfanne verteilen. Einige Lauchringe und Apfelschnitze darauf verteilen. Die Unterseite goldbraun backen, den Pfannkuchen vorsichtig wenden und die andere Seite backen. Warm halten. Erneut Butterschmalz erhitzen, den nächsten Pfannkuchen zubereiten. Die fertigen Pfannkuchen mit Preiselbeeren anrichten und servieren.

Quiche Lorraine

Spezialität aus Lothringen

Zutaten für 6–8 Portionen:

250 Mehl + Mehl zum Ausrollen
Salz
125 g kalte Butter
250 g durchwachsener Räucherspeck
250 g Sahne
3 Eier
schwarzer Pfeffer aus der Mühle
frisch geriebene Muskatnuß
50 g Gruyère-Käse (Greyerzer)

Bei 8 Portionen pro Portion: 2300 kJ / 550 kcal

Zubereitungszeit:
etwa 1 Std.
(+ mindestens 2 Std. Kühlzeit)

1 Das Mehl mit ½ TL Salz, Butter und 3–5 EL eiskaltem Wasser schnell zu einem glatten Teig verkneten. Zur Kugel formen, 2 Std. kühlen.

2 Für den Belag den Speck fein würfeln, in einer Pfanne bei mittlerer Hitze auslassen. Die Speckwürfelchen auf Küchenkrepp abtropfen lassen.

3 Den Backofen auf 200° vorheizen. Eine Quicheform oder ein rundes Blech (etwa 28 cm Durchmesser) mit dem ausgelassenen Speckfett ausstreichen. Den Teig auf leicht bemehlter Fläche ausrollen und die Form damit auskleiden. Den Rand hochziehen, festdrücken.

4 Den Speck auf dem Teig verteilen. Die Sahne mit den Eiern verquirlen, kräftig pfeffern, mit etwas Muskat und Salz würzen. Den Käse reiben und untermischen. Die Eier-Sahne auf dem Teig verteilen. Im Backofen auf unterer Schiene (Gas Stufe 3) etwa 30 Min. backen.

◆ **Das Original**
wird mit dünnen Scheiben von Räucherspeck und Käse belegt und mit Eiermilch begossen.

Zwiebelkuchen

Preiswert

Zutaten für 6–8 Portionen:

Für den Teig:
350 g Mehl + Mehl zum Kneten und Ausrollen
30 g zerbröckelte Hefe
1 Prise Zucker
75 ml Öl
1 TL Salz
Öl für das Blech

Für den Belag:
1 ½ kg Gemüsezwiebeln
4 EL Butterschmalz
Salz
schwarzer Pfeffer aus der Mühle
1 EL frische Majoranblättchen (oder ½ TL getrocknete)
300 g Crème fraîche
3 Eier
200 g Frühstücksspeck (Bacon)
30 g Sonnenblumenkerne

Bei 8 Portionen pro Portion: 2900 kJ / 690 kcal

Zubereitungszeit:
etwa 1 Std.

1 Die Teigzutaten und etwa 150 ml warmes Wasser in eine Schüssel geben, mit den Knethaken zu einem glatten Teig verarbeiten.

2 Auf der Arbeitsfläche durchkneten, bis der Teig zusammenhält, aber nicht klebrig ist. Eventuell noch eßlöffelweise Wasser dazugeben. Den Teig zugedeckt an einem warmen Ort zu doppeltem Volumen aufgehen lassen.

3 Inzwischen die Gemüsezwiebeln schälen, in dünne Ringe oder in feine Spalten schneiden. Je 2 EL Schmalz in zwei sehr breiten Pfannen zerlassen, je die Hälfte der Zwiebeln darin bei milder Hitze etwa 10 Min. dünsten. Mit Salz, Pfeffer und Majoran würzen.

4 Den Backofen auf 200° vorheizen. Ein großes Backblech mit Öl ausstreichen.

Gorgonzola-Pizza

Für Gäste

5 Den Teig durchkneten und auf der leicht bemehlten Arbeitsfläche ausrollen. Auf das Blech heben und bis an den Rand ausziehen, am Rand etwas hochdrücken.

6 Die Zwiebeln darauf verteilen. Die Crème fraîche und die Eier verrühren und darüber träufeln, den Speck klein würfeln und zusammen mit den Sonnenblumenkernen aufstreuen. Im Backofen auf mittlerer Schiene (Gas Stufe 3) etwa 30 Min. backen.

◆ Tip

Der Zwiebelkuchen schmeckt frisch aus dem Ofen, lauwarm auf einem Buffet oder abgekühlt beim Picknick. Sie können ihn auch einfrieren und später wieder aufbacken.

Zutaten für 4–6 Portionen:

Für den Teig:
250 g Magerquark
2 Eigelb
Salz
4–6 EL Öl
etwa 500 g Mehl + Mehl zum Ausrollen
1 Päckchen Backpulver
Öl für das Blech

Für den Belag:
1 kleines Paket passierte Tomaten (200 g)
1 EL frische Oreganoblättchen
schwarzer Pfeffer aus der Mühle
100 g Salami (etwa 20 dünne Scheiben)
150 g frische Champignons
150 g Gorgonzola

Bei 6 Portionen pro Portion: 2600 kJ / 620 kcal

Zubereitungszeit: etwa 1 Std.

1 Für den Teig den Quark, die 2 Eier, 1 TL Salz und 4 EL Öl verrühren. Das Mehl mit dem Backpulver mischen und nach und nach unter den Quark rühren.

2 Den Teig auf der Arbeitsfläche glatt und elastisch kneten. Eventuell noch etwas Öl dazugeben, wenn er nicht zusammenhält.
Er soll aber auf keinen Fall klebrig werden.

3 Den Backofen auf 200° vorheizen. Ein Backblech mit Öl ausstreichen. Den Teig in 4 Portionen teilen, auf der leicht bemehlten Arbeitsfläche dünn und rund ausrollen, alle 4 Teigplatten auf das Blech heben. Außen herum jeweils einen kleinen Rand formen (oder einzeln in Pizzaformen backen).

4 Die Tomaten mit Oregano und mit Pfeffer würzen, auf die Pizzen streichen.

5 Die Salamischeiben auflegen. Die Champignons putzen, abreiben und in dicke Scheiben schneiden, auf den Salamischeiben verteilen. Den Gorgonzola klein würfeln und aufstreuen. Im Backofen auf mittlerer Schiene (Gas Stufe 3) etwa 20 Min. backen.

◆ Kalorien sparen

Statt fettreichem Gorgonzola dünne Mozzarella-Scheibchen auf die Pizza legen. Die Salami weglassen und zum Würzen mehr Kräuter nehmen.

◆ Raffinierte Variante

Die Pizza mit würzigem Pesto, der berühmten Kräuterpaste aus Ligurien, bestreichen. Ein Rezept dazu finden Sie auf Seite 183 beim Gemüse-Eintopf.

Risotto alla milanese

Spezialität aus Mailand

Zutaten für 4 Portionen:

1 Markknochen
3/4 l kräftige Fleischbrühe
1 Zwiebel
4 EL Butter
250 g italienischer Rundkorn-Reis (Vialone oder Avorio)
1 Döschen Safranfäden
50 g frisch geriebener Parmesan
Salz
schwarzer Pfeffer aus der Mühle

Pro Portion: 1800 kJ / 430 kcal

Zubereitungszeit:
etwa 40 Min.

1 Den Markknochen kurz in eiskaltes Wasser legen, das Mark herausdrücken, trocknen und klein würfeln. In einem Topf die Fleischbrühe erhitzen.

2 Die Zwiebel fein hacken. In einer großen Pfanne 2 EL Butter erhitzen. Die Zwiebel glasig dünsten.

3 Den Reis einstreuen und unter Rühren sanft anbraten. Eine Schöpfkelle voll heiße Brühe angießen, weiterrühren. Sobald die Flüssigkeit verdampft ist, wieder kochendheiße Brühe nachgießen. Den Reis immer knapp am Köcheln halten und ständig rühren.

4 Nach etwa 15 Min. im letzten Rest der Brühe die Safranfäden auflösen, zum Reis gießen und unter Rühren noch etwa 5 Min. weitergaren. Der Risotto ist perfekt, wenn die Körner noch einen zarten Biß haben, der Reis aber trotzdem feucht und cremig aussieht und beim Schräghalten der Pfanne schön fließt.

5 Die restliche Butter und den Parmesan untermischen, eventuell salzen und pfeffern.

◆ Tip

Als Zwischengang für 6 Personen servieren.

Gemüsereis mit Bananen

Vollwertig

Zutaten für 4 Portionen:

etwa 3/4 l Hühnerbrühe (oder Gemüsebrühe)
200 g Wildreismischung (oder Naturreis)
1 Bund Frühlingszwiebeln
250 g Möhren
250 g frische Champignons
4 EL Zitronensaft
1 etwa walnußgroßes Stückchen frischer Ingwer
2 EL Sonnenblumenöl
schwarzer Pfeffer aus der Mühle
2 EL Sojasauce
einige Blätter Chinakohl
1 Bund glatte Petersilie
Salz
2 feste Bananen
2 EL Butter
Cayennepfeffer

Pro Portion: 1600 kJ / 380 kcal

Zubereitungszeit:
etwa 50 Min.

1 Die Brühe aufkochen. Den Reis einstreuen, bei milder Hitze in etwa 40 Min. ausquellen lassen.

2 Die Frühlingszwiebeln putzen und waschen, die weißen Teile hacken, die grünen in feine Ringe schneiden. Die Möhren schälen, in dünne Scheiben, dann in Streifen schneiden. Die Champignons putzen und abreiben, in feine Scheiben schneiden und mit 2 EL Zitronensaft beträufeln. Den Ingwer schälen und in feine Streifen schneiden.

3 In einer Pfanne 2 EL Öl erhitzen. Die weißen Zwiebeln andünsten, dann die Möhrenstreifen, die Pilze und den Ingwer einrühren. Mit Pfeffer und Sojasauce würzen, etwa 10 Min. sanft garen.

4 Die Chinakohlblätter putzen und waschen, in feine Streifchen schneiden. Die Petersilie fein hacken. Den fertigen Reis und den Chinakohl

Hirse im Gemüsebett

Raffiniert · Gelingt leicht

ınter das Gemüse mischen. Mit Salz und Pfeffer abschmek-ken, die Petersilie einstreuen.

5 Die Bananen schälen, längs und quer halbieren. In einer kleinen Pfanne die Butter erhit-zen, die Bananen ganz kurz von beiden Seiten anbraten. Den restlichen Zitronensaft mit Cayennepfeffer würzen, über die Bananen träufeln. Die Bana-nen auf dem Reis anrichten, grüne Zwiebelringe aufstreuen.

◆ **Reis**

Wildreis werden die schwarzen würzigen Samen einer Gräser-art genannt, die hauptsächlich aus Kanada importiert werden. Die edle Reissorte ist in einer Mischung mit Langkornreis relativ preiswert zu haben. Ungeschälter, brauner Naturreis hat mehr Vitamine und Mineral-stoffe als weiße polierte Sorten – und fast immer eine etwas längere Garzeit.

Zutaten für 4 Portionen:

250 g Hirse
600 ml Gemüsebrühe
50 g Rosinen
⅛ l trockener Weißwein
300 g reife Tomaten
600 g frischer Blattspinat
1 Zwiebel
2 EL Butter
2 Knoblauchzehen
Salz
schwarzer Pfeffer aus der Mühle
eventuell ½ TL gemahlener Kreuzkümmel
1 unbehandelte Zitrone

Pro Portion: 1600 kJ / 380 kcal

Zubereitungszeit:
etwa 45 Min.

1 Die Hirse in ein Sieb geben, heiß abspülen und abtrop-fen lassen. Die Brühe in einem Topf aufkochen, die Hirse ein-rühren, bei mittlerer Hitze etwa 25 Min. ausquellen lassen. Die Rosinen im Wein einweichen.

2 Die Tomaten kreuzweise einschneiden und kurz in kochendes Wasser legen. Kalt abschrecken, enthäuten und halbieren. Die Kerne mit einem Löffel entfernen, das Frucht-fleisch in kleine Würfel schnei-den.

3 Den Spinat verlesen und waschen. Tropfnaß in einen heißen Topf geben und unter Rühren zusammenfallen lassen.

4 Die Zwiebel hacken. In einer Pfanne die Butter schmelzen, die Zwiebel andün-sten. Die Rosinen abtropfen lassen, den Weinsud in die Pfanne geben und kräftig auf-kochen. Den Spinat abtropfen lassen, grob hacken und unter die Zwiebeln mischen. Mit den durchgepreßten Knoblauch-zehen, Salz und Pfeffer kräftig würzen. Die Tomatenwürfel untermischen, alles zusammen etwa 5 Min. garen.

5 Die ausgequollene Hirse mit Salz, Pfeffer und Kreuzküm-mel würzen, die Rosinen unter-mischen. Das Spinatgemüse auf Teller verteilen, die Hirse in der Mitte dekorativ aufhäufen. Die Zitrone heiß abwaschen, vierteln und dazu servieren. (Zitronensaft nach Geschmack über Spinat und Hirse träufeln.)

◆ **Variante**

Vorm Servieren mit Schafskäse-würfelchen bestreuen.

◆ **Hirse**

Eine besonders vitamin- und mineralstoffreiche Getreide-sorte, bei der die Nährstoffe im ganzen Korn verteilt und nicht auf die Randschichten konzen-triert sind wie bei Weizen oder Roggen. Weitere Vorzüge: die relativ kurze Garzeit und unend-lich viele Würzmöglichkeiten (wegen des milden Eigen-geschmacks).

Paella

Für Gäste

Zutaten für 6–8 Portionen:

1 Poularde (etwa 1,2 kg)
Salz
schwarzer Pfeffer aus der Mühle
1 Bund Suppengrün
2 Döschen Safranpulver
1 kg Muscheln (Herzmuscheln, Miesmuscheln oder gemischt)
8 große, ungekochte Garnelen (oder Riesengarnelen, im Handel oft bezeichnet als Hummerkrabbenschwänze)
je 1 rote und grüne Paprikaschote
500 g reife Tomaten
250 g Knoblauchwurst (zum Beispiel spanische Chorizo, ersatzweise Debreziner)
50 g durchwachsener Speck
2 Zwiebeln
4 Knoblauchzehen
2 getrocknete Chilischoten
1/8 l Olivenöl
500 g Rundkornreis
etwa 150 g tiefgekühlte Erbsen
2 Zitronen

Bei 8 Portionen pro Portion:
3600 kJ / 860 kcal

Zubereitungszeit:
etwa 3 Std.

◆ Tip

Auf die Garzeit der verwendeten Reissorte achten: Am besten orientieren Sie sich an der Packungsaufschrift!

◆ Das Original

Die Pfanne hat ihr den Namen geliehen, die Phantasie spanischer Köchinnen hat die schlichte Landspeise »Paella« zur Weltberühmtheit gemacht. Dahinter steckt alles andere als ein streng gehütetes Rezept. Reis, Safran und Olivenöl sind zwingende Grundzutaten, ansonsten findet sich alles in der großen Pfanne wieder, was der Markt zu bieten hat: Grüne Bohnen, frische Erbsen oder Paprikaschoten, Zwiebeln, Tomaten und Knoblauch, Kaninchen, Hummer und Meeresfrüchte, zarte Fischfilets oder Schweinefleisch, Geflügel und pikante Würste. Immer neue Kombinationen, je nach Landstrich und Familientradition, gibt es zu entdecken – und auch Sie sind herzlich zum Experimentieren eingeladen!

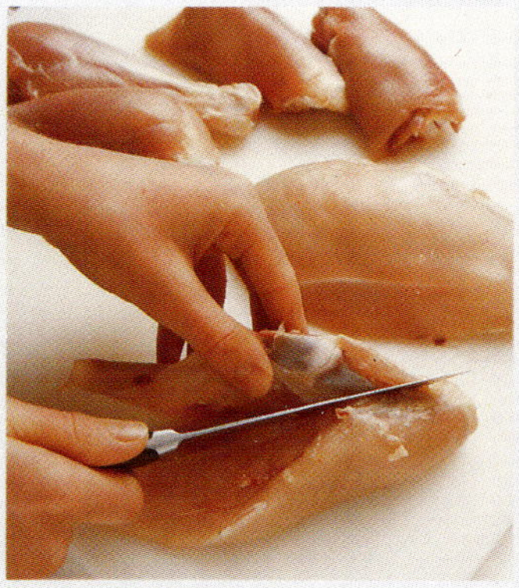

1 Die Poularde in 8 Portionen zerlegen. Enthäuten, die Brustfilets vom Knochen lösen. Die Teile leicht salzen und pfeffern. Haut und Brustknochen mit dem geputzten Suppengrün in 1 1/2 l Wasser aufsetzen. Etwa 30 Min. köcheln, salzen und pfeffern. Die Brühe durchsieben, mit Safran würzen.

2 Inzwischen die Muscheln putzen, waschen und kräftig abbürsten. Die (ungeschälten) Garnelen mit einem scharfen Messer am Rücken entlang einschneiden, mit der Messerspitze die dunklen Darmstränge entfernen.

3 Die Paprikaschoten putzen und waschen, in schmale Streifen schneiden. Die Tomaten einritzen, kurz in kochendes Wasser legen. Abschrecken, enthäuten und entkernen. Das Fruchtfleisch hacken. Die Knoblauchwurst eventuell pellen, in Scheibchen schneiden.

4 Den Speck in Würfelchen schneiden. Die Zwiebeln und den Knoblauch fein hacken. Die Chilischoten entkernen und fein zerkrümeln. Die Paella-Pfanne (oder eine andere große Pfanne) mit Öl ausstreichen und erhitzen, etwa drei Viertel vom Öl zum Braten (für Step 5) bereitstellen.

5 Nacheinander die Geflügelteile (mit Knochen 10 Min., Brustfilets 2 Min.), Muscheln (5 Min.), Garnelen (2 Min) und die Knoblauchwurst (2 Min.) rundum anbraten, jeweils wieder aus der Pfanne nehmen und bereitstellen, weiteres Öl erhitzen. Die ungeöffneten Muscheln wegwerfen.

6 Den Backofen auf 200° vorheizen. Die Brühe nochmals aufkochen. Das Fett aus der Pfanne abgießen, restliches Öl erhitzen. Zwiebeln, Speck, Knoblauch und Paprikastreifen unter Rühren anbraten. Mit Chili, Salz und Pfeffer würzen. Die Tomaten einrühren. Den Reis gleichmäßig in der Pfanne verteilen, alle Geflügelteile außer den Brustfilets darauf anordnen und etwa 1 l kochendheiße Hühnerbrühe angießen. Die Pfanne zudecken (Deckel oder Folie), im Backofen (Gas Stufe 3) auf eine der unteren Schienen stellen, etwa 20 Min. garen. Bei Bedarf zwischendurch noch Brühe angießen.

7 Die Pfanne herausholen. Die Muscheln und Garnelen in den Reis stecken. Hähnchenfilets, Erbsen und Wurst darauf verteilen. Die Paella nun offen in den Backofen schieben, bei Oberhitze (oder bei 250°, Gas Stufe 5) in etwa 10 Min. fertiggaren. Die Zitronen in Achtel schneiden, auf den Reis legen.

Grünkern-Schnitten

Raffiniert

Zutaten für 4 Portionen:

1 große Zwiebel
3 EL Öl + Öl für die Form
2 Knoblauchzehen
125 g Grünkernschrot
375 ml milde Brühe
Salz
schwarzer Pfeffer aus der Mühle
75 g durchwachsener Räucherspeck
500 g Tomatenfruchtfleisch (aus der Packung)
1 Bund Basilikum

Pro Portion: 1400 kJ / 330 kcal

Zubereitungszeit:
etwa 45 Min.
(+ 1–2 Std. Abkühlzeit)

1 Die Zwiebel fein hacken. 1 EL Öl in einem Topf erhitzen, die Zwiebel glasig dünsten. Den Knoblauch dazudrükken, Grünkernschrot einrühren, kurz anrösten. Die Brühe angießen, zugedeckt bei milder Hitze 20 Min. quellen lassen.

2 Eine eckige Form mit Öl ausstreichen. Die Grütze mit Salz und Pfeffer abschmekken, in die Form füllen und darin erkalten lassen.

3 Die Grütze aus der Form stürzen und in Rauten schneiden. Das restliche Öl in einer Pfanne erhitzen, die Rauten darin bei mittlerer Hitze etwa 10 Min. von beiden Seiten braten.

4 Inzwischen den Speck klein würfeln, in einem Topf bei mittlerer Hitze ausbraten. Das Tomatenfruchtfleisch einrühren, mit feingeschnittenem Basilikum, Pfeffer und etwas Salz abschmecken. Kurz einköcheln lassen, zu den Rauten servieren. Mit Basilikum garnieren.

◆ Schnelle Variante

Die Grünkerngrütze gleich nach dem Garen mit Eßlöffeln zu Nocken formen und diese in Öl braten.

Quinoa-Hähnchen-Pfanne

Vollwertig

Zutaten für 4 Portionen:

500 g Hähnchenbrust-Filet
1 walnußgroßes Stück frischer Ingwer
2 Knoblauchzehen
2 EL Sojasauce
1 EL Honig
schwarzer Pfeffer aus der Mühle
600 g Möhren
1 Bund Frühlingszwiebeln
3 EL Öl
250 g Quinoa
250 g Sahne
schwarzer Pfeffer aus der Mühle
Salz

Pro Portion: 2800 kJ / 670 kcal

Zubereitungszeit:
etwa 1 Std. (+ Marinierzeit nach Belieben)

1 Die Hähnchenbrustfilets in dünne Scheiben schneiden. Den Ingwer und den Knoblauch schälen und fein hacken, mit der Sojasauce und dem Honig verquirlen. Das Hähnchenfleisch darin wenden und zugedeckt in den Kühlschrank stellen. (Nach Belieben auch einige Stunden oder über Nach marinieren.)

2 Die Möhren putzen, waschen und wie das Hähnchenfleisch in dünne Scheiben schneiden.

3 Die Frühlingszwiebeln putzen und waschen. Die weißen Teile hacken. Das Grün in 3–4 cm lange Stücke, und dies dann längs in feine Streifen schneiden.

4 1 EL Öl in einer großen Pfanne erhitzen, das Hähnchenfleisch ganz kurz scharf anbraten, wieder herausnehmen. Das restliche Öl erhitzen, die weißen Zwiebeln andünsten. Quinoa waschen, abtropfen lassen und dazugeben, 1/4 l Wasser angießen. Zugedeckt etwa 5 Min. sanft garen.

Weizen-Gemüse-Eintopf

Gelingt leicht

5 Die Sahne und die Möhren untermischen, mit Pfeffer und etwas Salz abschmecken, noch etwa 10 Min. garen.

6 Das Zwiebelgrün und das Hähnchenfleisch einrühren, nochmals kurz erhitzen.

◆ Quinoa

Das sind getreideähnliche Körnchen, die sich auch wie diese verwenden lassen. Ihr großer Vorteil gegenüber den meisten Getreidesorten: Quinoa ist bereits nach etwa 15 Min. servierfertig. Ähnlich kurze Garzeiten haben nur Hirse und Reis. Und diese Getreidesorten können Sie auch verwenden, wenn Sie selbst im Reformhaus Quinoa nicht bekommen sollten.

Zutaten für 4 Portionen:

150 g Weizen
1 kleiner Weißkohl (etwa 700 g)
1 rote Paprikaschote
150 g Salami am Stück
1 große Zwiebel
1 EL Gänse- oder Butterschmalz
Salz
schwarzer Pfeffer aus der Mühle

Pro Portion: 1600 kJ / 380 kcal

Zubereitungszeit:
1 Std. 15 Min.
(+ 12–24 Std. Einweichzeit)

1 Den Weizen über Nacht in einem Topf mit etwa ½ l Wasser einweichen. Am nächsten Tag den Weizen im Einweichwasser zum Kochen bringen. Zugedeckt bei milder Hitze etwa 40 Min. köcheln lassen.

2 Inzwischen den Weißkohl putzen und waschen. Den Strunk abschneiden und die äußeren Blätter entfernen. Den Kopf vierteln, den harten Mittelstrunk herausschneiden und die Viertel quer in etwa 1 cm breite Streifen schneiden.

3 Die Paprikaschote waschen und halbieren, den Stielansatz, die Kerne und die hellen Trennhäute entfernen. Die Hälften quer in feine Streifen schneiden.

4 Die Salami pellen und in kleine Würfel schneiden, die Zwiebel fein hacken. Beides zusammen mit dem Schmalz in einen großen Topf geben. Bei mittlerer Hitze leicht ausbraten.

5 Etwa ½ l Wasser angießen und den Weizen mitsamt dem Kochwasser einrühren. Zum Kochen bringen.

6 Den Kohl und die Paprikastreifen einrühren, alles zugedeckt bei mittlerer Hitze noch etwa 20 Min. garen. Mit Salz und Pfeffer abschmecken.

◆ Zeit sparen

Im Schnellkochtopf reduziert sich die Garzeit für Getreidekörner erheblich. Weizen benötigt beispielsweise nur 10 statt 40 Min. Die 20-minütige Nachquellzeit bleibt auch hier gleich.

◆ Variante

Mit Grünkern zubereiten – dem unreif geernteten und gedarrten Korn vom Dinkel, einer speziellen Weizenart. Grünkern schmeckt besonders würzig, mit leichtem Nußaroma. Die Salami können Sie auch weglassen, dann zum Schluß reichlich feingehackte Petersilie untermischen.

Desserts

Es ist ein Tag wie jeder andere, die Gesichter rundum sehen satt und zufrieden aus, es gibt niemanden, der auch nur noch einen Krümel, geschweige denn ein Blatt zu sich nehmen könnte. Da wird die schläfrige Stille jäh unterbrochen, es kündigt sich ein triumphaler Auftritt an: Wer möchte einen Nachtisch? Und flugs tauchen sie wieder auf, die weißen Tücher all der voreiligen Kapitulationen, und sie werden geschickt nochmals unters Kinn geknüpft oder auf den Bauch gebunden, und es beginnt ein großes und andächtiges Löffeln: aus kleinen Schälchen, gefüllt mit luftigem Schokoladenschaum oder üppigem Tiramisu, aus tiefen Tellerchen mit frischen Erdbeeren und sahnigem Vanilleflammeri, mit überbackenem Walnußeis, zarter Zitronencreme oder kühlem Fruchtgelee.

Ganz unter uns – die süßen Sachen sind auch kalorienmäßig nicht ganz ohne. Von Sünde kann trotzdem keine Rede sein, denn viele der feinsten Desserts enthalten als Grundzutaten frisches Obst, Joghurt, Quark oder Milch. Und wer sich jetzt noch immer fragt, warum gerade das Dessert die heimliche Krönung, der märchenhafte Glanzpunkt, der geradezu perfekte Abschluß eines Menüs ist, der sollte sich doch einfach überzeugen lassen – von der köstlichen Realität!

Äpfel, Birnen, Zwetschgen...

Die heimischen Früchte sind nach wie vor unsere heimlichen Favoriten. Die Entdeckung der Exoten andererseits hat die bemerkenswerte Idee wiederbelebt, daß auch ein schlichtes Stück Obst Dessert sein kann. Einzige Bedingung: es muß voll ausgereift, nicht nur schön, sondern auch äußerst wohlschmeckend und vor allem der Jahreszeit entsprechend ausgesucht sein. Weintrauben und Kiwis, Beeren und Bananen, Pflaumen und Pfirsiche – alle Früchte sind schon von Natur aus raffinierte Mischungen aus feiner Säure und milder Süße, eingebettet in zarte, feste, saftige oder cremig-weiche Struktur. Kein Imbiß ist gesünder, erfrischender, aromatischer – und gleichzeitig so völlig unkompliziert zu servieren.

Reif für die Ernte

Manche Obstarten, zum Beispiel Orangen, werden genau im Moment der Reife geerntet, wenn sich ihr Aroma schon voll entfaltet hat. Zum Teil werden Konservierungsmittel eingesetzt, um den weiten Transport und eine längere Lagerung zu ermöglichen. Falls Sie die aromatische Schale von Orangen oder Zitronen zum Würzen verwenden wollen, sollten Sie nur unbehandelte Früchte kaufen. Dieser Begriff ist inzwischen allerdings umstritten, denn strenggenommen dürften dann auch keine Pflanzenschutzmittel und auch keinerlei andere Rückstände aus Boden oder Luft nachzuweisen sein. In jedem Fall sollten Sie die Schale gründlich unter heißem Wasser abbürsten. Andere Früchte, zum Beispiel Bananen, müssen unbedingt grün geerntet werden, da erst nach dem Ablösen von der Pflanze die Stärke in Zucker umgewandelt wird. Zu reif geerntete Bananen werden leicht mehlig und schmecken nicht so aromatisch. Unreif geerntete Früchte können Sie auch bedenkenlos bei Zimmertemperatur liegen und nachreifen lassen. Beachten Sie beim Lagern zu Hause, daß viele Obstarten (Äpfel, Orangen, Avocados) beim Reifen Äthylen produzieren. Dieses Gas beschleunigt den Reifeprozeß anderer Obstsorten und läßt auch Gemüse rascher welk werden. Verschiedene Obst- und Gemüsesorten also besser getrennt lagern!

Wer viel weiß, kauft besser ein

Unter der Flut von Früchten herauszufinden, welche Sorte wirklich schmeckt, wer sie am günstigsten anbietet, welcher Händler auf optimale Lagerhaltung achtet – dazu braucht man ein Gespür für echte Qualität und viel Erfahrung. Handelsklassen allein sind letztendlich keine Garantie für Genuß. Gehen Sie ruhig öfter mal auf die Pirsch und probieren Sie neu Entdecktes zuerst nur in kleineren Mengen aus – beim nächsten Mal können Sie dann beherzter zugreifen. Im Zweifelsfall gibt es nur ein entscheidendes Kriterium: Ihren ganz persönlichen Geschmack!

Exotik in Etappen

Früchte aus den Tropen und Subtropen locken allein schon mit skurrilen Formen, Farben und Namen. Überfordern Sie sich nicht gleich mit einem Sammelsurium an Unbekanntem. Fragen Sie beim ersten Einkauf einer bestimmten Frucht, ob sie schon den optimalen Reifegrad erreicht hat oder noch einige Tage liegen kann, welche Teile eßbar sind, ob sie geschält oder entkernt, wie sie zerlegt werden muß. Eine Mini-Auswahl an Exoten reicht schon aus, um in der Küche erfolgreich zu experimentieren – etwa, um aus dem einfachsten Obstsalat eine tropische Überraschung zu zaubern.

Vom puren Obst zum üppigen Dessert

Bei aller Liebe zum Frischen, Leichten und Gesunden: Wer kennt sie nicht, die Lust auf geschmeidig-weiche, auf knusprig-zarte Köstlichkeiten, auf all das, was erst in Verbindung mit anderen, meist fetthaltigen Zutaten entsteht. In Butter gebackene Crêpes, geröstete Mandeln, duftende Waffeln – das Aroma der Röststoffe hat eine unwiderstehliche Wirkung. Und das Stichwort Sahne ist beim Thema »Desserts« schon gar nicht wegzudenken.

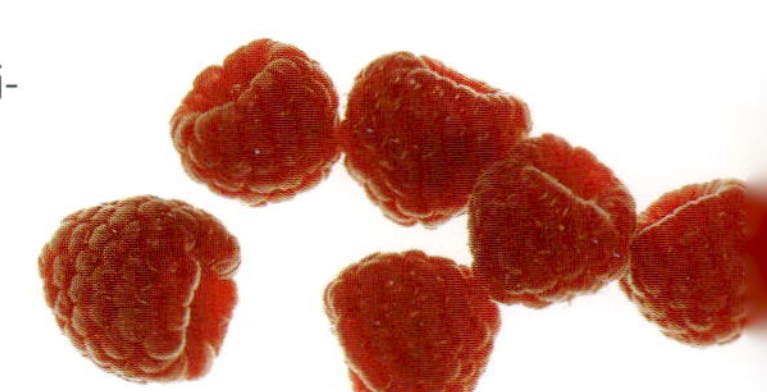

Sahne, Joghurt, Mascarpone...

Erst ab einem Fettgehalt von 30% heißt die Sahne **Schlagsahne**, und zum eigentlichen Schlagen eignet sich am besten die 32–33%ige. Damit sie schön fest wird, sollte die Schlagsahne sehr gut gekühlt sein. Relativ neu im Angebot ist die **Crème double** mit 42–45% Fettgehalt. **Mascarpone**, der köstlich cremige, italienische Doppelrahm-Frischkäse ist eine wahre Kalorienbombe (80% Fett) und die Grundlage für den Klassiker Tiramisu, aber auch gut für völlig neue Rezept-Ideen (siehe Seite 243). Mit weit weniger Kalorien belastet, fein säuerlich, prickelnd und erfrischend bietet **Joghurt**, aus Vollmilch oder Magermilch hergestellt, eine raffinierte Alternative zur üppigen Sahne. Seltener für Desserts verwendet werden **saure Sahne** (10–30% Fett), der löffelfeste **Schmand** (ab 20% Fett) oder die feinsäuerliche **Crème fraîche** (mindestens 24%, meist 30–40% Fettgehalt). Ideal geeignet zum Mitköcheln in Saucen sind übrigens nur Sahnesorten ab etwa 30% Fettgehalt, weniger fette Sahne flockt leicht aus. Unter jede magere Sahne oder fettarmen Joghurt muß deshalb vorm Erhitzen ein Löffelchen Speisestärke gemischt werden.

Bindung sorgt für feste Verhältnisse

Ohne festen Halt läßt sich vieles nicht verwirklichen: Cremespeisen, Pudding und Grütze, Gelee oder Flammeri stehen und fallen mit dem verwendeten Bindemittel. Das kann Gelatine sein oder Speisestärke, in Früchten vorkommendes Pektin, Crème fraîche oder Ei.
Gelatine gibt es als Pulver oder in Blattform. Sie wird grundsätzlich erst einmal in kaltem Wasser eingeweicht und dann bei ganz milder Hitze oder aber direkt in einer warmen Speise aufgelöst. Bei exotischen Früchten, die ein eiweißspaltendes Enzym enthalten (zum Beispiel Kiwi, Ananas, Mango) müssen die Früchte kurz erhitzt werden, bevor sie mit Gelatine in Kontakt kommen. Diese besteht nämlich aus tierischem Eiweiß und verliert durch solche Enzyme die Fähigkeit zur Bindung.
Eier werden ganz oder getrennt verarbeitet. Das Eigelb liefert einer Creme außer Bindung auch eine appetitliche Farbe. Eiweiß wird meist zu steifem Schnee geschlagen und nur ganz locker unter die fertige Mischung gezogen, zum Beispiel bei Soufflés. Wichtig: Das Eiweiß immer in einem sauberen, fettfreien Behälter aufschlagen, damit fester Schnee entsteht.
Speisestärke wird aus Mais, Kartoffeln, Weizen, Reis oder Pflanzenmark (Sago) gewonnen und macht eine Creme oder Grütze besonders stabil. Stärke muß immer in heiße Flüssigkeit gegeben und kurz aufgekocht werden, dann aber abkühlen, damit sich die angedickte Mischung nicht wieder verflüssigt.

Päckchen, die das Leben erleichtern

Auch **Puddingpulver** besteht zum überwiegenden Teil aus Speisestärke. Die immer zahlreicher werdenden Sorten und Geschmacksrichtungen bieten bequeme und schnelle Alternativen zu den besonders aufwendigen Nachspeisen. Zum perfekten Vorrat gehören zum Beispiel auch verschiedene Sorten **Speise-Eis** und **tiefgekühlte Früchte**, etwa Himbeeren, die sich rasch zu einer raffinierten Sauce köcheln oder als Kuchenbelag verwenden lassen.

Bayerische Creme

Gut vorzubereiten

Zutaten für 6–8 Portionen:

Für die Creme:
1/4 l Milch
1 Vanilleschote
6 Blatt weiße Gelatine
4 Eigelb
100 g Zucker
250 g Sahne

Für die Fruchtsauce:
1 reife Papaya (etwa 250 g)
3 EL Zitronensaft
2 EL Portwein
1 EL Puderzucker
500 g Erdbeeren
Ahornsirup zum Beträufeln

Bei 8 Portionen pro Portion:
940 kJ / 220 kcal

Zubereitungszeit:
etwa 45 Min.
(+ 12–24 Std. Kühlzeit)

◆ Das Original

Sie ist das klassische Beispiel für süße Variationskunst: »Crème bavaroise«, eine im Wasserbad aufgeschlagene Mischung aus Milch, Eiern und Zucker, die mit Sahne und meistens noch mit einer Fruchtsauce verfeinert wird. Zum Stürzen gefestigt wird die sahnige Eier-Milch mit 6 Blatt Gelatine; für eine weiche, cremigere Variante reichen bei der angegebenen Menge auch 4 Blatt.

◆ Varianten

Pürees aus frischen oder tiefgekühlten Früchten, von Aprikosen über Kiwis bis zu Himbeeren, sorgen für farblichen und aromatischen Kontrast. Die Exoten mit ihrer oft erfrischendherben Säure spielen dabei eine zunehmend interessante Rolle. Und auch die Creme selbst ist ein dankbares Experimentierfeld: mit feingemahlenen Mandeln, gehackten Walnußkernen oder Kokosflocken ergänzt, mit Likören parfümiert, mit mehr als Vanille gewürzt läßt sich das Variationsspiel fortführen – für Dessertliebhaber ein unbegrenzter Genuß.

1 Für die Creme in einem kleinen Topf die Milch erhitzen. Die Vanilleschote längs aufschlitzen, das Mark herauskratzen und mit der Schote in die Milch geben. Aufkochen, vom Herd nehmen und ziehen lassen.

2 Die Gelatineblätter in kaltem Wasser einweichen. Für das heiße Wasserbad einen breiten Topf mit heißem Wasser füllen, auf den Herd stellen und das Wasser bei mittlerer Hitze knapp am Köcheln halten. Für das kalte Wasserbad eine Schüssel mit Eiswürfeln und kaltem Wasser füllen. Die 4 Eigelb mit dem Zucker in eine Schüssel geben, ins heiße Wasserbad stellen und schaumig rühren.

3 Die Vanilleschote aus der Milch herausnehmen. Nach und nach die heiße Milch zu de schaumigen Eiermischung gießen und mit dem Schneebesen zu einer dicklichen Creme aufschlagen.

4 Die Schüssel vom Herd nehmen und ins kalte Wasserbad stellen. Die Gelatineblätter tropfnaß in die Mischung geben und unter Rühren auflösen. Die Vanillecreme so lange weiterschlagen, bis sie leicht geliert.

5 Die Sahne steifschlagen und unterziehen. Die Creme in kleine Portionsschälchen oder in eine größere Schüssel füllen. Im Kühlschrank über Nacht gut durchkühlen lassen.

6 Kurz vorm Servieren die Fruchtsauce zubereiten. Die Papaya halbieren und entkernen. Das Fruchtfleisch schälen, zerkleinern und im Mixer pürieren. Fruchtpüree durch ein Sieb streichen, mit 2 EL Zitronensaft, Portwein und Puderzucker würzen.

7 Die Erdbeeren waschen und putzen, die größeren halbieren. Mit dem restlichen Zitronensaft beträufeln. Die Bayerische Creme auf Dessertteller stürzen, mit der Papayasauce und den Erdbeeren anrichten. Mit Ahornsirup beträufelt servieren.

Tiramisu

Gelingt leicht

Zutaten für 8 Portionen:

4 Eigelb
4 EL Zucker
500 g Mascarpone (italienischer Doppelrahm-Frischkäse)
1 TL abgeriebene Zitronenschale
2 kleine Täßchen kalter Espresso
2 cl Weinbrand
2 cl Amaretto (italienischer Mandellikör)
150 g Löffelbiskuits
2 EL Kakaopulver ohne Zucker

Pro Portion: 1400 kJ / 330 kcal

Zubereitungszeit:
etwa 25 Min.
(+ 4 Std. Kühlzeit)

1 Die 4 Eigelb und den Zucker mit dem Handrührgerät auf höchster Stufe schaumig schlagen. Löffelweise Mascarpone unterrühren, mit der abgeriebenen Zitronenschale würzen.

2 Den kalten Espresso mit dem Weinbrand und dem Amaretto mischen. Die Hälfte der Löffelbiskuits nacheinander kurz in diese Mischung tauchen, auf dem Boden einer flachen Form verteilen.

3 Die Hälfte der Mascarponecreme einfüllen und glattstreichen. Die übrigen Biskuits ebenfalls kurz in die Espressomischung tauchen, auf der Creme verteilen und die restliche Creme einfüllen.

4 Zugedeckt im Kühlschrank etwa 4 Std. gut durchziehen und auskühlen lassen. Vorm Servieren gleichmäßig mit dem Kakaopulver bestäuben.

◆ Mascarpone

Mascarpone ist ein besonders cremiger Frischkäse, den Sie notfalls ersetzen können durch eine Mischung aus Sahnequark und Crème fraîche.

Crème au caramel

Gut gekühlt servieren

Zutaten für 6 Portionen:

8 EL Zucker
½ l Milch
1 Prise Salz
1 Vanilleschote
4 Eier

Pro Portion: 670 kJ / 160 kcal

Zubereitungszeit:
etwa 1 Std.
(+ 4–12 Std. Kühlzeit)

1 Für den Karamelsirup 4 EL Zucker mit etwa 2 EL Wasser in ein Töpfchen geben und bei milder Hitze unter ständigem Rühren zum Kochen bringen. Zart bräunen lassen und vom Herd nehmen.

2 Den Karamelsirup auf sechs kleine, feuerfeste Förmchen verteilen. Die Förmchen so schwenken, daß der Sirup den Boden gleichmäßig bedeckt. Den Backofen auf 225° vorheizen. Die Fettpfanne des Backofens oder ein tiefes Backblech mit Wasser füllen und auf der untersten Schiene in den Ofen schieben.

3 Die Milch mit 1 Prise Salz und dem restlichen Zucker in einen Topf geben und langsam erhitzen. Die Vanilleschote aufschlitzen, das Mark herauskratzen und mit der Schote in die Milch geben. Die Milch kurz aufkochen, sofort vom Herd nehmen und ziehen lassen.

4 Inzwischen die Eier in einer Schüssel verquirlen. Die Vanilleschote aus der Milch nehmen, einige Eßlöffel der heißen Vanillemilch unter die Eier rühren. Nach und nach die übrige Milch einfließen lassen und mit dem Schneebesen kräftig unterschlagen.

5 Die Eiermischung in die vorbereiteten Förmchen gießen. Die Förmchen ins Wasserbad stellen, die Creme im Backofen (Gas Stufe 4) etwa

Panna cotta

Klassiker aus Italien

40 Min. garen, bis sie fest geworden ist. Die Förmchen herausnehmen und etwas abkühlen lassen. Danach im Kühlschrank mindestens 4 Std. sehr gut durchkühlen lassen (besser über Nacht).

6 Zum Servieren die Förmchen kurz in heißes Wasser tauchen, die Creme am Rand mit einem Messer lösen und auf Dessertteller stürzen.

◆ Garnier-Tip

Karamelsauce als dünnen Spiegel auf die Dessertteller gießen, die Creme stürzen und vorsichtig darauf setzen. Ringsum mit fein gesponnenen Zuckerfäden dekorieren. (Die genaue Beschreibung dafür finden Sie bei der Apfel-Karamel-Tarte auf Seite 245).

Zutaten für 4–6 Portionen:

500 g Sahne
50 g Zucker
1 Vanilleschote
2 Blatt weiße Gelatine
400 g eingelegte Sauerkirschen (aus dem Glas)
2 cl Marsala oder Amaretto (italienische Likörweine; oder Kirschsaft aus dem Glas)

Bei 6 Portionen pro Portion: 1500 kJ / 360 kcal

Zubereitungszeit:
etwa 20 Min. (+ 4 Std. Kühlzeit)

1 Die Sahne mit dem Zucker in einen Topf geben und langsam erhitzen. Die Vanilleschote aufschlitzen, das Mark herauskratzen und mit der Schote zur Sahne geben. Etwa 10 Min. sanft köcheln lassen. Die Gelatineblätter in kaltem Wasser einweichen.

2 Den Topf vom Herd nehmen, etwas abkühlen lassen. Die Vanilleschote herausnehmen, die Gelatineblätter tropfnaß in die Sahne geben und unter Rühren auflösen.

3 Die Mischung in kleine, kalt ausgespülte Förmchen verteilen. Im Kühlschrank etwa 4 Std. gut durchkühlen und fest werden lassen.

4 Kurz vorm Servieren die Sauerkirschen entweder mit dem Likörwein oder mit etwas Kirschsaft aus dem Glas pürieren. Die Sahnecreme auf Dessertteller stürzen, mit der Kirschsauce umgießen. Eventuell zusätzlich mit ganzen Kirschen garnieren.

◆ Vanilleschoten

Ein tropisches Lianengewächs aus der Orchideenfamilie liefert ein Gewürz, das in unseren Breiten zu den absoluten Favoriten zählt. Nicht nur die Weihnachtsbäckerei zehrt reichlich von den schotenförmigen Kapselfrüchten, Vanille ist als duftige Note auch unentbehrlich für zarte Desserts aus Milch und Sahne. Luftdicht in Glasröhrchen verschlossen halten sich die getrockneten und fermentierten Schotenfrüchte bestens im Vorrat. Zum Gebrauch werden sie aufgeschlitzt und ihres intensiv schmeckenden Marks beraubt. Die ausgekratzten Schoten können Sie dann entweder zusammen mit dem Mark in heißer Milch ausköcheln oder als Aromaspender in feinem Zucker einlegen.

◆ Tip

Übrigens: Neben dem aromatisierten Vanillinzucker gibt es inzwischen auch echten Vanillezucker fertig abgepackt in kleinen Tütchen zu kaufen.

Zitronengelee mit Feigen

Für Gäste

Zutaten für 4 Portionen:

6 Blatt oder 1 Päckchen gemahlene weiße Gelatine
3 Zitronen (1 davon unbehandelt)
⅛ l trockener Weißwein (oder Wasser)
3 EL Zucker
4 frische Feigen
1 Päckchen Vanillezucker
4 EL weißer Portwein nach Belieben

Pro Portion: 600 kJ / 140 kcal

Zubereitungszeit:
etwa 20 Min.
(+ 3–4 Std. Gelierzeit)

1 Die Gelatine 5–10 Min. in kaltem Wasser einweichen. Die unbehandelte Zitrone heiß abwaschen, etwas Schale dünn abschneiden und fürs Garnieren beiseite legen.

2 Die Zitronen auspressen, den Saft durch ein feines Sieb passieren. Mit Wein und Wasser (oder nur mit Wasser) auf knapp ½ l auffüllen. In einen Topf umgießen, den Zucker einrühren. Unter Rühren erhitzen, vom Herd nehmen. Die Gelatineblätter leicht ausdrücken und im Sud auflösen.

3 Den Zitronensirup in vier Dessertgläser gießen, im Kühlschrank erstarren lassen.

4 Die Feigen waschen und vierteln. Mit dem Vanillezucker bestreuen, eventuell mit dem Portwein beträufeln. Zugedeckt im Kühlschrank durchziehen lassen. Zum Servieren auf dem Gelee arrangieren. Die Zitronenschale in feine Streifchen schneiden, aufstreuen.

◆ Tip

Zu diesem erfrischenden Dessert passen viele Früchte als Beilage. Allerdings sollten sie nicht zu sauer sein, sondern durch ihr Aroma die feine Säure des Zitronengelees mildern.

Kirsch-Kiwi-Kaltschale

Gelingt leicht

Zutaten für 4 Portionen:

500 g frische Sauerkirschen
½ l naturtrüber Apfelsaft
1 Zimtstange
20 g Speisestärke
einige Blätter Zitronenmelisse (oder etwas unbehandelte Zitronenschale)
2–3 EL Zucker
3 Kiwis
50 g Amaretti (italienische Mandelmakrönchen)

Pro Portion: 1100 kJ/ 260 kcal

Zubereitungszeit:
etwa 30 Min.
(+ 2–3 Std. Kühlzeit)

1 Die Kirschen waschen, von den Stielen zupfen und entsteinen.

2 Die Kirschsteine mit ganz wenig Wasser in einen kleinen Topf geben und etwa 10 Min. auskochen. Anschließend abtropfen lassen, den Sud auffangen.

3 Die Kirschen zusammen mit dem Sud, dem Apfelsaft und der Zimtstange in einen breiten Topf geben, aufkochen.

4 Die Speisestärke mit wenig Wasser glattrühren und zu den Kirschen gießen. Verrühren und kurz durchkochen, bis die Stärke bindet.

5 Die Zitronenmelisse in feine Streifen schneiden und unter die Kirschen mischen. Mit Zucker nach Geschmack süßen, in den Kühlschrank stellen.

6 Zum Servieren die Kaltschale durchrühren, die Zimtstange entfernen. Die Kiwis schälen, halbieren und in Scheiben schneiden, auf der Kaltschale anrichten. Die Amaretti fein zerbröseln und aufstreuen.

Joghurt-Flan mit Erdbeeren

Gut vorzubereiten

◆ **Tip**

Saure Früchte und solche mit harter Schale oder festem Fruchtfleisch müssen stets kurze Zeit im Sud mitkochen, zartes Obst wie Kiwis oder Himbeeren kommen in den bereits angedickten Fruchtsaft.

◆ **Variante**

Kaltschalen kann man auch mit Sago andicken. Die Stärkekörnchen werden zuerst mit dem Fruchtsaft etwa 10 Min. gekocht, bevor die Kirschen dazukommen. Sie brauchen etwa 15 Min., damit sie richtig binden. Auf 1/2 l Flüssigkeit gibt man bei einer Kaltschale etwa 80 g Sago.

Zutaten für 4 Portionen:

6 Blatt oder 1 Tütchen gemahlene weiße Gelatine
1/2 unbehandelte Orange
4–6 frische Minzeblättchen
450 g Vollmilch-Joghurt (3,5%)
4 EL Sahne (oder Milch)
1 Päckchen Vanillezucker
1 EL Zucker
500 g kleine Erdbeeren
1 EL Puderzucker zum Bestäuben

Pro Portion: 840 kJ / 200 kcal

Zubereitungszeit:
etwa 20 Min.
(+ 3–4 Std. Gelierzeit)

1 Die Gelatine 5–10 Min. in kaltem Wasser quellen lassen. Die halbe Orange heiß abwaschen. Die Schale fein abreiben, den Saft auspressen. Die Minzeblättchen in feine Streifen schneiden.

2 Die Orangenschale, den Orangensaft, die Minze, den Joghurt und die Sahne kräftig verquirlen, mit dem Vanillezucker und dem Zucker süßen. Die Gelatine bei milder Hitze auflösen und mit dem Joghurt verrühren.

3 Die Erdbeeren waschen und putzen. Einige kleine Früchte längs halbieren. Mit den Schnittflächen nach außen an den Rand von 4 Timbalförmchen oder Tassen stellen. Den Joghurt vorsichtig in die Förmchen löffeln, kaltstellen.

4 Zum Servieren die Förmchen kurz in warmes Wasser stellen, den Joghurt auf Teller stürzen. Ganz leicht mit Puderzucker bestäuben. Die übrigen Erdbeeren in Scheiben schneiden und dazu anrichten.

◆ **Gelatine**

Sie können zwischen Blättern und Pulver wählen. Blätter werden in reichlich kaltem Wasser eingeweicht, gemahlene Gelatine wird mit etwas kaltem Wasser verrührt. Danach kommt beides direkt in die vorbereitete, nicht zu heiße Flüssigkeit oder Creme (Gelatine darf nicht kochen!).

◆ **Wichtig**

Gelatine wird aus tierischem Eiweiß gewonnen und reagiert sehr empfindlich, wenn sie mit eiweißspaltenden Enzymen in Berührung kommt. Der Effekt: die Gelatine verflüssigt sich, die Creme wird nicht fest. Achten Sie auf exotische Früchte im Dessert: Kiwi, Ananas und auch andere Sorten enthalten solche Enzyme und müssen vorm Verwenden kurz erhitzt werden.

Mousse au chocolat

Klassisches auf leichte Art

Zutaten für 8 Portionen:

je 150 g Edelbitter-Schokolade und Vollmilch-Schokolade
1 Täßchen starker Espresso (oder 2 cl Rum oder Cognac)
5 Eier
2 EL Vanillezucker
125 g Sahne (gut gekühlt)
50 g Zucker
Kakaopulver, Puderzucker und weiße Schokoladenraspel zum Garnieren

Pro Portion: 1300 kJ / 310 kcal

Zubereitungszeit:
etwa 30 Min.
(+ 3–12 Std. Kühlzeit)

◆ Das Original

Ein Klassiker mit Traumnoten ist der üppige Schokoladenschaum aus Frankreich – seit fast 200 Jahren steht er auf der Hitliste, inzwischen bei Feinschmeckern aus aller Welt. Die einen mögen's zartbitter, leicht und luftig , andere lieben grade die schweren und massigen Varianten. In einigen Rezepten wird frische Butter zusammen mit der Schokolade geschmolzen, in anderen auf die geschlagene Sahne verzichtet. Dunkle, kräftig herbe Kuvertüre konkurriert mit süßer Vollmilch-Schokolade. Und auch die »weiße Mousse« hat längst ihre Anhänger gefunden. Apropos: Unsere Wahl fiel eindeutig auf ein elegantes Leichtgewicht, mit viel Luft zum Löffeln!

1 Die beiden Schokoladensorten in kleine Riegel brechen, grob hacken oder mahlen. Mit dem Espresso oder dem Alkohol in eine Wasserbadschüssel geben. Einen entsprechend großen Topf zu etwa einem Drittel mit Wasser füllen und erhitzen. Die Wasserbadschüssel hineinsetzen, die Schokolade unter häufigem Rühren schmelzen und im Espresso oder Alkohol auflösen. Danach vom Herd nehmen.

2 Die Eier trennen, die 5 Eigelb mit dem Vanillezucker schaumig schlagen, bis sich die Zuckerkristalle aufgelöst haben.

3 Die gut gekühlte Sahne mit den Quirlen des Handrührgeräts steifschlagen. In einem Schneeschlagkessel die 5 Eiweiß mit dem Zucker zu steifem Schnee schlagen.

4 Die schaumige Eigelbcreme zur leicht abgekühlten Schokolade gießen und mit dem Schneebesen unterrühren.

5 Die geschlagene Sahne auf die Schokomasse setzen, mit dem Schneebesen schnell untermischen, bevor die Masse anzieht.

6 Den Eischnee vorsichtig unterziehen und nicht zu stark rühren, um die luftige Konsistenz optimal zu erhalten. Die Schüssel mit Folie dicht verschließen und im Kühlschrank mindestens 3 Std. abkühlen lassen (am besten über Nacht).

7 Zum Servieren schöne Dessertteller hauchdünn mit Kakaopulver und Puderzucker bestäuben. Große Nocken aus der Mousse abstechen, auf den Tellern dekorativ anrichten, mit weißen Schokoladenraspel garnieren.

Kaffee-Pudding

Für Gäste

Zutaten für 4–6 Portionen:

1 Päckchen Vanille-Puddingpulver zum Kochen
½ l Milch
2 EL Zucker
2–3 EL lösliches Kaffeepulver
eventuell 1–2 EL Kaffeelikör
100 g Mascarpone (italienischer Doppelrahm-Frischkäse)
Schokoladen-Minze-Täfelchen (oder Mokkaböhnchen)

Bei 6 Portionen pro Portion: 770 kJ / 180 kcal

Zubereitungszeit:
etwa 30 Min. (+ 2 Std. Kühlzeit)

1 Den Pudding nach der Packungsbeschreibung mit Milch und Zucker kochen.

2 Die Puddingmasse halbieren. Eine Hälfte mit dem löslichen Kaffeepulver und mit dem Kaffeelikör aromatisieren, der Kaffee soll sich dabei völlig auflösen. Die andere Hälfte mit Mascarpone mischen.

3 Beide Puddingmassen abwechselnd in Gläser schichten, zwischendurch immer wieder kaltstellen, damit die einzelnen Schichten wirklich getrennt bleiben.

4 Den Pudding mit Schokoladen-Minze-Täfelchen oder mit Mokkaböhnchen garnieren.

◆ Puddingpulver

Vom sättigenden, warmen Pudding aus dem Wasserbad ist hier nicht die Rede – sondern vom gut gekühlten, sturzfähigen Dessert, das sich hausgemacht auch Flammeri nennt. Fertige Mischungen aus bunten Tütchen sorgen dafür, daß alles fix fertig ist, kinderleicht gelingt und auch die Vielfalt nicht zu kurz kommt. Im Pulver steckt hauptsächlich Stärke – mit Milch, Saft oder Früchten werden Frische und Aroma beigesteuert.

Vanille-Mohn-Pudding

Gelingt leicht

Zutaten für 4–6 Portionen:

1 Päckchen Vanille-Puddingpulver zum Kochen
400 ml Milch
2 EL Zucker
60 g Mohn
500 g frische, feste Aprikosen
3 EL Apfeldicksaft
3 EL Mandel- oder Aprikosenlikör nach Belieben
1 EL Puderzucker

Bei 6 Portionen pro Portion: 930 kJ / 220 kcal

Zubereitungszeit:
etwa 30 Min. (+ 2 Std. Kühlzeit)

1 Den Pudding nach der Packungsbeschreibung, jedoch nur mit etwa 400 ml Milch und dem Zucker kochen.

2 Den Mohn fein mahlen. Etwa 1 EL davon beiseite nehmen, den Rest unter den Pudding rühren. In eine Schüssel füllen und erkalten lassen.

3 Inzwischen die Aprikosen waschen. Vierteln und dabei entsteinen.

4 Den Apfeldicksaft und 3 EL Wasser in einem Topf aufkochen. Die Aprikosenspalten hineingeben, zugedeckt knapp 5 Min. bei milder Hitze dünsten. Vom Herd ziehen, nach Belieben mit dem Likör aromatisieren. Im Kühlschrank durchziehen lassen.

5 Den Vanille-Mohn-Pudding mit Eßlöffeln in großen Nocken aus der Schüssel nehmen, die Eßlöffel zwischendurch in heißes Wasser tauchen. Die Nocken zusammen mit dem Aprikosenkompott auf Desserttellern anrichten.

6 Den übrigen gemahlenen Mohn mit dem Puderzucker vermischen und ganz leicht über das Dessert streuen.

Schwarzwälder Vanillepudding

Gut vorzubereiten

◆ Mohn

sollten Sie immer ungemahlen kaufen – im gemahlenen Zustand wird er wegen seines hohen Fettgehaltes schnell ranzig. Die Körnchen bekommen Sie zu Hause in der elektrischen Kaffeemühle problemlos pulvrig. Bei den Backzutaten im Handel finden Sie neben den ganzen Mohnkörnern eine backfertige Mohnfüllung. In den Packungen ist neben Mohn auch Zucker enthalten. Wenn Sie diese Backfüllung für den Pudding verwenden, sollten Sie den Vanillepudding also nicht noch zusätzlich süßen.

◆ Variante

Statt der Aprikosen passen zum Mohn-Pudding auch andere säuerliche Früchte wie Äpfel oder Birnen, die es ja rund ums Jahr gibt. Sie werden geschält, in Spalten geschnitten, mit etwas Zitronensaft beträufelt und ebenfalls kurz gedünstet.

Zutaten für 6–8 Portionen:

500 g frische Sauerkischen
2 Päckchen Vanillezucker
eventuell 3–4 EL Kirschwasser
1 Päckchen Vanille-Pudding-pulver zum Kochen
½ l Milch
2 EL Zucker
150 g Pumpernickel
2 EL Butter
30 g Raspel-Schokolade (oder Schokoladen-Röllchen)

Bei 8 Portionen pro Portion: 900 kJ / 210 kcal

Zubereitungszeit:
etwa 40 Min. (+ 2 Std. Kühlzeit)

1 Die Kirschen waschen, entstielen und entsteinen. Die Steine mit wenig Wasser in einem kleinen Topf etwa 5 Min. auskochen, abtropfen lassen.

2 Den abgetropften Sud, die Kirschen und den Vanillezucker in einem breiten Topf vorsichtig verrühren, langsam zum Kochen bringen und knapp 5 Min. dünsten. Vom Herd ziehen und nach Belieben mit dem Kirschwasser aromatisieren. Abkühlen lassen.

3 Den Pudding nach der Packungsbeschreibung mit Milch und Zucker kochen.

4 Das Pumpernickel klein zerbröckeln. Butter in einer Pfanne zerlassen und die Brösel darin unter Rühren rösten.

5 Die Kirschen abtropfen lassen, je einige Kirschen in sechs oder acht Dessertgläser geben.

6 Etwas Vanillepudding daraufgeben, dann gut die Hälfte des Pumpernickels einschichten. Mit etwas Kirschsaft beträufeln.

7 Die restlichen Kirschen, den Pudding und die Pumpernickelbrösel abwechselnd einschichten, einige schöne Kirschen zurückbehalten. Im Kühlschrank fest werden lassen.

8 Mit Kirschen und Raspel-Schokolade oder Schokoladen-Röllchen dekorieren.

◆ Einkaufs-Tip

Frische Sauerkirschen gibt es nur wenige Wochen im Jahr zu kaufen. Außerhalb der Saison können Sie aber unbesorgt auf Kirschen aus dem Glas zurückgreifen – sie sind meist von guter Qualität. Bei der Zubereitung des Desserts die Kirschen nur abtropfen lassen und eventuell mit Kirschwasser beträufeln.

◆ Variante

Wenn es ganz schnell gehen soll: Kirschen aus dem Glas und Creme-Pulver mit Vanillegeschmack verwenden, das mit kalter Milch angerührt wird.

Müsli-Ahornsirup-Parfait

Ungewöhnliches aus dem Vorrat

Zutaten für 6 Portionen:

20 g Butter
80 g ungesüßte, grobe Müslimischung
4 Eigelb
60 g Ahornsirup (etwa 4 EL)
250 g Sahne
Zitronenmelisse zum Garnieren

Pro Portion: 1000 kJ / 240 kcal

Zubereitungszeit:
etwa 30 Min.
(+ 3–4 Std. Gefrierzeit)

1 Die Butter in einer Pfanne zerlassen. Das Müsli darin unter Rühren einige Minuten rösten. Vom Herd ziehen.

2 Die 4 Eigelb mit 4 EL Wasser und dem Ahornsirup im warmen Wasserbad dickschaumig aufschlagen. In ein kaltes Wasserbad stellen und die Creme kaltschlagen.

3 Den größten Teil der gerösteten Müslimischung unter die Eiercreme rühren. Die Sahne steifschlagen und unterheben. In eine gefrierbeständige Schüssel umfüllen, zugedeckt in das Tiefkühlgerät stellen und 3–4 Std. gefrieren lassen.

4 Das Parfait etwa 15 Min. vor dem Servieren aus dem Tiefkühlgerät nehmen. Zu Kugeln formen, mit der übrigen Müslimischung bestreuen. Mit Zitronenmelisse garnieren.

◆ Parfaits

lassen sich ausgezeichnet ohne spezielle Geräte zubereiten. Sie enthalten stets Eigelbe und geschlagene Sahne. Das darin enthaltene Fett verhindert, daß die Masse während des Gefrierens kristallisiert. Fettärmere Zutaten hingegen würden unangenehm harte Eiskristalle bilden. Damit das nicht passiert, müssen sie ständig gerührt werden – und dafür ist eine elektrische Eismaschine nötig.

Rote Grütze

Gut vorzubereiten

Zutaten für 8 Portionen:

Für die Grütze:
500 g rote Johannisbeeren
125 g Sauerkirschen
125 g Himbeeren
250 g Erdbeeren
200 ml Johannisbeer- oder Sauerkirschnektar
2–4 EL Zucker
1 Zimtstange
30 g Speisestärke
1/8 l milder, trockener Rotwein (ersatzweise noch 1/8 l Fruchtsaft verwenden)

Für die Sauce:
2 Vanilleschoten
3/4 l Milch
2 EL Zucker
20 g Speisestärke
2 Eigelb
100 g Sahne

Pro Portion: 460 kJ / 110 kcal

Zubereitungszeit:
etwa 45 Min.
(+ 3–4 Std. Kühlzeit)

1 Die Johannisbeeren waschen, mit einer Gabel von den Rispen streifen. Die Kirschen waschen und entsteinen. Die Himbeeren verlesen, die Erdbeeren waschen, putzen und vierteln.

2 Den Fruchtnektar, 2 EL Zucker und die Zimtstange in einem großen Topf aufkochen. Die Johannisbeeren und die Kirschen hineingeben, 2–3 Min. mitköcheln.

3 Die Speisestärke mit dem Rotwein oder Saft anrühren. In den Topf gießen und unter Rühren kochen lassen, bis die Stärke bindet. Erst dann die Himbeeren und die Erdbeeren untermischen. Mit Zucker abschmecken, kaltstellen.

4 Für die Sauce die Vanilleschoten längs aufschlitzen und das Mark herauskratzen. Das Mark, die Schoten, die Milch und den Zucker in einem

Pfirsich-Ingwer-Sorbet

Raffiniert · Für Gäste

Topf zum Kochen bringen. Die Speisestärke mit etwas Wasser glattrühren, zur Milch gießen und kurz durchkochen, dann vom Herd ziehen.

5 Die 2 Eigelb mit der Sahne verquirlen, zur Vanillesauce gießen. Nicht mehr kochen lassen. Die Sauce kalt stellen.

6 Die Zimtstange und die Vanilleschoten entfernen, Die Grütze und die Sauce gut gekühlt servieren.

◆ Varianten

Rote Grütze ist überall in Norddeutschland und Dänemark beliebt, entsprechend viele »echte« Rezepte gibt es. Statt Vanillesauce wird oft Sahne serviert, ebenso gut schmeckt cremiges Vanilleeis. Tip für den Winter: Eine Mischung aus tiefgefrorenen und eingelegten Früchten nehmen. Mit Zucker sparsam umgehen, eingelegtes Obst ist bereits gesüßt.

Zutaten für 4–6 Portionen:

1 walnußgroßes Stück frischer Ingwer (etwa 30 g)
4 frische Pfirsiche (etwa 300 g)
100 g Zucker
1 Eiweiß
50 g Mokkaschokolade
2 EL Sahne

Bei 6 Portionen pro Portion: 600 kJ / 140 kcal

Zubereitungszeit:
etwa 30 Min.
(+ 3–4 Std. Gefrierzeit)

1 Den Ingwer schälen und fein hacken. Die Pfirsiche waschen und in Spalten schneiden, dabei entsteinen.

2 Den Ingwer, den Zucker und 3 EL Wasser zusammen mit dem Pfirsichfruchtfleisch in einem Topf unter Rühren zum Kochen bringen. Zugedeckt etwa 5 Min. dünsten. Durch ein feines Sieb passieren, das Püree abkühlen lassen.

3 Das Eiweiß zu steifem Schnee schlagen und unter das Pfirsichpüree heben. In eine große Metallschüssel umfüllen und in das Tiefkühlgerät stellen.

4 Etwa 3 Std. gefrieren lassen, zwischendurch immer wieder mit dem Rührbesen kräftig durchschlagen, damit sich keine großen Eiskristalle bilden.

5 Die Schokolade hacken und mit der Sahne in einen kleinen Topf geben, bei schwacher Hitze schmelzen lassen.

6 Das Pfirsichsorbet mit dem Pürierstab durchrühren. In einen Spritzbeutel mit Sterntülle umfüllen, in vier Dessertgläser verteilen, die Schokolade in feinen Linien darüber träufeln.

◆ Sorbets

entstehen immer aus Zuckersirup. Der kann mit Fruchtpüree, Wein oder Sekt, aber auch mit Kaffee, Tee oder Kräutern aromatisiert werden. In jedem Fall muß die Masse während des Gefrierens zwei- oder dreimal gründlich durchgerührt werden. Sonst bilden sich harte Eiskristalle, und das Sorbet wird nicht gleichmäßig cremig (siehe auch Seite 31).

◆ Mikrowellen-Tip

Das Pfirsichpüree gelingt in der Mikrowelle besonders gut. Die oben beschriebenen Zutaten in eine Schüssel geben und zugedeckt bei voller Leistung etwa 5 Min. garen. Auch bei der Schokoladensauce hilft die schnelle Welle: Die Schokolade fein hacken, mit der Sahne zugedeckt bei voller Leistung ½ Min. erhitzen. Durchrühren, nochmals ½ Min. erhitzen.

Orangen-Crêpes

Braucht etwas Zeit

Zutaten für 4 Portionen:

50 g Butter
2 Eier
150 ml Milch
1 Prise Salz
1 EL Zucker
100 g Mehl
3 Orangen (1 davon unbehandelt)
1 EL Vanillezucker
eventuell 2 cl Orangenlikör (zum Beispiel Grand Marnier)
50 g Butterschmalz
1 EL Pinienkerne
Puderzucker

Pro Portion: 1800 kJ / 430 kcal

Zubereitungszeit:
etwa 1 Std.

1 Für den Teig knapp 50 g Butter (1 TL zurückbehalten) in einem Töpfchen schmelzen und danach etwas abkühlen, aber nicht wieder fest werden lassen. Die Eier mit der Milch verquirlen, mit 1 Prise Salz und 1 EL Zucker würzen. Das Mehl löffelweise untermischen, alles zu einem glatten Teig rühren.

2 ½ Orange auspressen, den Saft unter die abgekühlte, aber noch flüssige Butter rühren. Unter den Teig mischen, alles schön glattrühren. Den Teig im Kühlschrank etwa 30 Min. ruhen lassen.

3 Inzwischen die restliche Orangenhälfte auspressen. Die unbehandelte Orange heiß waschen, die Schale in feinen Streifen ablösen (Fadenschneider oder Sparschäler). Diese und die dritte Orange dick abschälen und dabei auch die weiße Haut entfernen. Die einzelnen Filets mit einem Messer zwischen den Trennwänden auslösen, den abtropfenden Saft auffangen und mit dem anderen Saft mischen.

4 In einem Töpfchen 1 TL Butter schmelzen. Den Vanillezucker einrühren, bei milder Hitze leicht anbräunen. Mit dem Orangensaft und dem Orangenlikör ablöschen, bei milder Hitze sirupartig einköcheln lassen.

5 Den Backofen auf niedrigster Stufe vorheizen. Den Crêpe-Teig aus dem Kühlschrank nehmen. Zwei Pfannen bereitstellen, sanft erhitzen und mit Butterschmalz ausstreichen. Eine davon wieder vom Herd nehmen und abkühlen lassen, in die Mitte der zweiten einen kleinen Schöpflöffel voll Teig geben. Mit einer kreisförmigen Drehung gleichmäßig auf dem Pfannenboden verteilen, etwa 1 Min. bei mittlerer Hitze backen. Zum Wenden den Teigrand vorsichtig und sehr rasch mit den Fingerspitzen lüften und die Crêpe schwungvoll umdrehen. Wer sich diese Blitzaktion nicht gleich zutraut, kann auch einen flachen Spachtel zu Hilfe nehmen. Die Crêpe in 1–2 Min. fertigbacken. Auf eine feuerfeste Platte geben und im Backofen (Gas Stufe 1) warmhalten.

6 Abwechselnd mit den beiden Pfannen arbeiten und nacheinander in frischem heißem Butterschmalz etwa 8 hauchdünne Crêpes backen. Die nicht benötigte Pfanne immer wieder leicht abkühlen lassen. Die Crêpes im Ofen warmhalten, bis alle fertig sind. Zum Schluß in einer der Pfannen die Pinienkerne anrösten.

7 Die Sirupsauce nochmals erhitzen, die Orangenfilets hineinlegen und leicht erwärmen. Je 2 fertige Crêpes gefaltet auf einen Dessertteller legen, mit den Orangenfilets garnieren und den Sirup aufträufeln. Dünn mit Puderzucker bestäuben, die feinen Streifen der Orangenschale und die Pinienkerne darüber streuen und unverzüglich servieren.

Mascarpone-Schmarrn mit Mangopüree

Auch als süßes Hauptgericht geeignet

◆ Tip

Am elegantesten läßt sich die Orangenschale mit einem sogenannten Fadenschneider ablösen. Sie können statt dessen aber auch einen Sparschäler verwenden und die abgelösten Streifen anschließend mit einem scharfen Messer noch feiner schneiden.

◆ Das Original

Beim Originalrezept »Crêpe Suzette« werden die gebackenen Pfannküchlein in die Orangensauce eingelegt, etwas erwärmt, dann mit Cognac übergossen und in der Pfanne flambiert. (Bitte sehr vorsichtig hantieren und auf die Flamme achten!)

Zutaten für 6 Portionen:

1 reife Mango (etwa 500 g)
etwa 50 g Zucker
½ unbehandelte Zitrone
4 Eier
1 Prise Salz
3–4 EL Milch
100 g Mehl
250 g Mascarpone (italienischer Doppelrahm-Frischkäse)
2–3 EL Butter
Muskatnuß, frisch gerieben
Puderzucker zum Bestäuben

Pro Portion: 1500 kJ / 360 kcal

Zubereitungszeit:
etwa 40 Min.

1 Für das Püree die Mango schälen und das Fruchtfleisch seitlich am Stein entlang in Spalten abschneiden. Das restliche, am Stein festsitzende Fruchtfleisch so gut wie möglich ablösen und abschaben. Das Mangofleisch im Mixer oder mit dem Pürierstab pürieren, mit 1 TL Zucker und 2–3 EL Zitronensaft würzen (vorher die Schale der Zitrone abreiben und für den Teig bereithalten). Das Mangopüree in den Kühlschrank stellen.

2 Für den Teig 2 ganze Eier mit 2 Eigelb verquirlen. 1 Prise Salz, den restlichen Zucker und die abgeriebene Zitronenschale untermischen, nach und nach Milch, Mehl und Mascarpone unterrühren. Die 2 Eiweiß zu steifem Schnee schlagen und nur ganz locker unter die Masse ziehen. Den Backofen auf niedrigster Stufe vorheizen.

3 In einer großen Pfanne die Butter zerlassen. Den Teig einfüllen und glattstreichen. Bei mittlerer Hitze die untere Seite zart anbacken, danach den Teig mit Hilfe von zwei Gabeln kreuz und quer in kleine Stückchen zerreißen. Mit einem Pfannenwender die Teigstückchen immer wieder in der Pfanne wenden, bis sie rundum knusprig gebacken sind. Mit einem Hauch Muskat würzen, den Schmarrn kurz in den Backofen (Gas Stufe 1) stellen und ausdampfen lassen. Mit Puderzucker bestäuben und das kühle Mangopüree dazu servieren.

◆ Das Original

aus Österreich, der »Kaiserschmarrn«, wird normalerweise mit Rosinen und gemahlenen Mandeln verfeinert, die Variante mit Mascarpone schmeckt noch frischer und saftiger.

◆ Einkaufs-Tip

Mangos mit grünlich-brauner Schale schmecken meist milder und süßer als die rötlichen Sorten. Interessant für die Zubereitung: Der manchmal etwas strenge, harzige Geschmack der Mango wird abgeschwächt, wenn Sie die Frucht gut gekühlt servieren.

Pflaumen-Clafoutis

Gelingt leicht

Zutaten für 6–8 Portionen:

3 Eier
80 g Zucker
1 Prise Salz
100 g Mehl
50 g gemahlene Mandeln
knapp 200 ml Milch
250 g Pflaumen
1 Päckchen Vanillezucker
2 EL Kirschwasser oder Orangensaft
500 g vollreife Kirschen
1 EL weiche Butter
1 EL Puderzucker
½ TL Zimtpulver

Bei 8 Portionen pro Portion:
930 kJ / 220 kcal

Zubereitungszeit:
etwa 1 Std. 25 Min.

1 Für den Teig die Eier mit dem Zucker schaumig rühren, mit 1 Prise Salz würzen. Nach und nach Mehl, Mandeln und Milch untermischen und gründlich verrühren. Etwa 30 Min. kaltstellen.

2 Inzwischen die Pflaumen waschen, entsteinen und vierteln. Mit Vanillezucker bestreuen, mit Kirschwasser oder Orangensaft beträufeln und durchziehen lassen. Den Backofen auf 200° vorheizen.

3 Die Kirschen waschen, gut abtropfen lassen. Eventuell entsteinen (im traditionellen französischen Rezept gehören die Kirschsteine mit dazu!). Die Kirschen unter die Pflaumen mischen.

4 Eine flache Auflaufform mit der Butter ausstreichen. Den Teig einfüllen und glattstreichen. Das Obst darauf verteilen. Im Backofen (Gas Stufe 3) auf mittlerer Schiene etwa 40 Min. backen. Puderzucker mit Zimtpulver mischen und fein darüber sieben.

◆ Servier-Tip

Den warmen Pflaumenkuchen mit Vanille-Eis anrichten.

Apfel-Karamel-Tarte

Für Gäste

Zutaten für 6–8 Portionen:

Für den Mürbeteig:
200 g Mehl + Mehl zum Ausrollen
100 g kalte Butter
50 g Puderzucker
1 Prise Salz
1 Ei

Für den Belag:
knapp 1 kg säuerliche Äpfel (Boskoop, Gravensteiner)
1 Zitrone
1 El Butter
100 g Zucker
2 cl Apfelsaft
1 TL Puderzucker

Bei 8 Portionen pro Portion:
1400 kJ / 330 kcal

Zubereitungszeit:
etwa 1 Std. 20 Min.

1 Für den Teig das Mehl auf eine kühle Arbeitsplatte geben, eine Mulde formen. Die Butter in kleinen Stückchen in die Mitte geben, den Puderzucker und das Salz darüber streuen. Das Ei verquirlen, ebenfalls in die Mitte geben und alles so rasch wie möglich mit kühlen Händen zu einem Teig kneten. Den Teig zu einer Kugel formen, in Frischhaltefolie wickeln und im Kühlschrank etwa 30 Min. ruhen lassen.

2 Den Backofen auf 225° vorheizen. Für den Belag die Äpfel schälen, vierteln und die Kerngehäuse entfernen. Die Apfelviertel in schmale Spalten schneiden und mit Zitronensaft beträufeln.

3 Den Teig auf leicht bemehlter Fläche dünn ausrollen. Eine Tarteform (Obstkuchenform) damit auskleiden, den Teig mit einer Gabel mehrmals einstechen. Die Apfelspalten dachziegelartig auf dem Teigboden verteilen. Mit der Butter in Flöckchen belegen und im Backofen (Gas Stufe 4) auf mittlerer Schiene etwa 20 Min. backen.

4 Inzwischen den Zucker in einer Pfanne bei milder Hitze schmelzen lassen, bis er zart gebräunt ist. Den Apfelsaft angießen, unter Rühren eine karamelartige Sauce köcheln.

5 Den Kuchen aus dem Backofen nehmen, die Temperatur auf 250° (Gas Stufe 5) erhöhen. Die Tarte mit der Karamelsauce begießen und nochmals für etwa 8 Min. in den Ofen stellen. Dann ganz fein mit Puderzucker bestäuben und noch warm servieren.

◆ Garnier-Tip

Besonders attraktiv und verführerisch wirkt dieses Dessert mit einem Dekor aus fein gesponnenen Zuckerfäden. Falls Sie Gäste erwarten, sollten Sie die Zubereitung vorher schon mal geübt haben – und dann im Ernstfall die Fäden erst unmittelbar vorm Servieren ganz frisch zubereiten.

Lösen Sie für den Sirup etwa 200 g Zucker in 50 ml Wasser bei milder Hitze auf. Diese Mischung nun langsam zum Kochen bringen, mit einem feuchten Backpinsel immer wieder alle Zuckerkristalle von den Topfwänden wischen. Wenn sich der Sirup bräunlich färbt, ab und zu als Härteprobe einen Tropfen davon in kaltes Wasser fallen lassen. Die Sirup-Konsistenz ist perfekt, wenn dieser Tropfen sofort hart wird. Nun den Topf mit dem Sirup in kaltes Wasser stellen. Die Zinken einer Gabel hineintauchen, wieder hochziehen, mehrmals drehen und wenden, bis sich ein feines Gespinst aus Zuckerfäden gebildet hat. Dies erfordert etwas Fingerspitzengefühl und gelingt erst dann, wenn der Sirup genau die richtige Temperatur erreicht hat. Die Fäden auf dem Kuchen verteilen und das Kunstwerk möglichst bald servieren.

Mandelsoufflé

Aus dem Vorrat

Zutaten für 8 Portionen:

2 EL weiche Butter
3 EL Zucker
4 Eier
2 EL Honig
250 g Sahne
150 g Vollmilch-Joghurt (3,5%)
150 g Aprikosenkonfitüre
100 g gemahlene Mandeln
1 Prise Salz
1 EL Vanillezucker
1 EL Mandelblättchen

Pro Portion: 1400 kJ / 330 kcal

Zubereitungszeit:
etwa 1 Std. 10 Min.

1 Den Backofen auf 150° vorheizen. Acht kleine Portionsförmchen (Inhalt je etwa 100 ml) mit der weichen Butter ausstreichen und die gefetteten Flächen gleichmäßig dünn mit etwa 1 EL Zucker bestreuen.

2 Die Eier trennen. Eigelb mit dem Honig und etwa 2 EL flüssiger Sahne schaumig rühren. Den Joghurt, die Aprikosenkonfitüre und die gemahlenen Mandeln gründlich untermischen.

3 Eiweiß mit 1 Prise Salz zu steifem Schnee schlagen, dabei die restlichen 2 EL Zucker einstreuen. Den Eischnee auf die Creme setzen und locker unterheben. Die vorbereiteten Förmchen zu etwa drei Viertel mit der Masse füllen. Auf unterer Schiene in den Backofen schieben (Gas Stufe 1) und etwa 30 Min. garen.

4 Die restliche Sahne mit dem Vanillezucker halbsteif schlagen. Fertige Soufflés aus den Förmchen lösen und auf Dessertteller stellen. Die Mandelblättchen in einer heißen Pfanne ohne Fett kurz anrösten. Die Soufflés mit der Sahne und den gerösteten Mandelblättchen garnieren.

Blätterteigschnitten mit Birnensahne

Etwas aufwendiger

Zutaten für 8 Portionen:

4 Blatt weiße Gelatine
500 g saftige Birnen
1–2 EL Zitronensaft
1 EL Honig
3/8 l Sahne (375 g)
6 Platten tiefgekühlter Blätterteig
Mehl zum Ausrollen
250 g rote Johannisbeeren
1 Päckchen Vanillezucker
2 cl Cassislikör (oder schwarzer Johannisbeersaft)
1–2 EL Puderzucker

Pro Portion: 1750 kJ / 420 kcal

Zubereitungszeit:
etwa 1 Std. (+ mindestens 1 Std. Abkühlzeit)

◆ Birnen

mit ihrem dezent süßen Aroma sind vor allem in Frankreich Mittelpunkt zahlreicher beliebter Desserts. Bei der »Birne Hélène« werden feste, geschälte Birnenhälften kurz in Vanillesirup gedünstet, warm mit Vanille-Eis angerichtet und mit heißer Schokoladensauce übergossen. »Rotweinbirnen« aus dem Beaujolais sehen besonders dekorativ aus und schmekken auch als Beilage zu dunklem Fleisch oder Wildgeflügel: Ganze Birnen schälen, den Stiel nicht entfernen. In einem Sud aus Rotwein, etwas Zucker, Zimt, Pfefferkörnern, Orangen- und Zitronenscheiben stehend einige Minuten köcheln. Abkühlen lassen, im Sud servieren.

◆ Mille-feuilles

Ebenfalls in Frankreich ersonnen: ein knusprig-raffiniertes Gebäck aus vielen Schichten dünnem Blätterteig. Die Füllung kann geschlagene Sahne sein oder fruchtige Konfitüre, üppige Vanillecreme – oder auch mal Birnenpüree mit Honig und Johannisbeeren.

◆ Tip

Ein kleiner Trick, wie sich Blätterteigplatten wirklich hauchdünn ausrollen und backen lassen: Den ausgerollten Teig mit wenig flüssiger Butter bestreichen, nochmals zusammenfalten und erneut ausrollen.

1 Die Gelatine in kaltem Wasser einweichen. Eine kleine Birne beiseite legen, die übrigen Birnen schälen, zerkleinern, die Kerngehäuse entfernen. Das Fruchtfleisch mit 1 EL Zitronensaft beträufeln und etwa 5 Min. köcheln, mit dem Honig pürieren.

2 Die Gelatine tropfnaß in ein kleines Töpfchen geben, bei sanfter Hitze auflösen und unter das Birnenpüree rühren. Die Sahne steifschlagen und unterziehen. Abgedeckt in den Kühlschrank stellen und gut durchkühlen lassen. Den Backofen auf 225° vorheizen.

3 Den Blätterteig aus der Packung nehmen und kurz antauen lassen. Jede Platte auf leicht bemehlter Fläche zur doppelten Größe ausrollen und vierteln. Zwei Backbleche kalt abspülen, die Teigplatten darauf legen und mit einer Gabel mehrmals einstechen. Im Backofen (Gas Stufe 4) nacheinander etwa 15 Min. backen, die Teigplatten zwischendurch 2–3mal mit einer Backschaufel flach drücken. Die Blätterteigstücke herausnehmen und abkühlen lassen.

4 Inzwischen die Johannisbeeren waschen, gut abtropfen lassen. Acht Rispen zum Garnieren beiseite legen. Die restlichen Beeren vorsichtig abstreifen, unter die Birnencreme mischen. Nach Belieben mit etwas Vanillezucker süßen.

5 Die Hälfte der Creme auf acht Teigplatten streichen, die nächsten acht Teigplatten daraufsetzen und diese mit der restlichen Creme bestreichen. Die letzten acht Teigplatten obenauf legen.

6 Den Cassislikör mit dem Puderzucker und eventuell 1 EL Zitronensaft glattrühren. Die obersten Blätterteigschichten damit glasieren. Zum Garnieren die übrige Birne gut waschen und abtrocknen (oder schälen). In Viertel schneiden und das Kerngehäuse entfernen. Die Birnenviertel nochmals längs halbieren, dann quer in schmale Scheibchen schneiden. Die Blätterteigschnitten damit belegen, solange der Guß noch etwas feucht ist. Die Beerenrispen im restlichen Vanillezucker wenden und ebenfalls als Garnitur auflegen.

Exoten-Salat mit Sekt-Zabaione

Raffiniert · Für Gäste

Zutaten für 6 Portionen:

3 frische Feigen
12 Kap-Stachelbeeren
150 g Erdbeeren
6 Litschis
3 Kiwis
1 Banane
½ Zitrone (Saft)
1 Karambola
3 Eigelb
3 EL Zucker
⅛ l trockener Sekt
1 EL Pistazienkerne

Pro Portion: 850 kJ / 200 kcal

Zubereitungszeit:
etwa 1 Std.

1 Nacheinander die verschiedenen Obstsorten vorbereiten und dekorativ auf sechs große Teller verteilen: Die Feigen waschen, in Scheiben schneiden (sehr zarte Feigen müssen nicht geschält werden). Die Kap-Stachelbeeren aus den papierdünnen Hüllen pellen, waschen und halbieren.

2 Die Erdbeeren abbrausen, abtropfen lassen und das Grün herauszupfen. 3 Erdbeeren halbieren und beiseite legen. Die Litschis aus ihrer spröden Schale lösen, die weißen Früchte aufschlitzen und entkernen. Statt des Kerns jeweils ½ Erdbeere dekorativ ins Litschi-Fruchtfleisch stekken.

3 Die Kiwis schälen und in Scheiben schneiden. Die Banane schälen, in Scheiben schneiden und mit Zitronensaft beträufeln. Die Karambola waschen, in sternförmige Scheibchen schneiden.

4 Die fertig angerichteten Teller mit Frischhaltefolie abdecken und kühlstellen. Mindestens 15 Min. vorm Servieren aus dem Kühlschrank nehmen, damit die Früchte zimmerwarm sind und ihr Aroma gut entfalten.

5 In einem großen Topf etwa handbreit Wasser zum Kochen bringen. Die 3 Eigelb und den Zucker in eine Wasserbadschüssel geben, mit dem Rührbesen weißschaumig rühren.

6 Die Schüssel nun ins heiße Wasserbad setzen, die Hitze reduzieren. Den Sekt einfließen lassen und dabei ständig mit dem Rührbesen rühren, bis eine feinporige, schaumige Sauce entsteht.

7 Die Pistazienkerne hacken. Die Sekt-Zabaione um die Früchte herum gießen, mit den gehackten Pistazienkernen bestreuen und sofort servieren.

◆ Varianten

Schon immer haben Exoten mitgemischt im Obstsalat, nämlich Bananen, Ananas, Orangen. Und von Jahr zu Jahr wird das Angebot farbenprächtiger, vielfältiger, noch exotischer. Kombiniert werden darf, was gefällt – denn geschmacklich sind kaum Grenzen gesetzt.
Die preiswerte Lösung: Einheimisches Obst als Grundlage wählen und mit Überraschungshäppchen aufpeppen.

◆ Einkaufs-Tip

Wichtig bei den Exoten wie bei allen Früchten: Die Reife muß stimmen. Damit Sie das Aroma optimal auskosten können, sollten alle Früchte am Tag der Zubereitung vollreif, jedoch keinesfalls überreif sein. Hilfreich: Am Duft läßt sich's oft am besten erkennen. Unreife Früchte lassen Sie zu Hause bei Zimmertemperatur nachreifen, reifere Exemplare halten sich im Kühlschrank noch 1–2 Tage bis zur Verarbeitung. Und: Lassen Sie Ihren Obsthändler beim Einkauf ruhig wissen, ob die Feige für heute, morgen oder übermorgen geplant ist.

Espresso-Schaum mit Zimt-Zwetschgen

Gut vorzubereiten

Zutaten für 4 Portionen:

500 g Zwetschgen
4 EL Zucker
1/4 TL Zimtpulver
eventuell 2–4 cl Zwetschgengeist (oder Rum)
1 Baiser
2 Eigelb
2 kleine Täßchen kalter Espresso (etwa 80 ml)
4 Kugeln Zitronensorbet
unbehandelte Zitronenschale zum Dekorieren

Pro Portion: 940 kJ / 220 kcal

Zubereitungszeit:
etwa 30 Min.

1 Die Zwetschgen waschen und gut abtropfen lassen. Die Früchte längs aufschneiden und entsteinen. Das Fruchtfleisch in Viertel schneiden. 2 EL Zucker mit dem Zimtpulver mischen, über die Früchte streuen. Nach Belieben mit Alkohol beträufeln und alles gründlich vermengen. Abgedeckt kühlstellen und durchziehen lassen.

2 Den Baiser in eine Tüte geben, mit der Hand zu feinen Bröseln zerkrümeln.

3 In einem ausreichend großen Topf etwa handbreit Wasser zum Kochen bringen. Eine Wasserbadschüssel bereitstellen. Die 2 Eigelb mit den restlichen 2 EL Zucker in der Schüssel weißschaumig rühren, danach ins heiße Wasserbad stellen und die Hitze etwas reduzieren.

4 Nach und nach den kalten Espresso einfließen lassen und dabei ständig mit dem Rührbesen rühren, bis eine luftige, schaumige Sauce entsteht.

5 Die marinierten Zwetschgen mit dem Zitronensorbet auf vier Dessertteller verteilen. Den Espressoschaum danebengießen und mit den Baiserbröseln bestreuen. Nach Belieben mit feinen Streifen von Zitronenschale dekorieren. Sofort servieren.

◆ Zabaione

Im Wasserbad schaumig aufgeschlagene Creme, die zum feinen Dessert-Repertoire der italienischen Küche gehört. Eigelb und Zucker werden kräftig verquirlt, tropfenweise mit Wein, Sekt, Fruchtsaft, Kaffee, Espresso oder Likör aufgefüllt und mit Hilfe des Rührbesens und indirekter Wärme in einen zarten luftigen Schaum verwandelt. Je nach Flüssigkeitsmenge entsteht daraus eine mehr oder weniger kompakte Speise. Gekühlte, feste »Zabaione-Creme« können Sie servieren, wenn Sie den warmen Schaum zunächst im Eiswürfelbad kaltschlagen, dann üppig Sahne unterziehen und das Dessert zum Auskühlen in den Kühlschrank stellen.

Melonen mit pikanter Joghurtsauce

Gelingt leicht · Auch als Vorspeise geeignet

Zutaten für 4 Portionen:

1 reife Honigmelone (etwa 500 g)
1 Ei
150 g Vollmilch-Joghurt (3,5%)
1 EL Crème fraîche
1 unbehandelte Zitrone
1 Prise Salz
schwarzer Pfeffer aus der Mühle
4 Scheiben luftgetrockneter, roher Schinken

Pro Portion: 760 kJ / 180 kcal

Zubereitungszeit:
etwa 25 Min.

1 Die Honigmelone in schmale Spalten schneiden und schälen, die Kerne entfernen. Jeweils 3–4 Schnitze fächerartig auf vier Teller legen.

2 Das Ei trennen, das Eigelb mit dem Joghurt und der Crème fraîche kräftig verquirlen. Die Zitrone heiß abwaschen und trocknen, die Schale fein abreiben und unter die Creme rühren. Mit 2–3 EL Zitronensaft, 1 Prise Salz und frisch gemahlenem Pfeffer würzig abschmecken.

3 Das Eiweiß steifschlagen. Unter die Joghurtcreme ziehen und glattrühren. Die Creme auf die Melonenschnitze verteilen.

4 Den Schinken in hauchdünnen Scheiben bei den Melonen anrichten oder in feine Streifchen schneiden und darüber streuen. Nochmals frisch aus der Mühle pfeffern. Das Dessert mit Messer und Gabel servieren.

◆ Gäste-Tip

Melonenschnitze und Joghurtcreme können Sie auch schon viel früher vorbereiten und getrennt kühlstellen. Erst kurz vorm Servieren mit dem Schinken zusammen anrichten.

◆ Garnier-Tip

Das Melonenfruchtfleisch läßt sich ganz schnell und einfach mit einem Kugelausstecher in Form bringen: Die Melone quer halbieren, die Kerne herauskratzen und danach das Fruchtfleisch kugelförmig ausstechen.

◆ Melonen

Zartgrün bis flammend rot, mehr oder weniger süß, aber immer saftig und erfrischend: So sieht die weitverzweigte Familie der Zuckermelonen aus. Sollten Sie bei der Suche nach den glatten, gelben Honigmelonen Pech haben – kein Problem! Alle anderen Sorten sind für dieses Rezept ebenfalls bestens geeignet. Besonders fein schmecken die kleinsten: die Kantalupmelonen, zu der auch die begehrte französische Charentais-Melone gehört. Netzmelonen erkennen Sie leicht am äußeren Erscheinungsbild: Die Schale zeigt eine rauhe, netzförmig gemusterte Struktur. Übrigens: Die Melone ist eigentlich ein Kürbisgemüse – und deshalb auch für pikante Ergänzungen und als Vorspeise hervorragend geeignet.

Himbeer-Avocadoquark

Schnell fertig

Zutaten für 4 Portionen:

1 reife Avocado
3–4 EL Zitronensaft
1 TL abgeriebene, unbehandelte Zitronenschale
250 g Speisequark (20%)
1 EL Crème fraîche
1 EL Zucker
1 Päckchen Vanillezucker
150 g frische Himbeeren
2 EL Himbeersirup
1 EL Pinienkerne
Puderzucker zum Bestäuben

Pro Portion: 1200 kJ / 290 kcal

Zubereitungszeit:
etwa 20 Min.

1 Die Avocado halbieren und den Stein entfernen. Das Fruchtfleisch schälen, etwas zerkleinern und mit 2 EL Zitronensaft und der abgeriebenen Zitronenschale pürieren. Den Speisequark und die Crème fraîche untermischen, mit dem Zucker und dem Vanillezucker abschmecken.

2 Die Himbeeren verlesen und putzen. Den Avocadoquark in Schälchen füllen, mit den Himbeeren garnieren.

3 Den Himbeersirup gründlich mit dem restlichen Zitronensaft verquirlen, über die Himbeeren träufeln. Die Pinienkerne in einer trockenen Pfanne kurz anrösten und über den Quark streuen. Dünn mit Puderzucker bestäuben.

◆ Vorrats-Tip

Tiefgekühlte Himbeeren sind gut für jede Menge überraschender Blitzdesserts. Zum Beispiel als heiße Fruchtsauce: Die frostigen Beeren in einem Töpfchen erwärmen, mit Vanillezucker oder Likör würzen, zu Eis oder Pudding servieren. Oder: Die Beeren kurz antauen lassen, pürieren, mit Joghurt oder Quark mischen und mit farblichem Kontrast garnieren – mit Acovadoschnitzchen, Orangenfilets oder Schokoraspeln.

Orangen-Kokos-Creme

Gelingt leicht

Zutaten für 6–8 Portionen:

100 g Kokosraspel
2 Orangen
500 g Frischkäse
50 g Zucker
eventuell 2–3 EL Milch (oder weißer Rum)
weißer Pfeffer aus der Mühle
30 g zartbittere Schokolade

Bei 8 Portionen pro Portion: 1500 kJ / 350 kcal

Zubereitungszeit:
etwa 30 Min.

1 Die Kokosraspel in einer Pfanne ohne Fett anrösten, dabei häufig rühren und darauf achten, daß die Raspel nur hellbraun werden und nicht anbrennen. Die Kokosraspel aus der Pfanne nehmen und abkühlen lassen.

2 1 Orange auspressen. Den Frischkäse mit dem Zucker und dem Saft glattrühren, eventuell etwas Milch oder Rum untermischen. Mit 1 Prise Pfeffer würzen. Kaltstellen.

3 Die Schokolade grob raspeln. Die zweite Orange so schälen, daß auch die dünne weiße Haut entfernt wird. Die Fruchtfilets mit einem Messer zwischen den Trennwänden herauslösen, in Stückchen schneiden.

4 Etwa 2 EL der Orangenstücke zurückbehalten, den Rest unter die Creme mischen. Von den Kokosraspeln ebenfalls 2 EL abnehmen, den Rest untermischen.

5 Die gut gekühlte Orangencreme in Kelche füllen. Mit Orangenstückchen, Kokosraspeln und Schokoladenraspeln garniert servieren.

◆ Tip

Den Frischkäse können Sie auch durch gut abgetropften Speisequark ersetzen.

Gratiniertes Walnußeis

Für Gäste

Zutaten für 8 Portionen:

50 g Walnußkerne
125 g Puderzucker
2 Eiweiß
125 g Kokosraspel
100 g Löffelbiskuits
4 EL Kokoslikör (oder frisch ausgepreßter Orangensaft)
500 ml Walnußeis

Pro Portion: 1800 kJ / 430 kcal

Zubereitungszeit:
etwa 30 Min.

1 Den Backofen auf 250° vorheizen. Die Hälfte der Walnußkerne grob hacken, den Rest durch die Mandelmühle drehen.

2 Den Puderzucker durchsieben. Die 2 Eiweiß zu steifem Schnee schlagen, dabei den Puderzucker einrieseln lassen. Die Kokosraspel und die gemahlenen Walnußkerne mischen und zum Schluß unter die Eiweißmasse ziehen.

3 Die Löffelbiskuits nebeneinander in eine Gratinform legen, mit dem Kokoslikör oder Orangensaft beträufeln. Das Walnußeis in Scheiben schneiden und auf die Löffelbiskuits legen.

4 Die Baisermasse in einen Spritzbeutel mit großer Sterntülle umfüllen, dekorativ über das Eis spritzen. Die gehackten Walnußkerne aufstreuen.

5 Im Backofen (Gas Stufe 5) auf oberer Schiene knapp 5 Min. goldbraun gratinieren .

◆ Variante

Auch lecker mit Mandel-, Pistazien- oder Haselnußeis, dann entsprechend Mandeln, Pistazien oder Haselnüsse verwenden.

Zitronen-Beeren-Törtchen

Raffiniert

Zutaten für 6 Portionen:

125 g kleine Erdbeeren
125 g Himbeeren
1 Päckchen Vanillezucker
2–3 EL Orangenlikör nach Belieben
60 g Zartbitter-Schokolade
6 Mürbeteig-Torteletts (gibt es im Lebensmittelhandel und beim Bäcker)
350 ml Zitronensorbet

Pro Portion: 1100 kJ / 260 kcal

Zubereitungszeit:
etwa 35 Min.

1 Die Erdbeeren waschen und putzen, 6 schöne kleine Früchte mit Grün beiseite legen. Die übrigen Erdbeeren halbieren.

2 Die Himbeeren verlesen. Mit den Erdbeerhälften mischen, mit Vanillezucker bestreuen und nach Belieben mit Orangenlikör aromatisieren. Zugedeckt kaltstellen.

3 Die Schokolade klein hacken und im warmen Wasserbad schmelzen. Mit einem Teil davon die Böden der Mürbeteig-Torteletts einpinseln. Die Schokoglasur erstarren lassen.

4 Inzwischen das Zitronensorbet einige Minuten antauen lassen, bis es formbar wird. Mit dem Pürierstab kurz durchrühren, dann in einen Spritzbeutel mit großer, glatter Tülle füllen.

5 Die marinierten Früchte in die Torteletts geben, das Zitronensorbet dekorativ darauf spritzen.

6 Die übrige Schokolade wieder im Wasserbad schmelzen. Die beiseite gelegten Erdbeeren zur Hälfte hineintauchen, auf das Eis legen. Die restliche Schokolade graffityförmig darüber träufeln.

Joghurt-Eis mit Campari-Orangen-Sauce

Schnell fertig

◆ Variante

Statt dem fein-säuerlichen Zitronensorbet fruchtiges Erdbeersorbet nehmen. Oder normale Eiskrem mit Vanille- oder Erdbeergeschmack.

◆ Wichtig

Das Rezept für die Zitronen-Beeren-Törtchen ist völlig unkompliziert und gelingt leicht – Sie sollten sich jedoch möglichst schon vorm Start alle Gerätschaften bereitlegen, die benötigt werden: einen Backpinsel und eine Wasserbadschüssel für die Schokolade, den Pürierstab und einen Spritzbeutel mit glatter Tülle für das Sorbet.

Zutaten für 4 Portionen:

3 Orangen (davon 1 unbehandelt)
1–2 EL Zucker
1 Anisstern
1 Zimtstange
3–4 EL Campari
500 ml Joghurt-Eis mit Blutorange

Pro Portion: 880 kJ / 210 kcal

Zubereitungszeit:
etwa 25 Min.

1 Die unbehandelte Orange heiß waschen und abtrocknen. Etwas Schale mit einem Fadenschneider abziehen.

2 Die Orangen halbieren, das Fruchtfleisch wie beim Auslöffeln einer Frühstücks-Grapefruit zwischen den hellen Trennhäutchen herauslösen. Den Saft gründlich auspressen.

3 Das ausgelöste Orangenfruchtfleisch mit dem Saft und 1 EL Zucker in einem kleinen Topf vorsichtig verrühren. Den Anisstern und die Zimtstange hineingeben und die Mischung bei milder Hitze erwärmen. Die Orangensauce soll heiß werden, jedoch nicht aufkochen.

4 Den Campari unter die Sauce rühren, eventuell noch mit etwas Zucker abschmecken. Den Anisstern und die Zimtstange herausnehmen.

5 Vom Joghurt-Eis mit einem Eisportionierer kleine Kugeln formen, auf Dessertteller geben. Die Orangensauce darüber gießen, die Orangenschalen-Streifen aufstreuen.

◆ Für Kinder

Den Campari in der Sauce weglassen, statt dessen etwas mehr Orangensaft erwärmen.

◆ Variante

Statt Joghurt-Eis mit Blutorangen einfaches Vanille-Eis nehmen.

◆ Einkaufs-Tip

Den Blick in die Truhe sollten Sie immer riskieren: Oft gibt es Angebote, die den Vorrat wieder für Wochen oder Monate bereichern. Natürlich nur, wenn die Eis-Pakete sowohl beim Händler als auch zu Hause richtig gelagert werden. Ein dicker Eispelz in der Truhe ist kein gutes Zeichen – er deutet auf Temperaturschwankungen hin. Das Thermometer muß mindestens –18° anzeigen, und die Verkaufstruhe darf nicht über die Markierung hinaus gefüllt sein. Eisbecher, die sich am Rand leicht eindrücken lassen, wurden zu warm gelagert. Angetautes Eis nicht wieder einfrieren! Lieber glattrühren und als kühle Sauce zu einem Kuchen oder Pudding servieren.

Menu

Menüs

Die Sache mit dem Besteck ist ohne weiteres in den Griff zu kriegen: Ganz außen plazieren Sie Messer und Gabel für die Vorspeise, in Richtung Teller folgen zum Beispiel Fischbesteck und Suppenlöffel, ganz innen das Besteck fürs Hauptgericht. Löffel und Gabel fürs Dessert liegen abseits, oberhalb des Tellers. Das gleiche System gilt für die Gläser: Welches zuerst geleert werden soll, steht griffbereit rechts außen. So weit, so gut! Lange vor dem Tischdecken haben Sie sich allerdings mit einer weit komplizierteren Frage beschäftigt: Was gibt es zu essen?

Die ehernen Gesetze der Menüplanung fordern folgendes: Die einzelnen Gänge müssen harmonisch und saisongerecht aufeinander abgestimmt sein, es dürfen sich weder Zutaten noch Geschmacksrichtungen, Farben, Konsistenzen oder Garmethoden wiederholen. Ob Weißwein oder Rotwein, entscheidet nicht etwa die Tageslaune, sondern Fisch, Kalb oder Reh. Völlig übertrieben, das Ganze? Stimmt! Denn heute ist dieses Regelwerk ja längst kein unverrückbarer Fels mehr, sondern eher ein hilfsbereiter, roter Faden. Und der führt Sie nun gleich durch ein ganzes Kapitel voller Tricks und Tips – und zu Dutzenden von gelungenen Einladungen.

Das edle Menü für 4

Der Anlaß

Die Zutaten für dieses Menü sind fein, frühlingshaft leicht, erfrischend und auch etwas teurer – eine gute Gelegenheit zum Beispiel, um die besten Freunde einmal richtig zu verwöhnen, einen wichtigen Geschäftspartner oder Kollegen kennenzulernen, mit der Familie ein schönes Schlemmerwochenende zu verbringen…

Menüfolge

1
Carpaccio
Seite 29

2
Spargel-Erdbeer-Salat
Seite 45

3
Zucchinicreme
Seite 68

4
Seezungen-Lachs-Röllchen
Seite 99

5
Zitronengelee mit Feigen
Seite 234

Beilage: Frisches Baguette

Pro Portion:
etwa 4600 kJ / 1100 kcal
(ohne Brot und Getränke)

Wichtige Anmerkungen

• Außerhalb der Spargelsaison servieren Sie einfach einen raffiniert gemischten Blattsalat, zum Beispiel Radicchio, Frisée und Rucola in einer würzigen Kräuter-Vinaigrette.

• Auf die Pinienkerne im Salat oder auf die Mandelblättchen in der Suppe könnten Sie bei dieser Menükombination eventuell verzichten, denn beides wird angeröstet und aufgestreut!

Vorrat und Einkauf

(Die Ziffern in Klammern bezeichnen jeweils alle Gänge in der Menüfolge, für die Sie die Zutat benötigen)

Vorrat:
Salz, Pfeffer,
Butter, Butterschmalz,
Pflanzenöl, Weinessig,
Knoblauch, Gelatine,
Zucker, Vanillezucker,

Einkauf etwa 1 Woche vorher
(nach Überprüfung des Vorrats):
Koriander (3)
Safran (4)
Pinienkerne (2)
Zitronen (4, 5)
Schalotten (3, 4)
Kartoffeln (3)
Fischfond (4)
Hühnerfond (3)
Mandelblättchen (3)
trockener Weißwein (5)
Portwein (5)
kaltgepreßtes Olivenöl (1)
Pinienkernöl oder Walnußöl (2)
Aceto Balsamico (2)
eventuell Sherryessig (2)
Parmesan (1)

Einkauf 1 Tag vor der Einladung:
Rinderfilet (1)
Räucherlachs (4)
Seezungen-Filets (4)
Crème double (4)
Crème fraîche (3)
Zucchini (3)
Spargel (2)
Champignons (1)
Kopfsalat (2)
Basilikum (1)
Kresse (2)
Dill (4)
Erdbeeren (2)
Feigen (5).

Vorbestellung:
Möglicherweise Rinderfilet und Fisch. Fragen Sie bei Gelegenheit nach, ob eine Bestellung erforderlich ist.

Einkauf am Tag der Einladung:
Frisches Baguette
(Je nach Einkaufsmöglichkeit auch die Salatzutaten und Kräuter).

Zeitplan für die Küche

Das Menü ist für eine Einladung zum Abendessen vorgesehen.

1 Tag vor der Einladung:
- Die Zucchinicreme bis zum Pürieren fertigstellen. Abkühlen lassen, kühlstellen. Erst am nächsten Tag Zucchini raspeln!
- Das Zitronengelee bis auf die Garnitur fix und fertig zubereiten, das Gelee und die marinierten Feigen getrennt voneinander kaltstellen. Zum Garnieren frische Zitronenschale nehmen.
- Zeitbedarf: **etwa 1 Std.**

Vom Vormittag bis zum frühen Nachmittag:
- Das Rinderfilet fürs Carpaccio ins Tiefkühlgerät legen.
- Für den Salat den Spargel dünsten, in der Sauce abkühlen lassen. Den Kopfsalat putzen, waschen, trockenschleudern und mit einem feuchten Tuch abgedeckt beiseite stellen. Die Erdbeeren putzen, aber noch nicht zerteilen. Kühlstellen.
- Die Fischröllchen vorbereiten bis Punkt 2, mit Folie abgedeckt kühlstellen. Die Schalotten mit dem Fond aufkochen, abgedeckt beiseite stellen.
- Das Rinderfilet aufschneiden, auf Teller verteilen, dünn mit Öl bestreichen. Mit Frischhaltefolie abgedeckt kaltstellen.
- Zeitbedarf: **etwa 2 Std.**

2 Stunden vorm Eintreffen der Gäste:
- Die Zucchini raspeln.
- Das Carpaccio würzen, mit Pilzen und Parmesan garnieren, mit Folie bedeckt bei Zimmertemperatur bereithalten.
- Die Erdbeeren zerteilen. Alle Salatzutaten anrichten, noch nicht mit Sauce beträufeln.
- Zutaten und Geräte für jedes einzelne Rezept bereitstellen.
- Zeitbedarf: **etwa 1 Std.**

Danach können Sie eine gute halbe Stunde einplanen für kurze Entspannung, Umziehen, einen prüfenden Blick auf den gedeckten Tisch.

30 Minuten vorm Eintreffen der Gäste:
- Das Carpaccio mit Basilikum bestreuen. Baguette aufschneiden und in Körbchen füllen.
- Eventuell die Pinienkerne für den Salat rösten.
- Knoblauch, eventuell Mandelblättchen und Zucchiniraspel anbraten. Crème fraîche in die Suppe rühren.

Unmittelbar vorm Servieren:
- Den Salat mit der Sauce beträufeln, Kresse und eventuell Pinienkerne aufstreuen.
- Die Zucchinicreme erhitzen, mit der vorbereiteten Mandel-Mischung bestreuen.
- Die Fischröllchen garen, die Sauce mit Crème double aufköcheln und würzen.
- Das gut gekühlte Gelee mit den Feigen und frisch geschnittener Zitronenschale anrichten.

Für Fortgeschrittene:
Statt Baguette können Sie auch eine feine Wildreis-Mischung zum Fisch servieren: 30 Minuten vorm Eintreffen der Gäste knapp 200 g Reis nach Angabe kochen, abgießen, ein Stückchen Butter untermengen und den Reis abgedeckt im nur schwach geheizten Backofen warmhalten.

Das extravagante Flair macht Stimmung für kommende Genüsse – und während der Aperitif serviert wird, findet sich auch für die Blumen eine passende Tränke. Für jeden Gang ist ein Besteck aufgelegt: Ganz außen Messer und Gabel fürs Carpaccio, in der Mitte links eine Gabel für den Salat, rechts ein Löffel für die Suppe, innen das Fischbesteck. Der Dessertlöffel liegt oberhalb des Platztellers, links oben steht der kleine Brotteller. Getränke: Sherry zum Aperitif (kleines Glas rechts). Elegant wäre auch Sekt oder Champagner, die beide auch gut zu Gang 1 und 2 passen. Zu Suppe und Fisch servieren Sie einen trockenen, leichten Weißwein (linkes Glas), zum Beispiel Pinot Grigio, Orvieto Classico, Riesling.

Festliche Menüs: Listenreich geplant

Vorbereitungen
Einige Tage vorher überprüfen, ob alles komplett, frisch gewaschen, nicht angekratzt ist: Tischdecke mit passenden Servietten, Gläser und Besteck, Porzellan und Tischschmuck, Kerzen und Vasen. Frische Blumen besorgen und den Tisch fürs Abend-Menü am frühen Nachmittag decken.

Vorrat und Einkauf
Die Einkaufsmöglichkeiten vor Ort spielen bei der Zeitplanung eine wichtige Rolle. Wenn Sie alle frischen Zutaten gleich um die Ecke bekommen, könnten Sie zum Beispiel Gemüse und Kräuter auch erst am Tag der Einladung besorgen. Grundzutaten, die mit großer Wahrscheinlichkeit im Haushalt vorrätig sind, tauchen unter dem Stichwort »Vorrat« auf.

Zeitplan für die Küche
Bei den drei großen Menüs erfahren Sie genau, welche Arbeitsschritte Sie wann in Angriff nehmen können. Einiges wird bereits am Vortag fix und fertig zubereitet, anderes erst kurz vorm Eintreffen der Gäste erledigt. Zwischen den Gängen müssen Sie nur noch letzte Hand anlegen. Rechnen Sie für diese Pausen auch unabhängig von den letzten Handgriffen mindestens 10–20 Minuten ein, damit Ihre Gäste nicht im Eiltempo abgefüttert werden. Vorm Hauptgericht darf die Pause noch etwas länger sein.

Praktischer Tip
Kopieren Sie sich alle benötigten Rezepte für Ihr Menü aus dem Buch – das erleichtert das Ausarbeiten des Zeitplans, die Zettel können beschrieben, gefaltet, beschmutzt werden und danach einfach im Papierkorb landen.

Und das Allerwichtigste: Legen Sie sich für alle Menüs übersichtliche Listen an – vom Einkauf bis zum Arbeitsablauf!

Das ungewöhnliche Menü für 6

Der Anlaß

Ein Familienfest steht an, das fröhlich und ungezwungen gefeiert werden soll. Oder Sie erwarten lange nicht gesehene Gäste, die kulinarische Überraschungen zu schätzen wissen. Vielleicht gibt es auch einen beruflichen Erfolg zu begießen – im Kreis der nettesten Kollegen?

Menüfolge

1
Lachsteller
Seite 14

2
Gebackene Austernpilze
Seite 192

3
Pochierte Lammschulter
Seite 153

4
Espresso-Schaum mit Zimt-Zwetschgen
Seite 249

Beilage: Frisches Baguette

Pro Portion:
etwa 5400 kJ / 1300 kcal
(ohne Brot und Getränke).

Wichtige Anmerkungen

- Für die Lachsteller die Avocadohälften jeweils dritteln und 6 Portionen Lachs einplanen.
- Die Espresso-Zabaione fürs Dessert können Sie entweder erst kurz vorm Servieren als schaumige Sauce aufschlagen – oder als feste Creme schon am Vortag fertig zubereiten. 6 Portionen Zitronensorbet bereithalten.
- Zum Pochieren der Lammschulter brauchen Sie Fleischbrühe. Für Gäste sollte es eine hausgemachte sein – die können Sie lange vorher zubereiten und einfrieren (Rezept für Fleischbrühe siehe Seite 66).

Vorrat und Einkauf

Die Ziffern in Klammern bezeichnen jeweils alle Gänge in der Menüfolge, für die Sie die Zutat benötigen

Vorrat:
Salz, Pfeffer, Chilipulver, Wacholderbeeren, Sojasauce, Tabasco, Honig, Tomatenmark, Pflanzenöl, Weinessig, Senf (möglichst Dijon-Senf), Zwiebeln, Knoblauch, Lorbeerblätter, Zucker, Zimtpulver.

Einkauf etwa 1 Woche vorher (nach Überprüfung des Vorrats):
Kartoffeln (3)
Olivenöl (1)
Kapern (1)
Zitronensorbet (4)
Espresso (4)
Zwetschgengeist oder Rum (4)
Weißwein (3).

Einkauf 1 Tag vor der Einladung:
Lammschulter (3)
Lachs (1)
Suppengrün (3)
Möhren (3)
Austernpilze (2)
Avocado (1)
Zitronen (1, 2, 3, 4)
frische Keimlinge (3)
Kräuter (1, 2, 3)
Zwetschgen (4)
Baiser (4)
Eier (4)
Mascarpone (3).

Einkauf am Tag der Einladung:
Frisches Baguette
(Je nach Einkaufsmöglichkeit auch frische Austernpilze und Kräuter).

Zeitplan für die Küche

Das Menü ist für eine Einladung zum Abendessen vorgesehen.

1 Tag vor der Einladung:
- Für das Dessert die Zwetschgen marinieren. Den Espresso kochen und abkühlen lassen. Eventuell eine feste Zabaionecreme mit Schlagsahne zubereiten und kühlstellen (siehe unter »Wichtige Anmerkungen«).
- Zeitbedarf: **15–45 Min.**

Am Vormittag der Einladung:
- Die Austernpilze putzen, mit der Marinade in eine Schüssel geben, abgedeckt kühlstellen.
- Die Sauce für den Lachsteller anrühren, in ein Schraubglas füllen und kaltstellen.
- Die Fleischbrühe würzen und bereitstellen.
- Zeitbedarf: **etwa 40 Min.**

2 Stunden vorm Eintreffen der Gäste:
- Die Austernpilze auf einem mit Alufolie ausgelegten Blech verteilen.
- Die Fleischbrühe aufkochen, die Lammschulter hineingeben und bei ganz milder Hitze ziehen lassen. Kartoffeln und Möhren waschen und schälen (nach Wunsch ergänzen mit Ihrem Lieblingsgemüse). Nach etwa 1 Std. das Gemüse zum Fleisch in den Topf geben (Küchenwecker stellen!). Die Keimlinge und Kräuter für die Sauce hacken, mit Mascarpone und Senf verrühren und in einem Töpfchen bereithalten.
- Das Baiser fürs Dessert zerkrümeln.
- Zutaten und Geräte für jedes einzelne Rezept bereitstellen.

Danach: Zeit für eine Mußestunde!

30 Minuten vorm Eintreffen der Gäste:
- Die Lachsteller anrichten.
- Das Brot aufschneiden und in Körbchen füllen.

Unmittelbar vorm Servieren:
- Sobald die Gäste eingetroffen sind, den Backofen für die Austernpilze vorheizen.
- Vorm Servieren der Lachsteller die Austernpilze in den Backofen schieben.
- Während die Pilze gegessen werden, im abgeschalteten Backofen die Teller für den Hauptgang warmhalten.
- Fürs Hauptgericht die Mascarpone-Sauce mit Lammbrühe verrühren, aufköcheln und abschmecken.
- Fürs Dessert eventuell die schaumige Espresso-Zabaione aufschlagen. Zwetschgen und Zitronensorbet auf bereitgestellte Teller verteilen, mit Schaumsauce oder fester Creme, Baiserkrümeln und Zitronenschale dekorieren.

Schönes Porzellan mit interessantem Muster und fröhlichen Farben schafft hier Atmosphäre – leger und ohne viel Aufwand. Beim Besteck kommt es auf Ihren Fundus an, ob Sie für jeden einzelnen Gang extra eindecken. Außen liegen Messer und Gabel für die Vorspeisen, Lachsteller und Austernpilze, innen Messer und Gabel fürs Hauptgericht, oben Dessertlöffel und Dessertgabel. Getränke: Zu den Vorspeisen servieren Sie einen trockenen Weißwein, zum Beispiel Riesling. Zum Lamm paßt auch gut ein gehaltvoller Rotwein, etwa ein Burgunder – Sie könnten aber auch beim Weißwein bleiben. Lassen Sie einfach jeden Gast individuell entscheiden. (Rechts das Weißweinglas, links das Rotweinglas).

Tischlein deck Dich...!

Ein perfekt gedeckter Tisch wirkt Wunder. Kaum hat man an ihm Platz genommen, fühlt man sich rundum wohl, kann sich kaum sattsehen an der wunderbaren Harmonie, freut sich auf das, was nun gleich serviert wird. Dahinter stekken feste Regeln, ein kompletter Haushalt – und ein kleines Geheimnis! Es ist das feine Gespür des Gastgebers, alles unter einen Hut zu bekommen: seinen eigenen, persönlichen Stil, das ausgewählte Menü, die Erwartungen der Gäste. Je nach Anlaß kann ein schlichtes Gedeck wertvoller sein als eine überladene Festtafel. Freunde und Gäste wissen es wohl zu schätzen, wenn Sie die Atmosphäre schön und angenehm gestalten, ein lieblos gedeckter Tisch oder zur Schau gestellter Prunk bewirken eher das Gegenteil.

Porzellan, Gläser, Besteck...
Wenn alles zusammenpaßt – um so besser! Im andern Fall haben Sie zwei Möglichkeiten: weniger Gäste einladen oder improvisieren.
- Ihr Grundsortiment mit farblich passendem Zubehör auflockern, zum Beispiel schöne Vorspeisenteller aus Glas, kleine Schälchen für die Suppe, Kelche fürs Dessert.
- Es müssen nicht immer edelste Kristallgläser sein – schöne, schlichte Weingläser gibt es preisgünstig zu kaufen.
- In trauter Runde wird niemand erwarten, daß Sie doppelt und dreifach ausgestattet sind oder nach jedem Gang das Besteck spülen – Messerbänkchen sind praktisch und dekorativ.
- Platzteller, die Platzhalter für alle hintereinander aufgetragenen Portionsteller, können Sie durch originelle und auffallende oder edle und dezente Servietten oder Sets ersetzen.
- Für große Einladungen und Buffets eventuell das Geschirr ausleihen (Party-Service).

Das bodenständige Menü für 8

Der Anlaß

Sie haben eine bunt gemischte Tafelrunde eingeladen, wollen den größten Teil des Menüs frühzeitig fix und fertig vorbereiten und Ihren Gästen Traditionelles mit Pfiff bieten.

Menüfolge

1
Canapées
(Rezepte rechts)

2
Schinkensülze
mit Apfel-Meerrettich
Seite 36

3
Minestrone
Seite 77

4
Gefüllte Kalbsbrust
Seite 154

5
Bayerische Creme
Seite 230

Beilage: Herzhaftes Bauernbrot oder Vollkornbrot

Pro Portion:
etwa 4600 kJ / 1100 kcal (ohne Canapées, Brot und Getränke)

Wichtige Anmerkungen

- Außerhalb der Erdbeersaison: Für die Avocado-Canapées dünne Möhrenscheiben zum Garnieren nehmen, die Sauce zur Bayerischen Creme mit anderen Früchten verfeinern.
- Die Schinkensülze und die Bayerische Creme könnten Sie auch erst am Vortag zubereiten – allerdings wird dann der Zeitplan enger, der Einkaufskorb schwerer, die Hektik größer.

Vorrat und Einkauf

Die Ziffern in Klammern bezeichnen jeweils alle Gänge in der Menüfolge, für die Sie die Zutat benötigen.

Vorrat:
Salz, weißer und schwarzer Pfeffer, Paprikapulver, Muskatnuß, Currypulver, Butter, Pflanzenöl, Zwiebeln, Knoblauch, Gelatine, Zucker, Puderzucker.

Einkauf etwa 1 Woche vorher
(nach Überprüfung des Vorrats):
Grünkernschrot (4)
Brühe oder Fond (2, 3, 4)
Leberpastete (4)
Vollkorn-Toastbrot (1)
Olivenöl (1)
Weißwein (4)
Portwein oder trockener Sherry (2, 5)
Parmesan oder Pecorino (3)
Kartoffeln (3)
frischer Meerrettich (2)
Korianderpulver (1)
Ahornsirup (5)
Vanilleschote (5).

Einkauf 2 Tage vor der Einladung:
Sahne (5)
Milch (5)
Eier (5)
Crème fraîche (2, 4)
saure Sahne (2)
gekochter Schinken (2)
roher Schinken (2)
Zitronen (1, 2, 5)
Äpfel (2)
Broccoli (2).

Einkauf 1 Tag vor der Einladung:
Tiefsee-Garnelen (1)
Putenbrustfilet (1)
Kalbsbrust (4)
Avocado (1)
Papaya (5)
Erdbeeren (1, 5)
Weintrauben (1)
Frühlingszwiebeln (4)
Suppengrün (4)
Lauch (3), Möhren (3)
Zucchini (1, 3)
Tomaten (3)
Staudensellerie (3)
Dill (1), Petersilie (3, 4)
Kerbel (1)
Basilikum (1, 3)
Bauernbrot oder Vollkornbrot.

Zeitplan für die Küche

Das Menü ist für eine Einladung zum Abendessen vorgesehen.

2 Tage vor der Einladung:
- Die Schinkensülze (ohne Sauce) zubereiten, kaltstellen.
- Die Bayerische Creme (ohne Sauce) zubereiten, kaltstellen.
- Zeitbedarf: **etwa 2 Std.**

1 Tag vor der Einladung:
- Die Füllung für die Kalbsbrust zubereiten, die Brust füllen, in Folie gewickelt kaltstellen.
- Die Minestrone bis Punkt 4 zubereiten, kaltstellen.
- Während die Minestrone köchelt, die Meerrettich-Sauce für die Sülze erst einmal ohne den geraspelten Apfel zubereiten und abgedeckt kaltstellen. Den Apfel am nächsten Tag frisch untermischen.
- Zeitbedarf: **etwa 2 1/2 Std.**

Am Vormittag und Nachmittag der Einladung:
- Das Fruchtpüree für das Dessert (Punkt 6) zubereiten und kaltstellen.
- Die Canapées zubereiten und mit Folie bedeckt kühlstellen.
- Den Apfel für die Meerrettich-Sauce raspeln, untermischen und die Sauce abschmecken.
- Zeitbedarf: **etwa 2 Std.**

2 Stunden vorm Eintreffen der Gäste:
- Zutaten und Geräte für jedes einzelne Rezept bereitstellen.
- Kräuter und Käse für die Minestrone vorbereiten.
- Die Canapées auf einer Platte anrichten.

Zwischendurch haben Sie eine gute Stunde Zeit zum Umziehen und Entspannen.

30 Minuten vorm Eintreffen der Gäste:
- Den Backofen für die Kalbsbrust vorheizen.
- Die Sülze in Scheiben schneiden, mit dem Apfel-Meerrettich dekorativ auf Teller verteilen.
- Die Minestrone erhitzen.
- Das Brot aufschneiden und in Körbchen füllen.
- Die Kalbsbrust anbraten, in den Ofen schieben. Nach etwa 30 Min. die Brühe oder den Wein angießen (Küchenwecker stellen!). Anschließend schmort das Fleisch ohne weitere Aufsicht vor sich hin (nochmals etwa 1 Std.).

Unmittelbar vorm Servieren:
- Die Minestrone mit Kräutern und Käse würzen.
- Die Kalbsbrust nach insgesamt etwa 1 1/2 Std. Garzeit (spätestens vorm Servieren der Minestrone) aus dem Bräter nehmen, in Alufolie wickeln und im ausgeschalteten Backofen nachziehen lassen. Die Sauce köcheln und auf der abgeschalteten Platte bereitstellen.
- Vorm Servieren des Hauptgangs die Sauce nochmals erhitzen und abschmecken, die Kalbsbrust in Scheiben aufschneiden.
- Die Bayerische Creme stürzen, mit Sauce, Früchten und Ahornsirup anrichten.

Die Sympathie wird auf den ersten Blick geweckt: mit warmen Farbtönen, rustikalem Geschirr, frischen Blumen lädt der liebevoll gedeckte Tisch zum Schwelgen ein. Die Canapées zur Begrüßung sind praktische Finger-Häppchen. Für die Vorspeise, die Sülze, liegen Messer und Gabel ganz außen, für die Minestrone der Suppenlöffel rechts in der Mitte, fürs Hauptgericht Messer und Gabel innen. Der Dessertlöffel liegt oberhalb des Tellers. Unkompliziert geht es bei den Getränken zu: Zum obligatorischen Wasserglas (rechts) gesellt sich ein nicht zu edles Weinglas, das sowohl mit Weißwein als auch mit Rotwein gefüllt werden kann – beides paßt gut zu diesem Menü. Und wenn Ihre Gäste Appetit auf ein kühles Bier haben, liegen sie auch damit richtig. In diesem Fall tauschen Sie natürlich die Weingläser gegen Biergläser aus.

Canapée-Rezepte

(jeweils 10–12 Stück)
Die Canapées servieren Sie als Begrüßungshappen zum Aperitif (Sekt oder trockener Sherry).

Zucchini-Garnelen (im Bild)

2 kleine **Zucchini** (etwa 200 g) waschen und putzen. Ein 5 cm langes Stück abschneiden, längs halbieren und mit dem Sparschäler 5 dünne Scheiben abhobeln, die Scheiben längs halbieren. Die übrigen Zucchini in 10 etwa 1 cm dicke Scheiben schneiden, in 1 EL **Olivenöl** von jeder Seite kurz braten, salzen, pfeffern. Auf Küchenkrepp abtropfen lassen. 10 gekochte, geschälte **Tiefseegarnelen** in 1 EL **Olivenöl** kurz braten. Mit **Salz, Pfeffer, Paprikapulver** und etwas **Zitronensaft** würzen. Jede Garnele mit einem Zucchinistreifen umwickeln, auf Zucchinischeiben legen. Mit **Dillspitzen** garnieren.

Avocado-Taler (im Bild)

3 Scheiben **Vollkorntoast** im Toaster rösten, mit einem Ausstecher aus jeder Scheibe 4 Taler ausstechen. Das Fruchtfleisch von 1/2 reifen **Avocado** mit 1 TL **Zitronensaft** pürieren, mit **Salz, Pfeffer und frisch geriebener Muskatnuß** pikant würzen. Die Brottaler üppig mit der Creme bestreichen. Etwa 100 g kleine **Erdbeeren** waschen und putzen. Die Erdbeeren halbieren, mehrfach einschneiden , auf die Taler legen, pfeffern, mit **Kerbel** garnieren.

Trauben-Geflügel-Spießchen (ohne Bild)

Etwa 50 g **blaue Weintrauben** waschen und abzupfen. 100 g **Putenbrustfilet** in 2 cm große Würfel schneiden. In 1 EL **Öl** etwa 3 Min. unter Rühren braten, mit **Salz, Pfeffer, je 1/4 TL Koriander-** und **Currypulver** würzen, etwas abkühlen lassen. Abwechselnd mit Trauben und **Basilikumblättchen** auf Spieße stecken.

Menüs für jeden Tag

Eine Fülle von Kombinationen, nach bestimmten Anlässen geordnet, hilft Ihnen bei der Planung des täglichen Speisezettels. Alle Rezepte aus dem Buch erkennen Sie am Seitenhinweis, die Menü-Bestandteile ohne Rezeptangabe (mit * gekennzeichnet) sind als Anregungen gedacht und völlig problemlos zu improvisieren: Zum Beispiel »Eis«, »Frisches Obst«, »Gemischter Salat« oder »Käse« (dazu eine Kurz-Info auf Seite 265). Eine unkomplizierte Beilage, die immer paßt, ist Brot – ob frisches Weißbrot, knuspriges Bauernbrot oder kerniges Vollkornbrot. Weitere Vorschläge sind in Klammern hinter den Rezepttiteln angegeben, etwa Reis, Nudeln, Kartoffeln, Salat.

Das Mengen-Problem
Achten Sie auf die Portionsangaben bei den einzelnen Rezepten (die meisten sind für 4 Personen gedacht). Im Zweifelsfall werfen Sie einen Blick auf die Tabelle auf Seite 272!

Menüs auf die Schnelle

Pro Menü haben Sie maximal 1 Std. 15 Min. zu tun.

Antipasti-Platte 12
Knoblauch-Spaghetti 208
Frisches Obst*

Gurkensalat mit Matjes 47
Geschmorter Chicorée 171
Eis mit Früchten*

Mozzarella mit Tomaten 12
Curry-Tortellini 206
Frisches Obst*

Artischocken-Salat 16
Zander in Korianderbutter 94
Käse*

Lachsteller 14
Saltimbocca 130
Melonen mit Joghurtsauce 250

Geröstete Tomatenbrote 13
Hacksteaks in Weinsauce 126
Frisches Obst*

Gemischter Blattsalat*
Keftethes (Reis) 128
Joghurt-Eis 253

Thunfisch-Spaghetti 209
Glasiertes Gemüse 170
Käse*

Möhren-Puffer 164
Schnelles Puten-Chili 142
Eis mit Früchten*

Mozzarella mit Tomaten 12
Lamm-Koteletts 136
Frisches Obst*

Antipasti-Platte 12
Blumenkohl-Gratin 179
Eis*

Möhren-Puffer 164
Heilbutt im Wurzelsud 102
Frisches Obst*

Geröstete Tomatenbrote 13
Fischröllchen auf Spinat 98
Käse*

Kohlrabi-Rohkost 44
Gefüllte Koteletts 138
Eis*

Gemischter Blattsalat*
Cordon bleu 130
Himbeer-Avocadoquark 251

Antipasti-Platte 12
Joghurt-Gemüse 194
Frisches Obst*

Tomaten-Spaghetti 208
Gefüllte Kräuter-Forellen 117
Eis*

Artischocken-Salat 16
Königsberger Klopse (Reis oder Kartoffeln) 129
Frisches Obst*

Topinky 13
Kabeljau mit Guacamole 114
Eis*

Preiswerte Menüs mit Pfiff

Bei aller Liebe zum guten Essen – die Haushaltskasse möchte man auf Dauer nicht überstrapazieren. Das heißt aber nicht, daß nun Langeweile bei Tisch aufkommen soll. Mit Phantasie beim Kochen können Sie auch die Kosten im Rahmen halten!

Hühnerleber-Pfanne 20
Makkaroni-Gratins 206
Joghurt-Flan 235

Topinky 13
Pochierte Eier auf Gemüse (Pellkartoffeln) 165
Pflaumen-Clafoutis 244

Zwiebelsuppe 76
Gefüllte Koteletts (Bratkartoffeln) 138
Melonen mit Joghurtsauce 250

Austernpilze mit Speck 16
Rosmarin-Hähnchen 148
Crème au caramel 232

Tomaten-Käse-Suppe 69
Hackbraten mit Sahnegurken (Salzkartoffeln) 127
Vanille-Mohn-Pudding 238

Zucchinicreme 68
Schweinebraten (Blattsalat) 157
Vanille-Mohn-Pudding 238

Geröstete Tomatenbrote 13
Gemüsecurry 190
Orangen-Kokos-Creme 251

Apfel-Linsen-Pfanne 174
Zwiebelkuchen 218
Gratiniertes Walnußeis 252

Chicorée-Hackfleisch-Salat 60
Tomaten-Spaghetti 208
Frisches Obst*

Knusprige Pizza-Häppchen 27
Süß-saurer Seelachs 103
Schokoladenpudding*

Vichyssoise 70
Schnitzel aus dem Wok (Reis) 132
Apfel-Karamel-Tarte 244

Kartoffel-Mozzarella-Salat 46
Seelachs mit Aioli 115
Eis mit Früchten*

Geröstete Tomatenbrote 13
Kasseler mit Endivien 138
Joghurt-Eis 253

Gemischter Blattsalat*
Käse-Spätzle 216
Crème au caramel 232

Knusprige Pizza-Häppchen 27
Muschelpfanne 107
Eis*

Tomatensalat 53
Wirsing-Nudeln vom Blech 207
Gratiniertes Walnußeis 252

Curry-Rettich 52
Gefüllte Ofen-Kartoffeln 211
Obstsalat*

Löwenzahn-Frisée-Salat 43
Kartoffelpuffer 212
Eis mit heißer Schokoladensauce*

Pikante Röstbrote 26
Borschtsch 82
Kaffee-Pudding 238

Champignon-Gratins 28
Fingernudeln 214
Schwarzwälder Vanillepudding 239

Menüs, die sich gut vorbereiten lassen

Vieles kann am Vortag komplett fertiggestellt werden. Schmorgerichte, Aufläufe, gefülltes Gemüse oder Suppen können Sie so weit vorbereiten, daß sie nur noch rechtzeitig in den Backofen geschoben oder auf den Herd gestellt werden müssen.

Gazpacho 71
Schweinebraten (Bratkartoffeln) 157
Bayerische Creme 230

Mariniertes Gemüse 30
Lasagne 205
Panna cotta 233

Carpaccio 29
Gefüllte Zucchini 184
Rote Grütze 240

Fleischpastete mit Oliven 37
Ratatouille (Reis) 185
Käse*

Artischocken-Salat 16
Chili con carne 126
Zitronengelee mit Feigen 234

Vitello tonnato 33
Spinat-Pastete (Blattsalat) 186
Rote Grütze 240

Schinkensülze 36
Gefüllte Zwiebeln 164
Bayerische Creme 230

Gefüllte Weinblätter 24
Moussaka 180
Zitronengelee mit Feigen 234

Grüner Nudel-Salat 61
Ossobuco 145
Crème au caramel 232

Tomatensalat 53
Marinierter Putenbraten (Nudeln) 150
Apfel-Karamel-Tarte 244

Artischocken-Salat 16
Seelachs mit Aioli (Pellkartoffeln) 115
Kirsch-Kiwi-Kaltschale 234

Crudités 22
Gulasch (Nudeln) 144
Schwarzwälder Vanillepudding 239

Putenspießchen 21
Rosenkohl-Kuchen 168
Joghurt-Flan 235

Mozzarella mit Tomaten 12
Quiche Lorraine 218
Gratiniertes Walnußeis 252

Zucchinicreme 68
Putenschnitzel vom Blech 135
Mousse au chocolat 236

Spinatsalat mit Linsen 57
Coq au vin 140
Käse*

Geeiste Gurkensuppe 70
Rinderrouladen 134
Apfel-Karamel-Tarte 244

Knusprige Pizza-Häppchen 27
Cassoulet 80
Crème au caramel 232

Menüs, die besonders leicht gelingen

Kochkünstler werden nicht einfach so geboren – der Spaß am Kochen kommt mit der Erfahrung, den Erfolgserlebnissen. Die folgende Menü-Auswahl erweitert den Horizont und hilft locker über die Runden.

Gurkensalat mit Matjes 47
Hackfleisch-Spaghetti 209
Kirsch-Kiwi-Kaltschale 234

Artischocken-Salat 16
Geschmorter Thunfisch 116
Kaffee-Pudding 238

Avocado-Cocktail 18
Schnelles Puten-Chili 142
Vanille-Mohn-Pudding 238

Griechischer Bauernsalat 50
Lamm-Koteletts 136
Melonen mit Joghurtsauce 250

Mozzarella mit Tomaten 12
Putenkeule 149
Vanille-Mohn-Pudding 238

Topinky 13
Wirsing-Nudeln vom Blech 207
Schwarzwälder Vanillepudding 239

Gebackene Austernpilze 192
Kasseler mit Endivien 138
Kirsch-Kiwi-Kaltschale 234

Artischocken mit Dips 23
Thunfisch-Spaghetti 209
Tiramisu 232

Frühlingszwiebel-Salat 42
Curry-Tortellini 206
Käse*

Geröstete Tomatenbrote 13
Linsen-Eintopf 84
Himbeer-Avocadoquark 251

Champignon-Gratins 28
Fischragout in Senfsahne 100
Frisches Obst*

Feldsalat mit Pilzen 58
Putenschnitzel vom Blech 135
Orangen-Kokos-Creme 251

Buffet-Ideen

Die angenehmsten Unterbrechungen des Alltags führen regelmäßig dazu, daß sich mehr oder weniger Gäste einfinden – zum Beglückwünschen und Feiern, zum Essen und Trinken. Manchmal sind es gar so viele Besucher, daß sie nicht mehr an einen Tisch passen. Die Lösung: ein verführerisches Buffet, an dem sich jeder gerne selbst bedient. (Beachten Sie die Mengen pro Portion, Tabelle Seite 272).

◆ Das unkomplizierte Buffet

Alles läßt sich 1–2 Tage vorher zubereiten, wird zimmerwarm serviert und schmeckt auch noch verspäteten Gästen.

Kartoffel-Mozzarella-Salat 46
Gebratene Auberginen 50
Riesen-Roulade 156
Spaghetti-Radicchio-Salat 51
Tiramisu 232

◆ Das schnell improvisierte Buffet

Vom Büro aus zum Einkaufen, ein Sprung in die Küche – und schon ist ein vorzeigbares Buffet auf die Beine gestellt!

Antipasti-Platte 12
Große Schüssel mit gemischtem Blattsalat*
Putenschnitzel vom Blech 135
Käse*
Melonen mit Joghurtsauce 250 (Melonen, Schinken und Sauce getrennt anrichten).

Menüs für besondere Anlässe

Nach zwei praktischen Buffets mit relativ wenig Aufwand (siehe Seite 263) nun einige Beispiele für besonders festliche Gelegenheiten – und im Anschluß daran jede Menge Vorschläge für ungewöhnliche Menüs! (Mit * markiert sind einfache Menü-Bestandteile ohne Rezeptbeschreibung).

◆ Das Schlemmer-Buffet
Lieblingsrezepte, so weit das Auge reicht – die heimlichen Favoriten des Gastgebers auf engstem Raum versammelt. (Eine sehr persönliche Auswahl, nach Gusto zu variieren!).

Geröstete Tomatenbrote 13
Crudités 22
Vitello tonnato 33
Grüner Nudel-Salat 61
Roastbeef (mit hausgemachter Kräuter-Mayonnaise) 156
Rosinen-Lauch 195
Warmer Ziegenkäse-Salat 15
Rote Grütze 240

◆ Das kleine, feine Buffet
Gemeint ist nicht eine winzige Auswahl an Gerichten, sondern ein besonders raffiniertes Essen in kleinerer Runde, die sich ohne feste Tischordnung locker bewegen will. Etwas Zeitplanung ist bei den Röstbroten und besonders bei den Kaninchenfilets nötig, die warm aufgetragen werden und nicht lange stehen sollen.

Vichyssoise 70
Fischterrine 34
Pikante Röstbrote 26
Tomatensalat mit Bohnencreme 53
Zuckererbsen-Salat 44
Kaninchenfilets mit Linsen 137
Käse*
Apfel-Karamel-Tarte 244

◆ Das große, festliche Buffet
Der Kreis der Gäste wird unüberschaubarer und auch die Geschmäcker verschiedener. Dem Anlaß entsprechend sind Sie auch bereit, etwas mehr Aufwand zu betreiben. Das Motto heißt: Von allem ein bißchen, für jeden etwas!

Mariniertes Gemüse 30
Blumenkohl mit Lachs 56
Gefüllte Zucchini 184
Birnen-Bohnen-Salat 56
Mariniertes Rindfleisch 32
Lasagne 205
Ossobuco 145
Waldorf-Salat 62
Käse*
Frisches Obst*
Mousse au chocolat 236
Tiramisu 232

Feinschmecker-Menüs

Originelle und zum Teil etwas aufwendigere Rezepte mit edlen Zutaten laden zum Experimentieren ein – in mehr oder weniger Gängen (bitte auch hier besonders auf die Mengen pro Portion achten, siehe Tabelle Seite 272!).

Endivien-Salat 54
Kaninchenfilets mit Linsen 137
Apfel-Karamel-Tarte 244

Hühnerleber-Pfanne 20
Gemüsereis mit Bananen 220
Zitronengelee mit Feigen 234

Fenchel-Orangen-Salat 49
Lamm-Koteletts mit Okra 136
Pfirsich-Ingwer-Sorbet 241

Kartoffel-Avocado-Suppe 82
Meerbarben 96
Exoten-Salat 248

Artischocken mit Dips 23
Bouillabaisse 81
Käse*
Orangen-Crêpes 242

Mangoldstrudel 166
Fruchtige Exotenpfanne 192
Crème au caramel 232

Tomatensorbet 31
Blumenkohl mit Korianderkrabben 191
Espresso-Schaum mit Zimt-Zwetschgen 249

Eissalat mit Rosinen-Sauce 62
Hähnchenbrust-Curry 142
Blätterteigschnitten 246

Spargel-Erdbeer-Salat 45
Lasagne mit Meeresfrüchten 112
Pfirsich-Ingwer-Sorbet 241

Entenbrust mit Melone 20
Risotto alla milanese 220
Rinderfilet im Kräutersud 152
Gratiniertes Walnußeis 252

Putenspießchen mit Erdnußsauce 21
Schwarzwurzel-Salat 58
Gefüllte Ofen-Kartoffeln 211
Espresso-Schaum mit Zimt-Zwetschgen 249

Löwenzahn-Frisée-Salat 43
Speck-Schollen 106
Zitronen-Beeren-Törtchen 252

Zucchinicreme 68
Krabben-Omelett 14
Fischröllchen auf Spinat 98
Joghurt-Eis mit Campari-Orangen-Sauce 253

Gebratener Spargel 17
Gebeizter Lachs 32
Gnocchi mit Mohnbutter 216
Lammragout 144
Pfirsich-Ingwer-Sorbet 241

Löwenzahn-Frisée-Salat 43
Schwarzwurzel-Gratin 168
Rumpsteak mit Sauce Bordelaise 139
Mascarpone-Schmarrn mit Mangopüree 243

Kalbsbries mit Tomatenvinaigrette 147
Kartoffel-Birnen-Gratin 210
Pochierte Lammschulter 153
Zitronen-Beeren-Törtchen 252

Carpaccio 29
Ravioli in Kräutersahne 204
Knusper-Brasse 116
Joghurt-Eis mit Campari-Orangen-Sauce 253

Rübchen-Soufflé 177
Kalbsleber mit Mango 146
Käse*
Müsli-Ahornsirup-Parfait 240

Carpaccio 29
Fenchel-Risotto 182
Gebratene Fischfilets mit Sauce Béarnaise 104
Gratiniertes Walnußeis 252

Zucchini-Salat mit gefüllter Zucchiniblüte 48
Lachsforelle im Teigmantel 118
Käse*
Joghurt-Flan mit Erdbeeren 235

Frühlingsgemüse 170
Kartoffel-Birnen-Gratin 210
Rehfilet mit Cassis-Sauce 136
Mousse au chocolat 236

Brunnenkresse-Salat 42
Tafelspitz mit Erbspüree 152
Käse*
Apfel-Karamel-Tarte 244

Urlaubsmenüs

Kochen wie unsere Nachbarn, Essen wie im sonnigen Süden: Mit Rezepten aus Italien, Frankreich, Spanien, Griechenland... (Nicht alle sind echte Originalrezepte, doch Menüfolgen, Zutaten und Zubereitungsarten orientieren sich eng an den jeweiligen Landessitten).

◆ Italienische Menüs:
Mozzarella mit Tomaten 12
Vitello tonnato 33
Risotto alla milanese 220
Ossobuco 145
Panna cotta 233

Geröstete Tomatenbrote 12
Carpaccio 29
Gemischter Blattsalat*
Ravioli in Kräutersahne 204
Crème au caramel 232

Antipasti-Platte 12
Thunfisch-Spaghetti 209
Gemüse-Eintopf mit Pesto 183
Tiramisu 232

Pikante Röstbrote 26
Fenchel-Risotto 182
Saltimbocca 130
Panna cotta 233

◆ Französische Menüs:
Warmer Ziegenkäse-Salat 15
Bouillabaisse 81
Orangen-Crêpes 242

Crudités 22
Geschmorter Thunfisch 116
Käse*
Mousse au chocolat 236

Vichyssoise 70
Kaninchenfilets mit Linsen 137
Käse*
Blätterteigschnitten 246

Käsesoufflés 28
Gemischter Blattsalat*
Coq au vin 140
Apfel-Karamel-Tarte 244

Artischocken mit Dips 23
Kalbsfrikassee 143
Käse*
Crème au caramel 232

Zwiebelsuppe 76
Gemischter Blattsalat*
Rumpsteak mit Sauce Bordelaise 139
Käse*
Mandelsoufflé 245

Kalbsbries mit Tomatenvinaigrette 147
Grüner Blattsalat*
Quiche Lorraine 218
Créme au caramel 232

Crudités 22
Cassoulet 80
Käse*
Pflaumen-Clafoutis 244

Warmer Ziegenkäse-Salat 15
Ratatouille 185
Lammkoteletts (ohne Okra) 136
Apfel-Karamel-Tarte 244

◆ Spanische Menüs:
Gazpacho 71
Paella 222
Crème au caramel 232

Krabben-Omelett 14
Hühnerleber-Pfanne 20
Geschmorter Thunfisch 116
Frisches Obst*

Champignon-Gratins 28
Kabeljau-Kartoffel-Ragout 102
Zitronengelee mit Feigen 234

◆ Griechische Menüs:
Griechischer Bauernsalat 50
Moussaka 180
Honigmelonen*

Gefüllte Weinblätter 24
Keftethes 128
Zitronengelee mit Feigen 234

Zitronen-Reissuppe 68
Gebratene Auberginen 50
Spinat-Pastete 186
Weintrauben*

Okra-Tomaten-Gemüse 182
Lammkoteletts (ohne Okra) 136
Mandelsoufflé 245

Griechischer Bauernsalat 50
Sardinen-Spieße 106
Obstsalat*

Sonntags-Klassiker

Traditionelle Gerichte, die immer wieder angenehm überraschen – und auch in völlig neuer Kombination Originalität beweisen!

Zucchinicreme 68
Forelle blau (mit Kartoffeln) 94
Grüner Blattsalat*
Apfel-Karamel-Tarte 244

Flädlesuppe 74
Tafelspitz mit Erbspüree 152
Bayerische Creme 230

Feldsalat mit Pilzen 58
Maultaschen 202
Joghurt-Flan mit Erdbeeren 235

Grießnockerlsuppe 74
Kasseler mit Endivien 138
Zitronen-Beeren-Törtchen 252

Käse-Soufflés 28
Leipziger Allerlei 178
Müsli-Ahornsirup-Parfait 240

Kohlrabi-Rohkost 44
Hacksteaks in Weinsauce 126
Kartoffelpüree 213
Rote Grütze 240

Brunnenkresse-Salat 42
Sauerbraten 151
Kräuter-Knödelchen (ohne Tomatensauce) 217
Schwarzwälder Vanillepudding 239

Endivien-Salat 54
Rinderrouladen 134
Kaffee-Pudding 238

Crudités 22
Zürcher Geschnetzeltes (mit Rösti) 133
Gratiniertes Walnußeis 252

Glasiertes Frühlingsgemüse 170
Cordon bleu 130
Tiramisu 232

Krabben-Omelett 14
Gemischter Blattsalat*
Gulasch (mit Nudeln oder Kartoffeln) 144
Zitronengelee mit Feigen 234

Käse-Soufflés 28
Königsberger Klopse 129
Rote Grütze 240

Gebeizter Lachs 32
Pichelsteiner 78
Orangen-Crêpes 242

Tomatensalat mit Bohnencreme 53
Kalbsfrikassee (mit Reis) 143
Mousse au chocolat 236

Spinatsalat mit Linsen 57
Entenbraten 148
Joghurt-Flan mit Erdbeeren 235

Käse und Weintrauben – das ideale Paar, um ein Menü raffiniert ausklingen zu lassen. Kombinieren Sie für die Käseplatte milde und pikante, feste und weiche Sorten, damit für jeden Geschmack etwas dabei ist. Zum Beispiel: Tomme de Savoie (halbfester, milder Schnittkäse), Gorgonzola (Edelpilzkäse), alter Gouda (kräftig aromatischer Schnittkäse), Paglietta (italienischer Weichkäse), verschiedene Ziegenkäse.

Garen mit Methode

»Keine Bange – hier wird auch nur mit Wasser gekocht!« Lassen Sie sich nichts vormachen, wenn Sie diesen tröstlichen Spruch hören. Er stimmt nämlich keineswegs, daß Kochen gleich Kochen ist. Einer der häufigsten Stolpersteine zum perfekten Kochvergnügen ist das pure Wasser: Ob es nun reichlich übersprudelt, eiskalt abschreckt oder sanft siedet – immer steckt bewußtes Kalkül dahinter. Die kleinen und großen Pannen in der Küche, von zerfallenen Kartoffeln bis zum zähen Schnitzel, lassen sich in vielen Fällen verhindern: Die richtige Garmethode wählen!

Kochen • Sieden • Blanchieren

Kochen – In reichlich sprudelndem Wasser bei 100° garen. Kalt ansetzen: zum Beispiel Knochen auskochen, Hülsenfrüchte ausquellen lassen. Ins kochende Wasser geben: Spaghetti auf den Punkt garen.
Sieden – Das Wasser perlt leise vor sich hin. Zum Garen von Siedfleisch, Klößen, Nocken.
Blanchieren – Minutenkurzes Kochen in sprudelndem Wasser. Ideale Vorbereitung für Gemüse. (Ziel: Enzymwirkung wird gestoppt, Vitamine und Mineralstoffe werden besser erhalten.) Danach wird kalt abgeschreckt, um den Garprozeß zu unterbrechen und die natürliche Farbe zu erhalten.
• **Kochgeschirr:** großer Topf mit Deckel. Wichtig: Das Wasser soll schnell und energiesparend erhitzt, die Temperatur dann konstant gehalten werden. Ideal: Rostfreier Edelstahl-Topf mit Thermic-Boden aus wärmeleitendem Aluminium.

Der Clou sitzt im Deckel: Je nach Stellung des Griffs ist der Topf einsatzfähig für verschiedenste Funktionen. Zum Abgießen von Flüssigkeit oder zum Abdampfen wird der Deckel nicht abgenommen, sondern der Griff einfach in Brückenstellung gedreht (Bild links). Fest geschlossen ist der Topf, wenn der Deckel um 90° gedreht wird (Bild Mitte). Der Schüttrand und die rutschfesten Griffe machen das Abgießen von Suppe zum Kinderspiel – ohne Kleckern und Topflappensuche (Bild rechts).

Pochieren • Garziehen lassen

Die Wassertemperatur liegt knapp unterm Siedepunkt, kurz vorm Aufwallen (etwa 80°). Fisch, Eier, zartes Geflügel oder Fleisch ziehen langsam gar. Am besten das Wasser erst aufkochen, dann das Gargut einlegen und gleichzeitig die Hitze verringern. Nicht mehr aufkochen!
• Kochgeschirr: großer Edelstahl-Topf mit Deckel, wie oben.

Dünsten

Die Wassermenge spielt nicht mehr die Hauptrolle: Gemüse, Fisch, zartes Fleisch oder Geflügel wird in wenig Flüssigkeit gegart. Mitwirkende beim milden Garen sind außerdem:
1. Der Wasserdampf, der sich im geschlossenen Topf verteilt.
2. Der austretende Saft des Gargutes, der sich mit dem Wasser mischt und die Grundlage für die Sauce liefert.
3. Ein Löffelchen Butter oder Öl zur Abrundung des Aromas.
• Kochgeschirr: Pfanne oder breiter Topf aus hochwertigem Edelstahl mit besonders formstabilem, superstarkem Sandwichboden und gut schließendem Deckel.

Dämpfen

Keine direkte Berührung mehr mit dem Wasser, nur im aufsteigenden Dampf garen völlig sanft taufrische Gemüse, Fisch, zartes Fleisch und Geflügel, Reis oder Hefeklöße.
• Kochgeschirr: großer Edelstahl-Topf mit Siebeinsatz und gut schließendem Deckel.

Garen im Wasserbad

Das Wasser ist nur noch Mittel zum Zweck: da es nie heißer als 100° wird, gibt es seine garantiert milde Wärme indirekt zum Beispiel über die Wasserbadschüssel an die Speise ab. Für schaumige Saucen aus Eiern oder Sahne, zum Schmelzen von Schokolade, zum Garen von Pudding oder Terrinen.
• Kochgeschirr: ausreichend großer Topf mit Deckel, Wasserbadschüssel oder Formen für Pudding oder Terrinen.

Garen in der Folie

Ein Hauch von Fett kommt nun ins Spiel. Alu- oder Bratfolie werden vorm Füllen dünn damit bestrichen. Fleisch, Fisch und Gemüse sind in dieser Verpakkung vorm Austrocknen geschützt. Einzig flüssiges Element beim Garen ist der austretende Saft des Gargutes. Die Folienpakete immer auf kaltem Rost in den vorgeheizten Backofen schieben.

Kurzbraten • Pfannenrühren • Braten

Ideal für relativ wasserarme Produkte wie kerniges Fleisch. Beim Einkauf unbedingt auf gut abgehangenes Rindfleisch, nicht zu blasses Schweinefleisch achten! Perfekt sind marmorierte, von feinen Fettadern durchzogene Stücke.
Kurzbraten – Steaks, Schnitzel, Koteletts in sehr heißem Fett scharf anbraten (die Poren schließen sich), bei milder Temperatur garziehen lassen (die würzige Kruste entsteht, das Fleisch bleibt innen zart).
Pfannenrühren – Fleisch, Fisch oder Gemüse in feine Streifen schneiden, unter ständigem Rühren in heißem Fett sekundenschnell braten.
Braten – große Fleischstücke rundum scharf anbraten, im Backofen fertiggaren. Die Zugabe von Wasser (in die Fettpfanne schütten) dient nur dazu, um Dampf zu machen. Den Braten im ausgeschalteten Ofen oder in Folie gewickelt 10 Min. nachziehen lassen.
• Kochgeschirr: Die richtige Pfanne (siehe unten), Wok oder Bräter.

Für krosses Anbraten: Robuste, unversiegelte Pfanne aus rostfreiem Edelstahl oder Stahlemail in schwerer Qualität. Für Fleisch und Geflügel.
Für fettarmes Braten: Pfanne mit Grill-Bratfläche, in der sich das Fett optimal verteilt – zum Beispiel für Steaks.
Fürs Braten ohne Fettzusatz: Aluminium-Pfanne mit Antihaft-Versiegelung. Ideal für alles Feine und Empfindliche wie Fisch oder Eier.
Für längeres Braten: Schwere Aluminium-Pfanne mit Antihaft-Versiegelung, gute Wärmeleitung bei gleichzeitig bester Wärmespeicherung. Für deftige Gerichte wie Bratkartoffeln. Oder eine schwere Edelstahl-Pfanne mit Sandwichboden, ideal für Fleischgerichte.

Fritieren

Fett hat das Wasser völlig verdrängt: Große Mengen davon werden sehr hoch erhitzt, bis kleine Bläschen an einem Kochlöffelstiel aufsteigen (etwa 180°). Fleisch, Fisch, Gemüse, Obst, von einem Teigmantel umhüllt oder paniert, bilden im Hitzeschock sofort eine knusprige Schutzhülle, die ein weiteres, unerwünschtes Eindringen von Fett verhindert.
• Kochgeschirr: schwerer Topf mit Korbeinsatz oder Friteuse.

Schmoren

Wenig Fett, etwas Flüssigkeit und viel Zeit – das ist das Grundrezept für Schmorbraten und Ragouts. Kleine oder große Fleischstücke erst rundum kräftig in heißem Fett oder Öl anbraten, dann würzen, Wasser, Wein oder Brühe angießen. Im fest verschlossenen Topf bei geringster Hitze ganz langsam schmoren lassen. Auch Derbes wird auf diese Art mürbe.
• Kochgeschirr: schwerer Schmortopf aus Edelstahl mit superstarkem Thermic-Boden. Wichtig: gute Wärmespeicherung bei fest schließendem Deckel. Auch energiesparende Schnellkochtöpfe sind dafür gut geeignet.

Überbacken • Gratinieren

Auflauf: Eventuell vorgegarte Zutaten in eine feuerfeste Form schichten und im Backofen bei mittlerer Hitze fertig garen oder stocken lassen.
Gratin: Fertiges Gericht bei starker Oberhitze goldbraun mit Käse überbacken – gratinieren.

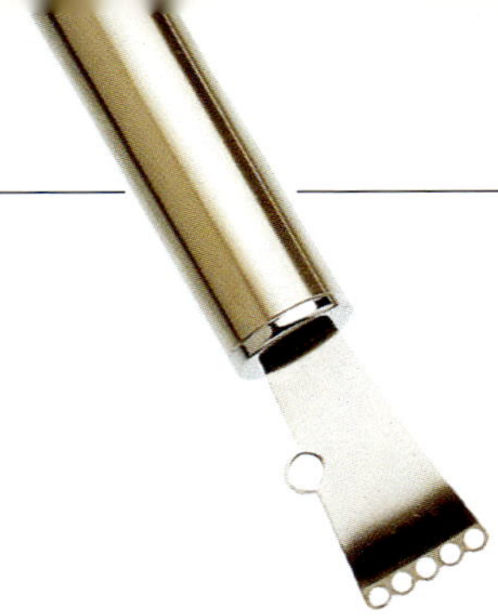

Alles im Griff

Die schönen Dinge des Lebens, die haben doch meistens einen Haken. Entweder es funktioniert etwas reibungslos und läuft nach Plan, oder es ist nur rein äußerlich tipptopp. Beides zu vereinen kostet uns einiges – an Phantasie! Werfen wir zum Beispiel einen Blick in die Küche. Gemütlich ist sie ja, die schmale oder breite, lange oder kurze Nische, in der alles Platz hat, auch wenn man's nie auf Anhieb findet. Der neue Designer-Schlagkessel: Wie blendend er heute wieder aussieht! Im Moment allerdings stört er nur – so dekorativ plaziert am Rande der Arbeitsfläche, die jetzt zum Teigkneten gebraucht wird. Dennoch: Rasch das Mehl in die Schüssel, Eier und Salz dazu. Mit dem Teigrädchen die Ravioli ausradeln und ins sprudelnde Wasser mit den Leckerbissen. Den Schaumlöffel her, ein Sieb zum Abtropfen, und nebenbei brodelt die dicke Tomatensauce im Topf. Köstlich, diese Vorfreude! Kochen macht ja plötzlich Spaß!? Keine Frage – vorausgesetzt, das Rezept stimmt. Und vorausgesetzt, das Handwerkszeug ist in Ordnung. So in Ordnung, daß alles sekundenschnell zur Hand ist: Rührschüssel und Teigrädchen, Schaumlöffel, Sieb und Topflappen. Und natürlich auch der Schlagkessel.

Die offene Küche

Die Wegwerfgesellschaft ist out, solide und langlebig wünschen wir uns die Dinge, die uns umgeben. Es animiert und ist schön, wenn alles wie aus einem Guß zusammenpaßt. Es spart Zeit, Platz und Nerven, wenn alles sinnvoll aufgeräumt ist. Es erleichtert die Küchenarbeit, wenn die Geräte von bester Qualität sind. Die Küche von heute verzichtet aufs Versteckspielen: Offenheit ist Trumpf. Was sich in Schränken und Schubladen verbirgt, wird selten genutzt. Was an Haken baumelt, an Magnetleisten sitzt, in verschiebbaren Ablagen bereitsteht, weckt Interesse und hilft neuen Ideen auf den Sprung. Ist die Umgebung streng und unverrückbar, erstarrt auch das Kochvergnügen. Flexibel und formschön soll sie sein, die Ordnung in der Küche. Dann nämlich fehlen wirklich nur noch die Lieblings-Rezepte.

Nützliches Küchenwerkzeug

Küchenwerkzeuge müssen kontaktfreudig sein – denn alles Eßbare kommt mit ihnen in Berührung. Geschmacksneutral, rostfrei und unempfindlich gegen Säuren ist das hochwertige Material für Schöpflöffel, Backschaufel, Küchensieb & Co. (Übrigens: Schlichter Chromstahl erfüllt diese Voraussetzung nicht, rundum tadellos sind nur Geräte aus Chromnickelstahl.) Eine fugenlose Verarbeitung verhindert, daß sich Schmutz in kleinen Ecken und Winkeln sammelt, erleichtert das Abspülen und sorgt für optimale Hygiene. Außerdem sind Niet-, Löt- und Schweißstellen die empfindlichsten Schwachpunkte eines Gerätes, dort bricht es am leichtesten ab. Sauberer, stabiler und schöner sind grundsätzlich alle Küchengeräte, die in einem Stück gearbeitet werden.
Und nun zu den (übrigens rein positiven) Haken an der Sache: Die praktische Aufhängung der einzelnen Küchengeräte ermöglicht eine individuelle Gestaltung Ihrer Kochlandschaft. An fest installierten Normleisten arrangieren Sie all das, was Ihnen ohne langes Suchen in die Finger kommen soll. Wichtige Arbeitsflächen sind nicht mehr blockiert und bieten Bewegungsfreiheit. Völlig entspannt und aufgeräumt können Sie mit dem Kochen beginnen – und ihren Gästen putzmunter die Tür öffnen.

Grundausstattung

Die Küchenwerkzeuge sollten aus hochwertigem, pflegeleichtem Edelstahl gearbeitet sein, mit stabilen Griffen und praktischen Aufhängehaken.

Nur der hölzerne Klassiker zum Rühren tanzt aus der Reihe: **Kochlöffel** – zum Umrühren von Saucen, Suppen, Gemüse. In verschiedenen Größen und Stärken. Vielseitig und robust, aber nicht spülmaschinenfest.

Schöpflöffel – in verschiedenen Größen und Stiellängen. Ein Schüttrand verhindert Kleckern und Abtropfen von Saucen. Zum Dosieren und Schöpfen.

Schaumlöffel – in verschiedenen Größen und Stiellängen. Zum Herausheben und Abtropfen lassen.

Pfannkuchenschaufel – mit großem und vorne abgerundetem Blatt zum Wenden und Abheben von Fleisch, Fisch, Bratkartoffeln, Pfannkuchen.

Backschaufel – mit breit auslaufendem Blatt zum Wenden von Fleisch, zum Zerkleinern von Mehlspeisen, zum Portionieren von Aufläufen.

Gekröpfte Sandwich-Palette mit Lochung – durch die Löcher kann das Fett gut abtropfen, zum Herausheben einzelner Portionen.

Wasserbadschüssel – zum Aufwärmen und Abkühlen von allem, was nicht direkt mit Wasser in Berührung kommen soll: Schokolade schmelzen, Aufschlagen von empfindlichen Saucen. Wichtig für sicheres Arbeiten sind eine breite Auflage und ein stabiler Griff.

Wichtige Spezialgeräte

nach Wunsch und Bedarf zu ergänzen:
• Sparschäler (zum sparsamen Schälen von Kartoffeln, Möhren, Gurken),
• Kugelausstecher (um Gemüse und Obst dekorativ in Form zu bringen),
• Fruchtentkerner (zum Aushöhlen von Obst, zum Entkernen von Äpfeln),
• Fadenschneider (zum Abziehen feiner Schalenstreifen von Zitrusfrüchten),
• Gemüseaushöhler (zum Entkernen von Gurken, Zucchini),
• Teigrädchen (zum mühelosen Zurechtschneiden von Teig).

Verschiedene Drahtbesen – mit spezieller Griffabdichtung und stabiler Verankerung der Drähte:
• Schneebesen (zum Aufschlagen von Sahnesaucen und Cremes),
• Ballonbesen (besonders bauchig geformte Drähte, durch die reichlich Luft zugeschlagen wird. Zum Aufschlagen von Speisen mit leichter Konsistenz, zum Beispiel Eischnee),
• Tellerbesen (zum Verquirlen von Rührei, Untermischen von Kräutern, Herausheben von Gemüse),
• Schlagbesen (mit stabilem, dickem Griff und sehr dicht stehenden Drähten. Für festere Speisen).

Meßbecher – in mehreren Größen. Mit gut lesbarer Meßskala und umlaufendem Schüttrand.

Küchensiebe – in unterschiedlichen Größen. Zum Abgießen von Brühen und Fonds, zum Feinpassieren und Blanchieren kleiner Mengen, zum Bestäuben mit Puderzucker.

Durchschlag – Zum Abseihen und Abtropfen von Teigwaren, Gemüse, Salat. Mit breiter Auflage und langem, stabilem Stiel.

Spitzsieb – zum Abpassieren von Saucen und Suppen. Mit sehr feiner Lochung und einem Auflagebügel zum Einhängen in den Topf.

Zitronenreibe und Käsereibe – stabil gearbeitet, nicht zu schwer, mit nachbehandelten, messerscharfen Schnittkanten.

Schneeschlagkessel – Edelstahlschüssel in Halbkugelform, zum Aufschlagen von Eischnee, Sahnesaucen, Cremes. Ideal mit einem Haltegriff und einer Daumenauflage. Ein passender Stellring verhindert das Wegrutschen der Schüssel.

Beweglichkeit rundum: Wichtige Küchenutensilien finden an fest montierten Edelstahlleisten Platz – und können mit einem Handgriff verschoben oder ausgewechselt werden.

Der letzte Schliff

Die Ausstatter moderner Küchen geben sich alle Mühe. Bis zur kleinsten Schraube werden Geräte, Möbel, Maschinen aufeinander abgestimmt, Formen und Farben harmonisch kombiniert, schlichtweg keine Kosten gescheut, um das zu bieten, was jeder will: Vergnügliches Kochen. Die schöne Umgebung trägt dazu sicherlich ihr Scherflein bei. Nicht selten hört der Spaß aber auch gleich wieder auf – beim Putzen von Gemüse, beim Schälen von Kartoffeln, beim Schnetzeln von Fleisch. Und zwar dann, wenn ein entscheidendes Element der Traumküche fehlt:
Das richtige Messersortiment!

Gute Messer und Profis sind aus dem gleichen Holz geschnitzt: Beide sind zuständig für eine spezielle Arbeit und erledigen diese absolut perfekt. Beim Messer kommt es zunächst mal auf die Klinge an. Sie ist bei hochwertigen Kochmessern in einem Stück aus rostfreiem Stahl geschmiedet, sorgfältig geschliffen und so gleichmäßig gehärtet, daß Gefügespannungen vermieden werden. Ob die Klinge schmal oder breit, klein oder groß, starr oder flexibel, mit oder ohne Wellenschliff ist, das hängt davon ab, wofür das Messer in der Küche eingesetzt werden soll: Zum Hacken oder Stifteln, Tranchieren oder Zerlegen, Entbeinen, Schälen oder Filieren. Fast ebenso wichtig ist der Griff, denn das Messer muß gut und sicher in der Hand liegen. Im Idealfall sind Klinge, Fingerschutz und Angel aus einem Stück gearbeitet.

Die Grundausstattung

findet Platz in einem Messerblock, in dem sich die Messer besonders sicher aufbewahren lassen. Empfehlenswert sind auch offene Magnetleisten, die einen schnellen Zugriff ermöglichen. Mit folgender Grundauswahl können Sie die wichtigsten Vorbereitungsarbeiten in der Küche problemlos erledigen.

Officemesser (Klingenlänge 9 cm): Das kleine, unentbehrliche Küchenmesser zum Schälen, Putzen, Schneiden von Gemüse und Obst.

Tranchelard (18 cm): Das Fleischmesser mit glatter Klinge, für dicke bis hauchdünne Scheiben von Fleisch, Schinken, Wurst.

Tranchelard mit Wellenschliff (21 cm): Die Zacken des Wellenschliffs dringen mühelos in krustige und feste Oberflächen ein – zum Aufschneiden von Brot, Tomaten, Früchten.

Kochmesser (21 cm) : Das Universalmesser mit breiter Klinge. Mit dem vorderen, spitz zulaufenden Teil lassen sich zarte Gemüse wie Möhren, Zucchini, Zwiebeln in Scheiben oder Würfel schneiden. Der mittlere Teil ist für den Wiegeschnitt zuständig – etwa beim Zerkleinern von Kräutern. Das hintere, breite Ende der Klinge ist ideal zum Putzen von sehr festem Gemüse, zum Beispiel zum Abtrennen der Strünke bei Kohlköpfen oder Knollensellerie.

Fleischgabel (15 cm): Sie ist zum einen wichtige Partnerin des Tranchelards – beim Aufschneiden von Braten oder Geflügel. Außerdem hilft sie beim vorsichtigen Wenden eines Fleischstückes nach dem Anbraten.

Nützliche Ergänzungen

Wer viel und gerne kocht, verspürt recht bald den Wunsch, das Aufgebot komplett zu machen. Die sinnvollsten Ergänzungen sind:

Filiermesser (18 cm): Für Fischfreunde ein Muß! Mit der flexiblen Klinge lassen sich Fischfilets ganz einfach, sauber und grätenfrei auslösen.

Ausbeinmesser (13 cm): Die schmale spitze Klinge ist für die bevorstehende Arbeit mit einem stabilen Griff versehen, der gut und sicher in der Hand liegt. Zum Auslösen von Knochen, zum Entfernen von Sehnen und Fett.

Buntschneidemesser (10 cm): Mit der »Zick-Zack«-Schneide können Sie schnell dekorative Scheiben aus Gemüse und Obst schneiden – zum Garnieren von Salaten, kalten Platten.

Winkelpalette*:* Neben der geraden Palette (mit der Sie zum Beispiel Tortenböden durchschneiden), ist die abgewinkelte Variante zweckmäßig für das Wenden oder Abtrennen einzelner Portionen in kleinen Pfannen oder Kasserollen.

Kochmesser (26 cm): Mit der langen und schweren Klinge lassen sich viele Schneidearbeiten noch wesentlich leichter ausführen als mit den kleineren Kochmessern, zum Beispiel das schonende Zerkleinern von Kräutern, das feine Hacken von Zwiebeln.

Wetzstahl (25 cm): Nicht etwa, weil er unwichtig wäre, steht er an letzter Stelle – das Nachschärfen ist beim Qualitätsmesser ein absolut unerläßliches Kapitel. Alle Kochmesser mit glatter Klinge sollten Sie ab und zu über den Stahl ziehen: Dazu die Klinge abwechselnd von der einen, dann von der anderen Seite in kleinem Winkel an den Stahl anlegen und mit einer kräftigen Bewegung nach unten ziehen, je nach Bedarf mehrere Male hintereinander. Alle Kochmesser, unter Umständen auch die mit Wellenschliff, sollten ab und zu komplett neu nachgeschliffen werden, spätestens, wenn Sie mit dem Wetzstahl nicht mehr die gewünschte Schärfe erzielen. Hochwertige Messer aber bitte nicht vom Scherenschleifer holen lassen, sondern nur zum Fachhändler bringen. Er allein bietet die Garantie, daß Sie auch danach noch gut abschneiden.

Kochmesser

Wetzstahl

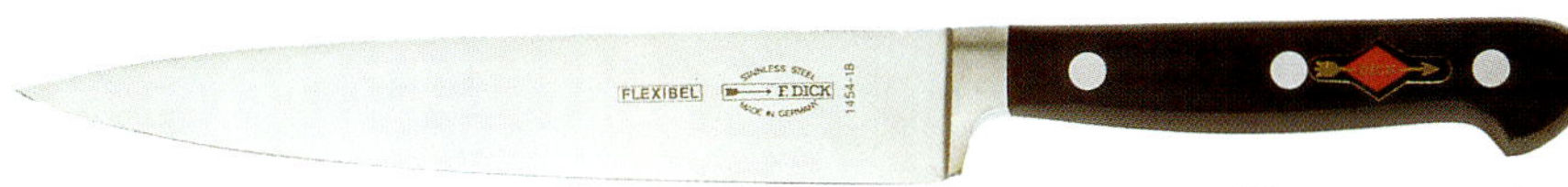
Filiermesser

Buntschneidemesser

Ausbeinmesser

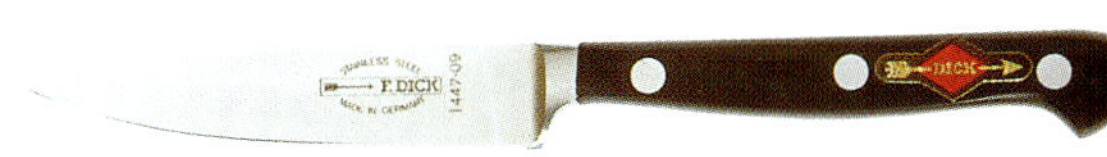
Officemesser

Fleischgabel

Tranchelard

Winkelpalette

Zahlen und Zeiten

Mengenlehre für Ihre Menüplanung

Die angegebenen Mengen sind als Anhaltspunkte zur Orientierung gedacht und nicht etwa exakte Zahlen, an die Sie sich stur halten sollen. Erfahrungsgemäß essen einige Gäste mehr Suppe oder Gemüse, andere vielleicht mehr Fleisch oder Fisch als vorgesehen. Bei einer großen Gästerunde können Sie außerdem davon ausgehen, daß sich hungrige Schlemmer und zurückhaltende Genießer kunterbunt mischen – es passiert selten, daß Sie für 20 Gäste genau 20mal soviel kochen müssen wie in der Liste unten angegeben – meist bleiben Reste übrig. Speziell beim Buffet sollten Sie sehr empfindliche Speisen eher knapp bemessen und dafür andere reichlicher einplanen.

Durchschnittliche Mengen für 1 Portion

Suppe	
als Vorspeise	200 ml
als Hauptgericht	½ l
Blattsalat (Einkaufsgewicht)	
als Vorspeise oder Beilage	40–50 g
Fisch	
ganze Fische	300 g
Filets	150 –200 g
Fleisch und Geflügel	
mit Knochen	250 g
ohne Knochen	150–200 g
Hackfleisch	125 g
Gemüse (Einkaufsgewicht)	
als Beilage	250 g
als Hauptgericht	400 g
Nudeln und Reis (roh gewogen)	
als Beilage	50 g
als Hauptgericht	100 g
Kartoffeln (Einkaufsgewicht)	
als Beilage	200 g
als Hauptgericht	350–400 g
Dessert	
Früchte	150 g
Cremes	150 g
Eis	100 g

Durchschnittliche Mengen für 20 Portionen (Buffet)

Kleine Häppchen	100 Stück
Suppe	4 l
Salat aus Nudeln, Reis, Kartoffeln	2 kg
Fleisch, Geflügel, Fisch	3 kg
Brot	4 kg
Käse	2 ½ kg
Dessert (Obstsalat oder Creme)	4 kg

Getränke

Hierfür das rechte Maß zu finden, fällt oft schwerer als die Berechnung der Essensportionen. Wieviel Gläser Wein, wieviel Flaschen Bier ein Gast trinkt, ist kaum voraussehbar. Kaufen Sie am besten reichlich ein, was übrigbleibt, schmeckt ja auch noch bei der nächsten Gelegenheit. Ganz wichtig ist ein gehöriger Vorrat an Mineralwasser und einige Säfte zum Mischen. Auch als Aperitif sollten Sie mindestens ein alkoholfreies Getränk bereithalten, zum Beispiel das campariähnliche »Bitter Kas« oder ein erfrischendes, fruchtiges Mixgetränk.

Maße und Gewichte

Abkürzungen
EL = Eßlöffel
TL = Teelöffel
Msp. = Messerspitze

Löffelweise gewogen

1 EL Öl	10 g
1 EL Butter	10 g
1 EL Sahne	10 g
1 EL Crème fraîche	15 g
1 EL Mehl	10 g
1 EL Semmelbrösel	10 g
1 EL Stärke	10 g
1 EL Reis	15 g
1 EL Salz	15 g
1 TL Salz	5 g
1 EL Zucker	15 g
1 TL Zucker	5 g
1 EL Honig	20 g
1 EL gemahlene Nüsse	5 g
1 EL gehackte Nüsse	10 g
1 EL gehackte Kräuter	5 g
1 EL Senf	15 g
1 EL Tomatenmark	15 g

Backofen-Temperaturen

Mit Temperaturschwankungen bis zu 30% müssen Sie unter Umständen bei allen Herdtypen rechnen – wer ganz sicher gehen will oder den eigenen Herd nicht gründlich kennt, sollte die Einstellung mit einem Backofen-Thermometer testen!

Elektro-Herd	Gas-Herd
150°	Stufe 1
175°	Stufe 2
200°	Stufe 3
225°	Stufe 4
250°	Stufe 5

Zeit sparen

Wenn die Zeit drängt, ist es mit dem Spaß beim Kochen schnell vorbei. Mit den richtigen Mitteln ersparen Sie sich jede Menge: unlustige Wartestunden und wertvolle Energie!

Mikrowelle
Zeitsparende Garmethode mit Hilfe elektromagnetischer Wellen. Der Wassergehalt eines Lebensmittels entscheidet über die Tauglichkeit: Die Speise wird dadurch erhitzt, daß die Wassermoleküle in Bewegung geraten und Reibungswärme produzieren. Ideal zum raschen Erhitzen kleiner Portionen und zum schnellen und schonenden Auftauen – letzteres allerdings geht zu Lasten des Energieverbrauchs. Kombi-Geräte, mit Unter- und Oberhitze, Umluft oder Grill ergänzt, eignen sich auch zur Zubereitung von kompletten Mahlzeiten.

Schnellkochtopf
Zeitsparendes Garen in einem fest verschlossenen Spezialtopf bei Temperaturen bis fast 120°. Der hohe Druck im Topf ist dafür verantwortlich, daß die magische Schwelle von 100° überschritten wird. Die kurze Garzeit im feuchten Dampf wirkt sich günstig auf die Erhaltung von Aroma- und Nährstoffen und natürlich auf den Energieverbrauch aus.

Garzeiten für große Braten im Backofen (Pro 500 g Fleisch)

Rind	ohne Knochen	mit Knochen
blutig bis rosa	8–10 Min.	10–12 Min.
halb durchgebraten	10–12 Min.	12–15 Min.
durchgebraten	15–18 Min.	18–20 Min.

(bei 250° anbraten, bei 175° weiterbraten)

Kalb
durchgebraten 20–25 Min. (mit und ohne Knochen)
(Bei 200° anbraten, bei 175° fertigbraten)

Schwein
durchgebraten 25 Min. (mit und ohne Knochen)
(Bei 200° anbraten, bei 175° fertigbraten)

Rezept- und Sachregister

L

M

N

O

P

Q

R

S

T

U

V

W

Z

Kleiner Küchendolmetscher

hochdeutsch	österreichisch / süddeutsch	schweizerisch
Aprikosen	Marillen	Aprikosen
Auberginen	Melanzane, Eierfrüchte	Auberginen
Blumenkohl	Karfiol	Blumenkohl
Bouillon, Fleischbrühe	Klare Suppe, Rindssuppe	Bouillon
Brathuhn	Poulet, Brathendl	Poulet
Brötchen	Semmeln, Weckerl	Weggli
Eierpfannkuchen	Palatschinken	Omeletten
Eigelb	Eidotter	Eigelb
Eiscreme	Gefrorenes	Speiseeis
Eiweiß	Eiklar	Eiweiß
Feldsalat	Vogerlsalat	Nüßlisalat
Filet	Lungenbraten	Filet
Geräuchertes	Geselchtes	Geräuchertes
Graupen	Rollgerste, Gerstl	Graupen
Grüne Bohnen	Grüne Fisolen	Grüne Bohnen
Hackfleisch	Faschiertes	Hackfleisch
Hähnchen	Hendl	Güggeli
Hammelfleisch	Schöpsernes	Lammfleisch, Schaffleisch
Hefe	Germ	Hefe
Hefevorteig	Dampfl	Vorteig
Johannisbeeren	Ribisel	Trübeli
Kalbsmilch, Bries	Bries	Milken
Kartoffeln	Erdäpfel	Kartoffeln
Kartoffelpüree, Kartoffelbrei	Püree, Stock	Stock
Kartoffelpuffer	Reiberdatschi	Kartoffelküchlein
Kasseler	Selchkarree	Rippli
Klöße	Knödel	Klöße
Kopfsalat	Häuptelsalat	Kopfsalat
Lauch, Porree	Porree	Lauch
Löffelbiskuit	Biskotten	Löffelbiskuit
Maiskolben	Kukuruz	Maiskolben
Meerrettich	Kren	Meerrettich
Möhren	gelbe Rüben	Rübli
Paniermehl	Semmelbrösel	Paniermehl
Pellkartoffeln	Kartoffeln in der Schale	Gschwellti
Pfifferlinge	Eierschwammerl	Eierschwämme
Pilze	Schwammerln	Pilze
Puderzucker	Staubzucker	Staubzucker
Puter	Indian, Truthahn	Truthahn
Quark	Topfen	Quark
Rindfleisch, gekocht	Siedfleisch	Siedfleisch
Rosenkohl	Kohlsprossen	Rosenkohl
Rote Bete	Rote Rüben, Rahnen	Randen
Rotkohl	Blaukraut	Rotkraut
Rouladen	Fleischvögerl	Fleischvögel
Sahne, saure	Rahm	saurer Rahm
Sahne, süße	Obers	Rahm
Sauerkirschen	Weichseln	Weichseln
Spätzle	Nockerln	Knöpfli
Suppengrün	Wurzelwerk	Suppengrün
Tomaten	Paradeiser	Tomaten
Walnüsse	Baumnüsse	Baumnüsse
Weißkohl	Weißkraut	Kabis
Wirsing	Kohl	Wirz

Appetit auf mehr?

ISBN 978-3-8338-2526-2

ISBN 978-3-8338-2049-6

ISBN 978-3-8338-2307-7

ISBN 978-3-8338-2630-6

ISBN 978-3-8338-1677-2

ISBN 978-3-8338-2627-6

e Auch als eBook erhältlich.

Mehr von GU auf **www.gu.de** und
facebook.com/gu.verlag

GU
Willkommen im Leben.

Wichtige Hinweise

Kaufen Sie möglichst nur gereinigtes Getreide. Denn Schmutz und Unkrautsamen (vor allem Samen der giftigen Kornrade) dürfen nicht enthalten sein. Das gleiche gilt für das heute wieder häufiger auftretende Mutterkorn. Es entsteht durch einen Pilz, der vor allem den Roggen befällt. Das violettschwarze, innen schneeweiße Mutterkorn ähnelt einem stark vergrößerten, leicht gebogenem Getreidekorn. In größeren Mengen verzehrt, ruft es lebensgefährliche Vergiftungen hervor. Fragen Sie Ihren Händler, ob das Getreide durch eine Reinigungsanlage gelaufen ist, denn dann können Sie sicher sein, daß es keinen Schmutz oder Mutterkorn enthält.

Essen Sie Schoten und Samen von Hülsenfrüchten nie roh. Erst durch ausreichendes Garen wird das darin enthaltene natürliche Gift, das Phasin, unschädlich gemacht. Beim Keimen wird dieses Gift nur teilweise abgebaut; deshalb sollten Sie auch Sojabohnenkeimlinge nicht zu oft und grundsätzlich kurz erhitzt oder blanchiert essen.

www.facebook.com/gu.verlag

Syndication:
www.jalag-syndication.de

Titelbild

Ein Dankeschön an die Firma bulthaup GmbH & Co Küchensysteme

DAS ORIGINAL MIT GARANTIE GU

Unsere Garantie

Alle Informationen in diesem Ratgeber sind sorgfältig und gewissenhaft geprüft. Sollte dennoch einmal ein Fehler enthalten sein, schicken Sie uns das Buch mit dem entsprechenden Hinweis an unseren Leserservice zurück. Wir tauschen Ihnen den GU-Ratgeber gegen einen anderen zum gleichen oder ähnlichen Thema um.

Liebe Leserin, lieber Leser,

wir freuen uns, dass Sie sich für ein GU-Buch entschieden haben. Mit Ihrem Kauf setzen Sie auf die Qualität, Kompetenz und Aktualität unserer Ratgeber. Dafür sagen wir Danke! Wir wollen als führender Ratgeberverlag noch besser werden. Daher ist uns Ihre Meinung wichtig. Bitte senden Sie uns Ihre Anregungen, Ihre Kritik oder Ihr Lob zu unseren Büchern. Haben Sie Fragen oder benötigen Sie weiteren Rat zum Thema? Wir freuen uns auf Ihre Nachricht!

Wir sind für Sie da!
Montag–Donnerstag:
8.00–18.00 Uhr;
Freitag: 8.00–16.00 Uhr
Tel.: 08 00/7 23 73 33
Fax: 08 00/5 01 20 54
(kostenlose Servicenummern)
E-Mail:
leserservice@graefe-und-unzer.de

P.S: Wollen Sie noch mehr Aktuelles von GU wissen, dann abonnieren Sie doch unseren kostenlosen GU-Online-Newsletter.

GRÄFE UND UNZER VERLAG
Leserservice
Postfach 86 03 13
81630 München

Autoren und Fotografen

Sabine Sälzer
Kulinarische Themen für den Alltag attraktiv zu machen: Das sind die Hintergedanken einer Autorin, die ihre Wurzeln im Feinschmeckerland Baden hat und ihre Neigung zum Schreiben und Kochen erst nach ihrem Ökotrophologie-Studium entdeckte – in den Redaktionsräumen und der Versuchsküche der größten deutschen Kochzeitschrift. Nach fast 5 Jahren wechselte sie im Oktober 1988 zum Gräfe und Unzer Verlag, um ihre Ideen künftig in Bücher umzusetzen. Im April 1991 erschien ihr erstes Werk bei GU: »Die echte italienische Küche«, in Co-Produktion mit Reinhardt Hess.

Angelika Ilies
Wahlmünchnerin mit Hamburger Kennzeichen, arbeitet engagiert und erfolgreich als freie Autorin und Food-Journalistin. Der Start in die Karriere begann direkt nach dem Ökotrophologie-Studium – mit einem Umweg über London, wo sie in einem renommierten Verlag Redaktionsalltag erlebte und gleichzeitig die internationale Küche beschnupperte. Zurück im eigenen Land stärkte sie 4 1/2 Jahre lang das Kochressort der größten deutschen Foodzeitschrift; seit 1989 verdient sie sich Sporen und Brötchen in Eigenregie.

Pete A. und Susanne Eising
haben sich ausschließlich auf Food-Fotografie spezialisiert. In ihrem Studio für Lebensmittelfotografie entstehen anspruchsvolle Food-Aufnahmen. Zum Kundenkreis gehören Werbeagenturen und Industrieunternehmen, Zeitschriftenredaktionen und Kochbuchverlage. Um den Service abzurunden, ist an das Studio eine Bildagentur mit Sitz in München und in der Schweiz angeschlossen, selbstverständlich mit dem großen Hauptthema Food. Sowohl im Studio als auch in der Küche sind nur Profis beschäftigt. Neben Pete A. Eising und Susanne Eising hat an diesem Buch Martina Görlach mitgearbeitet. Sie war für die Requisite zuständig und wirkte auch an der fotografischen Gestaltung mit.

Impressum

© 1996 GRÄFE UND UNZER VERLAG GmbH, München
Alle Rechte vorbehalten. Nachdruck, auch auszugsweise, sowie Verbreitung durch Film, Funk, Fernsehen und Internet, durch fotomechanische Wiedergabe, Tonträger und Datenverarbeitungssysteme jeder Art nur mit schriftlicher Genehmigung des Verlages.

Konzeption und Redaktion:
Sabine Sälzer
Redaktion, Herstellung und Satz: Birgit Rademacker
Korrektorat:
Marlis Kreimeyer,
Adelheid Schmidt-Thomé
Versuchsküche:
Dorothea Henghuber,
Renate Neis,
Gudrun Ruschitzka,
Annette Sälzer,
Christa Schmedes
Gestaltung:
Gudrun Hänsel-Geneletti,
Heinz Kraxenberger
Reproduktion:
Paul Pfau GmbH & Co. KG
Druck und Bindung:
Mohn Media, Gütersloh

ISBN 978-3-8338-3653-4

Inhaltlich unveränderte Neuausgabe von »Das neue Kochvergnügen«

Nachdruck der Originalausgabe von 1996

2. Auflage 2013

GRÄFE UND UNZER

Ein Unternehmen der
GANSKE VERLAGSGRUPPE